Einführung in das Betreuungsrecht

20,-

Jürgen Seichter

Einführung in das Betreuungsrecht

Ein Leitfaden für Praktiker des Betreuungsrechts, Heilberufe und Angehörige von Betreuten

5. Auflage

 Springer

Jürgen Seichter
Nidda
Deutschland

ISBN 978-3-662-57497-3 ISBN 978-3-662-57498-0 (eBook)
https://doi.org/10.1007/978-3-662-57498-0

Die Deutsche Nationalbibliothek verzeichnet diese Publikation in der Deutschen Nationalbibliografie;
detaillierte bibliografische Daten sind im Internet über http://dnb.d-nb.de abrufbar.

Gedruckt auf säurefreiem und chlorfrei gebleichtem Papier

Springer ist ein Imprint der eingetragenen Gesellschaft Springer-Verlag GmbH, DE und ist ein Teil von
Springer Nature.
Die Anschrift der Gesellschaft ist: Heidelberger Platz 3, 14197 Berlin, Germany

Vorwort zur 5. Auflage

Seit der Vorauflage sind mehr als acht Jahre vergangen. Die damals ganz frische gesetzliche Regelung der Patientenverfügung ist in der Praxis angekommen und hat sich bewährt. Seither hinzugekommen ist die lange fällige und auch in den Vorauflagen angemahnte gesetzliche Regelung der Zwangsbehandlung, zunächst nur für gemäß § 1906 BGB Untergebrachte und dann – aufgrund einer Entscheidung des Bundesverfassungsgerichts – auch für nicht Untergebrachte. Die hierzu gefundene Regelung, dass auch bei ihnen die Zwangsbehandlung selbst stationär erfolgen muss, sichert die Rechte der Betroffenen und ist auch praxisgerecht.

Die ersten Erfahrungen mit der Zwangsbehandlung sowie die besondere Regelung des „Beteiligten" im FamFG und die Folgerungen daraus wurden jeweils in einem neuen Kapitel dargestellt. In diesem Zusammenhang wurde die Regelung der unterbringungsähnlichen Maßnahmen des § 1904 IV BGB aus dem Kapitel zur Unterbringung ausgegliedert und um die Darstellung des „Werdenfelser Weges" und eine Bewertung dieser neuen Entwicklung ergänzt.

Die Vorauflage hatte vor allem im Hinblick auf die gesetzliche Regelung der Patientenverfügung eine Straffung erfahren. Da ich in der Praxis den Eindruck gewonnen habe, dass einige der entfernten Teile doch weiter von Bedeutung sein können, habe ich diese wieder eingestellt. Das betrifft vor allem das Fallbeispiel Franziska Salver, S. 172. Im Übrigen wurde das Ganze Buch durchgesehen und aktualisiert.

Kurz vor Drucklegung aufgenommen wurde ein Hinweis darauf, dass die Betreuungsbehörde nicht Aufsichtsbehörde der Betreuer ist (S. 97). Dem kommt ab Inkrafttreten der Datenschutz-Grundverordnung der EU am 24.05.2018 besondere Bedeutung zu.

Das Buch, in dem das Betreuungsrecht nah an der Praxis dargestellt hat, möge weiterhin gerade auch Nichtjuristen, aber auch angehenden Betreuungsrichtern den Zugang zu diesem wichtigen und lebensvollen Rechtsgebiet bahnen.

Ein Tipp zum Lesen: Neben dem Sachverzeichnis dient auch das Inhaltsverzeichnis zur Erschließung des Buches und der Suche nach Einzelthemen.

Nidda, im April 2018   Jürgen Seichter

Vorwort zur 1. Auflage

Noch fast zehn Jahre nach dem Inkrafttreten des Betreuungsgesetzes am 01.01.1992 wird der Betreuungsrichter in Krankenhäusern und Pflegeheimen wie auch von Angehörigen immer wieder angesprochen: „Da gibt es doch dieses neue Betreuungsrecht, da ist jetzt ja alles anders?" In dieser Frage kommt eine allgemeine Unsicherheit zum Ausdruck, die trotz vieler Informationsveranstaltungen und Veröffentlichungen zu diesem Thema kaum zurückgegangen ist.

Diese Unsicherheit stellt eine zusätzliche Last dar gerade für die, die sich am intensivsten um solche Kranken und Behinderten kümmern, die ihre Angelegenheiten nicht mehr selbst regeln können und die durch diesen Dienst ohnehin schon hochbelastet sind.

Rechtliche Unsicherheit führt aber gerade bei Heil- und Pflegeberufen schnell zu Ängsten:

Da ist die Sorge des *Arztes,* der, „ohnehin immer mit einem Bein im Gefängnis", nicht versteht, weshalb eine medizinisch unzweifelhaft indizierte Behandlung von einem anderen genehmigt werden muss und auch noch von einem Richter, also einem Nichtmediziner.

Da ist die *Stationsleitung,* die zur Sicherung gegen folgenschwere Stürze Bettgitter und Sitzgurte anbringt und vom Versorgungsamt nach einer richterlichen Genehmigung gefragt und auf den Straftatbestand der Freiheitsberaubung (!) hingewiesen wird.

Da ist aber auch die *Stadtverwaltung,* die einen Alkoholiker mit gravierenden Verwahrlosungstendenzen einer ordnungsgemäßen Versorgung zugeführt wissen will – und vom Betreuungsrichter erfährt, dass es keine Möglichkeit gibt, einzugreifen.

Und da sind die *Angehörigen,* die im Umgang mit ihrem verhaltensauffälligen altersstarrsinnigen Angehörigen Hilfe durch Einrichtung einer Betreuung erhoffen – und vom Betreuungsgericht darauf hingewiesen werden, dass dies bei völlig fehlender Bereitschaft des Betreuten, die Hilfe durch eine Betreuung hinzunehmen, die Situation kaum bessern wird, so lange die Voraussetzungen einer geschlossenen Unterbringung nicht vorliegen.

Schließlich ist da auch noch *der angefragte ehrenamtliche Betreuer,* dem als Freund oder Nachbar des Betreuten die Übernahme einer Betreuung angetragen wird, der aber davor zurückschreckt, diese in Veröffentlichungen vielfach überhöht dargestellte Rolle selbst ausfüllen zu sollen.

Das vorliegende Buch möchte den genannten und weiteren Ängsten dadurch entgegenwirken, dass es mit klaren und – wie der Verfasser hofft – auch für Nichtjuristen verständlichen Worten aufzeigt

- was der Rechtsbegriff „Betreuung" überhaupt genau bedeutet,
- was von einem Betreuer erwartet wird – und was nicht,
- dass die Einrichtung einer Betreuung zunehmend nicht nur als schwerer Eingriff in das Persönlichkeitsrecht verstanden wird, sondern auch als sehr willkommene Hilfe und
- dass die Einrichtung einer Betreuung eine wesentliche Entlastung für den Arzt darstellen kann, weil diesem mit dem Betreuer ein rechtlich legitimierter Ansprechpartner zur Verfügung steht und damit zugunsten des Arztes ein erhebliches Mehr an Rechtssicherheit und Rechtsklarheit eintritt.

Entstanden ist das Buch aus der Berufspraxis des Verfassers, der seit über 11 Jahren Betreuungssachen (vor 1990 Pflegschaftssachen genannt) bearbeitet. Bei jährlich ca. 500 Anhörungen „vor Ort" kam es zu zahlreichen Kontakten mit Ärzten, Pflegern und – in Behinderteneinrichtungen – Heilerziehern. Fragen, die aus diesem Berufsgruppen immer wieder gestellt wurden, sind in dieses Buch eingeflossen.

Das Betreuungsrecht führt auch den Richter immer wieder in Spannungen:

Spannungen zwischen offensichtlichen Notwendigkeiten, denen man sich vernünftigerweise nicht entziehen kann und der Gesetzeslage, die hier immer wieder keine passende Antwort gibt. Spannungen auch in der Abgrenzung der richterlichen Verantwortung von der eigenen Verantwortung von Ärzten, Pflege- und Heilberufen, in die der Richter nicht hineinregieren soll und darf.

Das Buch verschweigt diese Spannungen nicht, sondern stellt sie dar, erläutert sie aus richterlicher Sicht und macht Lösungsvorschläge, die sowohl mit den Bedürfnissen der Praxis als auch mit den gesetzlichen Vorgaben in Übereinklang zu bringen sind. Zur Verdeutlichung sind über 50 Fallbeispiele, fast ausnahmslos aus der Praxis des Verfassers, eingearbeitet.

Wiederholt wird auch darauf hingewiesen, dass andere Gerichte anders entscheiden. Das ist bei einem so hochpersönlichen Rechtsgebiet wie dem Betreuungsrecht auch nachvollziehbar. Insofern bietet das Buch nicht „die" Lösung an, sondern Lösungsvorschläge des Verfassers, wobei aber jeweils deutlich wird, aus welchen Gründen der Verfasser zu diesem Ergebnis kommt. Es geht dem Verfasser nicht nur um die Vermittlung des – natürlich auch erforderlichen – Grundwissens, sondern auch und vielleicht vor allem um die Fähigkeit, das betreuungsrechtliche Instrumentarium denkerisch durchdringen zu können. Wo das gelingt, werden die Leser dem Gespräch mit „ihrem" Betreuungsrichter besser folgen und ihm da und dort auch Alternativvorschläge machen können. Der typische Richter unserer Tage, der Betreuungsrichter zumal, ist dialogfähig!

Richterkollegen, die dieses Buch lesen, mögen die zahlreichen darin enthaltenen Denkanstöße reflektieren. Vielleicht werden sie das eine oder andere übernehmen. Aber auch wenn die Lektüre des Buches sie in ihren bisherigen Standpunkten bestärkt oder zu neuen, aber wiederum anderen Einsichten führt, hat dieses Buch seinen Sinn erfüllt.

Literatur und Rechtsprechung konnten bis Abschluss des Manuskripts im April 2001 berücksichtigt werden.

Für Korrekturen oder Ergänzungen ist der Verfasser dankbar.

Gießen, im Mai 2001   Jürgen Seichter

Inhaltsverzeichnis

Kapitel 1 Was bedeutet Betreuung?

*Anders als durch die frühere Entmündigung hat der Betreuungsbeschluss keine Aus-
wirkung auf die Geschäftsfähigkeit des Betreuten.*[1] *Die schon mit Einführung des
Betreuungsrechts vorgenommenen Begriffsänderungen (Betreuung statt Entmündigung; Betreuer statt Vormund, Betreuter statt Mündel) wurden mit dem FamFG
(Nachfolgegesetz des FGG) erweitert (Betreuungsrichter statt Vormundschaftsrichter; Betreuungsgericht statt Vormundschaftsgericht). Die Betreuung entspricht von
ihrer Bedeutung und von ihren Wirkungen her einer Vollmacht, die aber nicht vom
Betreuten selbst erteilt wird, sondern durch Richterspruch entsteht. Die gesetzliche Kernaufgabe des Betreuers besteht in der rechtlichen Besorgung der Angelegenheiten des Betreuten. Die persönliche Betreuung des Betreuten ist vom Auftrag
des Betreuers nur in dem zur Erfüllung dieser Kernaufgabe erforderlichen Umfang
umfasst. Darüber hinaus gehende soziale, pflegerische und therapeutische Betreuung ist nicht Aufgabe des gerichtlich bestellten Betreuers.*

1. Betreuung als Abschaffung der Entmündigung

Das „neue Betreuungsrecht", es ist nicht mehr – neu. Seit seinem Inkrafttreten am
01.01.1992[2] sind inzwischen mehr als 26 Jahre vergangen. Es wurde in dieser Zeit
mehrfach abgeändert.

Materiellrechtliche Änderungen erfolgten durch das Betreuungsrechtsänderungsgesetz
(1. BtÄndG) vom 26.06.1998, BGBl. I S. 1580, durch das Zweite Betreuungsrechtsänderungsgesetz (2. BtÄndG) vom 21.04.2005, BGBl. I S. 1073, durch das Dritte Gesetz zur
Änderung des Betreuungsrechts (3. BtÄndG, sogenanntes Patientenverfügungsgesetz) vom
29.07.2009, BGBl. I S. 2286, durch das Gesetz vom 29.06.2011, BGBl. I S. 1306, durch das

---

[1] Das BGB spricht meist von dem „Betreuten", das FamFG überwiegend von dem „Betroffenen".
In diesem Buch werden beide Bezeichnungen synonym verwendet.

[2] Betreuungsgesetz vom 12. September 1990, BGBl I S. 2002.

© Springer-Verlag GmbH Deutschland, ein Teil von Springer Nature 2019
J. Seichter, *Einführung in das Betreuungsrecht*,
https://doi.org/10.1007/978-3-662-57498-0_1

Gesetz zur Regelung der betreuungsrechtlichen Einwilligung in eine ärztliche Zwangsmaß-
nahme vom 18.02.2013, BGBl. I S. 266 (geändert durch Gesetz vom 17.07.2017, BGBl.
I 2426) und durch das Gesetz zur Stärkung der Funktionen der Betreuungsbehörde vom
28.08.2013, BGBl. I S. 3393.
    Verfahrensrechtliche Änderungen brachte das am 01.09.2009 in Kraft getretene
„Gesetz über das Verfahren in Familiensachen und in den Angelegenheiten der freiwilligen
Gerichtsbarkeit (FamFG)"[3] vom 17.12.2008, BGBl. I S. 2586, das das bis dahin geltende
FGG[4] ablöste.

Das Hauptziel der Einführung des Betreuungsrechts ist aber unverändert geblieben
oder sogar noch verstärkt worden: Abschaffung der Entmündigung, also der Aufhebung der Geschäftsfähigkeit kraft Richterspruchs, weitgehende Beachtung des
Willens des Betreuten durch Gericht und Betreuer statt Bevormundung, Stärkung
der Rechtsstellung des Betreuten im Betreuungsverfahren. Die zur Verdeutlichung
dieser Ziele schon vom Betreuungsgesetz vorgenommenen Begriffsänderungen
(Betreuung statt Entmündigung; Betreuer statt Vormund, Betreuter statt Mündel)
wurde mit dem FamFG erweitert (Betreuungsrichter statt Vormundschaftsrichter;
Betreuungsgericht statt Vormundschaftsgericht).

Aus Sicht der Praxis kann bestätigt werden, dass sowohl die Wahl der neuen
Begriffe als auch die vorgenommenen Rechtsänderungen in der Tat zu einer nennenswerten Entkrampfung im Umgang der Betreuten mit dem Betreuungsrecht und
zu einer deutlich erhöhten Akzeptanz gegenüber der Bestellung eines Betreuers
geführt haben.

Dies wird etwa deutlich, wenn bei einer richterlichen Anhörung angstvoll gefragt
wird, ob man jetzt denn „entmündigt" werden solle und einen „Vormund" bekomme.
Die Verneinung dieser Frage und der Hinweis, dass die Bestellung eines Betreuers,
anders als die frühere Entmündigung, nicht mehr zur Geschäftsunfähigkeit führt,
hat regelmäßig große Erleichterung bei den Betreuten zur Folge, sowie eine deutlich entspannte Atmosphäre im weiteren Anhörungsgespräch.

Der entspannte Umgang von Betreuten mit dem Betreuungsrecht wird auch daran
sichtbar, dass es in den letzten Jahren immer häufiger vorkommt, dass Betreuungsbedürftige von sich aus bei Gericht vorsprechen, um die Bestellung eines Betreuers
zu beantragen und dass der Richter bei Besuchen von Betreuten in Heimen immer
wieder von anderen Heimbewohnern gefragt wird, ob sie nicht auch einen Betreuer
haben könnten.

Neben den genannten Änderungen in Gesetz und Wortwahl ist diese erfreuliche
Entwicklung auch auf Betreuungsrichterinnen und –rechter und auf Betreuerinnen
und Betreuer zurückzuführen, die den Geist des Gesetzes mit Leben erfüllen, indem

---

[3] Zuletzt geändert durch Artikel 7 des Gesetzes vom 20. Juli 2017. BGBl. I S. 2780. auszugsweise
abgedruckt auf S. 280 ff., 285 ff. und 299 ff. *Für bis zum 31.08.2009 anhängig gewordene Verfahren werden die Bestimmungen des FGG noch jahrelang von Bedeutung sein, Art. 111 FGG-
ReformG. Da dies im Wesentlichen nur für die Gerichte von Bedeutung ist, soll insoweit dieser
Hinweis genügen.*

[4] Gesetz über die Angelegenheiten der Freiwilligen Gerichtsbarkeit (FGG); zuletzt geändert durch
Gesetz vom 12.März 2009, BGBl. I S. 470.

sie durch die Art ihres Umgangs mit den Betreuten diesen verdeutlichen, dass sie ihnen, ungeachtet ihres Handicaps, Respekt entgegenbringen und ihr Selbstbestimmungsrecht achten.

In den ersten Auflagen dieses Buchs waren die vom Gesetzgeber gewählten Begriffe Betreuung und Betreuer kritisiert worden, weil diese im Alltag vielfach anders besetzt seien, nämlich mit pflegerischen Hilfeleistungen und sozialer Zuwendung. Bei der Betreuung im Sinne des §§ 1896 ff. BGB[5] stehe dagegen die rechtliche Vertretung des Betreuten durch den Betreuer bei der Regelung seiner Angelegenheiten im Vordergrund.

Dem tragen Rechnung die (erst nachträglich entsprechend erweiterte) Gesetzesüberschrift vor § 1896 BGB „Rechtliche Betreuung" und der Gesetzestext der §§ 1897 I[6] und 1901 I BGB, wo von der rechtlichen Besorgung der Angelegenheiten des Betreuten durch den Betreuer die Rede ist.

Diese Kritik wird aufgegeben. In der Zwischenzeit ist die Unterscheidung zwischen rechtlicher und pflegerisch-sozialer Betreuung in der Öffentlichkeit so weit bekannt geworden, dass die Fälle, in denen sich die Betreuer falschen Erwartungen ausgesetzt sehen, immer mehr zurückgehen. Andererseits sind die Bezeichnungen „Betreuung" und „Betreuer" zunehmend feste Begriffe geworden, sodass sie nicht geändert werden sollten. Wo Unklarheit befürchtet wird, finden gelegentlich (im Gesetz selbst nicht vorkommende) Zusätze wie „rechtlicher", „gerichtlich bestellter" oder „gesetzlicher" Betreuer Verwendung.

Der Zusatz „*rechtliche* Betreuungen" auf Büroschild und Briefbögen von Berufsbetreuern ist zulässig. Eine entgegenstehende Entscheidung des AG Gera ist vom Landgericht Gera aufgehoben worden[7].

2. Das Wesen der Betreuung

Es kommt aber immer noch vor, dass bei der Ankündigung, einen Betreuer einzusetzen, von Betreuten, insbesondere aber von Nachbarn und Angehörigen, die Erwartung geäußert wird, der Betreuer werde die häusliche Krankenpflege übernehmen oder zumindest durch entsprechende Besuchsdichte der sozialen Vereinsamung des Betreuten entgegenwirken. Die soziale und die pflegerische Betreuung sind jedoch nicht Aufgabe des gerichtlich bestellten Betreuers.

---

[5] Abgedruckt S. 257 ff. (§§ 1896 ff. BGB) und S. 267 ff. (gemäß § 1908i BGB entsprechend anwendbare Bestimmungen).

[6] Die römischen Ziffern nach Paragraphenbezeichnungen bedeuten den Absatz des betreffenden Paragraphen, die arabischen Ziffern den Satz des betreffenden Absatzes. § 1897 I 2 BGB liest sich also: § 1897 Absatz 1 Satz 2 BGB.

[7] AG Gera BtPrax 2005, 74, aufgehoben durch LG Gera BtPrax 2005, 238.

Dessen Aufgabe ist im Gesetz klar definiert: er hat innerhalb des ihm vom Gericht übertragenen Aufgabenkreises die Angelegenheiten des Betreuten „rechtlich zu besorgen", §§ 1897 I, 1901 I. Hierzu ist er befugt, den Betreuten gerichtlich und außergerichtlich zu vertreten, 1902 BGB. Aufgrund dieser Vertretungsbefugnis hat der Betreuer im Rahmen seines Aufgabenkreises das Recht (und die Pflicht!), die im Interesse des Betreuten erforderlichen Willenserklärungen mit Wirkung für und gegen diesen abzugeben. *Das Wesen der gesetzlichen Betreuung – im Unterschied zur pflegerischen und sozialen Betreuung – besteht also in der rechtlichen Besorgung der Angelegenheiten des Betreuten.*

Es ist also nicht Sache des Betreuers, die Krankenpflege selbst zu übernehmen, wohl aber, zu organisieren, dass diese, z. B. von Sozialstation oder ambulanten Pflegediensten, übernommen wird. Geschieht dies, ist es Sache des Betreuers, dafür zu sorgen, dass diese Dienste auch bezahlt werden, gegebenenfalls unter Inanspruchnahme von Sozialleistungen. Bei sozialer Vereinsamung kann der Betreuer vielleicht einen Mann oder eine Frau finden, die dem Betreuten stundenweise vorlesen oder einfach Gesellschaft leisten. Dies kann auch entgeltlich, auf Kosten des Betreuten, erfolgen, soweit dessen Einkommen dies zulässt.

Der Betreuer entspricht damit einem durch normale rechtsgeschäftliche Vollmacht ermächtigten Vertreter: Auch dieser kann Willenserklärungen mit bindender Wirkung für und gegen das Vermögen des Vertretenen abgeben. Das Vermögen des Vertreters selbst wird dagegen, ebenso wie das Vermögen des Betreuers, von kraft Vertretung (bzw. kraft Betreuung) abgegebenen Willenserklärungen nicht berührt.

Während die Vollmacht aber der Vertretene selbst erteilt, wird der Betreuer vom Gericht bestellt, weil im Betreuungsfall der Betreute zur Vollmachtserteilung ja eben nicht (mehr) in der Lage ist.

▶ **Grundsatz 1:** Der Betreuungsbeschluss entspricht von seiner Bedeutung und von seinen Wirkungen her einer durch gerichtliche Entscheidung entstandenen Vollmacht.

Zwar gilt weiterhin, dass der Betreuer geeignet sein muss, den Betreuten „auch" persönlich zu betreuen, § 1897 I BGB. Diese persönliche Betreuung des Betreuten durch den Betreuer ist jedoch vom gesetzlichen Auftrag des Betreuers nur insoweit umfasst, als sie zur rechtlichen Besorgung der Angelegenheiten des Betreuten innerhalb des dem Betreuer vom Gericht übertragenen Aufgabenkreises erforderlich ist.

Fall 1:

Der Betreute lebt mit seinem Einverständnis seit längerem in einem Altenheim. Seine frühere Wohnung ist aufgelöst, die Klärung, wer die Heimkosten zu tragen hat, abgeschlossen. Der Betreute ist mäßig altersdement, hat aber mit seiner jetzigen Situation seinen Frieden. Sein körperliches Befinden ist altersentsprechend, psychisch ist er unauffällig.

In Fall 1 sind periodische Besuche des Betreuers bei dem Betreuten von dem Auftrag der rechtlichen Betreuung ohne weiteres mit umfasst. Denn ob etwas zu regeln anliegt, wird der Betreute nur durch persönliche Nachfrage und Erkundigung vor Ort feststellen können. Der Betreute ist wegen seiner Altersdemenz nicht mehr in der Lage, von sich aus mitzuteilen, wenn er den Betreuer benötigt. Zu Besuchshäufigkeit und -dauer vgl. S. 75.

Anders verhält es sich in den folgenden Fällen:

Fall 2:

Ein Betreuer legt ein ärztliches Attest vor, wonach es für die Gesundheit des zu Depressionen neigenden Betreuten hilfreich oder vielleicht sogar erforderlich sei, dass der Betreuer ihn wöchentlich aufsucht.

Fall 3:

Der Betreuer möchte, ebenfalls ärztlich befürwortet, die Betreute auf die Adventsfreizeit der Kirchengemeinde begleiten.

In Fall 2 und Fall 3 soll die sachliche Begründetheit der Besuche bzw. der Begleitung nicht infrage gestellt werden. Es handelt sich hierbei aber nicht um Aufgaben im Rahmen der rechtlichen Betreuung des Betreuten, sondern um eine therapienahe (Fall 2) oder allgemeine soziale (Fall 3) Hilfe.

Auf derartige über die rechtliche Betreuung hinausgehende persönliche und soziale Hilfeleistung ist vom Auftrag des gerichtlich bestellten Betreuers nicht erstreckt.

Die Notwendigkeit, diese Begrenzung der rechtlichen Betreuung einzuhalten, ergibt sich aus folgendem Beispiel:

Bsp. 1:

Eine alte Dame, die noch ausreichend orientiert ist und für die deshalb kein Betreuer bestellt wird, ist der Gefahr der Vereinsamung und vielleicht sogar Depression ausgesetzt. Sie muss mit dieser Situation ohne jegliche Unterstützung durch einen Betreuer zurechtkommen. Ihre ebenfalls vereinsamende und depressionsnahe Nachbarin, die aber zusätzlich mittelgradig altersdement ist, erhält aufgrund ihrer Demenz einen Betreuer.

Die rechtliche Betreuung soll lediglich die krankheitsbedingte Unfähigkeit der dementen Seniorin, ihre Angelegenheiten selbst zu regeln, ausgleichen. Es wäre ein ungerechter Akt der Ungleichbehandlung, wollte man die demente Patientin im Rahmen der rechtlichen Betreuung über den Ausgleich des demenzbedingten Kompetenzverlusts hinaus sozial, pflegerisch oder vielleicht sogar therapeutisch versorgen, während die noch orientierte, im Übrigen aber mit den gleichen Problemen kämpfende Seniorin ohne jegliche Hilfestellung bleibt. *Die Sinnhaftigkeit oder sogar Erforderlichkeit solcher weitergehender Versorgung steht nicht in Frage. Sie zu erbringen ist aber kraft gesetzlicher Aufgabenzuweisung nicht Auftrag des gerichtlich bestellten Betreuers.*

Dieser Gesichtspunkt war bislang von hoher Bedeutung bei Berufsbetreuungen, die aus dem Justizhaushalt finanziert werden. Denn über die Grenzen der gesetzlich bestimmten und auch begrenzten Aufgaben der Justiz hinaus stehen im Justizressort Mittel nicht zur Verfügung. Es ist Sache der Politik, weitergehende Versorgung über den Sozialetat oder durch die Krankenkassen zu gewähren.[8]

Auch wenn dieser Aspekt nach Einführung der Pauschalierung der Vergütung der Berufsbetreuer durch das 2. BtÄndG seine fiskalische Brisanz weitgehend verloren hat, ist er doch für das grundsätzliche Verständnis vom Wesen der Betreuung weiterhin von Bedeutung.

---

[8] Ebenso *Bienwald* BtPrax 1999, 179, Abschnitt Ziff. 2 Buchstabe f).

Kapitel 2 Notwendigkeit einer Betreuung

Voraussetzung einer Betreuung sind eine Krankheit oder eine Behinderung. Es gibt auch Zwangsbetreuungen. In der Regel ist ein Gutachten eines Arztes für Psychiatrie oder mit Erfahrung auf dem Gebiet der Psychiatrie erforderlich, in bestimmten Fällen kann ein Attest ausreichen und das Gutachten/Attest auch von einem Allgemeinarzt stammen. Statt eines eigenen Gutachtens können die vom MDK erstellten Gutachten beigezogen werden. Auch nach Rechtskraft können der Betreuungsbeschlüsse jederzeit abgeändert werden. Bei Vollmacht oder, wenn die erforderliche Hilfe auch ohne Betreuung erfolgt, kann eine Betreuung entbehrlich sein. Diesem Ziel dient die Erteilung von Vorsorge-/Generalvollmacht. Durch Betreuungsverfügung können Anordnungen für eine künftige Betreuung getroffen werden. Der Kontrollbetreuer überwacht den Bevollmächtigten, wenn der Betreute dies nicht mehr kann. Der Verfahrenspflegers nimmt für den Betreuten dessen Rechte im Betreuungsverfahren war; von seiner Beteiligung kann bei offensichtlicher Entbehrlichkeit abgesehen werden.

1. Die medizinischen Voraussetzungen für die Bestellung eines Betreuers

Ein Betreuer kann bestellt werden, wenn „ein Volljähriger[1] aufgrund einer psychischen Krankheit oder einer körperlichen, geistigen oder seelischen Behinderung seine Angelegenheiten ganz oder teilweise nicht besorgen kann" (§ 1896 I BGB).

---

[1] Bei Minderjährigen ist diese Hilfe aufgrund der ohnehin bestehenden elterlichen Sorge oder Vormundschaft nicht erforderlich; allerdings kann bei klarer Notwendigkeit eine Betreuung bereits ab dem 17. Geburtstag eingerichtet werden, die dann erst, aber auch sofort mit Eintritt der Volljährigkeit wirksam wird, § 1908a BGB.

© Springer-Verlag GmbH Deutschland, ein Teil von Springer Nature 2019
J. Seichter, *Einführung in das Betreuungsrecht*,
https://doi.org/10.1007/978-3-662-57498-0_2

a) Die für die Bestellung eines Betreuers maßgeblichen Krankheiten und Behinderungen

Zur Gruppe der *geistig Behinderten* gehören etwa Träger des Down-Syndroms (= Trisomie 21) und Menschen mit frühkindlichen oder nachträglich durch Unfall erworbenen Hirnschädigungen. Unter den *psychisch Erkrankten*, die der Hilfe durch einen Betreuer bedürfen, gehört der größte Teil zur Gruppe die Altersverwirrten. Danach kommen Patienten, die an chronischen schweren psychischen Erkrankungen – vor allem manisch-depressiven Zuständen oder Schizophrenien – leiden. Schließlich sind hier noch diejenigen zu nennen, bei denen, etwa nach langjährigem Alkoholmissbrauch, massiver Hirnleistungsabbau eingetreten ist. Unter einer *psychischen Behinderung* versteht die Begründung zum Betreuungsgesetz bleibende psychische Beeinträchtigungen, die Folge von psychischen Krankheiten sind.[2]

Es kommt nur selten vor, dass allein wegen einer *körperlichen Behinderung* ein Betreuer bestellt werden muss. In diesen Fällen wird der Betreute oft in der Lage sein, selbst einen Vertreter zu bevollmächtigen und zu überwachen, sodass mangels Erforderlichkeit dass die Einsetzung eines Betreuers zu unterbleiben hat, § 1896 II 2 BGB. Gleichwohl sieht § 1896 I 1 BGB ausdrücklich die Bestellung eines Betreuers auch bei (nur) körperlicher Behinderung vor. In vielen Fällen liegen aber außer der Körperbehinderung zusätzlich geistige oder psychische Defekte vor, die dann den eigentlichen Grund für die Einsetzung eines Betreuers bilden. Bei Blindheit oder lähmungsbedingter Unfähigkeit zu schreiben kann jedoch auch ohne seelisch/geistige Beeinträchtigungen des Betreuten dessen Vertretung durch einen Betreuer erforderlich sein.

Soweit ein Betreuer allein wegen körperlicher Erkrankung bestellt werden soll, ist das nur mit Zustimmung des Betreuten[3] möglich, § 1896 I 3 BGB.

b) Zwangsbetreuung

Gegen den freien Willen des Betroffenen darf eine Betreuer nicht bestellt werden, *§ 1896 Abs. 1a BGB.* Diese erst durch das 2. BtÄndG eingefügte Vorschrift kodifiziert die bereits zuvor bestehende entsprechende einheitliche Rechtsauffassung.

Für die Beurteilung, ob der Wille „frei" ist, kommt es auf die Einsichtsfähigkeit des Betroffenen an und auf dessen Fähigkeit, nach dieser Einsicht zu handeln. Einsichtsfähigkeit liegt also vor, wenn der Betroffene in der Lage ist, die für und wider eine Betreuerbestellung sprechenden Gesichtspunkte im Großen und Ganzen zu erkennen und gegeneinander abzuwägen.[4] Bei geistiger Behinderung und psychischer Erkrankung/Behinderung kommt danach eine Betreuung auch gegen den erklärten Willen des Betroffenen in Betracht („Zwangsbetreuung").

---

[2] BT-Drucks. 11/4528 S. 116.
[3] § 1896 I 3 BGB formuliert „auf Antrag" des Betreuten.
[4] BT-Drucks 15/2494 S 28; *Jurgeleit* FGPrax 2005, 139, 141.

Wenn ein grundsätzlich krankheitseinsichtiger und behandlungswilliger Schizophreniepatient plötzlich jede ärztliche Hilfe ablehnt und die Einnahme der Medikamente verweigert, ist das unter Umständen nicht Ausdruck einer Willensentscheidung, sondern Symptom des Wiederaufflammens („Exazerbation") der Erkrankung. Nach Zwangsbehandlung und Abklingen der Symptome sind diese Patienten dann häufig für das ohne und gegen ihren Willen erfolgte Eingreifen von Betreuer und Betreuungsrichter regelrecht dankbar.

Fall 4:

Aus einem Anhörungsvermerk nach einer Zwangseinweisung[5]:
Es gehe ihm gut. Es gefalle ihm auch ganz gut. Er habe eigentlich schon das Gefühl, dass man ihm hier gut helfen könne. Die Therapien machten ihm Spaß, er sei zufrieden. Z. B. mache er Ergotherapie, Musiktherapie und auch Bewegungstherapie. Bis jetzt sei er immer gelobt worden von den Therapeuten. Nach Medikamenteneinnahme befragt erklärte er, dass er Risperdal 4 mg nehme. Vorher habe er keine Medikamente genommen. Es sei kein Problem für ihn, die Medikamente zu nehmen. Auf Nachfrage, wie es für ihn sei, dass die Tür abgeschlossen sei, erklärt er, dass er sich schon daran gewöhnt habe. Auf Vorhalt, dass er ja vorher keine Behandlung erhalten habe, bevor er hierher gekommen sei, erklärt er, dass er vorher das nicht so gewollt habe, darin habe er seine Meinung geändert. Er wolle ein anständiges Selbstbewusstsein haben und ein Vollwertigkeitsgefühl. Er wolle sich besser öffnen können. Das sei sein Ziel, worauf er hinarbeite. Er habe sich auch schon hier mit Leuten unterhalten, er sei freundlich zu Pflegern und Ärzten. Auch wenn er hier entlassen werde teilt auf Nachfrage mit, dass er freiwillig die Medikamente weiter nehmen wolle. Er wolle sich auch ambulant ärztlich weiterversorgen lassen. Bevor er hierher gekommen sei, sei er trübsinniger und launischer gewesen. Er sei jetzt viel ruhiger geworden. Das sei jetzt ein ganz anderes Gefühl, viel besser.

Aber auch auf die Entscheidung, eine ärztlich befürwortete Einweisung abzulehnen, gibt es manchmal positive Rückmeldung:

Fall 5:

Aus dem Schreiben eines Betreuten:
… nochmals vielen Dank, dass Sie mich nicht eingewiesen haben. Ich kann Ihnen gar nicht sagen, wie sehr ich inzwischen Therapien verabscheue. Jeden Tag, wenn ich in die Tagesklinik fahre, habe ich Angst, nicht mehr nach … fahren zu können um mir ein Eis zu holen oder einen Espresso oder einkaufen zu gehen. … Die Freiheit tun und lassen zu können was ich will bedeutet mir alles. … Ich werde versuchen so vorsichtig zu sein wie möglich.

---

[5] Aus AG Nidda 6 XVII 379/08.

Der Betreuungsrichter muss also wirklich <u>abwägen</u> – nach <u>beiden</u> Seiten!
Eine andauernd gegen den erklärten Willen des Betreuten geführte Betreuung ist
in der Praxis (Gott sei Dank) selten. Meist sehen die Betreuten zumindest in den
symptomarmen Phasen ihrer Krankheit die Notwendigkeit der Betreuung ein.

Häufiger dagegen ist Widerstand des Betreuten gegen die Person des Betreuers, vgl. hierzu
S. 92.

Per definitionem vorgegeben ist der Widerstand des Betreuten gegen seine zwangsweise Unterbringung in einem Psychiatrischen Krankenhaus.
Abgesehen von diesem Sonderfall ist eine Betreuung gegen den andauernden
Widerstand des Betreuten vielfach auch nicht erfolgversprechend und dann oftmals
aufzuheben.[6] Soweit Betreuungen für längere Zeit zwangsweise aufrechterhalten
werden, sind die Betreuten (geistig Schwerstbehinderte; psychisch Kranke in einem
sehr fortgeschrittenen Stadium) meist gar nicht mehr in der Lage, sich überhaupt
für oder gegen etwas zu entscheiden, sodass vom Brechen eines gegen das Bestellen
eines Betreuers gerichteten Willens nicht gesprochen werden kann.

2. Betreuungsgutachten oder -attest

a) Prinzipielle Pflicht zur Einholung eines Gutachtens

Die medizinischen Voraussetzungen für die Bestellung eines Betreuers sind durch
ein Gutachten festzustellen, § 280 FamFG.
Während bisher, jedenfalls nach dem Gesetzeswortlaut des § 68b FGG, der
Betreuungsrichter bei der Auswahl des Gutachters weitgehend freie Hand hatte
schreibt jetzt § 280 I 2 FamFG ausdrücklich vor, dass der Sachverständige Arzt für
Psychiatrie oder mit Erfahrung auf dem Gebiet der Psychiatrie sein „soll". Diese
Forderung galt bisher gemäß § 70e I 2 FGG nur für bei Gutachten für geschlossene
Unterbringungen und unterbringungsähnliche Maßnahmen (§ 1906 BGB).

b) Entbehrlichkeit eines Gutachtens

In zahlreichen Fällen ist nach dem Ergebnis der persönlichen Anhörung durch den
Richter, § 278 I 1 FamFG, die Notwendigkeit der Betreuung evident. Wenn dann
der Betreute dem Richter gegenüber zustimmt oder aber nach dem Eindruck des
Richters, § 278 I 2 FamFG, zu keinerlei Willensäußerung mehr in der Lage ist, wird
die Einholung des Gutachtens (!) eines Psychiaters (!) oftmals nicht entscheidungs-
erheblich sein, § 26 FamFG. In solchen Fällen wird der Richter entweder wegen

---

[6] Vgl. S. 16, 84.

Unverhältnismäßigkeit der Begutachtung (Rechtsgedanke des § 281 I Nr. 1 FamFG) von der Einholung des fachärztlichen Gutachtens absehen können und sich auf eine Begutachtung durch den Hausarzt oder den Arzt eines Allgemeinkrankenhauses beschränken können. Denn § 280 I 2 FamFG ist als Soll-Vorschrift ausgestaltet und bindet damit den Richter nicht absolut.

> In der Praxis wird dann doch meist ein Gutachten eines Psychiaters erholt, vor allem, wenn der Betroffene ohnehin in psychiatrische Behandlung ist. Für Hausärzte ist die Erstellung eines Betreuungsgutachtens häufig eine fremde Aufgabe, die sie nur zögernd übernehmen. Für die Psychiater sind sie Alltag.

Soweit von der Einholung eines Gutachtens abgesehen wird, ist gemäß § 281 I FamFG ein ärztliches Attest erforderlich. Dabei hat auch der attestierende Arzt (ebenso wie der Gutachter!) den Betreuten vor Erteilung des Attests *persönlich* zu untersuchen und zu befragen, § 281 II FamFG.

> Die Erfahrung zeigt, dass diese an sich selbstverständliche Pflicht nicht immer eingehalten wird. Dem Autor sind auf Anordnung einer Unterbringung in einem psychiatrischen Krankenhaus gerichtete Atteste bekannt geworden, die ausschließlich auf Angaben von Angehörigen gestützt waren, was aber dem Wortlaut der Atteste nicht zu entnehmen war.

Wegen der Anforderungen an den Inhalt des Gutachtens bzw. Attests vgl. S. 219 ff.

c) Verwendung vorhandener Gutachten des Medizinischen Dienstes der Krankenversicherung

Nach § 282 FamFG kann der Richter von der Einholung eines Gutachtens nach § 280 I FamFG *absehen,* soweit durch die Verwendung eines bestehenden ärztlichen Gutachtens des *Medizinischen Dienstes der Krankenversicherung (MDK)* nach § 18 des Elften Buches des Sozialgesetzbuchs festgestellt werden kann, inwieweit bei dem Betreuten die gesetzlichen Voraussetzungen für die Bestellung eines Betreuers vorliegen.

> Bei dem Medizinischen Dienst der Krankenversicherung (MDK) handelt es sich um eine Gemeinschaftseinrichtung der gesetzlichen Kranken- und Pflegekassen in jedem Bundesland. In *Nordrhein-Westfalen* gibt es zwei Medizinische Dienste: den MDK Nordrhein und den MDK Westfalen-Lippe. *Berlin und Brandenburg* haben einen landesübergreifenden MDK mit Sitz in Potsdam. Die Medizinischen Dienste in *Hamburg und Schleswig-Holstein* haben sich zum MDK Nord zusammengeschlossen. Auf Bundesebene koordiniert und unterstützt der *Medizinische Dienst des Spitzenverbandes Bund der Krankenkassen (MDS)* mit Sitz in Essen die Aktivitäten der Medizinischen Dienste der einzelnen Landesverbände. Er betreibt Forschung und berät die Bundesorganisationen der Krankenkassenverbände. Der MDS fördert die Umsetzung von beschlossenen Richtlinien über die Zusammenarbeit zwischen Kassen und den Medizinischen Diensten (MDK).

Gutachten des MDK werden erstellt, bevor Leistungen der gesetzlichen Pflegeversicherung gewährt werden. Damit liegen sie (jedenfalls bei Betreuungen im Alter, die den größten Anteil unter den Betreuungssachen bilden) häufig schon vor, wenn eine Betreuung angeregt wird.

Reicht das Gutachten des MDK aus, kann der Richter von der Einholung eines Gutachtens nach § 280 FamFG insgesamt absehen, § 282 IV FamFG. *Um Doppelbegutachtungen zu vermeiden sollte daher von der Möglichkeit, die MDK-Gutachten beizuziehen, rege Gebrauch gemacht werden.*

Die Kontaktdaten der in Betracht kommenden Stellen ergeben sich aus nachfolgender Liste.

Liste: Anschriften aller MDK sowie des MDS:

1. MDK Baden-Württemberg, Ahornweg 2,77933 Lahr.
   Fon: 07821 938-0, Mail: info@mdkbw.de
2. Medizinischer Dienst der Krankenversicherung in Bayern
   Haidenauplatz 1, 81667 München
   Fon: 0911 – 65068-555, Mail: info@mdk-bayern.de
3. MDK Berlin-Brandenburg, Schlaatzweg 1, 14473 Potsdam
   Fon: 030 21017-1000, Mail: info@mdk-bb.de
4. Medizinischer Dienst der Krankenversicherung im Lande Bremen,
   Falkenstraße 9, 28195 Bremen
   Fon: (0)421 1628-0, Mail: postmaster@mdk-bremen.de
5. Medizinischer Dienst der Krankenversicherung Hessen
   Zimmersmühlenweg 23. 61440 Oberursel
   Fon: 06171 634-00, Mail: info@mdk-hessen.de
6. Medizinischer Dienst der Krankenversicherung
   Mecklenburg-Vorpommern,
   Lessingstr. 33, 19059 Schwerin
   Fon: 0385 7440-200, Mail: info@mdk-mv.de
7. Medizinischer Dienst der Krankenversicherung Niedersachsen (MDKN),
   Hildesheimer Straße 202, 30519 Hannover
   Fon: 0511 8785-0, Mail: kontakt@mdkn.de
8. MDK Nord, Hammerbrookstr. 5, 20097 Hamburg,
   Fon: 040 25169-0, Mail: info@mdk-nord.de
9. MDK Nordrhein, Berliner Allee 52, 40212 Düsseldorf
   Fon: 0211 1382-102, Mail: post@mdk-nordrhein.de
10. Medizinischer Dienst der Krankenversicherung Rheinland-Pfalz
    Albiger Str. 19d, 55232 Alzey
    Fon: (06731) 486-0, Mail: post@mdk-rlp.de
11. Medizinischer Dienst der Krankenversicherung im Saarland
    Dudweiler Landstrasse 151, 66123 Saarbrücken
    Fon: (0681) 93667-0, Mail: info@mdk-saarland.de
12. Medizinischer Dienst der Krankenversicherung im Freistaat Sachsen
    Am Schießhaus 1, 01067 Dresden
    Fon: 0351 4985-30, Mail: info@mdk-sachsen.de

13. MDK Sachsen-Anhalt
    Breiter Weg 19 c, 39104 Magdeburg
    Fon: 0391 5661-0, Mail: info.poststelle@mdk-san.de
14. Medizinischer Dienst der Krankenversicherung Thüringen
    Richard-Wagner-Straße 2a, 99423 Weimar
    Fon: 03643 553-0, Mail: kontakt@mdk-th.de
15. Medizinischer Dienst der Krankenversicherung Westfalen-Lippe
    Postfach 53 05, 48029 Münster
    Fon: 0251/5354-0, Mail: info@mdk-wl.de
16. MDS Theodor-Althoff-Str. 47, 45133 Essen
    Fon.: 0201 8327-0, Mail: office@mds-ev.de

Beispiel eines Anschreibens an den MDK:
Für … ist bei dem Amtsgericht … ein Betreuungsverfahren anhängig. Der Aufgabenkreis der Betreuung soll erweitert werden, hierfür ist im Grundsatz die Einholung eines Gutachtens erforderlich.

Um zu prüfen, ob aufgrund der von Ihnen nach § 18 SGB XI erstellten Gutachten von einer neuerlichen Begutachtung abgesehen werden kann, bitte ich um Übersendung Ihres zuletzt erstellten Gutachtens und, falls dieses nur im Zusammenhang mit Vorgutachten aussagekräftig ist, auch dieser Vorgutachten.

Rechtsgrundlage dieses Ersuchens ist § 282 FamFG.

Kommt der Betreuungsrichter nach Auswertung eines MDK-Gutachtens zu dem Ergebnis, dass dieses nicht als Grundlage für eine Betreuungsentscheidung ausreicht (was häufig vorkommt), ist er selbstverständlich berechtigt, und im Rahmen seiner Sachaufklärungspflicht nach § 26 FamFG gegebenenfalls auch verpflichtet, ein eigenes Gutachten einzuholen.

Die Befugnis des Richters, Gutachten des MDK einschließlich vorhandener Befunde anzufordern, ergibt sich aus § 282 II FamFG. Will er diese Unterlagen zur Grundlage seiner Entscheidung machen, müssen der Betreute oder dessen Verfahrenspfleger der Verwendung zustimmen, § 282 III FamFG. Wird diese Zustimmung nicht erteilt oder hält der Richter das MDK-Gutachten als Grundlage der Einrichtung der Betreuung für nicht geeignet, sind die vom MDK zur Verfügung gestellten Unterlagen unverzüglich zu löschen, § 282 II, III FamFG.

Bei Betreuten, mit denen eine zureichende Kommunikation insoweit möglich ist, dient es der Vereinfachung, dass man sie gleich bei der Anhörung fragt, ob sie der Verwertung des MDK-Gutachtens für das Betreuungsverfahren zustimmen. Das wird meist bejaht. *Im Übrigen bedarf es nicht die Zustimmung des § 282 III FamFG, wenn der Betreuer dem Gericht eine Kopie des bei ihm befindlichen MDK-Gutachtens überlässt.* Denn hier wird der Datenschutz des Gutachtens durch den MDK nicht tangiert.

d) Die Beurteilung der Erforderlichkeit der Betreuung durch den Richter

(1) Grundsatz

Angesichts der Bedeutung, die das Gesetz dem Gutachten bzw. Attest beimisst, stellt sich die Frage, ob dem Richter überhaupt noch nennenswerter Beurteilungsspielraum verbleibt, oder ob über die Frage, ob ein Betreuer zu bestellen ist, nicht faktisch bereits der Gutachter entscheidet. Die Auffassung, dass die Betreuungsentscheidung letztlich in den Händen des Gutachters liegt, trifft jedoch *nicht* zu.

Dabei soll selbstverständlich in keiner Weise übersehen werden, dass der Richter, der keine ärztliche Ausbildung hat, die ärztliche Beurteilung an sich nicht überprüfen kann. Es ist aber Aufgabe des Gutachtens darzulegen, wie der Gutachter zu dem von ihm für richtig gehaltenen Ergebnis kommt. Diese Erwägungen müssen so gefasst sein, dass auch der Nichtmediziner sie nachvollziehen kann. Dieses Erfordernis der Nachvollziehbarkeit ermöglicht es dem Richter dann sehr wohl, in entsprechenden Grenzfällen mit dem Sachverständigen zu problematisieren, ob nicht auch diese oder jene Alternative denkbar erscheint oder ob vom Sachverständigen aufgeworfene Alternativen anders gewichtet werden können, als es der Sachverständige getan hat.

Fall 6:

Der Betreuungsrichter wird zu einer über 80-jährigen Frau gerufen, die wegen einer internistischen Erkrankung in ein Krankenhaus eingeliefert wurde. Sie ist blind und lebt allein. Nach Auffassung des Stationsarztes kann aus ärztlicher Sicht nicht verantwortet werden, sie wieder in ihre Wohnung zurückzulassen, eine Verlegung in ein Heim sei unumgänglich. In der richterlichen Anhörung zeigt sich die Betreute als doch noch in nennenswertem Umfang orientiert. Sie bringt vor, wenn sie wieder in ihre Wohnung zurück könne, dann habe sie „Mut", weiterzuleben. Im Heim werde sie doch gar nicht zurechtkommen.

Nach Erörterung mit dem Arzt entscheidet der Richter, dem Wunsch der Betreuten zu entsprechen. Da die Sozialstation ohnehin schon tätig und auch ein Notrufsystem installiert ist, verzichtet er zunächst darauf, einen Betreuer zu bestellen, sucht die Betreute aber innerhalb der folgenden vier Wochen zweimal in ihrer Wohnung auf, um einen Eindruck zu gewinnen, ob sie dort tatsächlich zurechtkommt. Als sich dies bestätigt, wird von der Bestellung eines Betreuers auf Dauer abgesehen.

An Fall 6 wird deutlich, dass die Frage der Erforderlichkeit nicht nur Ergebnis einer rein medizinischen Beurteilung ist, die der Richter nur sehr eingeschränkt überprüfen kann. *Gerade bei Betreuten, die noch eigene Orientierung haben, spielen soziale Gesichtspunkte hinein, für die der Richter eine eigenständige Beurteilungskompetenz hat, die er auch einsetzen muss.* Selbstverständlich kann und wird auch der Arzt solche Gesichtspunkte oftmals in seine Gutachten einfließen lassen. Unterlässt er dies aber oder kommt er, vielleicht auch aus arzthaftungsrechtlichen Erwägungen, zu einem restriktiveren Vorschlag, als es dem Richter angebracht erscheint, kann, darf (und manchmal muss) sich der Richter über das Votum des Arztes hinwegsetzen. Denn im Kern geht es hierbei um Eingriffe in die von den Grundrechten, Artikel (Art.) 1 ff. Grundgesetz (GG), garantierten persönlichen Freiheitsrechte. Die Entscheidung über solche Eingriffe steht aber, abgesehen von den Fällen des sogenannten übergesetzlichen Notstands (s. S. 136), nicht dem Arzt zu, sondern ist dem Richter vorbehalten und daher von ihm zu treffen und zu verantworten.

Sehr vereinzelt kommt es auch vor, dass der begutachtende Arzt nach dem Ergebnis der richterlichen Anhörung von seiner anfangs gefassten Auffassung abrückt.

Fall 7:

Die Betreute war nach einem Schlaganfall für längere Zeit bewusstlos gewesen. Die Computertomographie (CT) ließ eine ausgeprägte Hirnatrophie erkennen. Die Neurologische Klinik, in der sich die Betreute – für die während der Zeit der Bewusstlosigkeit ein Betreuer bestellt worden war – befand, beantragte anzuordnen, dass die Betreute, die die Klinik verlassen wollte, zwangsweise zum Verbleib in der Klinik angehalten werden sollte, da weitere Behandlungsnotwendigkeit bestehe.

Bei der ersten über 30-minütigen Anhörung erschien die Betreute ein wenig absonderlich, aber in allen Qualitäten orientiert. Nach Einschätzung des Richters lagen keinerlei Anhaltspunkte für eingeschränkte Kritikfähigkeit vor. Der Stationsarzt führte aus, nach dem CT-Bild müsse von gravierender Einschränkung der Kritikfähigkeit ausgegangen werden. Die Betreute erklärte sich daraufhin bereit, zunächst freiwillig in der Klinik zu bleiben. Bei einer zweiten Anhörung am übernächsten Tag bestätigte sich der Eindruck des Richters aus der ersten Anhörung. Fragen die erste Anhörung betreffend wurden von der Betreuten problemlos beantwortet, sodass eine Störung des Kurzzeitgedächtnisses nicht festzustellen war. Auf Bitte des Richters wurde ein neues CT gefertigt, das bei einer dritten Anhörung vorlag und einen unveränderten Befund ergab.

Des ungeachtet bestätigte auch die dritte Anhörung ca. vier Tage nach der ersten Anhörung die volle Orientiertheit der Betreuten und ließ keinerlei Anhaltspunkte für Kritikschwäche erkennen. Nunmehr hielt der Stationsarzt seine Einschätzung, die Voraussetzungen einer Zwangsbehandlung lägen vor, nicht mehr aufrecht. Der Betreuten wurde freigestellt, die Klinik auf eigene Verantwortung zu verlassen, was sie auch tat.

---

(2) Keine Betreuung bei Geschäftsungewandtheit oder mangelnder Bildung

Ohne das Vorliegen einer Krankheit oder Behinderung darf ein Betreuer gar nicht bestellt werden, auch wenn durchaus Hilfebedarf bestehen mag. So darf z. B. kein Betreuer bestellt werden darf, wenn auch ein Gesunder fachliche Hilfe, z. B. einen Rechtsanwalt in Anspruch nehmen würde, es sei denn, der Betreute ist krankheitsbedingt auch zum Aufsuchen der entsprechenden Hilfsmöglichkeiten außerstande. Ebenso reichen etwa bloße Geschäftsungewandtheit, Weltfremdheit oder auch Analphabetismus ohne geistige Behinderung als Grund für die Bestellung eines Betreuers nicht aus.

Allerdings sind bei intellektuellen Defiziten die Grenzen zur geistigen Behinderung flie-
ßend, so dass es auch in derlei Fällen zumindest erforderlich sein kann, einen Sachverständigen beizuziehen.

Liegen die Voraussetzungen für das Bestellen eines Betreuers nicht vor, bleibt den
Betreuten nur die Inanspruchnahme der rechtsberatenden Berufe oder von Einrichtungen wie Mietervereinen und Schuldnerberatungsstellen. Leben sie in wirtschaftlich beengten Verhältnissen, können sie für außer oder vorgerichtliche Streitigkeiten *Beratungshilfe*[7] oder, falls die Sache gerichtshängig wird, *Prozesskostenhilfe*[8]
beantragen. Für Beratungs- und Prozesskostenhilfe vor den ordentlichen Gerichten
sind erste Anlaufstelle die Amtsgerichte, Prozesskostenhilfe ist aber auch in Ver-
fahrensordnungen der anderen Gerichtszweige vorgesehen[9] und muss dann jeweils
dort beantragt werden.

(3) Weigerung des Betroffenen, sich betreuen zu lassen

Die Weigerung eines Betroffenen, eine Betreuung zu akzeptieren, macht eine Betreuung vielfach unmöglich. Auch diese Unmöglichkeit ist aber ein Unterfall der fehlenden Erforderlichkeit der Betreuung. Da diese Variante der Nichterforderlichkeit
aber im Allgemeinen erst nach dem Bestellen eines Betreuers deutlich wird, führt
sie nicht zur Nichtbestellung eines Betreuers, wohl aber zur Aufhebung der bereits
bestehenden Betreuung und ist deshalb in diesem Zusammenhang behandelt.[10]

   Der seltene Fall der Betreuungsverweigerung ist zu trennen von den in der Praxis
viel häufigeren Fällen, in denen der Betreute überhaupt nicht mehr erklärungsfähig ist, sodass sie zu einer Zustimmung nicht in der Lage sind. In diesen – meist
unproblematischen – Fällen kommt es dann zu einer *Betreuung ohne ausdrückliche
Zustimmung, aber auch ohne Widerstand des Betreuten.*

3. Rechtskraft und Abänderbarkeit

a) Rechtskraftfähigkeit aller Entscheidungen des Betreuungsgerichts

Nach dem FGG galt für *Betreuungsbeschlüsse* (mit wenigen Ausnahmen in
§ 69g IV FGG, die hier nicht dargestellt werden sollen) die sogenannte einfache Beschwerde, § 19 FGG. Sie war nicht befristet, das Gericht konnte der
Beschwerde abhelfen, § 18 FGG. Gegen *Beschlüsse über betreuungsgerichtliche*

---

[7] Vgl. Beratungshilfegesetz.

[8] Vgl. §§ 114 ff. Zivilprozessordnung (ZPO), in Ehe- und Familienstreitsachen in Verbindung mit
§§ 112, 121 FamFG; §§ 379a, 397a, 406g Strafprozessordnung (StPO).

[9] Vgl. § 11a Arbeitsgerichtsgesetz (ArbGG), § 166 Verwaltungsgerichtsordnung (VwGO); § 142
Finanzgerichtsordnung (FGO), § 73a Sozialgerichtsgesetz (SGG), §§ 18, 129 ff. Patentgesetz (PatG).

[10] Vgl. S. 84.

Unterbringungsmaßnahmen nach § 1906 I – III BGB, unterbringungsähnliche Maßnahmen nach § 1906 IV (und auch polizeiliche Unterbringungsmaßnahmen nach den Unterbringungsgesetzen der Länder) gab es die sofortige Beschwerde, §§ 70, 70g III 1, 70m FGG. Die Einlegungsfrist für die sofortige Beschwerde betrug 2 Wochen, § 22 FGG. Das Gericht konnte der sofortigen Beschwerde *nicht* abhelfen, musste sie also auch dann dem Landgericht zur Entscheidung vorlegen, wenn es sie für begründet hielt, § 18 II FGG.

Das FamFG hat einheitlich die *befristete Beschwerde* eingeführt. Die Beschwerdefrist beträgt grundsätzlich 1 Monat, die Beschwerdefrist gegen einstweilige Anordnungen und gegen Entscheidungen, die ein Rechtsgeschäft genehmigen, 2 Wochen, § 63 FamFG. Nach Ablauf der Beschwerdefrist kann die Entscheidung nicht mehr durch Beschwerde angefochten werden, die Entscheidung wird *rechtskräftig*, §§ 45, 46 FamFG. Das Betreuungsgericht kann jeder Beschwerde uneingeschränkt abhelfen, wenn es sie für begründet erachtet, § 68 I 1 FamFG. Es muss die Sache also nur dann dem Landgericht zur Entscheidung vorlegen, wenn es an seiner Entscheidung festhalten will.

b) Jederzeitige Abänderbarkeit aller Entscheidungen des Betreuungsgerichts

Nun liegt es auf der Hand, dass immer wieder Entscheidungen des Betreuungsgerichts abgeändert werden *müssen*. Ebenso, wie sich das Leben ändert, müssen Betreuungsbeschlüsse abänderbar sein und der Lebenswirklichkeit angepasst werden können. Es ist z. B. nicht vorstellbar, dass ein Betreuungsbeschluss bestehen bleiben muss, nur weil er eben rechtskräftig ist, obwohl der Betreute wieder genesen ist und keiner Betreuung mehr bedarf.

Dieser Notwendigkeit trägt das Gesetz Rechnung, in dem es ganz allgemein zulässt, dass alle Betreuungs- und Unterbringungsbeschlüsse abgeändert werden können. Für die Betreuungsbeschlüsse ergibt sich das aus § 294 I FamFG, für die Unterbringungsentscheidungen aus § 330 FamFG.

Diese Spezialbestimmungen für Betreuungs- und Unterbringungsbeschlüsse gehen den im allgemeinen Teil des FamFG in §§ 48 und 54 getroffenen Abänderungsbestimmungen vor, die aber ebenfalls sehr weitgehende Abänderungsmöglichkeiten enthalten. §§ 48, 54 FamFG gelten aber auch im Betreuungsrecht für Entscheidungen, die nicht die Einrichtung und Umfang von Betreuung und Einwilligungsvorbehalt betreffen. Das ist vor allem für Entscheidungen des Rechtspflegers im Rahmen einer laufenden Betreuung von Bedeutung, etwa Genehmigung der Kündigung des Mietvertrages des Betreuten gemäß § 1907 BGB. Einzelfallentscheidungen dieser Art können selbstverständlich nicht abänderbar gestellt werden, etwa wenn der Betreute doch wieder in die Wohnung zurück kann, die aber inzwischen längstens weitervermietet ist. Daher sind solche Entscheidungen in § 48 III FamFG ausdrücklich von der Abänderbarkeit ausgenommen.

Daraus folgt

▶   **Grundsatz 2:** Betreuungsrichterliche Entscheidungen, die Einrichtung und
     Umfang einer Betreuung oder eines Einwilligungsvorbehalts sowie die
     Genehmigung von Unterbringung und unterbringungsähnlichen Maß-
     nahmen betreffen, sind jederzeit wieder abänderbar, §§ 294, 330 FamFG.

Die nach § 39 FamFG zu erteilende Rechtsbehelfsbelehrung suggeriert, dass nach
Ablauf der Rechtsmittelfrist der Beschluss unabänderbar ist. Um diesen falschen
Eindruck zu vermeiden, formuliert der Autor die Rechtsbehelfsbelehrungen wie
folgt:

Rechtmittelbelehrung:
Diese Entscheidung kann mit der sofortigen Beschwerde angefochten werden.
Diese wäre innerhalb einer (nicht verlängerbaren) Frist von einem Monat[11] bei
dem Amtsgericht X schriftlich oder zu Protokoll der Geschäftsstelle einzulegen. *Auch nach Ablauf der Beschwerdefrist kann der Beschluss vom Gericht
abgeändert werden, wenn der Bedarf für eine solche Abänderung hervortritt.*

Bei Unterbringungsbeschlüssen wird die Rechtsmittelbelehrung noch ergänzt um
folgenden Zusatz:

Auch ohne gerichtliche Entscheidung ist der Betreuer jederzeit berechtigt, die
Maßnahme zu beenden.

Bleibt die Frage, welche Bedeutung Beschwerdebefristung und Rechtskraft denn
dann noch bleibt. Nun, sie erleichtern es den Gerichten, Beschwerden, die ohne
Änderung der Verhältnisse erhoben werden, rein formal, allein unter Verweis auf
die abgelaufene Beschwerdefrist, zu verwerfen.

4. Subsidiarität der Betreuung gegenüber Vollmacht und anderen Hilfen

Ein Betreuer darf nicht bestellt werden, wenn die Angelegenheiten des Betreuten

a) durch einen von diesem selbst zu einem Zeitpunkt, in dem er zur Vollmachtserteilung noch in der Lage war, Bevollmächtigten oder
b) durch rein tatsächliche Hilfeleistung, ohne dass es einer rechtlichen Vertretung bedarf, „ebenso gut" geregelt werden können, § 1896 II 2 BGB
   („Subsidiaritätsgrundsatz").

---

[11] Bzw. bei einstweiligen Anordnungen und Genehmigung von Rechtsgeschäften(§ 63 II FamFG):
Frist von 2 Wochen.

a) Entbehrlichkeit der Betreuung aufgrund Vollmachtserteilung

Eine Betreuung kann entbehrlich sein, wenn der Betreute „in guten Tagen" einer Vertrauensperson Vollmacht erteilt hat. Denn mit dem Bevollmächtigten steht dann ja ein Vertreter des Betreuten zur Verfügung, der für diesen im Umfang der Vollmacht die erforderlichen Erklärungen abgeben kann, sodass es der Einsetzung eines Vertreters durch das Gericht nicht bedarf.

Es kommt vor, dass der Umfang der Vollmacht nicht ausreicht. So wird vielfach Vollmacht nur für die Vermögensangelegenheiten erteilt. Ist dann der Betreute nicht mehr in der Lage, seine Arztangelegenheiten selbst wahrzunehmen, wird insoweit zusätzlich zu der Vollmacht die Bestellung eines Betreuers erforderlich. Im Allgemeinen wird dann der vom Betreuten Bevollmächtigte vom Gericht auch als Betreuer für die von der Vollmacht nicht umfassten Angelegenheiten eingesetzt.

Ebenso kommt es auch vor, dass der Bevollmächtigte die Interessen des Betreuten vernachlässigt bis hin zur gänzlichen Untätigkeit. In diesem Fall sind die Interessen des Betreuten durch die Vollmacht nicht „ebenso gut" (§ 1896 II 2 BGB) gewahrt wie durch einen pflichtgemäß arbeitenden Betreuer sodass hier trotz an sich zureichender Vollmacht die Bestellung eines Betreuers in Betracht kommt.

Wegen der Einzelheiten zu Fragen der Vollmacht wird auf Abschnitt 3 dieses Kapitels (S. 22) verwiesen.

b) Entbehrlichkeit der Betreuung aufgrund tatsächlicher Hilfen, die auch ohne wirksame rechtliche Vertretung erfolgen

Fall 8:

Die seit langem nicht mehr einwilligungsfähige alte Frau wird von der Sozialstation ausreichend versorgt, die auf entsprechenden Hinweis der Tochter ohne weiteres kommt, obwohl die Betreute selbst gar nicht mehr in der Lage wäre, ihr einen entsprechenden Auftrag zu erteilen. Im Übrigen hilft die Tochter, die auch bei der Bank, die die persönlichen Verhältnisse kennt, Geld vom Konto der Betreuten erhält, obwohl sie keine schriftliche Vollmacht vorweisen kann. Der Hausarzt, der die Familie ebenfalls seit langem kennt, behandelt die Betreute „in deren wohlverstandenen Interesse" weiter; soweit er es für erforderlich hält, bespricht er seine Maßnahmen mit der Tochter, die aber auch hierfür weder eine Vollmacht hat, noch als Betreuerin eingesetzt ist.

Auf den ersten Blick sieht es so aus, als ob in derlei Fällen in der Tat auf eine Betreuung verzichtet werden könnte. Denn alle erforderliche Hilfe ist auch ohne Bestellung eines Betreuers gewährleistet.

Und trotzdem sind die Angelegenheiten der Betreuten nicht „ebenso gut" (§ 1896 II 2 BGB) gelöst, wie bei Mitwirkung eines gerichtlich bestellten Betreuers. Die geleistete Hilfe findet nämlich in einem völlig rechtsfreien Raum statt. Die daraus folgende Rechtsunsicherheit ist jedoch sehr problematisch oder kann es doch jederzeit werden.

Ein wirksamer Schutz der Interessen der Betreuten setzt nämlich voraus, dass eben nicht im rechtsfreien Raum agiert wird, sondern dass ihre Belange rechtswirksam vertreten werden können. Und dafür ist, wo es an einem Bevollmächtigten fehlt, im Falle der eingetretenen Einwilligungsunfähigkeit ein Betreuer unverzichtbar.

Das gilt hier zunächst für die Gesundheitsfürsorge. Die Betreute ist nicht mehr in der Lage, das Aufklärungsgespräch zu verstehen und Nutzen und Risiken der Behandlung gegeneinander abzuwägen.[12] Damit wird sie ohne wirksame Einwilligung behandelt. Ihr „wohlverstandenes Interesse", vielleicht auch ihr „mutmaßlicher Wille" ersetzen ihre Einwilligung im Notfall. Aber als Dauerlösung muss hier die vom Gesetz für derlei Fälle vorgesehene Vertretungsregelung getroffen, eben ein Betreuer bestellt werden.

Hinzu kommt, dass sich der behandelnde Arzt, mag er auch in bester Absicht handeln, erheblichen Haftungsrisiken wegen ärztlicher Behandlung ohne wirksame Einwilligung des Patienten aussetzt. Auch aus diesem Grund sollte von Angehörigen ein solches Ansinnen nicht an den Arzt herangetragen und ein etwa vom Arzt ausgehendes entsprechendes Angebot abgelehnt werden. *Ärztliches Handeln im rechtsfreien Raum sollte auf wirkliche Notstandssituationen beschränkt bleiben. Ist aber der erste Notstand behoben, sollte im Interesse allseitiger Rechtssicherheit der rechtliche Rahmen hergestellt werden, der bei fehlender Einwilligungsfähigkeit vorgesehen ist, eben die Bestellung eines Betreuers.*

Und auch für die Vermögenssorge wäre es rechtlich sicherer, einen Betreuer zu bestellen. Dann würde die Vermögensbetreuerin nämlich, und auch das ist im Interesse der Betreuten, in der Vermögensverwaltung vom Betreuungsgericht überwacht. Im Erbfall kann ein Hinweis auf ebendiese erfolgte Überwachung auch für die Tochter von Vorteil sein und eventuelle Erbstreitigkeiten möglicherweise von vornherein erst gar nicht aufkommen lassen.

Als Musterbeispiel für eine „andere Hilfe, bei der kein gesetzlicher Betreuer bestellt wird", § 1896 II 2 BGB, gilt die Sozialhilfe. Dabei ist es richtig, dass sie keinen förmlichen Antrag erfordert, sondern vom Sozialhilfeträger auch ohne Antrag gewährt wird, wenn dieser vom Hilfebedarf Kenntnis erlangt. Gleichwohl bestehen fügliche Zweifel, ob das bei einem selbst nicht mehr ausreichend Handlungsfähigen „ebenso gut" funktioniert, wenn kein Betreuer mitwirkt. Wie erfährt der Sozialhilfeträger vom Hilfebedarf? Und wird er die Rechte des Bedürftigen ebenso gründlich wahrnehmen wie bei Mitwirkung eines engagierten Betreuers?

Im Zehnten Buch des Sozialgesetzbuches SGB X – Sozialverwaltungsverfahren und Sozialdatenschutz – § 15 I Nr. 4 findet sich folgende Bestimmung:

> Ist ein Vertreter nicht vorhanden, hat das Betreuungsgericht auf Ersuchen der Behörde einen geeigneten Vertreter zu bestellen für einen Beteiligten, der infolge einer psychischen

---

[12] MüKo-*Schwab* § 1904 BGB Rdnr. 16.

Krankheit oder körperlichen, geistigen oder seelischen Behinderung nicht in der Lage ist, in dem Verwaltungsverfahren selbst tätig zu werden.

Gleichwohl werden entsprechende Ersuchen nie gestellt, denn in diesem Fall hätte der auf das Ersuchen hin vom Betreuungsgericht bestellte Vertreter Vergütungsansprüche gegen die ersuchende Behörde, SGB X § 15 III. Es wird also allenfalls die Bestellung eines Betreuers angeregt, denn der ist jedenfalls für die Sozialbehörde kostenfrei.

Das soll hier auch gar nicht angegriffen werden. Aber immerhin geht auch das SGB davon aus, dass ein selbst nicht mehr zureichend handlungsfähiger Beteiligter eines geeigneten Vertreters bedarf.

Es wurde lange vertreten, und manchmal geschieht das auch heute noch, dass die Bestellung eines Betreuers als Rechtseingriff angesehen wird, der so lange es irgend geht unterbleiben sollte.

Diese Sichtweise ist auch Hintergrund der umfangreichen Verfahrensgarantien des Betreuungsrechts – auch wenn der Betroffene die Betreuung ausdrücklich wünscht und sie offensichtlich erforderlich ist.

Dem ist jedoch entgegenzuhalten, dass das Unterlassen der Anordnung einer Betreuung in derartigen Fällen aus den genannten Gründen eine schwerere Rechtsbeeinträchtigung darstellt, als die Herstellung rechtlich klarer und geordneter Verhältnisse durch die Bestellung eines Betreuers.

Um diese positive Sicht der Betreuung zu unterstreichen könnte man den Betreuer auch als "Teilhabeassistent" (vgl. § 53 SGB XII) begreifen.

Es sollte daher auch in solchen Fällen ein Betreuer bestellt werden. Dies braucht kein schwerer Eingriff zu sein, weil ja vielfach einfach der bisher formlos Helfende nur legitimiert wird, sodass sich für den Betreuten selbst praktisch gar nichts ändert, er oftmals die Betreuungssituation gar nicht wahrnimmt. Da die Betreuung in diesen Fällen ehrenamtlich geführt wird, sind auch die durch sie ausgelösten Kosten gering. Im Konfliktfall noch zu Lebzeiten der Betreuten und im Erbfall kann es aber von ganz erheblicher Bedeutung sein, dass die Hilfestellung den passenden rechtlichen Rahmen hat.

5. Vermeidung einer Betreuung durch Vorsorgeverfügung in gesunden Tagen

Die Betreuung entspricht einer durch Entscheidung des Gerichts entstandenen Vollmacht, weil der Betreute nicht mehr in der Lage ist, selbst Vollmacht zu erteilen. Daraus folgt ohne weiteres, dass eine Betreuerbestellung verhindert werden kann, indem man „in gesunden Tagen" selbst Vollmacht erteilt oder vergleichbare Regelungen trifft. Zur Wahl stehen die Vorsorgevollmacht, die Generalvollmacht und die Betreuungsverfügung.

a) Abgrenzung Vollmacht und Betreuungsverfügung versus Patientenverfügung

In der Praxis kommt es immer wieder vor, dass ein Angehöriger eines Patienten, der aktuell nicht einwilligungsfähig ist, stolz ein Papier vor sich her trägt mit den Worten: „Ich habe doch eine Patientenverfügung". Die Patientenverfügung ist aber eben keine Vollmacht. In ihr verfügt der Patient selbst, wie am Ende seines Lebens mit ihm vorgegangen werden soll. So weit ist es aber in diesen Fällen meist noch gar nicht.

Für die Zeit bevor die Frage eines Behandlungsabbruchs ansteht, sondern noch Behandlungen möglich und auch gewollt sind, braucht der einwilligungsunfähige Patient einen, der an seiner Stelle für ihn spricht. Und das ist entweder ein Bevollmächtigter oder ein Betreuer. Für den Fall, dass es zur Bestellung eines Betreuers kommt, können in einer Betreuungsverfügung Einzelheiten hierzu bestimmt werden.

b) Die Vorsorgevollmacht

Die Vorsorgevollmacht soll die Notwendigkeit der Bestellung eines Betreuers dadurch vollständig entbehrlich machen, dass der Betreute „in guten Tagen" für den Fall, dass er selbst seine Angelegenheiten nicht mehr zu regeln vermag, vorsorglich einem anderen oder auch mehreren anderen Vollmacht erteilt. Allerdings geschieht diese Bevollmächtigung nur „vorsorglich". Das heißt, die Vollmachtserteilung wirkt nicht sofort, sondern erst, wenn der Vorsorgefall eingetreten ist. Die Vollmacht ist, juristisch gesprochen, „aufschiebend bedingt".

Eben diese Bedingtheit ist es, die zu Schwierigkeiten bei der Arbeit mit einer Vorsorgevollmacht führen kann. Wer sie präsentiert muss immer mit der Frage rechnen, inwieweit die Bedingung (nämlich das derzeitige Unvermögen des Vollmachtgebers, selbst zu entscheiden) denn eingetreten ist und wie das nachgewiesen werden soll. Ein hausärztliches Attest ist immer gefährdet, als Gefälligkeitsattest abgetan zu werden. *Aus diesem Grund sollte, wenn immer möglich, statt einer Vorsorgevollmacht eine nicht bedingte Generalvollmacht erteilt werden.*

> Das Risiko des Vollmachtgebers lässt sich begrenzen. So kann er etwa die Vollmacht unter Verschluss halten. Dann muss er natürlich dafür Sorge tragen, dass der Bevollmächtigte „im Ernstfall" weiß, wo sich die Vollmacht befindet und auch auf sie zugreifen kann. Er kann den Bevollmächtigten im Innenverhältnis auch anweisen, von der Vollmacht erst Gebrauch zumachen, wenn der Vorsorgefall eingetreten ist.

Soll gleichwohl Vorsorgevollmacht erteilt werden, muss in dieser zum einen die Bedingung genannt sein, von deren Eintritt die Wirksamkeit der Vollmacht abhängen soll. Zum anderen sollte sie angeben, auf welche Weise der Eintritt dieser Bedingung festgestellt sein muss, bevor die Vollmacht in Kraft treten kann.

Als Bedingung ist üblich und zu empfehlen: „Eintritt eines Zustands, in dem ich nicht mehr in der Lage bin, eigenverantwortliche Entscheidungen zu treffen." Als

Nachweis, dass Entscheidungsunfähigkeit eingetreten ist und für den Fall des teilweisen Verlusts der Entscheidungsfähigkeit für deren Umfang sollte in der Vorsorgevollmacht die Vorlage eines entsprechenden psychiatrischen oder neurologischen Attests gefordert werden.

Das Wichtigste bei der Vorsorgevollmacht ist, dass sie zu gegebener Zeit dem Betreuungsgericht bekannt ist. Nur dann kann nämlich frühzeitig ein unnötiges Betreuungsverfahren vermieden werden, was ja gerade Sinn und Zweck der Vorsorgevollmacht ist. Um dem Betreuungsgericht die Möglichkeit zu geben, von dem Bestehen einer Vorsorgevollmacht Kenntnis zu erlangen, können gemäß § 78 a Bundesnotarordnung <u>alle</u> Vorsorgevollmachten, also nicht nur die notariell beurkundeten oder beglaubigten, im zentralen Vorsorgeregister der Bundesnotarkammer registriert werden,. Bei Einleitung eines Betreuungsverfahrens fragen die Betreuungsgerichte dort routinemäßig nach, ob eine Vorsorgevollmacht registriert ist.

Der Antrag auf Registrierung ist zu richten an die Bundesnotarkammer – Zentrales Vorsorgeregister – Postfach 08 01 51, 10001 Berlin. Für den Antrag ist ein Formular erforderlich, dass im Internet unter www.bmj.bund.de/files/-/2742/Formular%20P.pdf heruntergeladen werden kann. Auf der Homepage des Zentralen Vorsorgeregisters www.vorsorgeregister.de kann die Registrierung auch online vorgenommen werden. Die Vorsorgevollmacht selbst wird nicht an das Zentrale Vorsorgeregister übersandt. Es wird lediglich das Vorliegen einer Vorsorgevollmacht und deren wesentlicher Inhalt sowie Name und Anschrift des Bevollmächtigten erfasst. Die Gebühr für die Registrierung beträgt für Internet-Meldungen grundsätzlich 15,50 €. Sie sinkt auf 13 €, wenn die Gebührenrechnung im Lastschriftverfahren beglichen wird. Bei postalischen Anmeldungen erhöht sich diese Gebühren um 3 €.

Da die Vorsorgevollmacht selbst nicht bei dem Zentralen Vorsorgeregister hinterlegt wird, muss der darin benannte Bevollmächtigte sie entweder sofort erhalten oder zumindest wissen, wie er an die Vollmacht kommt, wenn der Vorsorgefall eingetreten ist.

Zur Vermeidung der Durchführung eines in diesen Fällen ja überflüssigen Betreuungsverfahrens ist jeder Besitzer einer Vorsorgevollmacht gesetzlich verpflichtet, dem Betreuungsgericht mitzuteilen, dass ihm Vollmacht erteilt ist, sobald er von der Einleitung eines Betreuungsverfahrens erfährt, § 1901 c Satz 2 BGB.

Vollmachten und damit auch Vorsorgevollmachten sind jederzeit widerruflich.[13] Gemäß § 130 II BGB gelten sie auch bei Eintritt geistigen Verfalls und mangels entgegenstehender Anhaltspunkte im Prinzip auch über den Tod hinaus fort.[14] Das OLG München hat entschieden, die Vorsorgevollmacht trage aufgrund ihres Charakters der Vorsorgeverfügung zugunsten des Vollmachtgebers ihren Ablauf mit

---

[13] Zur Widerruflichkeit sogenannter unwiderruflicher Vollmachten s. S. 118.
[14] BGH NJW 1969, 1243.

dessen Tod in sich.[15] Unter diesem Gesichtspunkt kann der häufig anzutreffende Zusatz, die Vollmacht gelte auch über den Tod hinaus, durchaus sinnvoll sein.

Was den Inhalt der Vorsorgevollmacht angeht, hat der Vollmachtgeber im Rahmen der Gesetze und der guten Sitten völlig freien Gestaltungsspielraum. Wenn er – was nahe liegt und daher durchaus zu empfehlen ist – Vorsorge auch für den Fall treffen möchte, dass er über

- seine Gesundheitsfürsorge,
- sein Aufenthaltsbestimmungsrecht,
- die Frage seiner eigenen geschlossenen Unterbringung und/oder ihn betreffender freiheitsentziehender Maßnahmen wie zum Beispiel Sicherung mit Gurten im Bett oder auf dem Stuhl oder
- die Entgegennahme und das Bearbeiten seiner Post

nicht mehr selbst entscheiden kann, sollte aus Gründen der Klarheit und der Rechtssicherheit darauf geachtet werden, dass diese „höchstpersönlichen" Bereiche ausdrücklich in der Vollmacht aufgeführt werden.

Angesichts der zahlreichen im Internet kursierenden Vorlagen für Vorsorgevollmachten wird davon abgesehen, einen eigenen Entwurf abzudrucken.

c) Die Generalvollmacht

Die Generalvollmacht unterscheidet sich von der Vorsorgevollmacht dadurch, dass ihre Wirksamkeit nicht vom Eintritt eines bestimmten Ereignisses abhängt, dass sie also sofort gilt.

d) Die Betreuungsverfügung

Anders als eine Vollmacht zielt eine Betreuungsverfügung, § 1897 IV 3 BGB, § 1901 c BGB, nicht auf die Vermeidung der Betreuerbestellung ab, sondern will für diesen Fall Anordnungen treffen.

Bsp. 2:

Für den Fall, dass ein Betreuer für mich bestellt werden muss, möchte ich, dass meine Nichte Lisa meine Betreuerin wird. Wenn sie die Aufgabe nicht wahrnehmen kann oder will, soll mein Sohn Jan Betreuer werden. Auf keinen Fall möchte ich, dass mein Bruder Hans Betreuer wird.

---

[15] NJW 2014, 3166 = BtPrax 2015, 36.

Die Regelungsmöglichkeiten sind aber keineswegs auf die Person des Betreuers beschränkt. Man kann praktisch alles in eine Betreuungsverfügung hineinnehmen, was man bei deren Niederlegung für regelungswürdig oder -bedürftig erachtet.

Bsp. 3:

Wenn ich in ein Heim muss, dann in das Luisenheim. Wenn das nicht geht, ein anderes Heim, aber auf gar keinen Fall in das Theresienstift.

Ich möchte, dass mein Enkel von meinem Geld jedes Jahr 50 € zu Weihnachten bekommt.

Meinen Garten soll mein Schwager pflegen und dafür im Jahr 200 € erhalten.

So lange es irgend geht, möchte ich weiterhin jedes Jahr mit meiner Schwester einmal im Jahr für drei Wochen nach Österreich in Urlaub fahren und wie bisher alle Kosten dafür übernehmen.

Ich möchte alle 14 Tage von einem Friseur (von einer Kosmetikerin) gepflegt werden.

Wie die Beispiele zeigen, können die Anordnungen in der Betreuungsverfügung sich entweder an den Richter wenden oder an den künftigen Betreuer.

Der Richter *soll* den Anordnungen in der Betreuungsverfügung entsprechen, es sei denn, dass entscheidende Gründe dagegen sprechen, § 1897 IV 3 BGB. Die Betreuungsverfügung ist für den Richter also *nicht absolut bindend*. Grund für diese Begrenzung der Bindungswirkung ist, dass sich ja seit Niederlegung der Betreuungsverfügung die ihr zugrunde liegenden Umstände geändert haben können.

Bsp. 4:

In hat sich der Betreute inzwischen mit seiner Nichte Lisa heillos zerstritten, der Sohn Jan, den er für die Vermögenssorge eingesetzt haben wollte, ist wegen Untreue und Betruges verurteilt worden. Mit seinem Bruder Hans hat er sich kurz vor dem Schlaganfall, der jetzt zur Notwendigkeit der Bestellung eines Betreuers führt, völlig ausgesöhnt.

Unter diesen Umständen würde die Bestellung von Lisa oder Jan den Interessen des Betreuten zuwiderlaufen, sodass sie nicht als Betreuer in Betracht kommen, § 1897 IV 1 BGB. Was den Bruder Hans angeht, ist anzunehmen, dass der Betreute an seinen früheren Erklärungen nicht mehr festhalten will, § 1897 IV 2 und 3 BGB, sodass gegen dessen Einsetzung als Betreuer nunmehr keine Bedenken mehr bestehen. Damit ist der Richter berechtigt, entgegen der Betreuungsverfügung die darin vorgeschlagenen Lisa und Jan zu übergehen, den darin ausdrücklich ausgeschlossenen Hans aber einzusetzen.

Das größte Problem für den Richter wäre in einem solchen Fall die *Beweislage:* er müsste die volle Überzeugung gewinnen, dass der Betreute sich mit Lisa heillos zerstritten und mit Hans vollständig ausgesöhnt hat. Eine gründliche Beweisaufnahme wäre unerlässlich. Das wahrscheinlichste Ergebnis wäre wohl, dass wegen unklaren Ergebnisses der Beweisaufnahme gar keiner der Benannten und unter Umständen ein ganz außenstehender Betreuer eingesetzt würde.

Bei den Anordnungen, die sich an den Betreuer richten, verhält es sich ähnlich. Er ist kraft Gesetzes verpflichtet, den Anordnungen Folge zu leisten, es sei denn, sie seien unzumutbar oder sie liefen den Interessen oder auch dem mutmaßlich geänderten Willen des Betreuten zuwider, § 1901 III BGB.

Bsp. 5:

In Bsp. 3 darf die Betreute wegen einer zwischenzeitlich eingetretenen Allergieerkrankung auf ärztlichen Rat hin nicht mehr nach Österreich reisen. Und den Enkel hat sie enterbt, weil sie seine ihrer Auffassung nach unstandesgemäße Verehelichung missbilligt.

Dann wird der Betreuer dem in der Betreuungsverfügung niedergelegten Reisewunsch nach Österreich nicht entsprechen, weil dies nunmehr dem Wohl der Betreuten zuwiderlaufen würde, § 1901 II 1 BGB. Und dem Enkel wird er die 50 € zu Weihnachten auch nicht mehr zukommen lassen, weil die Betreute an dieser Bestimmung erkennbar nicht mehr festhalten will, § 1901 II 2 BGB.
Ebenso wie eine Vollmacht kann auch eine Betreuungsverfügung selbstverständlich jederzeit abgeändert oder auch ganz aufgehoben werden.
Das würde etwa bei Konstellationen wie in Bsp. 5 und Bsp. 6 die dort bestehenden Beweisprobleme natürlich am besten lösen. Auf der anderen Seite gibt es bislang, soweit es bei Gericht bekannt wird, kaum Betreuungsverfügungen, deren Aufhebung oder Abänderung ist aber noch seltener. Es besteht also in der Tat Bedarf für die dargestellten Befugnisse für Richter und Betreuer, von der Betreuungsverfügung abzuweichen.
Wie bei der Erteilung einer Vollmacht ist es natürlich auch bei einer Betreuungsverfügung wichtig, dass das Gericht von ihr Kenntnis hat, wenn die Einleitung eines Betreuungsverfahrens ansteht. Dies kann sichergestellt werden durch die Registrierung einer solchen Verfügung im Zentralen Vorsorgeregister der Bundesnotarkammer. Dies ist ebenso möglich, wie bei einer Vorsorgevollmacht; die in dem vorstehenden Abschnitt zur Vorsorgevollmacht hierzu gemachten Ausführungen gelten für die Betreuungsverfügung entsprechend. Wichtig ist auch hier, dass dafür gesorgt wird, dass die Betreuungsverfügung zu gegebener Zeit dem Betreuungsgericht auch vorliegt. Denn im Zentralen Vorsorgeregister der Bundesnotarkammer ist nur ihre Registrierung möglich, nicht ab er ihre Hinterlegung.
Eine weitere Parallele zur Vorsorgevollmacht: Wer ein Schriftstück besitzt, in dem jemand für den Fall seiner Betreuung Vorschläge zur Auswahl des Betreuers oder Wünsche zur Wahrnehmung der Betreuung geäußert hat, hat es unverzüglich an das Betreuungsgericht abzuliefern, nachdem er von der Einleitung eines Verfahrens über die Bestellung eines Betreuers Kenntnis erlangt hat, § 1901 c Satz 1 BGB.

e) Formerfordernisse von Vorsorgeverfügungen und Vollmachten

Betreuungsverfügung, Vorsorge- und Generalvollmacht *unterliegen grundsätzlich keinem Formzwang*. Obschon sie gelegentlich auch als „Alterstestament" bezeichnet werden, müssen sie, anders als privatschriftliche Testamente,[16] auch nicht vollständig eigenhändig niedergeschrieben werden.[17] Wichtig sind eine klare Überschrift, eindeutige Inhalte und eigenhändige vollständige Unterschrift unter Angabe von Unterschriftsort und -datum.

Manchmal werden mehrere Seiten umfassende Betreuungsverfügungen präsentiert mit einem Unterschriftsbild, bei dem man schon Zweifel bekommen kann, ob der Unterzeichner das ganze auch nur gelesen geschweige denn verstanden hat. Wer solchen Zweifeln von vornherein den Boden entziehen will, kann auch eine Betreuungsverfügung notariell beurkunden lassen.

Abweichend von der prinzipiellen Formfreiheit sind Vollmachten, die ermächtigen

- zur Zustimmung zu Unterbringungen bzw. unterbringungsähnlichen Maßnahmen,
- zur Zustimmung zu ärztlichen Maßnahmen, die die Gefahr begründen, dass der Betreute durch sie stirbt oder einen schweren und länger dauernden gesundheitlichen Schaden erleidet und/oder
- zur Nichteinwilligung in medizinisch angezeigte Maßnahmen oder zu deren Abbruch, wenn die Unterlassung oder der Abbruch die Gefahr begründet, dass der Betreute durch sie stirbt oder einen schweren und länger dauernden gesundheitlichen Schaden erleidet

nur wirksam, wenn sie schriftlich erteilt sind und die genannten Bereiche ausdrücklich aufführen, §§ 1906 V, 1904 V BGB.

Weitere Ausnahmen von der für Vollmachten bestehenden grundsätzlichen Formfreiheit können dann gelten, wenn sie zur Vornahme von Rechtsgeschäften ermächtigen, die notariell beurkundet werden müssen, zum Beispiel zu Grundstücksgeschäften. Kommt dies in Betracht, sollte man sich von einem Notar beraten lassen, ob es aus Rechtsgründen erforderlich ist, die vorgesehene Vollmacht *notariell zu beurkunden*.

Darüber hinaus ist es sinnvoll, eine *notarielle Beurkundung* der Vollmacht zu erwägen, wenn die Vollmacht größere Vermögen betrifft, da eine notarielle Vollmacht im Rechtsverkehr praktisch nicht in Zweifel gezogen werden kann und auch tatsächlich kaum je in Zweifel gezogen wird, was bei einer privatschriftlich erstellten Vollmacht schon einmal passiert. Wird nicht nur die Unterschrift unter der Vollmacht notariell beglaubigt, sondern die Vollmacht vom Notar förmlich beurkundet, enthält diese Urkunde in aller Regel auch einen Hinweis darauf, dass der Notar sich

---

[16] Diese müssen *vollständig* handschriftlich erstellt sein, § 2247 BGB.
[17] Auch aus diesem Grund sollte die Bezeichnung als „Alterstestament" unterbleiben.

in einem Vorgespräch überzeugt hat, dass der Vollmachtgeber voll geschäftsfähig ist. Diese Klausel kann nachträglichen diesbezüglichen Zweifeln von vornherein jeden Boden entziehen.

Banken und Sparkassen erkennen privatschriftliche Vollmachten vielfach nur an, wenn sie auf entsprechenden von ihnen vorgehaltenen Vordrucken abgegeben werden. Um später unnötige Auseinandersetzungen zu vermeiden, sollte man dann eben die entsprechenden Vordrucke einsetzen. Eine notarielle Beglaubigung oder Beurkundung wird von den Banken regelmäßig nicht verlangt und ist, wenn es nur um alltägliche Bankgeschäfte geht, im Allgemeinen nicht erforderlich. Soweit es um *Postempfangsvollmacht* geht, insbesondere für eingeschriebene oder sonst nachzuweisende Briefsendungen, ist bei der Post nachzufragen, ob dort die Verwendung bestimmter Formulare vorgesehen ist. Notariell beurkundete Vollmachten werden auch hier stets anerkannt.

> Kreditinstituten, die mutwillig privatschriftlichen Vollmachten die Anerkennung verweigern, können aber die Kosten des daraufhin eingeleiteten Betreuungsverfahrens auferlegt werden, LG Hamburg, 301 T 280/17.

6. Der Kontrollbetreuer

Die Möglichkeit, durch, auch entsprechend umfassende, Vollmachten die Bestellung eines Betreuers zu vermeiden, ist allerdings nicht absolut. Denn wenn der Betreute, etwa wegen geistigen Verfalls, nicht mehr in der Lage ist, den Bevollmächtigten sachgerecht zu überwachen, kann vom Gericht ein sogenannter Kontrollbetreuer bestellt werden, § 1896 III BGB. Dessen Aufgabe besteht dann darin, anstelle des hierzu nicht mehr fähigen Betreuten den Bevollmächtigten zu überwachen. Diese Überwachung schließt die Befugnis ein, die Vollmacht zu widerrufen; dies setzt allerdings voraus, dass diese Befugnis ausdrücklich in den Aufgabenkreis der Betreuung aufgenommen wurde.[18] Nach dem Widerruf der Vollmacht wird dann in der Regel die Bestellung eines „normalen" Betreuers erforderlich werden.

Als Beispiel hierzu folgender, redaktionell leicht nachbearbeitete, Beschluss aus der Praxis des Autors.[19] Hierbei war die Bevollmächtigte zunächst als Betreuerin eingesetzt worden, weil das Gericht von der Vollmacht keine Kenntnis hatte.

Fall 9:

In dem Betreuungsverfahren für Frau A. S. wird hiermit die derzeit bestehende Betreuung aufgehoben. Zugleich wird als Kontrollbetreuerin der bisherigen Betreuerin und jetzigen Bevollmächtigten der Betreuten eingesetzt Frau Rechtsanwältin S. Die Kontrollbetreuerin führt diese Kontrollbetreuung berufsmäßig.

---

[18] Palandt-*Götz* § 1896 BGB Rdnr. 23, BGH BtPrax 2015, 241.
[19] Veröffentlicht in BtPrax 2004, 118.

Die mit Beschluss vom 18.06.2003 eingerichtete Ergänzungsbetreuung wird ebenfalls aufgehoben.

Gründe:
I. Für die jetzt 91-jährige Betreute wurde unter dem 20.10.1999 mit ihrer ausdrücklichen Zustimmung ihre Nichte als Betreuerin bestellt. Der Aufgabenkreis der Betreuung umfasst u. a. die Vermögenssorge. Die Betreute hat zu der Betreuerin ein besonders enges Vertrauensverhältnis: sie hat sie aufgezogen, sieht sie noch heute wie ein eigenes Kind, unterstützt sie seit jeher finanziell und hat schriftlich verfügt, dass diese Unterstützung andauern soll, so lange sie, die Betreute, lebt.

Da die Betreuerin gerichtliche Berichtsanforderungen im Rahmen der Betreuung beharrlich ignoriert, hatte das Gericht zu prüfen, ob sie ungeachtet des engen Vertrauensverhältnisses der Betreuten zu ihr aus dem Amt der Betreuerin zu entlassen ist. Zur Wahrung der Interessen der Betreuten hatte das Gericht mit Beschluss vom 18.06.2003 eine Ergänzungsbetreuerin bestellt mit dem Aufgabenkreis „Vertretung der Betreuten im Verfahren zum eventuellen Wechsel in der Betreuung".

II. An sich wäre die bisherige Betreuerin zu entlassen. Denn es hat sich herausgestellt, dass sie für dieses Amt ungeeignet ist.

Sie wurde vom Amtsgericht unter dem 15.08.2002 zur Vorlage von Unterlagen über das Vermögen der Betreuten aufgefordert. Nachdem sie hierauf unter dem 20.08.2002 mitgeteilt hatte, derzeit aus beruflichen Gründen am Erscheinen bei Gericht während der üblichen Öffnungszeiten verhindert zu sein, war sie unter dem 27.08.2002 auf die Möglichkeit hingewiesen worden, die Unterlagen per Post zu übersenden oder in den Nachtbriefkasten des Gerichts einzuwerfen. Unter dem 26.09.2002 wurde sie an die Erledigung erinnert. Unter dem 29.10.2002 erfolgte eine als „letztmalig" bezeichnete Erinnerung. Unter dem 18.12.2002 antwortete die bisherige Betreuerin aus familiären Gründen und weil die angeforderten Unterlagen derzeit anderwärts benötigt würden, sei ihr derzeit eine Übersendung nicht möglich. In der Folgezeit geschah weiterhin nichts. Unter dem 13.02.2003 wurde die bisherige Betreuerin abermals und wieder erfolglos an die Erledigung der gerichtlichen Aufforderung erinnert.

In der Folgezeit wurde die bisherige Betreuerin unter dem 04.06.2003 schriftlich darauf hingewiesen, dass aufgrund ihrer Missachtung der gerichtlichen Anforderungen von Vermögensunterlagen beabsichtigt sei, die Vermögenssorge einem anderen Betreuer zu übertragen. Hierauf reagierte die bisherige Betreuerin mit Schreiben vom 15.06.2003 mit mannigfaltigen Erklärungen, aber weiterhin ohne Vorlage der angeforderten Belege. Jetzt wurde der bisherigen Betreuerin ein Anhörungstermin für den 17.10.2003 gegeben. Diesen sagte sie mit einem am 16.10.2003 bei Gericht eingehenden Schreiben vom 15.10.2003 ab. Eine als nächstes ergehende Aufforderung des Gerichts zur Rechnungslegung vom 17.10.2003 blieb trotz einer Erinnerung vom 24.11.2003 unbeachtet. Auch eine Aufforderung der vom Gericht eingesetzten Ergänzungsbetreuerin, Rechnung zu legen, war erfolglos geblieben. Einen nach Dezernatswechsel von dem nunmehr zuständigen Richter anberaumten neuen Anhörungstermin für den 23.01.2004 sagte die bisherige Betreuerin mit einem am selben Tag bei Gericht eingegangenen Schreiben vom 22.01.2004 ab. Zu dem daraufhin für den 27.02.2004 anberaumten weiteren Anhörungstermin ist die bisherige Betreuerin unentschuldigt nicht erschienen.

Dieses Gesamtverhalten der bisherigen Betreuerin würde ihre Entlassung erfordern, ohne dass es weiterer Worte bedürfte.

III. Die bisherige Betreuerin hat aber unter dem 06.09.2003 eine kurz zuvor aufgefundene umfassende Vollmacht der Betreuten vom 14.09.1991 (also acht Jahre vor der erstmaligen Betreuerbestellung) vorgelegt, sodass die gesamte Betreuung jetzt nicht mehr erforderlich und daher aufzuheben ist.

IV. Eine Verständigung mit der Betreuten zu Betreuungsfragen ist nach dem Ergebnis der richterlichen Anhörung vom 03.06.2003 nicht mehr möglich. Das Gericht hatte deshalb auch mit Beschluss vom 18.06.2003 eine Ergänzungsbetreuerin mit dem Aufgabenkreis „Vertretung der Betreuten im Verfahren zum eventuellen Wechsel in der Betreuung" eingesetzt, was von der Aufgabenstellung her einer Verfahrenspflegschaft entspricht. Auch die Ergänzungsbetreuerin/Verfahrenspflegerin ist, wie sie mit Schreiben vom 12.08.2003 mitteilt, zu dem Ergebnis gekommen, dass die bisherige Betreuerin als Betreuerin ungeeignet ist.

Die Umstände,

a) dass mit der Betreuten keine Verständigung in Betreuungsfragen mehr möglich ist, sodass
b) zur Wahrung ihrer Interessen eine Verfahrenspflegschaft eingerichtet werden musste und dass
c) die jetzt als Bevollmächtigte agierende bisherige Betreuerin sowohl vom Gericht als auch von der Ergänzungsbetreuerin/Verfahrenspflegerin als Betreuerin ungeeignet eingestuft wurde,

erfordern jedoch gemäß § 1896 III BGB die Bestellung eines Kontrollbetreuers, der die Überwachungs- und Rechnungslegungsrechte der Betreuten gegenüber der Bevollmächtigten für diese wahrnimmt, weil diese selbst dies, wie ausgeführt, nicht mehr selbst tun kann.

Es erschien sachgerecht, diese Aufgabe der bisherigen Ergänzungsbetreuerin/Verfahrenspflegerin zu übertragen, die mit der Angelegenheit vertraut und dem Gericht seit vielen Jahren als erfahrene Berufsbetreuerin bekannt ist.

Die Kontrollbetreuerin wird ausdrücklich darauf hingewiesen, dass sie, soweit die Bevollmächtigte sich weiterhin der Zusammenarbeit verweigert, berechtigt und gegebenenfalls auch verpflichtet ist, die von der Betreuten erteilte Vollmacht zu widerrufen [BayObLG FamRZ 1994, 1550 ...]. Da dann wieder eine Betreuung einzurichten wäre, müsste ein solcher Widerruf umgehend dem Gericht mitgeteilt werden.

Nachdem die Bevollmächtigte in der Folgezeit beharrlich die Zusammenarbeit auch mit der Kontrollbetreuerin verweigerte, widerrief diese die Vollmacht und wurde sodann vom Gericht als Betreuerin eingesetzt.

Die Kontrollbetreuung wirkt vielleicht auf denjenigen befremdlich, der durch Vollmachtserteilung eine Betreuung vollständig vermeiden wollte. Durch sie soll aber verhindert werden, dass eine bei Verfall des Vollmachtgebers ja gänzlich überwachungsfreie Vollmacht missbraucht wird. Der Kontrollbetreuer tritt auch nicht an Stelle des Bevollmächtigten, er kann insbesondere nicht an dessen Stelle Verfügungen über die Angelegenheiten des Betreuten treffen. Ein korrekter Bevollmächtigter wird durch den Kontrollbetreuer auch durchaus entlastet. Denn wenn nach dem Tod des Betreuten dann Erben den Bevollmächtigten des Vollmachtsmissbrauchs bezichtigen, kann der Kontrollbetreuer für ihn eine nicht unwichtige Hilfe sein.

In ganz krassen Missbrauchsfällen kommt die Einsetzung eines gerichtlichen Betreuers trotz bestehender Vollmacht in Betracht, der dann kraft seiner Befugnis, den Betreuten zu vertreten, sogar die Vollmacht widerrufen kann. Diese Möglichkeit besteht, wenn durch die bestehende Vollmacht die Angelegenheiten nicht „ebenso gut" wie durch einen Betreuer geregelt werden können, § 1896 II 2 BGB. Das ist bei konkreter Missbrauchsgefahr der Fall.

Allerdings führt die Einsetzung des Betreuers selbst nicht zum Erlöschen der Vollmacht. Dies setzt den Widerruf der Vollmacht voraus. Ansonsten kommt es nämlich lediglich zu einer Nebeneinander-Vertretungs-Befugnis zwischen Bevollmächtigten und Betreuer, der Bevollmächtigte kann also weiter verfügen – und die Missbrauchsgefahr besteht fort.

In dem nachfolgend geschilderten Fall kam es sogar zu Widerruf einer von der Betreuten erteilten Vollmacht unmittelbar durch den Richter:

Fall 10:

Ein Altenheim ruft bei Gericht an. Eine Angehörige, die auch im Besitz einer Vollmacht sei, habe sich angemeldet und aufgrund der Vollmacht die Abholung der über mehrere 10.000 DM lautenden Sparbücher der Betreuten angekündigt. Mit der Betreuten selbst war keine Verständigung mehr möglich. Es war nicht ersichtlich, weshalb die Angehörige die Sparbücher wollte und inwieweit das den Interessen der Betreuten etwa hätte dienen sollen.

Es erschien unabweisbar, bis zur Klärung des Hintergrundes das Vermögen der Betreuten wirkungsvoll zu sichern. Aufgrund der Eilbedürftigkeit war es nicht mehr möglich, einen Betreuer einzusetzen. Damit war die Notvertretungsbefugnis des Richters gemäß § 1846 BGB gegeben, die es ihm gestattet, selbst als gesetzlicher Vertreter der Betreuten tätig zu werden. In Ausübung dieser Vertretungsbefugnis widerrief in diesem Fall der Richter die von der Betreuten erteilte Vollmacht.

Die genannte Angehörige bestellte einen Anwalt, der auch Auskunft erhielt. Weder der Anwalt noch die Angehörige haben sich in dieser Sache wieder bei Gericht gemeldet.

In der 1. Auflage wurde ein derartiger Sachverhalt noch als einzig in der langjährigen Praxis des Autors bezeichnet. Inzwischen sind (allerdings immer noch sehr wenige) vergleichbare Fälle hinzugekommen, z. B. Fall 31, S. 117.

Eine Kontrollbetreuung ist umständlich: der Kontrollbetreuer überwacht den Bevollmächtigten, das Betreuungsgericht überwacht den Kontrollbetreuer. Eine Möglichkeit, die Sache zu vereinfachen, besteht darin, den Bevollmächtigten zusätzlich noch als Betreuer einzusetzen. Dies dürfte dann doch dem Willen des Vollmachtgebers recht nahe kommen, unterstellt den Bevollmächtigten aber wenigstens einer gewissen, nämlich der für jeden Betreuer geltenden, betreuungsgerichtlichen Überwachung.

Dieser Vorschlag steht zwar in Widerspruch zu § 1896 II 2 BGB, wird aber, wenn der Bevollmächtigte damit einverstanden ist, trotzdem zulässig sein. Zusätzliche Aufwendungen für den Betreuten entstehen nicht, weil die ehrenamtliche Betreuung für ihn keine höheren Kosten auslöst als die ehrenamtliche Kontrollbetreuung.

Bei einfach gelagerten Vermögensverhältnissen hat das Betreuungsgericht nach der ersten Rechnungslegung die Möglichkeit, für die Zukunft Rechnungslegung nur noch alle drei Jahre anzuordnen, §§ 1908i I 1,[20] 1840 IV BGB. Das vermindert die Belastung des als Betreuer eingesetzten Bevollmächtigten noch weiter.

> Der Ehegatte, die Eltern und die Abkömmlinge des Betreuten im Betreueramt sind von der allgemeinen Rechnungslegungspflicht vollständig befreit, §§ 1908i II 2, 1857a, 1854 BGB. Zur Erteilung der Schlussrechnung gem. § 1890 BGB sind allerdings auch die genannten Angehörigen verpflichtet.[21] Das Betreuungsgericht kann diese Befreiung aber im Einzelfall aufheben, § 1908i II 2 BGB.

Die Unfähigkeit des Betroffenen zur Vollmachtsüberwachung allein rechtfertigt noch nicht die Bestellung eines Kontrollbetreuers. Es müssen konkrete Anhaltspunkte für die Notwendigkeit einer Überwachung des Bevollmächtigten vorliegen. Diese stehen insbesondere infrage, wenn der Betroffene zwei Bevollmächtigte eingesetzt hat, die sich gegenseitig kontrollieren oder von denen einer den andren überwacht.[22]

---

7. Der Verfahrenspfleger

a) Notwendigkeit und Entbehrlichkeit des Verfahrenspflegers im Betreuungsverfahren

Personen, für die ein Betreuer bestellt werden muss, sind häufig nicht mehr in der Lage, selbst dem Betreuungsverfahren zu folgen, dem Gericht gegenüber Anträge zu stellen oder sonst ihre Rechte ausreichend wahrzunehmen. Aus diesem Grund

---

[20] Soweit §§ des BGB zitiert werden, in denen von „Familiengericht", „Vormund" oder „Mündel" die Rede ist, die gemäß § 1908i I 2 BGB auch im Betreuungsrecht gelten, wird aus Gründen der leichteren Lesbarkeit § 1908i I 1 BGB nicht immer mitzitiert.

[21] Palandt-*Götz* § 1854 BGB Rdnr. 1.

[22] *G. Müller* in Beck-OK § 1895 BGB Rdnrn. 45 und 46.

hat das Gericht als Sachwalter der Interessen des Betreuten im Betreuungsverfahren einen Verfahrenspfleger zu bestellen, „wenn dies zur Wahrnehmung seiner Interessen erforderlich ist", § 276 I 1 FamFG.

Nach § 276 I 2 FamFG ist das *in der Regel* der Fall,

(1) wenn von der persönlichen Anhörung des Betreuten abgesehen werden soll, weil von ihr erhebliche Nachteile für seine Gesundheit ausgehen könnten, § 278 IV FamFG in Verbindung mit § 34 II FamFG, oder wenn

(2) Gegenstand des Verfahrens die Bestellung eines Betreuers zur Besorgung aller Angelegenheiten des Betreuten oder die Erweiterung des Aufgabenkreises hierauf ist.

Wenn der Betreute selbst einen Rechtsanwalt oder eine andere geeignete Person als Bevollmächtigten bestellt, soll die Bestellung eines Verfahrenspflegers unterbleiben oder eine bereits bestehende Verfahrenspflegschaft aufgehoben werden, § 276 IV FamFG. Denn in diesen Fällen ist die Wahrnehmung der Interessen des Betreuten auch ohne Verfahrenspflegschaft gewährleistet.

Für die Kosten des Rechtsanwalts kann gem. §§ 76 – 78 FamFG *Verfahrenskostenhilfe* (entspricht der Prozesskostenhilfe in der ZPO) gewährt werden.

Von der Bestellung eines Verfahrenspflegers kann aber auch in diesen Fällen abgesehen werden, wenn ein Interesse des Betreuten an der Bestellung des Verfahrenspflegers „offensichtlich" nicht besteht, § 278 II 1 FamFG. Diese Nichtbestellung ist zu begründen, § 278 II 2 FamFG.

In diesem Sinne kann z. B. von der Beteiligung eines Verfahrenspflegers abgesehen werden, wenn mit dem Betreuten dauerhaft keinerlei Verständigung mehr möglich ist und keinerlei Verwandte (die etwa weitere Auskünfte über Wünsche des Betreuten geben könnten) bekannt oder erreichbar sind. Ebenso kann die Bestellung eines Verfahrenspflegers unterbleiben, wenn die Familienverhältnisse geordnet sind und Familie und Betreuter (mit seinem Restwillen) der Betreuung zustimmen. Schließlich kann auf einen Verfahrenspfleger verzichtet werden, wenn die zu treffende Entscheidung mit solcher *Evidenz* geboten ist und auch keine Entscheidungsalternativen bestehen, so dass auch die Beteiligung eines Verfahrenspflegers zu keiner anderen Entscheidung führen könnte.

Ist über die *Genehmigung einer Sterilisation* zu entscheiden, ist ohne jede Ausnahme stets ein Verfahrenspfleger zu bestellen, § 297 V FamFG. Einzige Ausnahme ist hier, wenn der Betreute durch einen Rechtsanwalt oder einen anderen geeigneten Bevollmächtigten vertreten ist.

Der Verfahrenspfleger hat eine ähnliche Stellung, wie der Pflichtverteidiger im Strafprozess: er soll als Vertreter des Betreuten darauf achten, dass die gesetzlichen Rechte des Betreuten eingehalten werden. Er kann Anregungen für bestimmte Ermittlungen des Gerichts geben und soll die Wünsche des Betreuten sachgerecht vortragen.

Um ihn in dieser Freiheit zu schützen, können ihm niemals Kosten auferlegt werden, §§ 276 VII, 317 VII FamFG.

Seine Bestellung endet, falls sie nicht vorher aufgehoben wird, kraft Gesetzes mit Rechtskraft der Entscheidung, für die er bestellt ist, § 276 V FamFG – aber auch erst dann! Der Verfahrenspfleger ist also nicht nur zur Einlegung von Rechtsmitteln befugt (dies ergibt für die Beschwerde sich ausdrücklich aus § 303 III und § 335 II FamFG), sondern auch zur Vertretung des Betreuten in der Rechtsmittelinstanz, ohne dass es einer erneuten Bestellung bedarf. Denn erst nach Erledigung aller Rechtsmittel ist die angefochtene Entscheidung rechtskräftig.

b) Der ehrenamtliche Verfahrenspfleger

Das FamFG hält an dem durch das 2. BtÄndG eingeführten Grundsatz fest, dass die Verfahrenpflegschaft in der Regel ehrenamtlich geführt werden soll. Ein Berufsverfahrenspfleger soll nur bestellt werden, wenn kein geeigneter ehrenamtlicher Verfahrenspfleger zur Verfügung steht, §§ 276 III, 317 III FamFG.

Die in den Vorauflagen gegen die entsprechenden Bestimmungen des FGG erhobenen Bedenken werden mit Nachdruck aufrechterhalten. Die ehrenamtliche Verfahrenspflegschaft ist, jedenfalls für Betreuungsrichter die, wie der Autor, Verfahrenspfleger nicht routinemäßig einsetzen, sondern nur bei konkretem Anlass, verfehlt. Wenn etwa ein durchaus noch vorhandener Wille des Betreuten massiv gebrochen werden muss, wenn eine Zwangsunterbringung voraussichtlich die Anwendung unmittelbaren Zwanges erfordert, ist ein Gelegenheitsverfahrenspfleger regelmäßig überfordert und damit fehl am Platze. Hier bedarf es eines Rechtsanwalts oder eines Berufsbetreuers, der fachärztliche Gutachten zu bewerten vermag, Alternativen aufzeigen kann und auch den Richter einmal ernsthaftinfrage stellt. Es mag im Einzelfall erfahrene ehrenamtliche Betreuer geben, die auch so handeln könnten. Aber sie sind selten und oft längst ins Berufsbetreuerlager gewechselt. Im Übrigen ist es in den dargestellten Fällen auch nicht zumutbar, die Verfahrenspflegschaft unentgeltlich zu fordern.

Bei rein routinemäßigem Einsatz von Verfahrenspflegern, etwa bei Demenzpatienten, wo überhaupt kein Wille mehr feststellbar ist, der gebrochen werden könnte, da mag ein ehrenamtlicher Verfahrenspfleger ausreichen. Der Autor zieht es vor, in solchen Fällen, auf die Beteiligung eines Verfahrenspflegers zu verzichten, weil dann ein Interesse des Betreuten an der Bestellung eines Verfahrenspflegers offensichtlich nicht besteht, § 276 II 1, FamFG, im Ergebnis ähnlich auch in Unterbringungsverfahren, § 317 I FamFG. Diese Entscheidung ist zu begründen, §§ 276 II 2, 317 II FamFG. *Dem Grunde nach ist die Wahrung der Interessen des Betreuten nämlich Kernaufgabe des Betreuungsrichters (und auch des Betreuungsrechtspflegers).* Das ist doch der Grund, dass unabhängige Organe zu entscheiden haben! Dann aber hat die Verfahrenspflegschaft Bedeutung und damit auch Berechtigung nur in Fällen von erheblichem Gewicht und damit eben von solcher Schwierigkeit, sodass sie mehr fordern, als der ehrenamtliche Verfahrenspfleger leisten kann und ihm billigerweise abverlangt werden darf.

c) Die Entschädigung des Verfahrenspflegers

Der ehrenamtliche Verfahrenspfleger erhält Aufwendungsersatz, §§ 277 I 1, 318 FamFG. Soweit die Betreuungsbehörde oder ein Betreuungsverein als Verfahrenspfleger bestellt werden, erhalten diese keinen Aufwendungsersatz, §§ 277 I 2, 318 FamFG.

Der Berufsverfahrenspfleger erhält gemäß § 277 II 2, 318 FamFG zusätzlich zum Aufwendungsersatz gemäß §§ 1, 2 und 3 I und II Vormünder- und Betreuervergütungsgesetz (VBVG) Vergütung nach konkret angefallenen Stunden zuzüglich Mehrwertsteuer und Auslagenersatz wie der berufliche Ergänzungs- und Sterilisationsbetreuer (s. S. 100).

Wie beim Berufsbetreuer muss auch beim Verfahrenspfleger ausdrücklich bestimmt werden, dass er die Verfahrenspflegschaft berufsmäßig führt, § 1836 I 2 BGB analog.

Kapitel 3 Der Aufgabenkreis der Betreuung

Neben den „Grundaufgabenkreisen" Vermögenssorge, Gesundheitsfürsorge und Aufenthaltsbestimmungsrecht sind in vielen Fällen als weitere Aufgabenkreise „Vertretung des Betreuten gegenüber Heimleitung und Behörden" sowie „Entgegennahme und Öffnen der Post des Betreuten" erforderlich. Der Erforderlichkeitsgrundsatz bedeutet nämlich auch, dass der Aufgabenkreis nicht hinter den Erfordernissen zurückbleiben darf. Das Aufenthaltsbestimmungsrecht gibt dem Betreuer (außer in Eilfällen) keine Zwangsbefugnisse, diese sind dem Richter vorbehalten. Der den Betreuten am meisten belastende Eingriff ist nicht die Anordnung der Betreuung selbst, sondern die Wohnungsauflösung zwecks Verlegung in ein Heim. Der Aufgabenkreis „alle Angelegenheiten" hat vor allem dadurch Bedeutung, dass durch seine Anordnung das Wahlrecht erlischt. Ein Einwilligungsvorbehalt (selten) führt zur Unwirksamkeit von Verfügungen des Betreuten ohne Einwilligung des Betreuers.

1. Allgemeines zum Aufgabenkreis

a) Der Grundaufgabenkreis: Vermögenssorge, Aufenthaltsbestimmungsrecht und Gesundheitsfürsorge

Vor dem Inkrafttreten des Betreuungsgesetzes fanden sich häufig nur zwei Aufgabenkreise (damals Wirkungskreise genannt): die Vermögenssorge und die Personensorge. Dabei betraf die Vermögenssorge die Geldangelegenheiten und die Personensorge alles andere. Diese Zweiteilung gründet in § 1626 I BGB, wo die elterliche Sorge in diese beiden Bestandteile Vermögens- und Personensorge aufgeteilt ist.

Im Betreuungsrecht ist der Begriff der Personensorge nicht mehr üblich,[1] man findet ihn aber gelegentlich noch vor. Grund für die Preisgabe dieses Begriffs ist

---

[1] Die Aufgabenkreisbezeichnung Personensorge findet sich jetzt wieder in der neuen Verfahrensnorm § 293 II 2 FamFG.

© Springer-Verlag GmbH Deutschland, ein Teil von Springer Nature 2019
J. Seichter, *Einführung in das Betreuungsrecht*,
https://doi.org/10.1007/978-3-662-57498-0_3

seine Undifferenziertheit: Bei Personensorge als Universalbegriff, der mit Ausnahme der Geldangelegenheiten alles andere umfasst, ist mit dem Erforderlichkeitsgrundsatz und dem daraus abgeleiteten Verbot der Vorratsbetreuung[2] nicht vereinbar.

Auf der anderen Seite haben sich Bemühungen, enge, möglichst konkrete Aufgabenkreise zu definieren, um dem Erforderlichkeitsgrundsatz zu genügen, nicht bewährt. Aufgabenkreise wie „Versorgung des Betreuten mit Grundnahrungsmitteln" oder „Vertretung des Betreuten gegenüber dem Krankenhaus, in dem er gerade behandelt wird" sind unpraktikabel. Besteht der Bedarf, Heizöl zu bestellen oder im Anschluss an den Krankenhausaufenthalt den Hausarzt einzuschalten muss der Betreuer entweder über seinen Aufgabenkreis hinaus tätig werden oder das Gericht sieht sich unentwegt mit der Notwendigkeit, Erweiterungsbeschlüsse zu fassen, konfrontiert. In den meisten Fällen, in denen der Betreute je entweder nicht mehr äußerungsfähig oder aber mit der Hilfe durch einen Betreuer äußerst einverstanden ist, würde solche Entführung zu erheblichem bürokratischen Aufwand bei vorhersehbarem Ergebnis führen, Aufwand, von dem insbesondere der Betreute nichts hat. Die reine Lehre des Erforderlichkeitsgrundsatzes ist in der Praxis nicht durchzuhalten.

Es hat sich daher weitgehend durchgesetzt, den Aufgabenkreis des Betreuers mit drei Teilaufgabenkreisen zu umschreiben („betreuungsrechtlicher Dreiklang"), wobei in den meisten Fällen alle drei Teilaufgabenkreise angeordnet werden: Vermögenssorge, Aufenthaltsbestimmungsrecht und Gesundheitsfürsorge.

> Wenn man überlegt, wofür der Betreuer dann eigentlich noch unzuständig ist, bleibt nicht mehr viel übrig und der Erforderlichkeitsgrundsatz geht dahin.

Dies gilt erst recht, wenn der Betreuungsrichter unter *Vermögenssorge* alles versteht, was irgendwie mit Geld und Vermögen zu tun hat: Miet- und Arbeitsrecht, Rentenangelegenheiten, Vertretung im Scheidungsverfahren werden dann ohne weiteres als Teil der Vermögenssorge aufgefasst und werden bei der Beschreibung des Aufgabenkreises nicht besonders erwähnt. Viele Gerichte erwähnen jeden dieser einzelnen Bereiche gesondert.

> Aufgrund dieser so unterschiedlichen Praxis der einzelnen Gerichte ist im Zweifelsfall Rückfrage bei dem Gericht, bei dem die betreffende Betreuung geführt wird, erforderlich.

Auch was das *Aufenthaltsbestimmungsrecht* angeht, sehen einige Gericht darin ohne besonderen Ausspruch zugleich die Zuständigkeit auch für Unterbringungs- und unterbringungsähnliche Maßnahmen gemäß § 1906 BGB mit enthalten, andere fügen das eigens hinzu.

Am einheitlichsten wird der Begriff der *Gesundheitsfürsorge* aufgefasst, aber auch hier fügen einige Gericht eigens hinzu „einschließlich der Zustimmung zu

---

[2] Vgl. S. 84.

ärztlichen Heilmaßnahmen", wobei sich dann schon die Frage stellt, was eigentlich Gesundheitsfürsorge ohne die Befugnis zur Zustimmung zu ärztlichen Heilmaßnahmen sein soll.

b) Die sinnvollen Ergänzungen: Vertretung gegenüber Heim und Behörden sowie Postangelegenheiten

Auch bei weiter Auslegung der Grundaufgaben Vermögenssorge, Aufenthaltsbestimmungsrecht und Gesundheitsfürsorge lässt sich der Bereich *„Vertretung des Betreuten gegenüber dem Heim"* darin schwer einordnen. Der Betreuer eines Heimbewohners sollte deshalb darauf achten, dass die Vertretung des Betreuten gegenüber dem Heim in seinen Aufgabenkreis aufgenommen wird.

> Bei Auseinandersetzungen mit Heimen ist es nämlich schon passiert, dass diese mit dem Hinweis, die Vertretung des Betreuten in Heimangelegenheiten sei nicht vom Aufgabenkreis des Betreuers umfasst, darauf beharrten, der Betreuer sei gar nicht legitimiert, insoweit für den Betreuten zu handeln. Dabei kann dieser Aufgabenbereich für einen Heimbewohner der wesentlichste überhaupt sein.

Um derlei Unklarheiten gar nicht erst aufkommen zu lassen, ist daher dringend anzuraten, auf die ausdrückliche Aufnahme dieses Aufgabenbereiches in den Betreuungsbeschluss hinzuwirken.

Ebenso sinnvoll ist die Aufnahme des Aufgabenbereichs der *Vertretung des Betreuten gegenüber Behörden*. Pass-Angelegenheiten, Steuererklärungen, Ummeldungen, Briefwahlanträge, all das kann kaum als von der Vermögenssorge umfasst angesehen werden, ist aber ohne weiteres in der „Vertretung gegenüber Behörden" enthalten.

Die Postangelegenheiten, meist bezeichnet als „Befugnis, die Post des Betreuten zu öffnen und zu bearbeiten", muss angesichts des hohen Ranges des Briefgeheimnisses kraft ausdrücklicher gesetzlicher Regelung stets als eigener Aufgabenbereich aufgeführt werden, § 1896 IV BGB. Dieser an sich honorige Respekt vor dem Briefgeheimnis führt aber dazu, dass dieser Aufgabenbereich viel zu selten eingesetzt wird. Die verfassungsrechtlich weit fragwürdigere Folge dieser Unterlassung in der Praxis ist dann aber, dass Heimmitarbeiter, Angehörige oder auch der Betreuer unbefugt die Post erledigen, weil es eben nicht anders geht. Aus diesem Grund sollte in entsprechend klaren Fällen der Betreuer vor einem Antrag, den Aufgabenkreis auf die Postvollmacht zu erstrecken, ebenso wenig zurückschrecken wie der Betreuungsrichter vor einer diesem Antrag stattgebenden Entscheidung. *Hier gilt ein weiteres Mal, dass das Unterlassen einer sachgemäßen Erweiterung des Aufgabenkreises eine schwerwiegendere Beeinträchtigung der Rechte des Betreuten bedeuten kann als deren Anordnung.* Bei Betreuten, die noch in der Lage sind, private Post selbständig zur Kenntnis zu nehmen, hat sich aber folgende Einschränkung bewährt:

> Der Aufgabenkreis der Betreuung umfasst … die Entgegennahme und das Öffnen der an den Betreuten adressierten Post <u>mit Ausnahme von Post äußerlich erkennbar rein privaten Inhalts.</u>

Nach einigen Monaten verliert die betreuungsrechtliche Postvollmacht meist ihre Bedeutung: der Betreuer hat sich in dieser Zeit den Absendern relevanter Post gegenüber legitimiert und dafür gesorgt, dass die Post nicht mehr an den Betreuten, sondern an den Betreuer direkt als gesetzlichen Vertreter des Betreuten adressiert wird. Derlei Post darf der Betreuer ohne weiteres entgegennehmen und öffnen, der betreuungsrechtlichen Postvollmacht bedarf es nicht mehr.

Vereinzelt gibt es Ämter und Versicherungen, die diesen Weg ablehnen. Diese Weigerung entspricht zwar nicht der Rechtslage, man wird aber schwerlich einen Rechtsstreit darüber führen. In diesen Fällen mag es dann bei der betreuungsrechtlichen Postvollmacht bleiben.

c) Der Erforderlichkeitsgrundsatz

Nach § 1896 II 1 BGB darf ein Betreuer nur für Aufgabenkreise bestellt werden, in denen die Betreuung erforderlich ist („Erforderlichkeitsgrundsatz"). Dieser Grundsatz ist ja gut gemeint: Die Selbständigkeit des Betreuten soll weitestmöglich erhalten werden. Allerdings ist in der Vielzahl der Betreuungsfälle der Betreute rein tatsächlich nicht mehr in der Lage, Angelegenheiten, die über Kleineinkäufe hinausgehen, selbst zu regeln. Er kann weder Behördengänge erledigen, noch dem Aufklärungsgespräch des Arztes über zur Debatte stehende medizinische Maßnahmen folgen. Er hat keinen Überblick mehr über seine finanziellen Angelegenheiten und könnte weder einen Heimplatz suchen, noch dessen Finanzierung regeln.

Wird in diesen Fällen – und es ist bei weitem die Überzahl! – der Aufgabenkreis mit Rücksicht auf den Erforderlichkeitsgrundsatz zu eng gefasst, führt das nicht etwa zu einer Mehrung seiner eigenen Selbständigkeit. Es hat aber zur Folge, dass der Betreuer und die helfenden Berufe sich genötigt sehen, ohne die an sich vorgesehene sichere rechtliche Legitimation einer Betreuung in der rechtlichen Grauzone zu agieren, und damit in einem für den Betreuten, aber auch für sie rechtsunsicheren bis rechtsschutzfreien Raum!

Allein die Einschränkung des Aufgabenkreises des Betreuers lässt die Entscheidungsfähigkeit des Betreuten in keiner Weise anwachsen. Sie kann bei reduzierter Entscheidungskompetenz des Betreuten aber dazu führen, dass zentrale Lebensbereiche dann <u>weder</u> von ihm, <u>noch</u> von einem rechtswirksam bestellten Vertreter kontrolliert werden können. Darin liegt eine unerwünschte und auch nicht gerechtfertigte gravierende Verkürzung des Rechtsschutzes selbst nicht mehr zureichend entscheidungsfähiger Menschen.

Es soll aber nicht unerwähnt bleiben, dass in einzelnen, besonders sensiblen Bereichen der Erforderlichkeitsgrundsatz seinen Sinn und auch einen Wert für den Betreuten hat.

Der Aufgabenkreis „Wohnungsauflösung" sollte nicht automatisch von der Vermögenssorge umfasst sein, sondern im Einzelfall konkret bestimmt werden – wenn es nötig ist und erst dann! Dadurch ist die Entscheidung, ob es zu einer Wohnungsauflösung kommt, auch formal unter den Vorbehalt einer ausdrücklichen richterlichen Entscheidung gestellt. Bei Anlass tenoriere man ruhig „die Vermögenssorge mit Ausnahme des Rechts der Kündigung der Wohnung des Betreuten in …". Natürlich gibt es zusätzlich den Genehmigungsvorbehalt des § 1907 BGB, aber wenn zusätzlich und für den Rechtsverkehr erkennbar die Wohnungskündigung aus der Zuständigkeit des Betreuers herausgenommen ist, stärkt das die in § 1907 BGB unter Schutz gestellte Position des Betreuten zusätzlich und zwar erheblich. Der Rechtsverkehr hat im allgemeinen keine Ahnung, dass die Kündigung der Mietwohnung eines Betreuten dem Vorbehalt der gerichtlichen Genehmigung untersteht und wenn erst einmal vollendete Tatsachen geschaffen sind, ist das kaum je wieder rückgängig zu machen.

Auf den Teilaufgabenkreis der Vermögenssorge kann (und sollte!) verzichtet werden, wenn entsprechende Vollmachten bestehen, mittels derer dieser Bereich „ebenso gut" wie durch eine Betreuung geregelt werden kann, § 1896 II 2 BGB.

Auch der Aufgabenkreis des Aufenthaltsbestimmungsrechts sollte nicht routinemäßig, unüberlegt, übertragen werden. Auch wenn er rein rechtlich keine eigentlichen Zwangsbefugnisse verleiht, ist seine psychologische Bedeutung sowohl bei dem Betreuten selbst als auch im Rechtsverkehr nicht zu unterschätzen.

Schließlich gibt es durchaus auch Betreuungen, wo der Aufgabenkreis des Betreuers in sinnvoller Weise auf bestimmte und genau abgrenzbare Bereiche beschränkt werden kann.

Bsp. 6:

Eine noch recht gut orientierte Seniorin erbt, es stellt sich die Frage der Erbausschlagung oder auch der Auseinandersetzung des Nachlasses. Mit diesen Angelegenheiten ist sie aufgrund altersbedingten Abbaus überfordert. In diesem Fall wird man die Betreuung auf „Nachlassangelegenheiten" beschränken und nach Abwickelung des Erbfalls wieder aufheben können.

Bsp. 7:

In Behinderteneinrichtungen reicht es gelegentlich aus, den Aufgabenkreis auf die Bereiche „Vertretung gegenüber dem Wohnheim und der beschützenden Werkstatt" oder auch „Vertretung gegenüber Einrichtungen der Behindertenhilfe" zu beschränken.

Bsp. 8:

Bei chronisch psychisch Kranken, die außerhalb der akuten Krankheitsschübe allein zurechtkommen, kann eine Betreuung für Gesundheitsfürsorge und Aufenthaltsbestimmungsrecht ausreichend sein.

Diese Beispiele mögen verdeutlichen, dass hier nicht einem unreflektiert angeordneten Maximalaufgabenkreis das Wort geredet werden soll. Aber wer krank ist, wird nicht dadurch gesünder, dass er den Arztbesuch unterlässt und wer seine Angelegenheiten nicht mehr alleine zu regeln vermag, gewinnt diese Fähigkeit jedenfalls nicht dadurch zurück, dass diese Angelegenheiten betreuungsfrei gestellt bleiben.

▶   **Grundsatz 3:** Der Erforderlichkeitsgrundsatz kann nicht nur bedeuten, dass der Aufgabenkreis die wirklichen Erfordernisse nicht zu überschreiten hat, sondern auch, dass er nicht dahinter zurückbleiben darf.

2. Einzelne Aufgabenbereiche

a) Die Vermögenssorge

Die Anordnung einer Betreuung für die Vermögenssorge wird von Betreuten meist als gar kein so schwerwiegender Eingriff empfunden, sei es, dass überhaupt kein „Vermögen" im landläufigen Sinne vorhanden ist, sei es, dass die Geldgeschäfte auch ohne förmliche Vollmacht ohnehin schon von Angehörigen wahrgenommen werden. Im typischen Betreuungsfall regelt der Betreute seine Geldangelegenheiten, vielleicht mit Ausnahme der Verfügung über sein Girokonto, schon seit längerem nicht mehr selbst und ist dazu auch gar nicht mehr in der Lage.

Wenn die Dinge so liegen, führt der Betreuungsbeschluss also entweder dazu, dass ein bisher gänzlich ungeregelter Zustand einer vernünftigen und rechtlich einwandfreien Regelung unterstellt wird, oder dass die bereits bestehende Wahrnehmung dieser Angelegenheiten durch einen anderen in den passenden rechtlichen Rahmen, eben den einer Betreuung, gestellt wird. Beides kann den Betreuten gut klargemacht werden. Vielfach reagieren diese dann sogar durchaus erleichtert auf die Erläuterung, dass diese Aufgaben künftig zuverlässig von einem anderen besorgt werden. Und die Hinweise des Richters, dass zum einen der Betreuer dem Gericht gegenüber rechenschaftspflichtig ist und zum anderen der Betreuungsbeschluss nicht mehr geschäftsunfähig macht, tun ein Übriges.

Anlass für die Bestellung eines Betreuers für die Vermögenssorge ist in Fällen, wo diese bislang ohne förmliche Rechtsgrundlage, meist von Angehörigen, manchmal auch von Nachbarn, einfach miterledigt wurde, ein äußeres Ereignis, das mit einem Mal zum förmlichen Nachweis der Vertretungsbefugnis zwingt, so etwa in Bsp. 6 (S. 41).

Zwei weitere Fälle hierzu:

Fall 11:

Ein Wohnungsbrand erfordert Schriftwechsel mit Versicherungen und Behörden sowie Aufträge an Handwerker und Neubeschaffung von Inventar in größerem Umfang. Unter Umständen wird auch eine Kreditaufnahme, möglicherweise mit Beleihung des Hausgrundstückes nötig.

Fall 12:

Bei nicht mehr zu umgehender Verlegung des Betreuten in ein Altenheim müssen ein Heimplatz gesucht, die Finanzierung der Heimkosten unter Einschaltung der Pflegeversicherung und gegebenenfalls auch des Sozialamts sichergestellt und die bisherige Wohnung aufgelöst werden.

Die Notwendigkeit, diese Aufgaben durch einen anderen erledigen zu lassen und hierfür einen geeigneten Rechtsrahmen zu schaffen, erschließt sich den Betreuten, soweit mit ihnen eine Verständigung hierzu noch möglich ist, im allgemeinen selbst und wird von ihnen daher regelmäßig auch akzeptiert.

b) Das Aufenthaltsbestimmungsrecht

Die Bedeutung und der Umfang des Aufenthaltsbestimmungsrechts werden vielfach überbewertet.

Fall 13:

Die Tochter der Betreuten beantragt eine Betreuung für das Aufenthaltsbestimmungsrecht, um die Mutter, die zu Besuch bei der zweiten Tochter fährt, wieder zurückholen zu können, falls diese Tochter die Mutter dort behalten möchte.

Fall 14:

Die Angehörigen beantragen das Aufenthaltsbestimmungsrecht, um so eine Handhabe zu erhalten, die *widerstrebende* Mutter in ein Altenheim bringen zu können.

Fall 15:

Eine andere Familie möchte das Aufenthaltsbestimmungsrecht über den alkoholkranken Großvater zugesprochen bekommen, um diesen daran hindern zu können, ins Wirtshaus zu gehen.

In all diesen Fällen hilft das Aufenthaltsbestimmungsrecht allein aber nicht weiter. Es gibt dem Betreuer zwar das Recht, den Aufenthaltsort des Betreuten zu bestimmen, *es verleiht ihm aber keine Befugnis zur Anwendung unmittelbaren Zwangs.*

Ausnahme: Bei Gefahr im Verzug darf der Betreuer auch ohne richterliche Genehmigung über eine freiheitsentziehende Unterbringung oder eine unterbringungsähnliche Maßname entscheiden, die richterliche Genehmigung ist dann unverzüglich nachzuholen, § 1906 II 2 BGB.

Die Anwendung unmittelbaren Zwangs als Brechen des Willens eines Menschen stellte sich im Rechtssinn als *Freiheitsentziehung* dar. Die Anordnung einer Freiheitsentziehung ist aber als gravierendster Eingriff in das Grundrecht der Persönlichkeitsfreiheit *kraft Verfassung allein dem Richter vorbehalten*, Art. 104 II 1 GG. Auch dieser kann unmittelbaren Zwang im Rahmen des Betreuungsrechts nur anordnen, wenn die Voraussetzungen einer Unterbringung oder einer unterbringungsähnlichen Maßnahme gemäß § 1906 I oder IV BGB vorliegen.

Das Aufenthaltsbestimmungsrecht des Betreuers hat für Unterbringungssachen insoweit Bedeutung, als grundsätzlich er, der Betreuer, in die Unterbringung einwilligen muss, bevor eine richterliche Genehmigung erfolgen kann. Der Betreuer kann die Unterbringungsentscheidung auch jeder Zeit und ohne Einschaltung des Gerichts aufheben, § 1906 III 1 BGB.

Allerdings muss der Betreuer die Aufhebung der Unterbringung dem Gericht mitteilen, § 1906 III 2 BGB.

Der betreuungsrechtliche Unterbringungsbeschluss des Richters hat also keine anordnende, sondern nur genehmigende Bedeutung. Der Unterbringungsbeschluss nach einem der Unterbringungsgesetze der Länder hat dagegen anordnende Bedeutung, bedarf also der Aufhebung durch den Richter.

Außerhalb der Unterbringungssachen ist das Aufenthaltsbestimmungsrecht für den Betreuer im Wesentlichen nur dann von Bedeutung, wenn der Betreute entweder einverstanden ist oder jedenfalls keinen Widerstand leistet, sodass seine Ausübung keine freiheitsentziehende Bedeutung hat.

Ansonsten ermöglicht es dem Betreuer, den Betreuten beim Einwohnermeldeamt umzumelden. Aber eine melderechtliche Eintragung ändert an den in den vorstehenden Beispielen genannten Problemen nichts.

c) Die Wohnungsauflösung

Der Bereich „Wohnungsauflösung" spielt im Wesentlichen dann eine Rolle, wenn die Übersiedlung aus der eigenen Wohnung in ein Altenheim ansteht. Dieser Einschnitt wird im Bereich der Altersbetreuungen von den Betreuten regelmäßig als *der schwerste Eingriff überhaupt* empfunden.

Fall 16:

Gelegentlich eines Besuches bei anderen Heimbewohnern trifft der Betreuungsrichter auf eine neu hinzugekommene Seniorin. Sie wirkt subdepressiv, eine Verständigung ist gut möglich. Eine Betreuung besteht nicht und erscheint nach dem ersten Eindruck auch nicht unbedingt erforderlich. Sie berichtet, die Angehörigen hätten sie zu einem „Sonntagnachmittagsausflug" ins Auto geladen und hierher gebracht. Die Wohnung sei aufgelöst. Sie sei mit alledem nie einverstanden gewesen und auch jetzt nicht einverstanden.

Dieser Frau ist schweres Unrecht geschehen. Sie ist, obschon noch selbst einwilligungsfähig, ohne und gegen ihren Willen in ein Heim verfrachtet werden, ohne und gegen ihren Willen wurde auch ihre Wohnung aufgelöst. Die Angehörigen haben in unerlaubter Eigenmacht gehandelt und dabei auf die „normative Macht des Faktischen" gesetzt: Ist die Frau erst einmal im Heim und die Wohnung aufgelöst, wird sich das Ganze nicht mehr zurückdrehen lassen. Und im Ergebnis ist diese Rechnung leider auch aufgegangen.

Dieses Beispiel verdeutlicht abermals, dass das Absehen von einer Betreuung die Rechte des Betreuten bei weitem mehr beeinträchtigen kann, als das Bestellen eines Betreuers. Ein ordnungsgemäß arbeitender Betreuer hätte die Angelegenheit zumindest eingehend mit der Betreuten besprochen. Vielleicht wäre dabei ein Weg zur Vermeidung des Wechsels in ein Heim gefunden worden, vielleicht hätte ein solches Gespräch zumindest die Zustimmung der Betreuten zu diesem Schritt erleichtert. Wenn eine auch nach Auffassung des Betreuers angebrachte Zustimmung nicht zu erlangen gewesen wäre, hätte er gemäß § 1906 BGB eine Genehmigung des Betreuungsrichters beantragen müssen. Die Wohnungsauflösung hätte gemäß § 1907 BGB in jedem Fall der betreuungsgerichtlichen Genehmigung bedurft.

Das rechtlich Pikante ist, dass die alte Dame ja auf den ersten Blick noch durchaus orientiert war, also die Frage, ob ein Betreuer überhaupt hätte bestellt werden dürfen, durchaus problematisch ist. Sie ist einfach überrumpelt worden und hatte nicht genug Kraft, ihren Willen ausreichend zu vertreten und durchzusetzen. Hier enthält das Betreuungsrecht Lücken, die der Betreuungsrichter durch *mutige Einzelfallentscheidungen* über den Wortlaut des Gesetzes hinaus, aber nach dessen eindeutiger Zielsetzung, überbrücken kann und soll.[3]

Der genannte Fall ist für den Autor Anlass, in den Heimen seines Bezirks immer wieder darauf hinzuweisen, dass beim Abschluss von Heimverträgen mit Bewohnern, die nicht eindeutig einwilligungsfähig und -bereit(!) sind, vom Heim bei Gericht eine Prüfung angeregt werden sollte, ob nicht ein Betreuer zu bestellen sei.

Immerhin sind Fälle wie der zuvor dargestellte die Ausnahme – zumindest, soweit sie bei Gericht bekannt werden.

Häufig dagegen ist folgende Situation:

Bsp. 9:

Eine alte nur noch teilorientierte Frau bricht sich den Oberschenkelhals und wird in das Krankenhaus eingeliefert. Sie wurde bisher von Nachbarn in ausreichendem Maße so weit mitversorgt, dass sie in ihrer Wohnung bleiben konnte. Doch der Einschnitt, den der jetzige Krankenhausaufenthalt bedeutet, hat der Nachbarschaft signalisiert, dass das jetzt ein Ende haben muss. Die Betreffende soll jetzt in ein Heim.

---

[3] Vgl. S. 127 Fall 33.

Objektiv und nach dem „wohlverstandenen Interesse" der Betreuten, das das paternalistische Denken des Betreuungsrechts der 50er Jahre bestimmt hat, wäre die Verlegung der Betreuten in ein Altenheim durchaus sachgerecht. Aber das Betreuungsrecht hat neben oder sogar über das wohlverstandene Interesse des Betreuten das „Selbstbestimmungsrecht", dessen eigenen Willen, gesetzt. Wie den Fall lösen, wenn die Betreute auch nach eingehender Besprechung der Angelegenheit einfach nicht in das Heim will?

Eine Möglichkeit besteht darin, sie zu bewegen, „zur weiteren Stabilisierung ihres Zustands" vorübergehend in ein Heim zu wechseln.

Das sollte der Richter aber nur dann tun, wenn er absehen kann, dass zumindest ein Versuch, die alte Dame wieder in ihre Wohnung zurückzulassen, realistisch ist. Soviel *Wahrhaftigkeit* muss sein. Scheidet die Rückkehrmöglichkeit ersichtlich völlig aus, sollten keine Eventualversprechungen abgegeben werden, die von vornherein nicht eingehalten werden können.

Parallel wäre ein Betreuer zu bestellen mit dem Aufgabenkreis „Sicherstellung ausreichender ambulanter Pflege und Versorgung der Betreuten zum Zeitpunkt deren Rückkehr in ihre Wohnung".

In nicht wenigen Fällen, in denen so verfahren wurde, gewöhnen sich die Betreuten bei ihrem vorübergehenden Heimaufenthalt dort so gut ein und lernen die Annehmlichkeiten des Bedientwerdens so zu schätzen, dass sie den Aufenthalt freiwillig in einen dauernden umwandeln. Das ist dann auch gut. Und dann, aber erst dann, kann die Wohnungsauflösung angegangen werden. Die Kostenträger müssen für mindestens 3 Monate die Kosten der Wohnungsbeibehaltung neben den Kosten des Altenheimaufenthalts tragen.[4]

Die andere Möglichkeit besteht darin, die Betreute, ebenfalls versuchsweise, unmittelbar in ihre Wohnung zurückkehren zu lassen, *wiederum unter Bestellung eines Betreuers,* der die Herstellung des erforderlichen Versorgungsumfelds sichert.

Misslingt dieser Versuch, akzeptieren das die Betreuten dann oft auch selbst und können vor diesem Hintergrund, sei es auch schweren Herzens, ein Ja zum Wechsel in ein Heim finden. In jedem Fall war es wenigstens ein Versuch, dem Willen des Betreuten zu entsprechen. Er kann sich in dieser Zeit auch noch innerlich von seiner Wohnung verabschieden, sodass wenigstens ein völlig übergangsloser Wechsel vom Krankenhaus direkt ins Altenheim vermieden werden kann.

Als ultima ratio gibt es auch die Möglichkeit, einen Betreuten auch gegen seinen Willen in einem Heim unterzubringen. Das wäre eine Unterbringungsmaßnahme gemäß § 1906 BGB, die der Genehmigung des Betreuungsrichters bedarf. Diese Genehmigung muss spätestens alle 2 Jahre überprüft werden. Voraussetzung wäre etwa, dass der Verbleib in der Wohnung zu erheblicher(!) nicht anders abwendbarer(!) Eigen(!)-gefahr für den Betreuten führen würde.

Zu der (hoch umstrittenen!) Möglichkeit der Zwangseinweisung auch in ein offenes Heim vgl. nachfolgend S. 192.

---

[4] §§ 70 und 71 Bundessozialhilfegesetz (BSHG).

Wenn es dann schließlich zur Wohnungsauflösung kommt, bedarf diese aufgrund ihrer vorstehend dargestellten Bedeutung für den Betreuten stets der betreuungsgerichtlichen Genehmigung, § 1907 BGB.

Nach dem FamFG ergangene Entscheidungen sind dem Betreuten stets selbst bekannt zu machen, § 41 I 1 FamFG. Dieser wichtige Grundsatz ist Ausfluss des Selbstbestimmungsrechts des Betreuten. Wenn in dieses schon eingegriffen wird, soll er es wenigstens mitgeteilt bekommen. Für Betreuungssachen sieht das Gesetz eine Ausnahme vor, *aber lediglich hinsichtlich der Mitteilung der Entscheidungsgründe.* Deren Mitteilung an den Betreuten kann unterbleiben, wenn dies nach ärztlichem Zeugnis wegen ansonsten drohender erheblicher Nachteile für seine Gesundheit erforderlich ist, § 288 I FamFG. Eine Möglichkeit, auch von der Mitteilung des Entscheidungstenors abzusehen, sieht das Gesetz nicht vor. Angesichts der dargestellten Bedeutung der Entscheidung über die Wohnungsauflösung für den Betreuten muss dieser Grundsatz gerade auch für Entscheidungen über die Wohnungsauflösung gelten.

Gleichwohl ist der Autor in folgendem Fall von diesem Grundsatz *auf dringlichen Rat des behandelnden Psychiaters und mit der Zustimmung der eigens für diese Entscheidung eingesetzten Verfahrenspflegerin* abgewichen und hat die Entscheidung der Betreuten lediglich ihrer Richtung nach mündlich mitgeteilt. Vorausgegangenen war ein Rückführungsversuch der Betreuten, die sich bereits seit längerem im Pflegeheim befand, in ihre Wohnung, der jedoch katastrophal endete.

Nachfolgend der Wortlaut von Beschlusstenor und Entscheidungsgründen:

Fall 17:

In pp. wird hiermit die Auflösung der vormaligen Wohnung der Betreuten in … vormundschaftlich genehmigt. Dieser Beschluss ist einschließlich Tenors der Betreuten nicht bekannt zu machen.

Gründe:

Die Entscheidung ergeht, weil die Betreute aufgrund eines dementiellen Abbauprozesses bei gleichwohl gut erhaltener Persönlichkeitsfassade nicht mehr in ihre vormalige Wohnung zurückkehren können wird. Dies ergibt sich aus dem psychiatrischen Sachverständigengutachten vom … . Die eigens zu dieser Frage eingesetzte Verfahrenspflegerin hat der Wohnungsauflösung in ihrem Bericht vom … zugestimmt. Ein auf diesem Hintergrund gleichwohl vom Gericht geforderter Versuch einer Rückführung in die Wohnung ist ausweislich des Berichts des Betreuers vom … gescheitert.

An sich sieht das Gesetz ausnahmslos vor, dass zumindest der Tenor eines jeden Beschlusses stets dem Betreuten mitzuteilen ist. Das Wohl der Betreuten gebietet es jedoch, im vorliegenden Fall von diesem Gebot abzuweichen.

Die Betreute hatte sich bei allen richterlichen Anhörungen gegen die Wohnungsauflösung ausgesprochen. Nach ihrer Rückkunft im Altenheim im Anschluss an den gescheiterten Rückführungsversuch in ihre Wohnung wirkte sie auf das Pflegepersonal dort sichtlich froh und hat auch keine Rückkehrwünsche in ihre Wohnung mehr geäußert. Bei der ca. 1 Monat nach Rückkunft im

Altenheim vorgenommenen letzten richterlichen Anhörung wirkte die Betreute
auch auf den Richter fröhlicher als bei den Voranhörungen, sie wurde in angereg-
tem Kontakt mit anderen Heimbewohnerinnen angetroffen.

Nach Eröffnung, dass aufgrund des missglückten Rückführungsversuchs in
die Wohnung diese nunmehr aufgelöst werden solle, beharrte die Betreute nun
aber wieder darauf, doch in die Wohnung zurück zu wollen.

Gelegentlich eines weiteren Besuchs in dem Heim, in dem die Betreute lebt,
am 19.06.2002 teilte die Pflegedienstleiterin dieses Heims, Frau B., auf Befragen
des Richters mit, auch nach dem letzten Besuch des Richters bei der Betreuten
am 04.06.2002 habe die Betreute ihre Wohnung und Rückkehrwünsche dorthin
nicht mehr erwähnt.

Das Gericht zieht daraus den Schluss, dass bei der Betreuten die Erinnerung
an ihre vormalige Wohnung und ihre Rückkehrwünsche dorthin im Verblassen
begriffen sind. Unter diesen Umständen aber könnte es die Betreute ausschließlich belasten, wenn ihr auch nur der Tenor des vorliegenden Beschlusses mitgeteilt
würde. Vor allem die Schriftlichkeit einer solchen Mitteilung mit der zwangsläufig sich daraus ergebenden Möglichkeit, die Entscheidungsformel immer wieder
lesen zu können, wäre geeignet, den genannten Prozess des Verblassens in einer
Weise aufzuhalten, die der Betreuten nichts einbrächte als weiteres Herzeleid.

Die Richtung der vorgesehenen Entscheidung wurde der Betreuten bei der
letzten Anhörung am … mündlich mitgeteilt, auch wenn das Gericht von einer
definitiven Verkündung Abstand nahm. Im Übrigen

d) Genehmigungsbedürftige Erklärungen des Betreuers

Der Betreuer benötigt für bestimmte im Gesetz einzeln aufgeführte Entscheidungen
die Genehmigung des Betreuungsgerichts. Die wichtigsten ergeben sich aus den
(im Anhang abgedruckten) §§ 1821, 1822 Nr. 1 bis 4, 6 bis 13, 1823 bis 1826 BGB,
die über § 1908i I 1 BGB für Betreuungen entsprechend gelten.

e) Der Aufgabenkreis „alle Angelegenheiten"

Der „betreuungsrechtliche Dreiklang" Vermögenssorge, Aufenthaltsbestimmungsrecht und Gesundheitsfürsorge umfasst nahezu alles, was im Leben eines Betreuten
überhaupt zu regeln ist. Und wenn dann, wie vorstehend empfohlen, noch die Vertretung des Betreuten gegenüber dem Heim und gegenüber Behörden sowie Postvollmacht hinzugenommen werden, ist der Unterschied zu einer Betreuung für „alle
Angelegenheiten" kaum mehr von praktischer Bedeutung.

Gleichwohl hat der Gesetzgeber, an die Bestellung eines Betreuers „für alle
Angelegenheiten" eine bedeutsame Rechtsfolge geknüpft: sie führt zum Verlust des
Wahlrechts des Betreuten, § 13 II Bundeswahlgesetz.[5]

---

[5] Entsprechende Regelungen finden sich in den Wahlgesetzen der Länder.

Diese in der Tat gravierende Folge hat in der Praxis dazu geführt, dass eine erhebliche Scheu festzustellen ist, einen Betreuer „für alle Angelegenheiten" zu bestellen. Man weicht auf einen Aufgabenkreis aus, der durch Aufzählung aller erforderlichen Aufgabenbereiche die Regelung alles dessen, was notwendig ist, gewährleistet. Faktisch ist der Unterschied zu einer Betreuung „für alle Angelegenheiten" oft kaum mehr wahrnehmbar, gleichwohl wird hierdurch die gravierende Rechtsfolge des Wahlrechts vermieden.

Fall 18:

Wenige Wochen vor der Bundestagswahl 1998 ruft ein Altenheim bei Gericht an. Ein als Betreuer seiner Großmutter eingesetzter Mann sei aufgetaucht und habe mit massivem Druck die Herausgabe der Wahlbenachrichtigungskarte der alten Dame erwirkt. Da er sich partout nicht habe abweisen lassen, habe man seinem Willen entsprochen. Er sei ja immerhin der Betreuer.

Der Richter, der die Betreute aufgrund eigener Kenntnis für nicht mehr wahlfähig einstuft, erweitert noch am selben Tag durch Hauptsacheentscheidung[6] den Aufgabenkreis der Betreuung auf „alle Angelegenheiten" und teilt diesen Beschluss per Telefax dem zuständigen Wählerverzeichnis mit dem Ersuchen um Eintragung eines Sperrvermerks mit. Sodann setzt er eine in Betreuungssachen erfahrene Rechtsanwältin als Verfahrenspflegerin für die genannte

Erweiterung des Aufgabenkreises der Betreuung ein. Als diese nach vorherigem Besuch bei der Betreuten berichtet, auch sie halte diese für vollständig außerstande, ihr Wahlrecht auszuüben, bleibt die Erweiterung des Aufgabenkreises „alle Angelegenheiten" bestehen.

Die Zurückhaltung bei der Anordnung des Aufgabenkreises „alle Angelegenheiten", um den Betreuten nicht das Wahlrecht zu nehmen und ihnen so ein, sei es auch theoretisches, Stück Bürgerrecht zu erhalten, kann also die Gefahr massiven Missbrauchs zur Folge haben. Aus diesem Grund sollte man sich in wirklich klaren Fällen nicht scheuen, beim Betreuungsrichter darauf hinzuwirken, dass er die Betreuung auf alle Angelegenheiten erstreckt. Denn in diesen klaren Fällen berührt der Wahlrechtsverlust den Betreuten in Wirklichkeit überhaupt nicht mehr, sodass eine Beeinträchtigung seiner Befindlichkeit hierdurch gar nicht eintritt. Daher sollte insoweit der Schutz des Wahlrechts vor Missbrauch Vorrang haben.

Eingehend hierzu nachfolgend Seite 250 ff.

Unvermeidlich, aber letztlich hinzunehmen ist diese Gefahr in den nicht ganz klaren Fällen, wo es dann auch ohne weiteres bei der restriktiven Anwendung des Aufgabenkreises „alle Angelegenheiten" bleiben kann und muss.

---

[6] Die Erstreckung des Aufgabenkreises auf „alle Angelegenheiten" nur durch einstweilige Anordnung führt nach dem klaren Wortlaut des §§ 13 II Bundeswahlgesetz nicht zum Erlöschen des Wahlrechts..

f) Angelegenheiten, die dem Betreuer nicht übertragen werden können

Sogenannte „höchstpersönliche" Angelegenheiten können dem Betreuer nicht über-
tragen werden, soweit dies im Gesetz nicht eigens vorgesehen ist (wie in § 1904–
1906 BGB) Dies betrifft die Eheschließung, die Errichtung eines Testaments, das
Recht der elterlichen Sorge, die Ausübung des politischen Wahlrechts.[7]
Der Austritt aus der Kirche kann dagegen vom Betreuer ausgesprochen werden.
Für Hessen ist das in § 2 Abs. 3 Hessisches Gesetz zur Regelung des Austritts aus
Kirchen, Religions- oder Weltanschauungsgemeinschaften des öffentlichen Rechts
vom 13.10.2009 (GVBl. I S. 394), zuletzt geändert am 24.01.2017 (GVBl. S. 12)
ausdrücklich geregelt. Entsprechendes gilt auch für die Kirchenaustrittsgesetze
der Länder Berlin, Brandenburg, Hamburg, Niedersachsen, Nordrhein-Westfalen,
Rheinland-Pfalz, Sachsen-Anhalt (Verwaltungsvorschrift) und Schleswig-Holstein.
In Bayern ist die Erklärung des Kirchenaustritts durch den Betreuer im Gesetz ausgeschlossen, in den Bundesländern Baden-Württemberg, Bremen, Mecklenburg-
Vorpommern, Saarland, Sachsen, Thüringen im Gesetz nicht erwähnt.

> Zu den „höchstpersönlichen Entscheidungen" gehört wohl auch die Entscheidung einer
> schwangeren Betreuten über den Abbruch der Schwangerschaft. Zu der Frage eines
> Schwangerschaftsabbruchs gegen den Willen der Betreuten vgl. nachfolgend S. 162.

Diese Einschränkung der Angelegenheiten, die auf einen Betreuer übertragen
werden können hat die durchaus sinnvolle Folge, dass der Geschäftsunfähige keine
Ehe eingehen kann, §§ 1304 BGB, 2229 IV BGB.
Bei partieller Geschäftsunfähigkeit[8] kommt es darauf an, ob der erhaltene Teil der
Geschäftsfähigkeit für die gewünschte Willenserklärung ausreicht.

> Bei erhaltener Geschäftsfähigkeit können weder für die Eheschließung, noch für die Errich-
> tung eines Testaments ein Einwilligungsvorbehalt angeordnet werden, § 1903 II BGB.

Die Regelung der elterlichen Sorge des Betreuten für seine Kinder ist keine betreuungsrechtliche Entscheidung. Sie kann nur durch Sorgerechtsentzug und ggf. Einsetzung eines Vormundes vom Familiengericht getroffen werden, §§ 1666, 1666 a,
1773 I BGB.

3. Der Einwilligungsvorbehalt

Die Bestellung eines Betreuers führt, anders als die frühere Entmündigung, nicht
zur Geschäftsunfähigkeit des Betreuten. Das heißt nicht, dass es Geschäftsunfähigkeit von Volljährigen nicht mehr gibt. Es gibt sie, als „natürliche"

---

[7] Palandt-*Götz* § 1896 BGB Rdnr. 25.
[8] Palandt-*Ellenberger* § 104 BGB Rdnr. 6.

Geschäftsunfähigkeit wenn aufgrund einer Krankheit einiges („partielle" Geschäftsunfähigkeit) oder alles („totale" Geschäftsunfähigkeit,) nicht mehr selbst regeln können, § 104 Nr. 2 BGB.

Beispiele für die totale Geschäftsunfähigkeit sind das Down-Syndrom (früher: Mongolismus) sowie fortgeschrittener Morbus Alzheimer. Beispiel für partielle Geschäftsunfähigkeit ist eine Demenz im Alter, wenn der Betreute wohl noch in der Lage ist, seine alltäglichen Geschäfte zu besorgen, nicht mehr aber, die Steuererklärung zu erstellen oder sein Aktienvermögen zu verwalten.

Selbst bei Geschäftsunfähigkeit gemäß § 104 Nr. 2 BGB bestimmt der zum 01.08.2002 neu geschaffene § 105a BGB, dass der Geschäftsunfähige Geschäfte des täglichen Lebens selbst tätigen kann, soweit dies „mit geringwertigen Mitteln" erfolgt. Diese Vorschrift soll zur Verbesserung der Stellung geistig Behinderter beitragen. Bei erheblicher Gefahr für die Person oder das Vermögen des Geschäftsunfähigen gilt diese punktuelle Durchbrechung der Geschäftsunfähigkeit aber nicht, § 105a Satz 2 BGB.

Die Möglichkeit eines Eintritts von Geschäftsunfähigkeit aufgrund richterlicher Entscheidung, „angeordnete" Geschäftsunfähigkeit, ist durch das Betreuungsgesetz jedoch ausnahmslos aufgehoben worden.

Diese Rechtslage kann nun dazu führen, dass ein Betreuter am Betreuer vorbei unüberlegt Verträge abschließt oder Bestellungen tätigt und sich dadurch erheblichen Forderungen ausgesetzt sieht.

Fall 19:

Ein an einer chronifizierten Psychose Erkrankter, der von jeher „Autonarr" war, schließt Verträge über den Kauf neuer teurer Autos ab, obwohl er gar nicht mehr Auto fahren darf.

Fall 20:

Ein geistig behinderter leicht beeinflussbarer junger Mann lässt sich von seiner Mutter immer wieder dazu bewegen, ihr größere Geldbeträge von seinem Gehaltskonto abzuheben. Als der Betreuer dies bemerkt und zu intervenieren versucht, verweist die Bank darauf, dass der Betreute ja nicht geschäftsunfähig sei und auch seine Aufträge, unabhängig von Weisungen des Betreuers, für die Bank verbindlich seien.

Man könnte diese Fälle dahin lösen, dass man sich auf den Standpunkt stellt, die entsprechenden Verträge seien aufgrund krankheitsbedingter Geschäftsunfähigkeit ohnehin unwirksam, sodass der Schutz des Betreuten insoweit ausreichend gewährleistet sei. Das hat auch weitgehend Erfolg.

Es bleibt aber ein Risiko für den Betreuten, der im Prozessfall für jedes einzelne Geschäft den Nachweis führen müsste, er sei insoweit geschäftsunfähig gewesen. Ein bei partieller Geschäftsunfähigkeit nicht einfaches Unterfangen mit teilweise unklarer Erfolgsaussicht. Vor allem aber hat der Betreuer, selbst wenn er weiß, dass der Betreute zu derlei Geschäften neigt, keinerlei Handhabe, etwas dagegen zu unternehmen. Dabei wäre es in

Fall 20 (S. 51) ein leichtes, die Bank anzuweisen, Auszahlungsaufträgen des Betreuten nicht mehr zu entsprechen. Und auch bei dem Autonarr, Fall 19 (S. 51) wäre es sinnvoll, die Autofirmen im Umkreis rechtswirksam unterrichten zu können, dass der Betreute keine derartigen Verträge mehr abschließen kann. Das wäre nicht zuletzt auch im Interesse der Betreuten Firmen sinnvoll.

Für solche Fälle hält das Gesetz die Möglichkeit der Anordnung eines *Einwilligungsvorbehalts,* § 1903 BGB, bereit. Der Einwilligungsvorbehalt hat zur Folge, dass der Betreute, soweit Einwilligungsvorbehalt angeordnet ist, Rechtsgeschäfte nur noch mit Zustimmung des Betreuers tätigen kann. Ohne Zustimmung des Betreuers erfolgte Rechtsgeschäfte sind kraft der Anordnung des Einwilligungsvorbehalts unwirksam. Damit kommt das Rechtsinstitut des Einwilligungsvorbehalts den Rechtsfolgen der früheren Entmündigung nahezu gleich.

Gemäß § 1903 III BGB sind aber auch bei Bestehen eines Einwilligungsvorbehalts Willenserklärungen des Betreuten wirksam, die diesem lediglich einen rechtlichen Vorteil bringen oder geringfügige Angelegenheiten des täglichen Lebens betreffen. Hinsichtlich der geringfügigen Angelegenheiten des täglichen Lebens kann der Betreuungsrichter allerdings eine abweichende Anordnung treffen. Diese Regelung entspricht der Regelung bei Geschäftsunfähigkeit gemäß § 105a BGB.

Die Anordnung eines Einwilligungsvorbehalts erfordert *immer* die Einholung eines Gutachtens. Ein ärztliches Attest reicht nicht aus, weil §§ 281 und 282 FamFG sich seinem Wortlaut nach nur auf das Verfahren zur Bestellung eines Betreuers beziehen. *Fragestellung für das Gutachten* ist, ob eine partielle Störung der Willensbildungsfähigkeit vorliegt.[9] Die im Gesetz nicht ausdrücklich aufgeführte Einschränkung, ein Einwilligungsvorbehalt dürfe nur bei zumindest partieller Störung der Willensbildungsfähigkeit wegen einer psychischen Erkrankung angeordnet werden, folge aus dem in der Verfassung verankerten Verhältnismäßigkeitsgrundsatz.

Totale Geschäftsunfähigkeit ist dagegen *nicht* erforderlich.[10] Denn sonst wäre die Anordnung eines Einwilligungsvorbehalts beschränkt auf Fälle, wo der Betreute unerkannt geschäftsunfähig ist, sodass ein Einwilligungsvorbehalt allenfalls für Rechtsklarheit sorgen könnte, aber keine konstitutive Bedeutung mehr hätte.

Die Anordnung eines Einwilligungsvorbehalts gegen den *freien* Willen des Betreuten ist aber stets unzulässig, BGH MDR 2017, 947.

---

[9] BayObLG FamRZ 1993, 851; vgl. auch S. 153 „Freiheit zur Krankheit".

[10] Palandt-*Götz* § 1903 BGB Rdnr. 10.

Wegen der einschneidenden Wirkungen des Einwilligungsvorbehalts wird er nur zurückhaltend angeordnet, ganz überwiegend im Einverständnis mit dem Betreuten. Da, wo er wirklich notwendig ist, sollte man vor seinem Einsatz aber auch gegen den Willen des Betreuten nicht zurückschrecken.

In vielen Fällen kann der Einwilligungsvorbehalt auch sehr eng gefasst werden, etwa Verfügungen über ein bestimmtes Konto, Haustürgeschäfte usw.

Der Einwilligungsvorbehalt schützt nicht nur den Betreuten, er schafft auch den Betreuten Geschäftsleuten Rechtssicherheit. Grundsätzlich gilt er zwar auch dann, wenn die Vertragspartner von seinem Bestehen keine Kenntnis haben. Insoweit verhält es sich genauso wie mit dem Minderjährigenschutz bei einer 17-jährigen, die wie 19 aussieht.

In der Praxis aber gibt der Einwilligungsvorbehalt dem Betreuer die Möglichkeit, die Geschäfte, die der Betreute aufzusuchen pflegt, von dem Einwilligungsvorbehalt in Kenntnis zu setzen oder auch die Bank entsprechend zu unterrichten. Aufgrund des Einwilligungsvorbehalts hat diese Unterrichtung nun ganz andere rechtliche Kraft.

Im Versandhandel und bei Geschäften im Internet wird sich in bestimmten Fällen kaum vermeiden lassen, dass der Betreute ungeachtet des Einwilligungsvorbehalts weiter agiert, ohne dass der Betreuer die Möglichkeit hat, die Geschäftspartner zu warnen. Dieses Risiko haben dann die Anbieter von Fernabsatzgeschäften als typische Folge derartiger Geschäfte allein zu tragen. Hier können allenfalls die Entfernung des Modems oder die Durchsicht der Post des Betreuten durch den Betreuer helfen. Aber in geeigneten Fällen ist der Einwilligungsvorbehalt als Instrument des Schutzes des Betreuten wie der Geschäftsleute ein wirksames Korrektiv der gesetzlichen Regelung, dass allein die Bestellung eines Betreuers die Geschäftsfähigkeit unberührt lässt.

Kapitel 4 Wer wird Betreuer?

Stehen geeignete nahe Angehörige als Betreuer zur Verfügung, dürfen diese nicht übergangen werden („Angehörigenprivileg"). Die ehrenamtliche Betreuung ist weiterhin der vom Gesetzgeber gewollte Regelfall. „Wer seine eigenen Angelegenheiten regeln kann, kann auch die Angelegenheiten eines anderen regeln." Stehen keine geeigneten Familienangehörigen zur Verfügung, werden nach Möglichkeit von den Betreuungsvereinen gewonnene ehrenamtliche Betreuer eingesetzt, sonst Berufsbetreuer. Eine in der Anfangsphase nur von einem Berufsbetreuer zu leistende Betreuung kann oft in der Folgezeit einem ehrenamtlichen Betreuer übertragen werden. Wegen der Gefahr der Interessenkollision können Mitarbeiter der Einrichtung, in der Betreute lebt, nicht als dessen Betreuer eingesetzt werden. Es können mehrere ehrenamtliche Betreuer nebeneinander eingesetzt werden, etwa beide Eltern für ihr behindertes Kind; hierbei sollte im Regelfall jeder Betreuer alleinvertretungsbefugt gestellt werden. Abschließend Ausführungen zu Ersatzbetreuung, Ergänzungsbetreuung und Gegenbetreuung.

1. Zur Person des Betreuers

a) Angehörige

Es gibt eine weit verbreitete Meinung, dass bei durch Unfall oder Krankheit eintretender Einwilligungsunfähigkeit die nächsten Angehörigen automatisch den Erkrankten zu vertreten befugt sind: ein Ehegatte für den andern, erwachsene Kinder für ihre alt gewordenen Eltern, Eltern für ihre erwachsenen Kinder in gewissermaßen wieder auflebender elterlicher Sorge.

Das hätte der Gesetzgeber auch so regeln können, er hat es aber nicht getan. Es gibt auch tatsächlich Gründe, die gegen eine solche Regelung sprechen: Ehegatten können entzweit sein, auch sonst können unter Angehörigen Zerwürfnisse bestehen;

© Springer-Verlag GmbH Deutschland, ein Teil von Springer Nature 2019
J. Seichter, *Einführung in das Betreuungsrecht*,
https://doi.org/10.1007/978-3-662-57498-0_4

gelegentlich stehen Interessenkollisionen im Raum, wenn etwa der verarmte Angehörige, der auf ein reiches Erbe hofft, vor der Frage steht, in eine langdauernde
kostspielige Behandlung einzuwilligen; manchmal sind Angehörige, etwa wegen
weit entfernten Wohnsitzes, Überlastung oder auch eigener Gebrechlichkeit nicht
bereit oder in der Lage, eine Betreuung zu führen. Wie auch immer, im geltenden
Recht gilt ausnahmslos der

> ▶ **Grundsatz 4:** Es gibt auch innerhalb des engsten Familienkreises keiner-
> lei von selbst eintretende gesetzliche Vertretung für einen Volljährigen.
> Rechtswirksam vertreten kann ihn nur ein von ihm Bevollmächtigter
> oder ein gerichtlich bestellter Betreuer.

An einer Betreuung führt also, wenn nicht eine Vollmacht vorliegt, kein Weg vorbei.
   Bei der Frage, wer denn Betreuer werden soll, enthält das Gesetz allerdings dann
schon ein *Angehörigenprivileg*: nahe Angehörige, die zur Übernahme der Betreuung
bereit sind, dürfen nur dann übergangen werden, wenn konkrete Gründe gegen sie
sprechen, § 1897 V BGB. Die Gründe, die gegen die Einsetzung eines übernahme-
bereiten Angehörigen sprechen, liegen meist in den Bereichen familiäre Zerwürfnisse oder Interessenkollision. Ein zu weit entfernter Wohnsitz, eigene Gebrechlichkeit oder sonstige eigene Ungeeignetheit (z. B. Analphabetismus) veranlasst die
betreffenden Angehörigen im allgemeinen, sich von vornherein von sich aus nicht
für das Betreueramt zur Verfügung zu stellen.
   Wenn aber keine Negativ-Gründe vorliegen, wird der Richter in Übereinstimmung mit dem Gesetz Angehörigen den Vorzug geben. Denn das Gesetz will ja
die Angehörigen keineswegs vom Betreueramt fernhalten. Ihre Einsetzung soll
eben nur nicht automatisch, sondern durch Einzelfallentscheidung erfolgen, um
zu erreichen, dass vor der Einsetzung wenigstens eine gewisse Überprüfung
stattfindet.
   Insbesondere bei den Altersdemenzen hat sich häufig schon lange vor der Bean-
tragung der Betreuung ein Angehöriger des Betreuten angenommen. Wenn er dazu
bereit ist und keine Gegengründe vorliegen, wird er dann natürlich auch als Betreuer
eingesetzt. Für den Betreuten selbst ändert sich durch die Betreuerbestellung in
solchen Fällen gar nichts, allerdings hat die schon bisher gewährte Hilfe nun den
passenden rechtlichen Rahmen. Die Mehrbelastung, die dem jetzt zum Betreuer
Eingesetzten durch seine Rechenschaftspflicht gegenüber dem Gericht entsteht, ist
im Allgemeinen nicht groß.
   Wie bereits in dem Abschnitt über die Betreuungsverfügung dargestellt, sind
sowohl Positiv- als auch Negativwünsche des Betreuten in der Betreuungsverfügung tunlichst zu berücksichtigen, aber für das Gericht nicht bindend, § 1897 IV 3
BGB. Das gilt natürlich ebenso, wenn der Betreute, ohne eine Betreuungsverfügung
getroffen zu haben, bei der richterlichen Anhörung einen Wunsch äußert, wen er
als Betreuer wünscht oder wer auf gar keinen Fall sein Betreuer werden soll, § 1897
IV 1 und 2 BGB.

b) Sonstige ehrenamtliche Betreuer und ehrenamtliche Vereinsbetreuer

Neben dem Angehörigenprivileg ist im Gesetz bestimmt, dass die Einsetzung einer Einzelperson als Betreuer Vorrang haben soll vor der Einsetzung eines Vereins, § 1897 I BGB, § 1900 I BGB. Damit soll die persönliche Betreuung des Betreuten betont und eine verwaltungsmäßige Betreuung vermieden werden. Und durch weitere gesetzliche Regelung hat die Einsetzung eines ehrenamtlichen Betreuers Vorrang vor der eines Berufsbetreuers, § 1897 VI BGB.

Ungeachtet des Anwachsens der berufsbetreuerlichen Tätigkeit ist die ehrenamtliche Betreuung also weiterhin der vom Gesetzgeber gewollte Regelfall, vgl. § 1836 I BGB.

Die meisten ehrenamtlichen Betreuer sind Angehörige des Betreuten. Es gibt aber auch ehrenamtliche Betreuer, die die Betreuung für einen Freund, Kollegen oder Nachbarn wahrnehmen. Und es gibt ehrenamtliche Betreuer, die bereit sind, auch für völlig Fremde eine Betreuung zu führen. Es dürfte heute in jedem Landkreis mindestens einen der durch das Betreuungsgesetz eingeführten *Betreuungsvereine* geben, deren wichtigste Aufgabe es ist, ehrenamtliche Betreuer zu gewinnen, zu begleiten und fortzubilden.

Welche Voraussetzungen muss ein ehrenamtlicher Betreuer, gleich ob Angehöriger, Bekannter oder Fremder, erfüllen?

Betreuungen mit erheblichen Schwierigkeiten und umfangreiche Vermögensverwaltungen werden heute regelmäßig Berufsbetreuern übertragen und kommen damit auf ehrenamtliche Betreuer nicht zu. Für die Betreuungen, die ehrenamtlichen Betreuern angetragen werden, gilt uneingeschränkt der

▶ **Grundsatz 5:** Wer seine eigenen Angelegenheiten regeln kann, kann auch die Angelegenheiten eines anderen regeln.

Auf die Amtsführung des Betreuers wird in dem folgenden Kapitel im Einzelnen eingegangen werden. An dieser Stelle nur der Hinweis, dass die Betreuung als rechtliche Vertretung den Betreuer auf keinen Fall verpflichtet, alle Angelegenheiten des Betreuten eigenhändig zu besorgen, ebenso wenig wie er dies bei seinen eigenen Angelegenheiten tut.

Bsp. 10:

Wenn der Betreute körperliche Pflege braucht, ist es nicht Sache des Betreuers, diese zu erbringen, wohl aber, den Arzt und die Sozialstation oder sonstige Pflegedienste einzuschalten.

Bsp. 11:

Wenn das Dach des Hauses des Betreuten undicht ist, muss und sollte der Betreuer, wenn er nicht gerade selbst Dachdecker ist, nicht selbst Hand anlegen, wohl aber einen entsprechenden Handwerker beauftragen, wie er es für sein eigenes Haus ja auch täte.

Bsp. 12:

Wenn der Betreute mit einem Prozess überzogen wird, kann und sollte der Betreuer den Rat eines Rechtsanwalts einholen.

Wichtig ist in diesem Zusammenhang auch noch einmal der Hinweis, dass der Betreuer als Vertreter des Betreuten weder für die Schulden noch für von ihm für den Betreuten erteilte Aufträge mit seinem eigenen Vermögen haftet, ebenso wenig wie er an der Arbeitsstelle für Verträge einzustehen hat, die er im Namen seiner Firma abschließt.

Allerdings muss der Betreuer bei der Vergabe von Aufträgen darauf achten, dass deutlich wird, dass er die Aufträge nicht im eigenen Namen, sondern für den Betreuten erteilt.

Jeder ehrenamtliche Betreuer hat gegenüber dem Betreuten und bei dessen Vermögenslosigkeit gegenüber der Staatskasse einen gesetzlichen Anspruch auf Erstattung seiner ihm für die Amtsführung angefallenen Auslagen. Ohne Einzelnachweis steht ihm hierfür eine pauschale Aufwandsentschädigung zu, die derzeit bei 323 € pro Jahr liegt § 1835a I BGB in Verbindung mit § 22 Justizvergütungs- und -entschädigungsgesetz. Liegen seine Auslagen niedriger, darf er diese Aufwandsentschädigung gleichwohl behalten, möchte er höhere Auslagen geltend machen, muss er sie ordnungsgemäß belegen.

c) Berufsbetreuer

Berufsbetreuer führen Betreuungen berufsmäßig, also gegen Entgelt. Wegen des gesetzlichen Vorrangs der ehrenamtlichen Betreuung sollen sie nur eingesetzt werden, wenn kein geeigneter ehrenamtlicher Betreuer zur Verfügung steht, § 1897 VI BGB. Das ist vielfach dann der Fall, wenn entweder eine Betreuungssache so umfangreich ist, dass die ehrenamtliche Führung des Betreueramts billigerweise nicht gefordert werden kann, oder aber, wenn eine Betreuung besondere Fachkenntnisse verlangt, wie es im Einzelfall bei der Betreuung für große Vermögen vorkommt.

In der Praxis werden Berufsbetreuer aber über diese beiden Fälle hinaus vielfach auch in an sich einfach gelagerten Fällen eingesetzt, die sich ihrer Art nach auch für einen ehrenamtlichen Betreuer eignen würden.

Das hat sich eingespielt, als es nach Einführung des Betreuungsrechts zu wenige ehrenamtliche Betreuer gab. Inzwischen, dies muss (auch selbst-)kritisch angemerkt werden, neigen die Richter dazu, Berufsbetreuer einzusetzen, weil es für die Gerichte einfacher ist: Mit den Berufsbetreuern arbeiten sie teilweise jahrelang zusammen, man ist aufeinander eingespielt. Der Berufsbetreuer weiß, was er zu tun hat, er macht den Gerichten daher weniger Arbeit. Und ein außenstehender Betreuer, der sich in „professioneller Distanz" abzugrenzen vermag, ist für das Gericht als Ansprechpartner manchmal auch einfacher, als ein Angehöriger, dem die eigene unmittelbare Betroffenheit zu schaffen macht.

Das Problem des über die wirklich notwendigen Fälle hinausgehenden Einsatzes von Berufsbetreuern ist, dass man eben das bekommt, was man bezahlt. Wer Berufsbetreuer einsetzt und damit bezahlt, wird immer neue Berufsbetreuer hervorbringen. Die Berufsbetreuungen kosten aber viel Geld, was besser den Betreuungsvereinen für die Gewinnung und Schulung ehrenamtlicher Betreuer zur Verfügung gestellt würde. Außerdem kommt es durch den schnellen Einsatz eines Berufsbetreuers auch in Fällen, die sich für eine ehrenamtliche Betreuung eignen würden, dazu, dass ehrenamtliche Betreuer, die bereitstehen, nicht eingesetzt werden. Die Bereitschaft zu ehrenamtlicher Mitarbeit kann jedoch nicht konserviert werden: wird sie nicht nachgefragt, wird sie verkümmern und die zur ehrenamtlichen Mitarbeit Bereiten suchen sich, oft schwer enttäuscht, eine andere Aufgabe.

Dabei kommt es ausgesprochen häufig vor, dass eine Betreuung nur in ihrer Anfangsphase so viel Arbeit macht, dass der Einsatz eines Berufsbetreuers erforderlich ist und sie in der Folgezeit gut einem ehrenamtlichen Betreuer übertragen werden kann. Als typisches Beispiel hierfür ist die Verlegung in ein Altenheim (S. 43) zu nennen. In diesen Fällen sollte dann zu gegebener Zeit die Sache vom Berufsbetreuer wieder weggenommen und auf einen ehrenamtlichen Betreuer übertragen werden. Der Berufsbetreuer ist gesetzlich verpflichtet, dem Gericht von sich aus mitzuteilen, wenn die Betreuung sich nunmehr für einen ehrenamtlichen Betreuer eignet, § 1897 VI 2 BGB.

d) Hauptamtliche Vereins- und Behördenbetreuer

Den hauptamtlichen Mitarbeitern der Betreuungsvereine[1] („Vereinsbetreuer") und der Betreuungsbehörde[2] („Behördenbetreuer") können ebenfalls Betreuungen übertragen werden, §§ 1897 II, 1900 BGB. Sie sind „automatisch" Berufsbetreuer, eines besonderen Ausspruchs bedarf es hierzu nicht, § 7 I 1 VBVG (Vormünder- und Betreuervergütungsgesetz[3]). *Der Betreuungsverein kann für seine Vereinsbetreuer nach den für Berufsbetreuer geltenden Grundsätzen abrechnen, ohne dass es auf die Zahl der von ihnen geführten Betreuungen ankommt, § 7 I VBVG. Dabei sind Betreuungsleistungen, die ein Vereinsbetreuer gegenüber mittellosen Personen erbringt, sind umsatzsteuerbefreit.*[4] Dem Vereinsbetreuer selbst steht kein Vergütungsanspruch zu, § 7 III VBVG.

Für einen *Behördenbetreuer* kann (!) der Betreuungsbehörde Vergütung bewilligt werden, wenn es das Gericht in besonderen Fällen für angemessen erachtet und

---

[1] Vgl. S. 79.

[2] Vgl. S. 79.

[3] Abgedruckt S. 306 ff.

[4] Sammlung der Entscheidungen des Bundesfinanzhofs 2009, 1464; vgl. hierzu auch BFH BtPrax 2009, 120.

wenn hierfür Vermögen des Betreuten zur Verfügung steht, §§ 8 I VBVG in Verbindung mit § 1836 II BGB. Ein unmittelbarer Anspruch des Behördenbetreuers selbst ist aber auch hier ausgeschlossen, § 8 III, 7 III VBVG. Auch Aufwendungsersatz steht der Betreuungsbehörde nur bei einem vermögenden Betreuten zu, § 8 II VBVG.

e) Betreuungsverein

Nur wenn keine bestimmte Person,[5] seien es eine oder mehrere, seien es Verwandte, Bekannte oder außenstehende, seien es ehrenamtliche oder berufsmäßige, seien es unorganisierte oder Vereinsbetreuer, die Betreuung übernehmen kann, darf ein Betreuungsverein als solcher zum Betreuer bestellt werden, § 1900 I BGB. Und selbst hier ist dann noch vorgeschrieben, dass der Betreuungsverein seinerseits das Führen der Betreuung einer bestimmten Person oder bestimmten Personen zu übertragen hat, § 1900 II BGB.

> In der Praxis wird deshalb kaum je ein Verein als Betreuer bestellt. Vor Erlass des Betreuungsbeschlusses wird mit dem Verein abgeklärt, welcher ehrenamtliche oder berufsmäßige Betreuer des Vereins die betreffende Betreuung übernehmen kann. Dann wird der- oder diejenige unmittelbar bestellt.
> In diesen Fällen sollte allerdings der Zusatz „als (ehren- oder hauptamtlicher) Mitarbeiter des Betreuungsvereins pp." nicht fehlen, damit die Anbindung an den Verein deutlich wird. Dem Verein ist dann auch jeweils eine Ausfertigung von Beschlüssen, durch die von ihm vermittelte Betreuer eingesetzt werden, zu übersenden.

Grund für diese Regelung ist das das neue Betreuungsrecht bestimmende Leitbild der Betreuung durch eine natürliche Person im Gegensatz zu der bei den früheren Vereinsvormundschaft bzw. -pflegschaft. Durch diese Neuorientierung sollte eine persönlichere Wahrnehmung der Amtsführung erreicht und die anonyme Verbandsbetreuung mit häufigem Wechsel der tatsächlichen Betreuungsperson zurückgedrängt werden.

f) Betreuungsbehörde

Als *ultima ratio,* also noch nach der ja auch bereits unerwünschten Einsetzung eines Betreuungsvereins, betrachtet das Gesetz die Einsetzung der Betreuungsbehörde als Betreuer, § 1900 IV BGB. Insoweit gelten die vorstehend zur Einsetzung eines Betreuungsvereins gemachten Ausführungen entsprechend.

---

[5] In der Gesetzessprache „natürliche" Person, § 1900 I 1 BGB.

2. Ausschluss von Heimmitarbeitern als Betreuer

Ein besonderer Fall von Interessenkollision, welche die Einsetzung zum Betreuer schlechthin ausschließt, ist in § 1897 III BGB geregelt[6]: Mitarbeiter von Heimen oder sonstigen Einrichtungen, in denen der Betreute wohnt oder untergebracht ist, dürfen nicht Betreuer des Betreuten sein. Das gilt auch für andere Personen, die in einem Abhängigkeitsverhältnis oder sonstigem engen Verhältnis zu dem Heim oder der Einrichtung stehen.

> Damit fallen etwa auch Angehörige der Mitarbeiter des Heims oder der Einrichtung unter dieses Verbot.

Um eine Umgehung zu vermeiden, ist weiter geregelt, dass die Bevollmächtigung einer aufgrund dieser Vorschrift vom Amt des Betreuers ausgeschlossenen Person durch den Betreuten entgegen dem sonst geltenden Grundsatz *nicht* zur Entbehrlichkeit der Betreuung führt, § 1896 II 2 BGB.

> Sollte also eine entsprechende Vollmacht vorliegen, wäre gleichwohl ein Betreuer zu bestellen.

Soweit der Betreuer erst nach seiner Bestellung in eine entsprechende Beziehung zu dem Heim oder der Einrichtung tritt, ist ohne weiteres vom Vorliegen eines wichtigen Grundes für seine Entlassung auszugehen, der zwingend zur Einsetzung eines neuen Betreuers führt, § 1908b I BGB.

3. Mehrere Betreuer

Gesetzlicher Regelfall ist die Einsetzung nur eines Betreuers. Das Gesetz ermöglicht es dem Betreuungsrichter aber, beim ehrenamtlichen Betreuer diese Regel zu durchbrechen, § 1899 BGB. Der Einsatz mehrerer Berufsbetreuer nebeneinander kommt für Ersatzbetreuer, Sterilisationsbetreuer und Gegenbetreuer in Betracht, § 1899 I 3 BGB.

In der Praxis kommt der Einsatz mehrerer (ehrenamtlicher) Betreuer nebeneinander in folgenden Fällen vor:

a) Eltern behinderter Kinder; sonstige Betreuung durch Angehörige

Für *Eltern eines behinderten Kindes,* für das infolge Eintritts der Volljährigkeit nunmehr ein Betreuer bestellt werden muss, stellt sich die Betreuung als Fortführung der elterlichen Sorge dar. Dem kommt ihre gemeinsame Einsetzung als Betreuer am nächsten.

---

[6] Das ergibt sich auch schon aus §§ 1908i I 1, 1791 III 1, letzter Teilsatz BGB.

Auch sonst wird bei einer *Betreuung für einen Angehörigen* immer wieder der Wunsch geäußert, dass etwa mehrere der erwachsenen Kinder des zu Betreuenden oder eines oder mehrere der Kinder neben dem Ehegatten gemeinsam als Betreuer eingesetzt werden. Derartigen Wünschen kann im Allgemeinen ohne weiteres entsprochen werden.

Im Normalfall empfiehlt es sich dann, alle Mitbetreuer für denselben Aufgabenkreis einzusetzen, was angesichts der dann nebeneinander bestehenden Vertretungsbefugnis als Nebenbetreuung bezeichnet werden kann. Außerdem hat es sich bewährt, jedem der Betreuer *Einzelvertretungsbefugnis* zuzusprechen, § 1899 III BGB. Unterlässt man das, sind die Betreuer grundsätzlich nur zur gemeinsamen Vertretung befugt, § 1899 III BGB, was bei Abwesenheit auch nur eines der Betreuer problematisch werden kann.

Damit ist diese Regelung für die Eltern sogar einfacher, als die vorausgegangene elterliche Sorge, die sie im Prinzip nur gemeinsam ausüben konnten, § 1626 I BGB,[7] aber gleichwohl bei intakten Familienverhältnissen gut vertretbar.

Bei Gefahr im Verzug darf allerdings jeder der an sich nur gemeinschaftlich vertretungsbefugten Betreuer auch alleine handeln, § 1899 III BGB am Ende.

b) Mehrere Betreuer für getrennte Aufgabenbereiche

Ansonsten kommt die Einsetzung mehrerer Betreuer in Betracht, wenn es aus bestimmten Gründen sinnvoll erscheint, dass ein Betreuer einen Teil der Aufgaben erledigt, ein anderer einen anderen. In diesem Fall muss das Gericht, um Unklarheiten in der Zuständigkeit zu vermeiden, genau festlegen, welcher Betreuer für welche Aufgaben zuständig sein soll. (§ 1899 I BGB)

Bsp. 13:

Der Sohn der in Frankfurt lebenden Betreuten lebt in München und möchte von dort aus die Vermögenssorge führen. Die Arztangelegenheiten soll die in der Nähe von Frankfurt lebende Tochter wahrnehmen.

Die Verantwortung für ein dem Betreuten gehörendes größeres Hotel wird einem entsprechend qualifizierten Berufsbetreuer übertragen, Aufenthaltsbestimmungsrecht und Gesundheitsfürsorge bleiben bei der Familie.

c) Verhinderungsbetreuung

§ 1899 IV BGB gibt dem Gericht die Möglichkeit, „mehrere Betreuer auch in der Weise bestellen, dass der eine die Angelegenheiten des Betreuten nur zu besorgen hat, soweit der andere verhindert ist". Für diesen Fall werden nebeneinander die

---

[7] In alltäglichen Angelegenheiten und in Eilfällen können aufgrund unterschiedlicher Rechtskonstruktionen die Elternteile auch jeweils allein vertreten; diese Fragestellung des Minderjährigenrechts weiter darzustellen ist nicht Gegenstand des vorliegenden Buches.

Begriffe „Vertretungsbetreuer", „Verhinderungsbetreuer" „Ersatzbetreuer" und Ergänzungsbetreuer verwendet. Das vorliegende Buch verwendet für Fälle der Vertretung wegen *tatsächlicher* Verhinderung des Hauptbetreuers den Begriff „Vertretungsbetreuung" und für Fälle der *rechtlichen* Verhinderung des Hauptbetreuers den Betriff „Ergänzungsbetreuung". Als übergeordneter Begriff dient die Bezeichnung „Verhinderungsbetreuung".

(1) Vertretungsbetreuung

Die Vertretungsbetreuung, die dann zum Zuge kommt, wenn der Hauptbetreuer *tatsächlich* verhindert ist (Urlaub, Krankheit, Tagung) ist insoweit problematisch, als im Allgemeinen die beweiskräftige Feststellung der Verhinderung des Hauptbetreuers schwierig ist. Eine hochförmliche Vertretung, etwa bei einem notariellen Vertrag, wird der Vertretungsbetreuer daher kaum wahrnehmen können.[8] Des ungeachtet wird diese Form der Verhinderungsbetreuung von vielen Amtsgerichten als vorsorgliche Dauerregelung angewandt (insbesondere, wenn Haupt- und Vertretungsbetreuer in Bürogemeinschaft arbeiten) und scheint im Alltag auch zu funktionieren.

Der Autor ordnet aber in ständiger Entscheidungspraxis keine Vertretungsbetreuung an, jedenfalls nicht vorsorglich oder als Dauerregelung. Denn das betreuungsrechtliche Leitbild, das die Verantwortung genau einer einzigen natürlichen Person für die Betreuung als Regelfall vorsieht (§ 1897 I BGB), wird so verwischt und zwar dergestalt, dass für alle Beteiligten (Betreuter, Heim, Betreuungsgericht) unklar ist, wer zu einer bestimmten Zeit die betreuerliche Verantwortung ausübte und aufgrund welcher Verhinderung des Hauptbetreuers. In Extremfällen ist von der der tatsächlichen Ausübung der Betreuung her der faktische Austausch von Haupt- und Vertretungsbetreuer ohne Mitwirkung oder auch nur Kenntnis des Gerichts denkbar.

> Die Vertretungsbetreuung ist auch weitgehend entbehrlich. Vor urlaubsbedingter Abwesenheit kann der Betreuer seine Betreuungen meist so organisieren, dass während seiner Abwesenheit kein Entscheidungsbedarf eintritt. Kommt es zu unerwartetem Entscheidungsbedarf, kann das Betreuungsgericht an Stelle des Betreuers entscheiden, § 1846 BGB.

(2) Ergänzungsbetreuung

Bei der *Ergänzungsbetreuung* ist eine Vertretung des Betreuers erforderlich, weil dieser aus *rechtlichen* Gründen am Tätigwerden gehindert ist.

Fall 21:

Ein Grundstück des Betreuten soll an die Tochter des Betreuers verkauft werden. Der Betreuer ist gemäß § 1795 I Nr. 1 BGB für diesen Verkauf an der Vertretung des Betreuten verhindert. Daher ist für die Vertretung des Betreuten bei diesem Kaufvertrag die Bestellung eines Ergänzungsbetreuers erforderlich.

---

[8] Ebenfalls sehr kritisch zur Ersatzbetreuung bei tatsächlicher Verhinderung MüKo-*Schwab* § 1899 BGB Rdnr. 24.

Als Ergänzungsbetreuer sollte, jedenfalls wenn der Gegenstand, um den es geht, einen gewissen Wert hat, *kein Gelegenheitsbetreuer* eingesetzt werden (nicht der Nachbar, auch nicht eine Angestellte des beurkundenden Notars, wie dies von den Notaren häufig vorgeschlagen wird), sondern ein Berufsbetreuer oder ein zuverlässiger Rechtsanwalt, der in der Lage ist, zu beurteilen, ob bei dem Betreuten Rechtsgeschäft die Belange des Betreuten ausreichend gewahrt sind. Ansonsten ist die Ergänzungsbetreuung bloßer Formalismus und führt nicht zu dem doch eigentlich damit bezweckten Schutz der Interessen des Betreuten.

Durch das 2. BtÄndG hat die Abgrenzung zwischen Vertretungs- und Ergänzungsbetreuer insoweit zusätzliche Bedeutung erlangt, als sich nunmehr ihre Vergütungsregelung unterscheidet.[9]

d) Gegenbetreuung

Als letzter Fall der Einsetzung mehrerer Betreuer ist noch die Einsetzung eines *Gegenbetreuers* gemäß § 1792 BGB zu nennen. Er übernimmt bei Betreuungen über große Vermögensmassen einen Teil der Kontrollfunktionen des Gerichts in eigener Verantwortung. Es ist daher, wie bei der Ergänzungsbetreuung, wichtig, dass hierfür eine ausreichend kompetente und zuverlässige Betreuungsperson eingesetzt wird.

Der Gegenbetreuer soll der Entlastung des Betreuungsgerichts dienen. Seine Hauptaufgabe liegt in der Überwachung des Hauptbetreuers, § 1799 BGB. Bei bestimmten vom Gesetz der Genehmigungsbedürftigkeit unterstellten Geschäften des Hauptbetreuers kann die Genehmigung durch den Gegenbetreuer an die Stelle der sonst erforderlichen Genehmigung durch das Betreuungsgericht treten, §§ 1809, 812, 1813 BGB.

In der Praxis wird Gegenbetreuung nur selten angeordnet, am ehesten bei sehr vermögenden Betreuten.

---

[9] Vgl. S. 100.

Kapitel 5 Der „Beteiligte" am Betreuungs- und Unterbringungsverfahren

Nur der „Beteiligte" am Betreuungs- bzw. Unterbringungsverfahren wird vom Gericht angehört, erhält die gerichtlichen Entscheidungen mitgeteilt und ist im Interesse des Betreuten beschwerdebefugt. Der Betreute und der Verfahrenspfleger sind stets zu beteiligen, im Betreuungsverfahren außerdem Betreuer/Bevollmächtigte, soweit deren Aufgabenkreis berührt ist und die Betreuungsbehörde, wenn sie dies beantragt („Muss-Beteiligte"). In Unterbringungsverfahren sind immer alle Betreuer beteiligt. Zusätzlich hat das Gericht die Möglichkeit und ggf. auch die Pflicht, im Interesse des Betreuten sogenannte „Kann-Beteiligte" hinzuziehen. Das sind vor allem nahe Angehörige, wobei deren Kreis in Unterbringungsverfahren enger ist als im Betreuungsverfahren.

1. Grundsätzliches

Für den Nichtjuristen eine vielleicht etwas befremdliche Frage: Wer ist denn am Betreuungs-/Unterbringungsverfahren[1] beteiligt? Um sich der Frage anzunähern, soll zunächst dargestellt werden, welche Bedeutung es überhaupt hat, „Beteiligter" zu sein.

Ein Beteiligter kann Anträge stellen. Eine Befugnis, die im Betreuungsverfahren von geringerer Bedeutung ist. Denn das Betreuungsverfahren ist in den meisten und vor allem in den Kernbereichen ein Amtsverfahren. Der Betreuungsrichter kann auch ohne Antrag von Amts wegen tätig werden.

Als der Autor gelegentlich eines Heimbesuchs in anderen Betreuungssachen eine Bewohnerin bemerkte, die offensichtlich der Hilfe durch einen Betreuer bedurfte, konnte er sogleich ohne jeden Antrag ein Betreuungsverfahren einleiten.

---

[1] Künftig um der leichteren Lesbarkeit willen meist nur „Betreuungsverfahren".

© Springer-Verlag GmbH Deutschland, ein Teil von Springer Nature 2019
J. Seichter, *Einführung in das Betreuungsrecht*,
https://doi.org/10.1007/978-3-662-57498-0_5

Der Beteiligte hat das Recht angehört zu werden.
Und er kann Beschwerde einlegen.

a) Antragsbefugnis

Wenn im Betreuungsverfahren Anträge gestellt werden, handelt es sich also meist nicht um Anträge in dem Sinn, dass diese rechtliche Voraussetzung für die angestrebte Maßnahme oder Entscheidung wären. Sie werden dann auch aktenmäßig als Anregungen bezeichnet.

> Die Bestellung eines Betreuers kann im Allgemeinen „auf Antrag oder von Amts wegen" erfolgen, § 1896 I BGB. Damit ist der Antrag nicht Voraussetzung der Entscheidung, es liegt ein Amtsverfahren vor.

Für die Einrichtung einer Betreuung ist praktisch die einzige Ausnahme der Fall, dass die Betreuung allein aufgrund körperlicher Behinderung erforderlich wird. Hier ist der Antrag des Betreuten Entscheidungsvoraussetzung, ohne diesen Antrag kann kein Betreuer bestellt werden§ 1896 I 3 BGB. Damit liegt hier ein echtes Antragsverfahren vor.

Eine wichtige Konsequenz des Amtsverfahrens ist, dass durch die Rücknahme eines solchen „Antrages" das Verfahren nicht automatisch beendet ist. Vielmehr hat im Amtsverfahren das Gericht in eigener Verantwortung zu entscheiden, ob die Antragsrücknahme zur sofortigen Beendigung des Verfahrens führen kann. Es kommt durchaus vor, dass auch ungeachtet der Rücknahme zunächst weitere Ermittlungen angestellt werden. Natürlich kann es auch passieren, dass man auf eine Mitteilung, die Betreuung sei nicht mehr erforderlich, sofort das Verfahren beenden kann. Das wäre zum Beispiel der Fall, wenn die Tochter, die ihre betreuungsbedürftige Mutter aufgenommen hat, mitteilt, dass sich sie doch nicht nach Amerika auswandert und daher weiter für die Mutter sorgen kann.

> Insoweit verhält es sich ganz ähnlich, wie wenn im Strafverfahren bei einem Offizialdelikt, also einem Delikt, das auch ohne Antrag zu verfolgen ist, ein Straf-„antrag" zurückgenommen wird. Auch hier ist das Verfahren, oftmals zur Enttäuschung aller Beteiligter, nicht automatisch beendet.

b) Das Recht, angehört zu werden und Akteneinsicht zu erhalten

Jeder Beteiligte ist vom Betreuungsrichter vor der Bestellung eines Betreuers oder der Anordnung eines Einwilligungsvorbehalts anzuhören, § 279 I FamFG; dasselbe gilt grundsätzlich auch für die Änderung, Aufhebung oder Verlängerung des Aufgabenkreises der Betreuung oder des Umfangs eines bestehenden Einwilligungsvorbehalts, §§ 293 I, 294 I, 295 I FamFG. In Unterbringungssachen sind die Beteiligten ebenfalls anzuhören, § 320 Satz 1 BGB.

Dieses Recht ist von ganz erheblicher Bedeutung, weil im Rahmen der Anhörung ein Beteiligter ganz erheblichen Einfluss auf das Verfahren nehmen kann.

Mit dem Recht angehört zu werden korrespondiert das Recht Akteneinsicht zu erhalten, was von Privatpersonen aber nur auf der Geschäftsstelle des Gerichts ausgeübt werden kann, § 13 I FamFG. Soweit Akteneinsicht gewährt wird, können die Berechtigten sich auf ihre Kosten durch die Geschäftsstelle Ausfertigungen, Auszüge und Abschriften erteilen lassen; die Abschrift ist auf Verlangen zu beglaubigen, § 13 III FamFG.

c) Das Recht, die Entscheidungen mitgeteilt zu erhalten und das Recht, Beschwerde einzulegen

Im Amtsverfahren sind enge Angehörige und eine Person des Vertrauens des Betreuten, die im ersten Rechtszug beteiligt worden sind, befugt, *im Interesse des Betreuten* gegen die darin ergangene Entscheidung Beschwerde einzulegen, § 303 II FamFG.

Die praktische Bedeutung der Einschränkung, wonach der Beteiligte Beschwerde nur einlegen kann „im Interesse des Betreuten" kann kaum überschätzt werden. Die Beschwerdebefugnis des Beteiligten kann also nicht zur Durchsetzung eigener Interesse des Beteiligten eingesetzt werden, so lange sie nicht mindestens auch den Interessen des Betreuten dienen.

Dasselbe gilt auch in Unterbringungssachen, § 335 I Nrn. 1 und 2 FamFG. Im echten Antragsverfahren, also wenn die Entscheidung nur auf Antrag des Betreuten ergehen kann, ist dieser allein beschwerdeberechtigt, § 59 II FamFG.

Dem Beschwerderecht der Beteiligten entspricht ihre Recht, die Entscheidungen des Gerichts mitgeteilt zu erhalten, § 41 FamFG. Denn das Recht, Beschwerde einzulegen, kann nur ausgeübt werden, wenn man die Entscheidung mitgeteilt bekommen hat.

2. Wer ist „Beteiligter"?

a) Muss-Beteiligte

(1) Der Betreute selbst, (2) sein bereits bestellter Betreuer, *dessen Aufgabenkreis betroffen ist* und (3) sein etwa vorhandener Bevollmächtigter, *dessen Aufgabenkreis[2] betroffen ist,* sind stets vom Gericht zu beteiligen, § 274 I FamFG. In Unterbringungssachen gilt dasselbe, in ihnen ist aber jeder Betreuer zu beteiligen, auch wenn die Unterbringungssachen nicht von seinem Aufgabenkreis umfasst sind, § 315 FamFG.

---

[2] So der Gesetzestext, gemeint ist der Umfang der Vollmacht.

Der Verfahrenspfleger wird durch seine Bestellung Beteiligter, § 274 II, 315 II FamFG

Die Betreuungsbehörde muss *auf ihren Antrag* hin als Beteiligte hinzugezogen werden zu Entscheidungen über die Bestellung eines Betreuers oder die Anordnung eines Einwilligungsvorbehalts und über die Änderung, Aufhebung oder Verlängerung des Aufgabenkreises der Betreuung oder des Umfangs eines bestehenden Einwilligungsvorbehalts, § 274 III FamFG. Entsprechendes gilt in Unterbringungssachen, § 315 III FamFG.

Schließlich *muss* als Beteiligter hinzugezogen werden, wessen Rechte durch die anstehende Entscheidung unmittelbar betroffen sind, § 7 II Nr. 1 FamFG.

Diese Regelung des Allgemeinen Teils des FamFG hat Bedeutung etwa in Kindschafts- und Adoptionssachen. Im Betreuungs- und Unterbringungsrecht ist sie ohne praktische Relevanz.

b) Kann-Beteiligte

Zu Entscheidungen über die Bestellung eines Betreuers oder die Anordnung eines Einwilligungsvorbehalts und über die Änderung, Aufhebung oder Verlängerung des Aufgabenkreises der Betreuung oder des Umfangs eines bestehenden Einwilligungsvorbehalts *können* Ehegatte oder Lebenspartner des Betreuten, wenn die Ehegatten oder Lebenspartner nicht dauernd getrennt leben, sowie dessen Eltern, Pflegeeltern, Großeltern, Abkömmlinge, Geschwister und eine Person seines Vertrauens als Beteiligte hinzugezogen werden, aber nur, *wenn dies im Interesse des Betreuten ist*, § 274 IV Nr. 1 FamFG.

Ähnliches gilt in Unterbringungssachen, § 315 IV FamFG. Hier ist der Kreis der Kann-Beteiligten einerseits dahin enger gefasst, als aufgeführt sind nur Ehegatte oder Lebenspartner des Betreuten, wenn die Ehegatten oder Lebenspartner nicht dauernd getrennt leben, sowie dessen Eltern, Pflegeeltern, Kinder, soweit der Betreute bei ihnen lebt bzw. vor der Maßnahme gelebt hat und eine Person seines Vertrauens, andererseits erweitert dahin, dass außerdem der Leiter der Einrichtung, in der der Betreute lebt, hinzugezogen werden *kann*, all dies, wenn es im Interesse des Betreuten ist, § 315 IV Nr. 3 FamFG.

In Betreuungssachen *kann* schließlich auch noch hinzugezogen werden der Vertreter der Staatskasse, soweit das Interesse der Staatskasse durch den Ausgang des Verfahrens betroffen sein kann, § 274 IV Nr. 2 FamFG.

Wer auf Antrag hinzugezogen werden muss oder kann, ist über dieses Recht zu belehren, § 7 IV 2 FamFG. Dies gilt nicht für die Betreuungsbehörde[3] und den Vertreter der Staatskasse, da es Behörden gegenüber keine Belehrungspflichten gibt.

---

[3] Anderer Ansicht Keidel-*Budde*, § 274 FamFG Rdnr. 13, der die Belehrung aber auch als „kaum sinnvoll" bezeichnet.

Aber auch im Übrigen spielt diese Belehrung, soweit ersichtlich, in der Gerichtspraxis keine größere Rolle. Dogmatisch lässt sich das damit begründen, dass § 7 IV 2 FamFG von einem *Antrag* auf Beteiligung spricht, §§ 274 IV Nr. 1 und 315 IV FamFG aber (anders als § 274 III, 315 III FamFG keinen Antrag voraussetzen. Pragmatisch liegt der Grund darin, dass die tatsächlichen Bezugspersonen sich vielfach von sich aus bei Gericht melden. Befinden sich Anschriften naher Angehöriger bei der Akte, wird diesen vielfach ohne weiteres eine Beschlussausfertigung übersandt, so dass sie allein dadurch Beteiligte werden können, ohne Antrag und ohne Belehrung.

c) Form der Hinzuziehung

Die Form der Hinzuziehung ist im Gesetz nicht geregelt, sie kann daher durch formlose Verfügung des Gerichts erfolgen.[4]

Fröschle weist in diesem Aufsatz zutreffend darauf hin, dass die Hinzuziehung wenigstens ausdrücklich erfolgen sollte, obschon nicht einmal das vom Gesetz gefordert wird. Für eine ausdrückliche Hinzuziehung spricht zusätzlich, dass diese ja auch wieder zurückgenommen werden kann, was aber dann ebenfalls ausdrücklich erfolgen sollte, obschon nicht einmal das vom Gesetz gefordert wird.

Die Vornahme einer Zuziehung und deren spätere Rücknahme müssen aber jedenfalls so erfolgen, dass keine Zweifel möglich sind. Das ist ohne weiteres der Fall, wenn der Betreffende im Beschlusseingang erstmals als Beteiligter aufgeführt wird. Das bloße Weglassen des Beteiligten im Eingang eines späteren Beschlusses würde aber dieses Erfordernis der Klarheit *nicht* erfüllen. Denn es könnte sich ja ebenso gut um ein Versehen handeln (das dann vom Gericht auch jederzeit berichtigt werden könnte). *Soll also eine erfolgte Zuziehung zurückgenommen werden, muss das um der Klarheit willen durch einen eigenen Satz in der Beschlussformel ausgedrückt werden: „Die Zuziehung des … als Beteiligter wird zurückgenommen."*

Wird ein Hinzuziehungsantrag zurückgewiesen, hat dies durch förmlichen Beschluss zu erfolgen, der mit der sofortigen Beschwerde angefochten werden kann, § 7 V FamFG. Kann die Hinzuziehung nur auf Antrag erfolgen, etwa bei der Betreuungsbehörde, kann die Ablehnung dieses Antrags allerdings nur von dem Betreuten Antragsteller angefochten werden, § 59 II FamFG.

3. Rechtsfolgen des Beteiligtenstatus

Neben dem Recht, angehört zu werden und so auf das Verfahren Einfluss nehmen zu können, ist das zweite Hauptrecht, das der Beteiligtenstatus verleiht, das Recht, Beschwerde einlegen zu können.

---

[4] *Fröschle* BtPrax 1009, 155, 156.

Diese Rechtsfolge hat vor allem in ihrer Umkehrung Bedeutung: Ein Angehöriger, der nicht Beteiligter ist, kann eben keine Beschwerde einlegen. Darin liegt eine ganz beträchtliche Begrenzung der Beschwerdemöglichkeit für Angehörige.

Diese Begrenzung wird noch verschärft dadurch, dass die Hinzuziehung eines Kann-Beteiligten nur möglich ist, wenn sie im Interesse des Betreuten liegt, §§ 274 IV 1, 315 IV 1 FamFG.

Von erheblicher praktischer Bedeutung ist noch die Bestimmung, dass der Betreute/Bevollmächtigte in Betreuungssachen nur dann Beteiligte ist, wenn sein Aufgabenkreis betroffen ist, § 274 I FamFG. Gibt es, was zwar selten ist, aber doch vorkommt, zwei Betreuer mit unterschiedlichen Aufgabenkreisen, ist der eine Betreuer nicht beteiligt, wenn allein über den Aufgabenkreis des anderen zu entscheiden ist.

In Unterbringungssachen sind zwar stets alle Betreuer/Bevollmächtigten Beteiligte, § 315 I Nr. 2 FamFG, beschwerdebefugt aber nur, wenn sie den entsprechenden Aufgabenkreis haben, § 335 III FamFG.

Kapitel 6 Die Amtsführung des Betreuers

Die Betreuung wird wirksam mit Zugang des Beschlusses bei dem Betreuer. Zu Beginn sollte der Betreuer sich dem Betreuten und auch dessen Umfeld (z. B. Stationslei-tung, Arzt) vorstellen und dort seine Erreichbarkeit sicherstellen (Telefonnummer). Im Einzelfall darf er die Wohnung des Betreuten auch gegen dessen Willen betreten. In seiner Amtsführung soll der Betreuer den Wünschen des Betreuten entsprechen, soweit dies (1) mit dessen Wohl vereinbar und (2) dem Betreuer zumutbar ist. Bei vermögenden Betreuten ist nicht Sparsamkeit oberstes Ziel, sondern das äußerliche und innere Wohlbefinden des Betreuten. Bei Nichterreichbarkeit des Betreuers kann an dessen Stelle der Betreuungsrichter entscheiden. Das Betreuungsgericht hat in Bezug auf den Betreuer in erster Linie eine Beratungs- und Unterstützungs- und erst in zweiter Linie eine Aufsichtsfunktion. Weitere Unterstützung bieten die Betreu-ungsbehörde und die Betreuungsvereine. Abschließend Ausführungen zum Umgang des Betreuers mit nichtbetreuenden Angehörigen des Betreuten und zur Beendigung des Betreueramts.

1. Beginn der Betreuung

Die Betreuung oder Änderungen an der Betreuung werden *wirksam mit Zugang des entsprechenden Beschlusses bei dem Betreuer,* § 287 I FamFG. In Eilfällen wird der Beschluss, soweit möglich, per Telefax übermittelt. Bei Eilbedürftigkeit kann das Gericht die sofortige Wirksamkeit anordnen, § 287 II 1 FamFG. Dann wird die Entscheidung schon durch Bekanntgabe an den Betreuten oder an den Verfahrens-pfleger wirksam, § 287 II 2 Nr. 1 FamFG. Die Wirksamkeit nach dieser Vorschrift tritt sogar schon ein, wenn der Beschluss der Geschäftsstelle des Amtsgerichts zur Bekanntgabe an den Betreuten oder an den Verfahrenspfleger übergeben wird, § 287 II 2 Nr. 2 FamFG. Der Zeitpunkt der sofortigen Wirksamkeit, in der Regel also der Zeitpunkt der Übergabe des Beschlusses an die Geschäftsstelle, ist auf der Urschrift des Beschlusses zu vermerken, § 287 II 3 FamFG.

© Springer-Verlag GmbH Deutschland, ein Teil von Springer Nature 2019
J. Seichter, *Einführung in das Betreuungsrecht,*
https://doi.org/10.1007/978-3-662-57498-0_6

Bis zur Aushändigung des Betreuerausweises durch den Rechtspfleger kann noch einige Zeit vergehen. In diesem Zeitraum kann der übersandte Beschluss dem Betreuer in Verbindung mit einem amtlichen Lichtbildausweis als provisorischer Ausweis dienen.

Die Verpflichtung des Betreuers erfolgt mündlich; hierbei ist der Betreuer in seine Aufgaben zu unterrichten und erhält den Betreuerausweis, § 289 I 1 FamFG.

> Diese persönliche Amtseinführung entfällt kraft ausdrücklicher gesetzlicher Regelung bei Vereinsbetreuern, bei Berufsbetreuern und bei ehrenamtlichen Betreuern, die bereits mehr als eine Betreuung führen oder in den letzten 2 Jahren geführt haben § 289 I 2 FamFG.

Wo es erforderlich erscheint, kann das Gericht auch ein Einführungsgespräch gemeinsam mit dem Betreuten und dem Betreuer führen, § 289 II FamFG.

Von einem Berufsbetreuer kann das Gericht zu Beginn der Betreuung die Erstellung eines *Betreuungsplans* fordern, § 1901 IV 2 BGB. Bei dessen Erstellung kann er sich von der Betreuungsbehörde beraten lassen, § 4 BtBG.

> Soweit dem Autor bekannt, spielt der durch das 2. BtÄndG eingeführte Betreuungsplan keine Rolle.

---

2. Einzelheiten zur Amtsführung des Betreuers

a) Aufgaben zu Beginn der Betreuung

Der Betreuer sollte sich baldmöglichst dem Betreuten vorstellen. Bei Betreuten, die ihm Heim wohnen, sollte er sich auch seinen Ansprechpartnern im Heim (Heim-/Pflegedienst-/Stationsleitung) bekannt machen. Ist dem Betreuer die Gesundheits-fürsorge übertragen, sollte er auch ein Vorstellungsgespräch mit dem behandelnden Arzt vereinbaren. Heim und Arzt sollten auch die Telefonnummer des Betreuers mitgeteilt bekommen.

Betreuer, deren Aufgabenkreis die Vermögenssorge umfasst, bekommen vom Rechtspfleger ein Formblatt „Vermögensverzeichnis". Dieses sollten sie umgehend ausfüllen und ausgefüllt an den Rechtspfleger zurückleiten.

b) Das Betreten der Wohnung des Betreuten durch den Betreuer

Zu diesem Problem ist zunächst anzumerken, dass der Betreuer selbstverständlich die Wohnung betreten darf, wenn der Betreute einverstanden ist und auch, wenn dieser zu einer Willensäußerung nicht mehr in der Lage ist. Denn in beiden Fällen findet ein Brechen des Willens des Betreuten nicht statt, sodass als Rechtsgrundlage der entsprechende Aufgabenkreis ausreicht. Problematisch ist also nur ernstlicher Widerstand des Betreuten.

Solcher Widerstand liegt allerdings bei der Hauptgruppe der von dieser Fragestellung Betreuten, Menschen die vermüllt leben und Menschen mit pathologischer Sammelwut, regelmäßig vor.

Kernfrage ist dann, ob es eine für einen Beschluss des Gerichts, dem Betreuer zwangsweisen Zugang zu ermöglichen, eine ausreichend tragfähige Rechtsgrundlage gibt.

Die Frage, ob der Betreuer die Wohnung des Betreuten *gegen dessen erklärten Willen* betreten darf, sehr umstritten,[1] wird aber mehrheitlich abgelehnt. Diese Ablehnung wird auch gestützt auf eine Entscheidung des BGH vom 17.10.2012,[2] die aber nur einen gegen den Willen des Betreuten erfolgtes Wohnungszutritt zum Zweck der richterlichen Anhörung und der Untersuchung durch den gerichtlich bestellten Gutachter betrifft.

Das Landgericht Berlin, ebenfalls 1996,[3] und das Kammergericht Berlin im selben Jahr[4] sowie im Anschluss an die genannte Entscheidung des Landgerichts Berlin das Landgericht Freiburg im Jahre 2000[5] haben dagegen ein solches Zutrittsrecht, jeweils mit eingehenden Begründungen, bejaht.

Für ein Recht des Wohnungszutritts durch den Betreuer votiert dagegen mit ausführlicher Begründung Schwab im Münchener Kommentar, in dem er u. a. ausführt:

Kritik an Wohnungsbetretungsverbot für den Betreuer:

Die Streitfrage offenbart wiederum die Konstruktionsmängel des Gesetzes, das bestrebt war, den unvermeidlichen Eingriffscharakter des Betreuungsrechts zu verbergen. Eine Wohnungsfürsorge des Betreuers, bei der ihm keine Befugnis eingeräumt werden kann, im Bedarfsfall die Wohnung auch ohne Zustimmung des Betreuten zu betreten, um sich überhaupt ein Bild vom Betreuungsbedarf machen zu können, ist weithin sinnlos.[6]

Das Unbehagen mit einem vollständigen Verbot des Wohnungszutritts durch den Betreuer gegen den Willen des Betreuten wird auch deutlich in einer Entscheidung des Bayerischen Obersten Landesgerichts, indem dieses den zwangsweisen Zutritt des Betreuers zur Wohnung des Betreuten billigt, wenn nicht eine erhebliche Gefahr für die Gesundheit der Betreuten durch die Vermüllung verursacht ist.[7]

Diese Rechtsprechung beruht wie auch die zum Verbot der ambulanten Zwangsbehandlung auf dem Missverständnis, der Betreuer übe Hoheitsgewalt über den Betreuten aus wie eine

---

[1] Zum Streitstand Palandt-*Götz* § 1896 Rdnr. 24.

[2] NJW 2013, 691 = BtPrax 2013, 31.

[3] LG Berlin BtPrax 1996, 111 = FamRZ 1996, 821 f.

[4] FamRZ 1997, 442.

[5] LG Freiburg NJW-RR 2001. 146; zustimmend *Frantzky*, BtPrax 2000, 239.

[6] MüKo-*Schwab* § 1896 BGB Rdnr. 98.

[7] BtPrax 2001, 251.

beliebige staatliche Stelle, während in Wirklichkeit als sein gesetzlicher Vertreter handelt, ihn repräsentiert.[8]

Die genannten Entscheidungen des Landgerichts Berlin und, diesem folgend, des Landgerichts Freiburg halten weitergehend das Betreten der Wohnung gegen den Widerstand des Betreuten auch dann für genehmigungsfähig, *wenn es darum geht, dem Betreuten die Wohnung zu erhalten*. Die Rechtsgrundlage sehen beide Gerichte in einer kühnen Rechtskonstruktion mangels einfachgesetzlicher Regelung unmittelbar in Art. 13 II GG.

Um dieses Ergebnisses des Wohnungserhalts willen verdienen die beiden letztgenannten Entscheidungen Zustimmung. Droht Wohnungsverlust, besteht aus Art. 13 GG für das Betreuungsgericht der Verfassungsauftrag, den Wohnungserhalt nach Möglichkeit sicherzustellen. Daher tritt hier der in Art. 13 GG enthaltene Abwehranspruch gegen die Staatsgewalt gegenüber dem ebenfalls in Art. 13 enthaltenen Verfassungsauftrag, des weitestmöglichen Erhalts der Wohnung zu erreichen, zurück. Seine Grenze findet dieses Zurücktreten in dem Persönlichkeitsrecht des Betreuten aus Art. 2 GG, das es ihm im Prinzip ermöglicht, so zu leben wie er es will. Will aber der Betreute an sich die Wohnung behalten, verkennt aber krankheitsbedingt, dass bloße Passivität ihm den zivilrechtlichen Verlust der Wohnung einbringt, wiegt sein Interesse, die Wohnung grundsätzlich zu erhalten schwerer, als sein Interesse, auf seine Art zu leben und dadurch die Wohnung zu verlieren. Hat aber nach alledem der Betreuer den Verfassungsauftrag, den Wohnungserhalt zu gewährleisten, dann reicht in der Tat Art. 13 GG als Grundlage für einen entsprechenden richterlichen Genehmigungsbeschluss aus.

Allerdings darf dieser Genehmigungsbeschluss das Persönlichkeitsrecht des Betreuten nur so weit einschränken, wie es der Erhalt der Wohnung zwingend erfordert. Unterhalb dieser Grenze muss es bei dem Primat des Persönlichkeitsrechts bleiben, wonach jeder das Recht hat, so zu leben, wie er es will.

Fall 22:

Der Betreute neigt dazu, Lebensmittel zu horten. Sein Zimmer war schon mehrfach von Ungeziefer befallen. Auch die Gefahr einer Salmonellenvergiftung steht im Raum. Die Heimleitung beantragt, zweimal wöchentlich seinen Schrank auf verderbliche oder verdorbene Lebensmittel durchsuchen und diese gegebenenfalls entsorgen zu dürfen. Der Betreute ist vehement dagegen.

Hier reicht es aus, gegebenenfalls den Aufgabenkreis des Betreuers entsprechend anzupassen. Einer richterlichen Genehmigung unter dem Gesichtspunkt der Ausübung unmittelbaren Zwangs bedarf es dagegen nicht. Denn die Durchsicht des Schranks gegen den Willen des Betreuten stellt ebenso wenig genehmigungsbedürftigen unmittelbaren Zwang dar, wie die Überweisung von Unterhalt an ein Kind des Betreuten gegen dessen erklärten Willen.

---

[8] MüKo-*Schwab* § 1904 BGB Rdnr. 19.

Zur Klarstellung und zur Herstellung von Rechtssicherheit für die Beteiligten kann sich in diesen Fällen allerdings ein „Negativattest" empfehlen, also ein Beschluss, in dem ausdrücklich ausgesprochen wird, dass für die beabsichtigte Maßnahme eine richterliche Entscheidung nicht erforderlich ist.

c) Besuchsdichte und Kontaktpflege im weiteren Verlauf der Betreuung

Nach dem Vorstellungsbesuch wird der Betreuer den Betreuten aufsuchen, wenn hierzu Anlass besteht. Aber auch ohne Anlass soll er den Betreuten in regelmäßigen Abständen aufsuchen. Denn der „typische" Betreute ist meist nicht mehr in der Lage, dem Betreuer mitzuteilen, wenn er ihn braucht. Um andererseits die Grenze von der (bloß) rechtlichen zur sozialen Betreuung nicht zu überschreiten, soll auch ein Zuviel an Besuchen ohne bestimmten Anlass vermieden werden. *Im Normalfall, also wenn alles, was geregelt werden muss, erst einmal geregelt und der Betreute psychisch unauffällig ist, ist ca. alle sechs Wochen ein Besuch von je etwa 30 Minuten das rechte Maß.*

Bei jedem Besuch von Heimbewohnern sollte der Betreuer sich auch beim Heimpersonal erkundigen, ob etwas anliegt. Bei außerhalb eines Heims lebenden Betreuten, die von der Sozialstation versorgt werden, gehört es zu den Aufgaben des Betreuers, sich auch dort vorzustellen, seine Telefonnummer zu hinterlassen und in der Folgezeit losen Kontakt zu halten.

Auch Angehörigen des Betreuten sowie Bekannte und Nachbarn, die zu ihm Kontakt halten, sollten den Betreuer kennen und gegebenenfalls auch wissen, wie sie ihn erreichen können.

d) Inhaltliche Richtlinien für die Amtsführung des Betreuers

Richtlinien für die Amtsführung des Betreuers enthält § 1901 II–IV BGB. Dass die Amtsführung, wie es dort heißt, dem Wohl des Betreuten entsprechen muss, hätte wohl kaum einer besonderen Erwähnung bedurft, wohl aber, dass zum Wohl des Betreuten auch eine Lebensgestaltung gehört, die sich weitestmöglich nach den Wünschen und Vorstellungen des Betreuten richtet, § 1901 II BGB. In dieser Regelung wird der Wandel vom früheren „wohlverstandenen Interesse des Betreuten" zum „Interesse des Betreuten, wie er es versteht", deutlich.

▶ Grundsatz 6: Das Betreuungsrecht ist ganz wesentlich dadurch bestimmt, dass dem Betreuten ungeachtet seiner Einschränkungen grundsätzlich ein Recht auf selbstbestimmtes Leben zusteht, soweit das eben geht („Willensvorrang des Betreuten").

Als Folge hieraus hat der Betreuer auch *den Wünschen des Betreuten zu entsprechen,* soweit diese (a) dem Wohl des Betreuten nicht zuwiderlaufen und (b) dem Betreuer zumutbar sind (§ 1901 III 1 BGB). Wie in dem Abschnitt über die Betreuungsverfügungen[9] ausgeführt, gilt dies bei einem Betreuten, der jetzt keine Wünsche mehr äußern kann, grundsätzlich auch für früher geäußerte Wünsche (§ 1901 III 2 BGB).

Bei vermögenden Betreuten besteht in diesem Zusammenhang Anlass zu dem Hinweis, dass es nicht oberste Aufgabe des Betreuers ist, möglichst sparsam mit dem Vermögen des Betreuten umzugehen. Für vermögende Betreute darf von ihrem Geld durchaus über das notwendige Maß hinaus ausgegeben werden, wenn dadurch dem Betreuten objektiv oder auch nur subjektiv Annehmlichkeiten verschafft werden können. *Ziel der Vermögenssorge bei vermögenden Betreuten ist nicht, so wenig wie möglich auszugeben, sondern auch dafür zu sorgen, dass aus dem Vermögen des Betreuten das beschafft wird, was ihm jetzt noch Freude bereiten oder sonst helfen kann.* Dazu können auch Geschenke an Angehörige gehören. Bei vermögenden Betreuten ist dabei die Beschränkung auf Anstandsschenkungen §§ 1908i II 1, 1804 2 BGB gelockert: Wenn der Betreute es wünscht und es nach seinen Lebensverhältnissen üblich ist, sind auch über Anstandsschenkungen hinausgehende Gelegenheitsgeschenke zulässig, § 1908i II 1 BGB.

Es kommt auf der anderen Seite ebenso vor, dass der Betreute selbst unbedingt so wenig Geld wie nur möglich ausgeben will, um das Vermögen für die Erben zu bewahren. Einem solchen Sparsamkeitswunsch *des Betreuten* ist, aufgrund des Vorrangs des Willens des Betreuten soweit vertretbar, zu entsprechen, auch wenn dem Betreuten dadurch Annehmlichkeiten, die er sich an sich leisten könnte, entgehen.

Wichtige Angelegenheiten soll der Betreuer zuvor mit dem Betreuten besprechen, soweit dies noch möglich ist, § 1901 III 3 BGB. Die in der letztgenannten Bestimmung genannte Einschränkung „sofern dies dessen – des Betreuten – Interesse nicht zuwiderläuft" bezieht sich etwa auf Betreute, die mit derartigen Besprechungen psychisch überfordert wären.

Als letzte Leitlinie für die Amtsführung des Betreuers verpflichtet ihn § 1901 IV BGB, innerhalb seines Aufgabenkreises dazu beizutragen, dass die Möglichkeiten genutzt werden, die Krankheit oder die Behinderung des Betreuten zu beseitigen, zu bessern, ihre Verschlimmerung zu verhüten oder wenigstens ihre Folgen zu mildern (*Rehabilitationsgrundsatz*, s. S. 83).

Die vorstehend immer wiederkehrenden Einschränkungen, Wünsche des Betreuten seien nur zu beachten, wenn sie dem Wohl des Betreuten nicht zuwiderlaufen, machen deutlich, dass zwischen Wunsch und Wohl des Betreuten ein Spannungsverhältnis besteht. War dieses Spannungsverhältnis früher unter fürsorglichen Gesichtspunkten bis hin zum „fürsorglichen Zwang" fast ausschließlich auf das Wohl, das „wohlverstandene Interesse des Betreuten" aufgelöst worden, hat das neue Betreuungsrecht dem den Wunsch des Betreuten als Gegenkraft gegenübergestellt. Aber die Wünsche des Betreuten haben eben gleichwohl ihre Grenze da, wo sie seinem Wohl zuwiderlaufen.

Nun bedeutet nicht jeder Verstoß gegen das „wohlverstandene" Interesse ein vollständiges Zuwiderlaufen gegen das Wohl des Betreuten. Manches objektiv

---

[9] Vgl. Abschnitt über die Betreuungsverfügung, S. 24 ff.

Unsinnige oder sogar Falsche wird um des neu hinzugekommenen Gesichtspunktes des Selbstbestimmungsrechts des Betreuten willen hinzunehmen sein.

Eine vollständige Auflösung des Spannungsverhältnisses Wunsch und Wohl des Betreuten hin ausschließlich zum Wunsch des Betreuten wird es auch nach dem neuen Betreuungsrecht nicht geben können. Als Hilfe für die Ausfüllung des unbestimmten Rechtsbegriffs „dem Wohl des Betreuten zuwiderlaufen", ist dem Betreuer die Formel des Handelns wie ein *„pater diligens"*, wie ein liebender Vater, anzuempfehlen: Der liebende Vater lässt seinen Kindern manche Unvernunft durchgehen. Aber im Einzelfall muss er dann doch seinen Willen durchsetzen.

Dieses Durchsetzen des Willens des Betreuers geschieht dabei gelegentlich auch mittels *Überredung und Suggestion,* wie es ja auch Eltern ihren Kindern gegenüber tun. Dagegen ist auch nichts einzuwenden. Denn da der Betreuer die Befugnis zum Durchsetzen seines Willens hat, darf er diese auch mit dem sanften „mittelbaren" Zwang psychologischer Beeinflussung umsetzen. Er sollte dabei nur *zwei Grenzen* einhalten:

- Er sollte den Betreuten nicht anlügen (Wahrhaftigkeitsgebot, s. S. 46).
- Und die Genehmigung der *Anwendung unmittelbaren Zwangs* ist dem Richter vorbehalten (s. S. 183 zur Freiheitsentziehung und S. 199 zur Zwangsbehandlung).

Die Amtsführung auch des ehrenamtlichen Betreuers ist *sehr selbständig.* Ist der Betreuer erst einmal bestellt, hat im Regelfall für lange Zeit allein er persönlichen Kontakt zum Betreuten. Aus diesem Grund legt ihm das Gesetz die Pflicht auf, *von sich aus dem Gericht mitzuteilen,* wenn er den Eindruck hat, dass die Betreuung aufgehoben werden kann oder der Aufgabenkreis der Betreuung einzuschränken oder auch zu erweitern ist, § 1901 V BGB.

e) Entscheidungsbedarf bei Nichterreichbarkeit des Betreuers

Es kann vorkommen, dass, etwa bei plötzlicher Erkrankung, dringend Entscheidungen des Betreuers benötigt werden und der Betreuer nicht erreichbar ist.

Ist dies für den Betreuer absehbar, kann die Bestellung eines *Vertretungsbetreuers* in Betracht gezogen werden. Insoweit und wegen der gegen die Vertretungsbetreuung bestehenden Bedenken vgl. S. 63.

Vielfach erteilen vor allem Berufsbetreuer, etwa bevor sie in Urlaub fahren, einem anderen, meist ebenfalls einem Berufsbetreuer, eine *Vollmacht.*

Angesichts der vom Autor vertretenen Bedenken gegen die Einrichtung einer Vertretungsbetreuung werden die hiergegen in den Vorauflagen erhobenen Bedenken aufgegeben. Wenn die Vollmacht jeweils für eine konkrete Urlaubsabwesenheit erteilt wird, ist der Zeitraum, für den sie gilt, so überschaubar, dass sie das Prinzip der Betreuung durch einen einzelnen Betreuer nicht verletzt.

Sind mehrere Betreuer *mit dem gleichen Aufgabenkreis* nur gemeinschaftlich vertretungsbefugt, ist im Verhinderungsfall eines oder mehrerer der Mitbetreuer bei Gefahr im Verzug die erreichbaren Mitbetreuer auch voll vertretungsbefugt, soweit nur einer von ihnen erreichbar ist, ist dieser dann also alleinvertretungsbefugt, § 1899 III BGB am Ende.

Bei Nichterreichbarkeit des Betreuers und auch, wenn eine Betreuung noch nicht besteht, ist schließlich, wenn es die Interessen des Betreuten erfordern, auch *der zuständige Betreuungsrichter* zur Vertretung befugt, § 1846 BGB.[10]

> Dabei wird dieser aber eben nur als Vertreter des Betreuers tätig mit der Folge, dass der Betreuer die Entscheidung des Richters ohne weiteres abändern kann[11].

f) Gegenläufige Willenserklärungen des Betreuten und des Betreuers

Da die Bestellung eines Betreuers als solche nicht geschäftsunfähig macht, kann es vorkommen, dass der Betreuer kraft seiner gesetzlichen Vertretungsbefugnis „A" und der Betreute „B" sagt.

Bei der Frage, welche der beiden Erklärungen dann gilt, ist zunächst zu fragen, ob der Betreute hinsichtlich der betreffenden Frage geschäftsfähig ist. Es gibt zwar *keine Geschäftsunfähigkeit aufgrund Betreuungsbeschlusses* mehr, wer sich aber aufgrund einer krankhaften Störung der Geistestätigkeit dauerhaft in einem die freie Willensbildung ausschließenden Zustand befindet, *ist völlig unabhängig vom Vorliegen eines Betreuungsbeschlusses kraft Gesetzes geschäftsunfähig*, § 104 Nr. 2 BGB. Dabei gibt es auch die sogenannte partielle Geschäftsunfähigkeit. Die Frage, ob Geschäftsunfähigkeit vorliegt, ist also im Wesentlichen vom entsprechenden Votum eines Sachverständigen abhängig.

Ist der Betreute geschäftsunfähig, so sind für den von der Geschäftsunfähigkeit umfassten Bereich seine sämtlichen Willenserklärungen ausnahmslos und ohne dass es einer richterlichen Entscheidung hierzu bedürfte, nichtig, § 105 I BGB.

Ist die Geschäftsfähigkeit dagegen erhalten, ist bei einander widersprechenden Willenserklärungen des Betreuten und des Betreuers nach allgemeinen zivilrechtlichen Grundsätzen die wirksam, die bindend geworden ist.

> Hat der Betreute also verbindlich einen Vertrag abgeschlossen, so ist der Vertrag wirksam, auch wenn der Betreuer dem Vertrag widerspricht. Verträge sind einzuhalten. Sieht der Vertrag eine Rücktrittsmöglichkeit vor, kann der Betreuer aber für den Betreuten zurücktreten.

---

[10] Vgl. S. 143.
[11] OLG Zweibrücken BtPrax 2003, 184.

Kommt es häufiger und kommt es in wichtigeren Angelegenheiten zu solchen Divergenzen, muss der Betreuer zunächst versuchen, mit dem Betreuten eine Verständigung zu erzielen, wie der Punkt denn nun geregelt werden soll. Erforderlichenfalls kann er dabei das Betreuungsgericht um Vermittlung bitten.

Kommt eine solche Verständigung nicht zustande oder erweist sie sich als nicht tragfähig, bleiben nur zwei Möglichkeiten:

Entweder muss die Betreuung für die Vermögenssorge hinsichtlich des in Divergenz geratenen Teilbereichs *aufgehoben* werden. Dann mag in Zukunft unmittelbar entsprechend den Erklärungen des Betreuten gehandelt werden und der Betreuer ist von der Last der Mitverantwortung in diesem Bereich befreit. *Oder aber* es ist, falls die Voraussetzungen hierfür vorliegen, ein *Einwilligungsvorbehalt* für die betreffenden Teilbereiche anzuordnen.[12] Dann erlischt die Fähigkeit des Betreuten zur Abgabe den Erklärungen des Betreuers zuwiderlaufender Erklärungen.

> In der betreuungsrichterlichen Praxis ist das vorstehend umschriebene Problem allerdings selten.

g) Unterstützung des Betreuers

Benötigt der Betreuer Unterstützung, kann er sich jederzeit an das Gericht, von dem er eingesetzt wurde, wenden, § 1837 I BGB. *Das Betreuungsgericht hat in Bezug auf den Betreuer in erster Linie eine Unterstützungs- und Beratungs- und erst in zweiter Linie eine Aufsichtsfunktion.*[13] Ansprechpartner bei Gericht ist zunächst der Rechtspfleger, auf Wunsch des Betreuers wird aber auch der Betreuungsrichter für einen Rat oder eine Auskunft zur Verfügung stehen.

Außer bei dem Gericht, das ihn eingesetzt hat, kann sich der Betreuer auch Rat holen bei der *Betreuungsbehörde*, § 4 des Betreuungsbehördengesetzes (BtBG).[14] Diese hat ihren Sitz bei dem Landratsamt, in dessen Bezirk der Betreute wohnt, wohnt der Betreute in einer kreisfreien Stadt, bei dieser.

Auch die *Betreuungsvereine* stehen für die Beratung von Betreuern zur Verfügung, ohne dass diese Mitglied sein müssten, § 1908 f BGB.

Im Sinne einer Stärkung der Vorsorgevollmacht zur Vermeidung von Betreuungen wurde der Beratungsauftrag sowohl der Betreuungsbehörde als auch der Betreuungsvereine durch das 2. BtÄndG auch auf die Beratung von Bevollmächtigten erstreckt, § 4 BtBG, § 1980 f I Nr. 2 BGB. Zugleich haben die Betreuungsbehörden hat *Beglaubigungsbefugnis* erhalten, um Handzeichen und Unterschriften

---

[12] Vgl. S. 50.

[13] Entsprechend auch die Gesetzesüberschrift vor § 1837 BGB: *Fürsorge* und Aufsicht des Betreuungsgerichts.

[14] In Bayern, Niedersachsen und Nordrhein-Westfalen führt die örtliche Betreuungsbehörde die Bezeichnung „Betreuungsstelle", in Sachsen-Anhalt „Betreuungsbehörde", in Brandenburg heißt sie „Örtliche Betreuungsbehörde".

auf Vorsorgevollmachten und Betreuungsverfügungen beglaubigen zu können, § 6 II 1 BtBG.

Wo immer der Betreuer Rat sucht, stets empfiehlt sich eine vorherige telefonische Terminsvereinbarung.

h) Aufsicht des Betreuungsgerichts über den Betreuer

Die Aufsichtsfunktion des Betreuungsgerichts, § 1837 II 1 BGB, erschöpft sich in den meisten Fällen in der jährlichen Übersendung eines Berichtsvordrucks, § 1840 BGB. Betreuer, denen die Vermögenssorge übertragen ist, müssen darüber hinaus jährlich Rechnung legen, § 1841 BGB. Im Einzelfall kann das Gericht aber jederzeit auch weitere Auskünfte anfordern. Der Betreuer ist ihm gegenüber zur Auskunftserteilung verpflichtet, § 1839 BGB.

Bei entsprechendem Anlass hat das Betreuungsgericht aber auch die Möglichkeit zum härteren Eingreifen bis hin zur Erteilung geeigneter Gebote und Verbote, § 1837 II 1 BGB. Anstelle solcher Maßnahmen oder bei grober Missachtung der Weisungen des Gerichts kann der Betreuer auch, sogar gegen seinen Willen, entlassen werden, weil dann ohne weiteres davon auszugehen ist, dass er für das Amt nicht mehr geeignet ist, § 1908b I BGB.

So hart kommt es aber nur selten. Die Anforderungen der Betreuungsgerichte an die Betreuer sind so, dass sie gut bewältigt werden können. Und sollte das Betreuungsgericht einmal eine Weisung erteilen, die der Betreuer für einfach nicht sachgerecht hält, sollte er das Gespräch mit dem Rechtspfleger oder Richter suchen. *Wichtig ist, dass der Betreuer auf Anfragen des Gerichts binnen 3 Wochen reagieren sollte, soweit ihm nicht eine noch kürzere Frist gesetzt wird.* Kann er nicht fristgerecht antworten, sollte er das wenigstens mitteilen, notfalls auch nur telefonisch, es dabei kurz begründen und angeben, bis wann die Antwort erfolgen wird.

Folgendes Fallbeispiel[15] illustriert, wie fehlerhaftes Betreuerverhalten *auch* korrigiert werden kann:

Fall 23:

Das Pflegeheim möchte die 72-jährige Betreute während des Benutzens des Toilettenstuhls mit einem Bauchgurt oder mit einer Schranke fixieren, um so die problemlose Stuhlentleerung zu ermöglichen. *Die Betreute selbst zeigt keine Abwehr gegen diese Fixierung.* Auf Anfrage des Heims hat das Gericht diesem mitgeteilt, die Fixierung dauere jeweils nur so kurze Zeit an, dass sie, so lange die Betreute keinen Widerstand zeige, keiner richterlichen Genehmigung bedürfe, wohl aber der Einwilligung des Betreuers. *Der als Betreuer eingesetzte Sohn der Betreuten hat durch seine Ehefrau, die von Beruf Altenpflegerin ist, telefonisch*

---

[15] AG Nidda BtPrax 2007, 740, zustimmend besprochen von *Heitmann* in juris PraxisReport Familienrecht 7/2008 Anm. 6.

mitteilen lassen, dass er mit dieser Fixierung nicht einverstanden ist. Die Pflegekräfte sollten bis zur vollständigen Stuhlentleerung bei der Betreuten bleiben.
Ein Gespräch wurde abgelehnt. Das Heim hat nun dem Gericht mitgeteilt,
die Betreute schäme sich, in Anwesenheit anderer den Stuhl zu entleeren. Vor
Einsatz des Toilettenstuhls mit Schranke habe sie Abführmittel benötigt, da sie
offenbar so lange wie nur möglich den Stuhlgang verhalten habe. Wurde sie auf
eine Toilette gesetzt, habe sie mit dieser nichts anzufangen gewusst, und, wenn
sie sich unbeobachtet glaubte, den Stuhlgang in der Pergola des Heims, dem
Aufenthaltsraum oder in anderen Bewohnerzimmern verrichtet. Seit dem Einsatz
des Toilettenstuhls mit Fixierung führe die Betreute fast täglich ohne Abführmittel ab. Das Gericht hat den Betreuer zu einer Anhörung zu der Frage „der
vom Heim für sinnvoll erachteten und von Ihnen nicht gewünschten Sicherung
Ihrer Mutter auf dem Nachtstuhl mittels eines Bauchgurts oder einer Schranke"
geladen. Diesen Termin hat der Betreuer, wie er am Vortag des Anhörungstermins telefonisch von seiner Ehefrau mitteilen ließ, wegen Spätdienstes im Beruf
nicht wahrgenommen. Um der offenkundigen Bedeutung dieser Angelegenheit
für das körperliche Wohlbefinden und auch die Gesundheit der Betreuten willen,
kann ein weiteres Zuwarten nicht verantwortet werden. Das Gericht muss zumindest vorläufig eine dem Wohl der Betreuten entsprechende Lösung herbeiführen.
Es war daher durch einstweilige Anordnung der Aufgabenkreis des Betreuers
um diesen Bereich einzuschränken. Damit besteht insoweit ein betreuungsloser
Zustand, sodass das Gericht selbst gemäß § 1846 BGB die entsprechende Einwilligung erteilen kann. Das Gericht hat auch erwogen, zugleich mit der Einschränkung des Aufgabenkreises des Betreuers vorläufig einen zweiten Betreuer
zur Wahrnehmung ebendieses Teilaufgabenkreises einzusetzen. Es hat davon
abgesehen, weil die Maßnahme des Gerichts selbst gemäß § 1846 BGB auch
für den Betreuer ersichtlich lediglich eine vorübergehende Maßnahme darstellt,
während die, sei es auch nur auch vorläufige, Einsetzung eines Zweitbetreuers
in dieser Situation aus Sicht des Betreuers einen deutlich schwereren Eingriff
bedeutet. Die Anhörungen des Betreuers und der Betreuten sollen umgehend
nachgeholt werden.

3. Betreuungsrecht und nichtbetreuende Angehörige

In den meisten Fällen läuft eine Betreuung durch Familienangehörige ohne Probleme. Gelegentlich gibt es aber innerfamiliäre Spannungen, die dazu führen, dass
der Familienangehörige, der als Betreuer eingesetzt ist, von einem anderen Familienangehörigen mehr oder minder hart attackiert wird. Hintergrund ist dann im
Allgemeinen entweder

- innerfamiliäre Rivalitäten und manchmal jahrzehntelang zurückliegende, nicht
  aufgearbeitete Verletzungen,
- Angst, dass der Betreuer durch seine Amtsführung das ganze Erbe „durchbringt",
- Eifersucht, dass der andere und nicht man selbst als Betreuer eingesetzt wurde.

In solchen Fällen sollte als erstes der als Betreuer eingesetzte Familienangehörige versuchen, die Spannungen so weit zu mindern, dass eine vernünftige Betreuungsarbeit möglich bleibt. Nach erfolglosem Versuch eines erträglichen einvernehmlichen Ausgleichs kann der Betreuer sich als zweites darauf zurückziehen, dass ihn das Gericht eingesetzt hat und er damit dem Gericht und sonst niemandem Verantwortung schuldet. Die Folge ist dann, dass der Beschwerdeführer sich bei Gericht meldet.

Das Betreuungsgericht wird nun entweder einen Mediationsversuch unternehmen und, wenn auch dieser erfolglos bleibt (oder von vornherein aussichtslos erscheint), einen Betreuerwechsel, dann oft zu einem Berufsbetreuer, anordnen.

> Einem außenstehenden *ehrenamtlichen* Betreuer wird man eine solche Aufgabe kaum je zumuten können, es sei denn, die Kontrahenten hätten sich auf einen übereinstimmenden Vorschlag verständigt.

Da wegen des Vorrangs ehrenamtlicher Betreuung ein Berufsbetreuer nur eingesetzt werden soll, wenn es wirklich nicht anders geht, sind auch hier manchmal ungewöhnliche Lösungen vorzuziehen.

Fall 24:

Der Betreute hatte zwei Söhne mittleren Alters. Es bestand Einvernehmen, dass der eine Betreuer werden sollte. Der andere bestand aber darauf, dass der Bruder ihm jährlich Rechnung legen solle. Dieser Wunsch war nicht unplausibel, der als Betreuer vorgesehene Bruder aber gleichwohl nicht dazu bereit. Im Rahmen einer gemeinsamen richterlichen Anhörung beider Brüder traf man einen Kompromiss dahin, dass der künftige Betreuer einwilligte, dass seine jährliche Rechnungslegung gegenüber dem Gericht vom Gericht (!) in Kopie dem nicht als Betreuer eingesetzten Bruder übersandt werden sollte. Nur durch diesen Kompromiss konnte die Einsetzung eines außenstehenden (und dann wohl Berufs-) Betreuers vermieden werden.

Gelegentlich trifft man dabei auch auf Probleme, die sich der Regelung durch das Betreuungsrecht entziehen und wo es eher eines Pfarrers oder eines Therapeuten bedurft hätte.

Fall 25:

Die inzwischen fast 100-jährige verwitwete Bäuerin hatte die Hofreite der von ihr weniger(!) geliebten Tochter übergeben und sich ein Einsitzrecht vorbehalten. Von ihrem Einsitz aus schikanierte sie die Tochter und deren Ehemann nach Kräften und berichtete hierüber brieflich ihrer Lieblingstochter, die 60 km entfernt wohnte. Die (auch schon über 60-jährige) „Jung-Bäuerin beantragte eine Betreuung, weil die Mutter die Scheibengardinen ihres der Strasse zugewandten Fensters zerschneide und so die Familie dem Spott aussetze.

Es wurde eine gemeinsame Anhörung mit einem Psychiater und einer Rechtsanwältin als Verfahrenspflegerin anberaumt. Die Durchführung der Anhörung war
durch die Schwerhörigkeit der alten Dame sehr erschwert. Die Sache mit den Vor-
hängen konnte nicht aufgeklärt werden. Im Verlauf der Anhörung entspann sich ein
Streit über die Höhe des von der alten Dame zu leistenden Unterhaltsgelds. Da trotz
allem Willensbildungsstörungen nicht festzustellen waren, wurde schlussendlich
gefragt, ob vielleicht ein Betreuer zwecks Führung eines Zivilstreits über die Höhe
des Unterhaltsgelds bestellt werden sollte. Denn hierfür hätte die Altenteilerin dann
wohl doch der Unterstützung durch einen Betreuer bedurft. Diese Frage wurde aber
von den Beteiligten übereinstimmend verneint.

In der Tat hätte hier auch ein Zivilurteil kaum wirkliche Befriedung schaffen
können …

Die übernehmende Tochter hatte wohl schon bei Übernahme gewusst, welche Schwierigkeiten auf sie zukommen würden. Aber sie hatte nicht vorhergesehen, welches Alter die
Mutter erreichen würde. Die Mutter ist erst mit 99 Jahren gestorben.

4. Die Beendigung der Betreuung

Das Amt des Betreuers endet durch Aufhebung der Betreuung, durch Entlassung
des Betreuers, durch Tod des Betreuten und natürlich auch durch Tod des Betreuers.

a) Aufhebung der Betreuung

Bei Wegfall der Erforderlichkeit der Betreuung ist die Betreuung aufzuheben,
§ 1908d I 1 BGB. Da das Gericht, das den Betreuten ja oft jahrelange nicht sieht,
von sich aus nicht erkennen kann, dass eine Aufhebung der Betreuung in Betracht
kommen kann, ist der Betreuer, der ja laufenden Kontakt zu dem Betreuten hält,
gesetzlich verpflichtet, dem Gericht Mitteilung zu machen, wenn er merkt, dass
möglicherweise eine Betreuung nicht mehr nötig ist, § 1901 V 1 BGB.

(1) Wiederherstellung der Gesundheit des Betreuten

Die Erforderlichkeit der Betreuung entfällt, wenn der Gesundheitszustand des
Betreuten sich soweit bessert, dass er seine Angelegenheiten wieder selbst regeln
kann. Die Aufhebung der Betreuung wegen Wiederherstellung der Gesundheit des
Betreuten wäre das positivste denkbare Ende einer Betreuung. Das Gesetz räumt
diesem dem Gedanken der *Rehabilitation* einen hohen Rang ein; es verpflichtet den
Betreuer daher ausdrücklich, die Betreuung so zu führen, dass dieses Ergebnis möglichst eintreten kann, § 1901 IV BGB.

In der Praxis ist eine vollständige Wiederherstellung der Einwilligungsfähigkeit
des Betreuten (*restitutio ad integrum*) jedoch selten. Aber es kommt, zum Beispiel
bei Schlaganfallpatienten, durchaus vor, dass sie nach einer Zeit vollständiger Einwilligungsunfähigkeit wieder so weit genesen, dass die Betreuung vollständig aufgehoben werden kann.

(2) Teilweise Wiederherstellung der Gesundheit mit ausreichender Restkompetenz

Die Erforderlichkeit der Betreuung kann auch entfallen, wenn zwar nur eine teilweise Wiederherstellung der Gesundheit eintritt, der Betreuer aber zwischenzeitlich die schwierigeren Aufgaben erledigt hat und den verbleibenden Rest der Betreute auch mit seiner nur teilweise wiederhergestellten Gesundheit selbst erledigen kann.

Fall 26:

Eine allein in ihrer Wohnung lebende altersverwirrte Frau erhält einen Betreuer, der ihre Übersiedlung in ein Altenheim veranlasst. Dort wird darauf geachtet, dass sie genügend trinkt. Allein dadurch kehrt ihre Orientierung nicht vollständig, aber doch zu erheblichen Teilen zurück. Sie fühlt sich wohl im Altenheim, der Betreuer löst mit ihrer Zustimmung die Wohnung auf und stellt die erforderlichen Anträge für die Übernahme der Kosten des Heimaufenthalts durch Pflegeversicherung und Sozialamt. Was jetzt noch bleibt – Regelung ihrer laufenden hausärztlichen Behandlung, Abrechnung des Taschengeldkontos mit dem Heim – schafft die Betreute, jedenfalls bis auf weiteres, allein. Die Betreuung ist daher aufzuheben. Im Bedarfsfall kann später erneut ein Betreuer bestellt werden.

Es wäre unzulässig, die Betreuung „vorsorglich" weiterbestehen zu lassen. Eine derartige *„Vorratsbetreuung"* sieht das Gesetz nicht vor, sie wäre mit dem Erforderlichkeitsgrundsatz, § 1896 II 1 BGB, nicht vereinbar.

(3) Erledigung des Betreuungsauftrages

In gleicher Weise kommt die Aufhebung einer Betreuung in Betracht, wenn bei nur teilweise reduzierter Einwilligungsfähigkeit ein Betreuer nur für eine bestimmte Aufgabe bestellt worden war. Beispiel hierfür ist die Vertretung einer Betreuten bei der Nachlass-Auseinandersetzung, vgl. Bsp. 6 (S. 42). Nach Erledigung der Aufgabe ist die dann ja nicht mehr erforderliche Betreuung aufzuheben.

(4) Anhaltende Betreuungsunwilligkeit des Betreuten

Die Notwendigkeit einer Betreuung setzt im Allgemeinen auch die Bereitschaft des Betreuten voraus, sich betreuen zu lassen. Denn außer in Fällen geistiger Behinderung oder massiven Krankheitsschüben beziehungsweise einem ausgeprägten Residualzustand bei psychischen Erkrankungen ist eine sinnvolle Betreuung gegen den erklärten Widerstand des Betreuten nicht möglich. Dies folgt vor allem daraus, dass der Betreuungsbeschluss dem Betreuer ja keine Zwangsbefugnisse verleiht.[16] Entzieht sich der Betreute beharrlich der Betreuung und liegen die Voraussetzungen zu seiner geschlossenen Unterbringung nicht vor, ist daher die Betreuung als aussichtslos und damit nicht erforderlich aufzuheben.

---

[16] Vgl. S. 44, „Freiheitsentziehung".

Fall 27:

Wer in einer vermüllten Wohnung lebt, dem kann nicht geholfen werden, wenn er nicht bereit ist, sich helfen zu lassen. Eine gewaltsame Entmüllung wie auch eine zwangsweise Herausnahme aus der Wohnung scheiden schon mangels massiver Eigengefährdung aus. Außerdem verspricht sie bei einem unkooperativen Betreuten keinen Erfolg; die Neuvermüllung der Wohnung ist nur eine Frage der Zeit.

Bsp. 14:

Ein Alkoholkranker kann gegen seinen Willen zwar entgiftet und hierzu auch zwangsweise in ein psychiatrisches Krankenhaus eingewiesen werden. Eine Entzugsbehandlung, die ja erst nach der Entgiftung beginnt, ist aber aus psychiatrischer Sicht ohne Kooperationsbereitschaft nicht möglich[17].

Fall 28:

Dem Obdachlosen, der sich einfach nicht vorstellen kann, unter normalen Wohnbedingungen zu leben, kann ein Betreuer nur sehr eingeschränkt helfen.

Wo wegen anhaltenden Fehlens der Bereitschaft, sich betreuen zu lassen, eine Betreuung keinen Erfolg verspricht, ist sie nicht (mehr) erforderlich und damit mangels Erforderlichkeit aufzuheben.

Ob das der Fall ist, wird sich unter Umständen nur mithilfe (fach-)ärztlicher Beratung klären lassen. Bringt aber auch diese kein anderes Ergebnis, bleibt letztlich nur abzuwarten, bis der Betreute sich unter Leidensdruck doch zur Mitarbeit bereit erklärt, bis durch weiteren Abbau seiner Persönlichkeit der Widerstand in ihm zusammenbricht oder bis er sich in einem derart selbst- oder fremdgefährdenden Zustand befindet, dass er auch gegen seinen Willen geschlossen untergebracht werden kann. Bis es aber soweit ist, bleibt es dabei, dass man niemanden zu seinem Glück zwingen kann und dass das oft empörte Umfeld derlei durchaus unerfreuliche Existenzen eben aushalten muss.

Daraus folgt, dass eine Betreuung gegen den andauernden erklärten Widerstand des Betreuten im betreuungsrichterlichen Alltag die große Ausnahme darstellt.

Zwangseinweisungen in die Psychiatrie kommen demgegenüber häufiger vor: bei Alkoholexzessen, in akuten psychopathologischen Krisen, bei Eigen- oder Fremdaggressivität. Ist die betreffende Krise aber abgeklungen, dann verspricht die Bestellung eines Betreuers oder auch die weitere Tätigkeit eines für die Dauer der Krise bestellten Betreuers gegen den Widerstand des Betreuten nur selten Erfolg.

---

[17] So auch für psychiatrische Behandlungen schlechthin Schleswig-Holsteinisches OLG BtPrax 2000, 92.

Betreuung *ohne den Willen* des Betreuten, das geht und ist, etwa im Bereich der Altersdemenzen und auch der geistig Behinderten, gar nicht so selten. Aber Betreuungen *gegen den erklärten Willen* des Betreuten, das bedeutet ja im Ergebnis ein langfristig angelegtes und nachhaltiges Brechen seines Willens bis hin zur dauernden Einschließung. Dies kommt nur in wenigen Einzelfällen in Betracht.

(5) Aufhebungsantrag des Betreuten
Eine nur wegen körperlicher Behinderung bestehende Betreuung, die ja grundsätzlich auch nur auf Antrag des Betreuten zulässig ist, § 1896 I 3 BGB ist auf Antrag des Betreuten ohne weiteres aufzuheben, § 1908d II BGB. *Das gilt natürlich nicht, wenn inzwischen auch die Voraussetzungen einer Betreuung ohne Antrag vorliegen, etwa weil eine psychische Erkrankung hinzugekommen ist.*

b) Beendigung der Betreuung durch Fristablauf?

Das Überschreiten der Überprüfungsfrist für die Verlängerung oder Aufhebung eines auf Dauer (also nicht nur durch einstweilige Anordnung vorläufig) bestellten Betreuers ist ohne rechtliche Wirkung, *führt insbesondere nicht etwa zur Beendigung der Betreuung.*
  Vorläufige Betreuungen und Genehmigungen zu Unterbringungen oder unterbringungsähnlichen Maßnahmen (diese gleich ob durch einstweilige Anordnung oder durch Hauptsacheentscheidung) *laufen dagegen mit Fristablauf aus.*

Eine – durch einstweilige Anordnung getroffene – vorläufige Regelung, sei es vorläufige Betreuung oder vorläufiger Unterbringungsgenehmigung, endet im Übrigen ohne weiteres durch Erlass der entsprechenden Hauptsacheentscheidung. Es ist also nicht nötig, in der Hauptsacheentscheidung die vorläufige Regelung ausdrücklich aufzuheben. Wo dies geschieht, vielleicht auch zur Klarstellung, ist dies natürlich auch nicht schädlich.

c) Entlassung des Betreuers

Die Entlassung des Betreuers erfolgt durch Beschluss des Gerichts, nicht durch Erklärung des Betreuers; sie wird wirksam mit Bekanntgabe des Entlassungsbeschlusses an den Betreuer, § 287 I FamFG.
  Ebenso wenig, wie der Betreuer sich selbst einsetzen kann, kann er sich selbst entlassen. Eine „Kündigung" des Betreuers ist daher als Entlassungsantrag zu werten, führt aber aus sich selbst nicht zur Beendigung des Betreueramts. Es versteht sich, dass ein Betreuer, der auf Antrag des Betreuten oder eines Dritten entlassen werden soll, zuvor (im Allgemeinen schriftlich) angehört werden muss. Die Voraussetzungen, unter denen ein Betreuer aus dem Amt entlassen werden kann, sind in § 1908b BGB geregelt.
  Das Gericht *muss* den Betreuer entlassen, wenn seine Eignung nicht mehr gewährleistet ist, wenn ein anderer wichtiger Grund für seine Entlassung vorliegt und wenn ein Berufsbetreuer durch einen ehrenamtlichen Betreuer ersetzt werden kann, § 1908b I BGB.

Durch das 2. BtÄndG wurde in § 1908b I BGB ein Zusatz eingefügt, wonach ein wichtiger Grund für die Entlassung des Betreuers auch vorliegt, wenn dieser eine erforderliche Abrechnung vorsätzlich falsch erteilt.

Das Gericht *kann* den Betreuer entlassen, wenn der Betreute eine andere gleich geeignete und zur Amtsübernahme bereite Person als neuen Betreuer vorschlägt, § 1908b III BGB. Dabei ist aber zu berücksichtigen, dass hinter der vorgebrachten Aversion gegen den Betreuer oftmals eine Aversion gegen die Betreuung schlechthin steckt. Dagegen aber hilft ein Betreuerwechsel nicht.

> Es hat sich bewährt, bei Anträgen von Betreuten auf einen Betreuerwechsel, diesem Ansinnen *einmal* zu entsprechen, damit es eine neue Chance für eine beiderseits gedeihliche Zusammenarbeit gibt. Zugleich sollte dabei aber klar gemacht werden, dass ein weiterer Wechsel ohne wirklich triftige Gründe, nur wegen allgemeiner Aversion, nicht angeordnet werden wird.

Auch auf eigenen Wunsch des Betreuers kann dieser entlassen werden, wenn, etwa aufgrund andauernden ungedeihlichen Zusammenarbeit mit dem Betreuten *und/ oder dessen Angehörigen,* ihm das Führen der Betreuung nicht mehr zugemutet werden kann, § 1908b II BGB.

> Hier sollte allerdings zunächst ein Vermittlungsversuch unter Einschaltung des Betreuungsrichters unternommen werden.

Auch über diesen Fall hinaus sollte einem Entlassungswunsch eines Betreuers im Allgemeinen entsprochen werden. Denn auch wenn jede natürliche Person zur Betreuungsübernahme verpflichtet ist, § 1898 BGB, ist dem Betreuten mit einem aus dem Amt strebenden Betreuer kaum gedient.

Berufsbetreuer sollen auch entlassen werden, wenn die Betreuung auch durch einen oder mehrere ehrenamtliche Betreuer erfolgen kann, § 1908b I 3 BGB. Für die *Entlassung von Vereins- und Behördenbetreuern* enthalten § 1908b IV und V weitere Bestimmungen, auf die hier lediglich hingewiesen werden soll.

Für jede Entlassung eines Betreuers gilt, dass, um einen betreuungslosen Zustand zu vermeiden, gleichzeitig ein neuer Betreuer eingesetzt wird, es sei denn, dass die Betreuung ganz aufgehoben werden kann, § 1908 c BGB.

d) Tod des Betreuten

Mit dem Tod des Betreuten endet, obschon dieser Fall im Gesetz unerwähnt geblieben ist, nach einhelliger Meinung die Betreuung; zugleich erlischt die betreuungsrechtliche Befugnis des Betreuers, den Betreuten zu vertreten.[18] Einer förmlichen Entlassung des Betreuers bedarf es hier nicht, sie ist auch in der Praxis nicht üblich.

---

[18] *Bienwald* BtPrax 2000, 107.

Ungeachtet des Wegfalls der Befugnis, für den Betreuten aufzutreten, bleiben nach dessen Tod für den Betreuer noch einige Aufgaben, zu deren Wahrnehmung er stets verpflichtet ist oder im Einzelfall verpflichtet sein kann. So muss der Betreuer den Betreuerausweis zurückzugeben, ein für die Vermögenssorge eingesetzte Betreuer hat nach dem Tod des Betreuten dem Betreuungsgericht gegenüber Schlussrechnung zu legen. Für diese Tätigkeit erhält der Berufsbetreuer keine Vergütung; diese Leistungen sind durch die zu Lebzeiten des Betreuten angefallene Pauschalvergütung abgegolten.[19]

Ausnahmsweise erhält der Berufsbetreuer auch nach dem Tode des Betreuten Vergütung, wenn er in Unkenntnis des Todes des Betreuten tätig geworden ist, §§ 1893 I, 1698 a BGB oder als *Notgeschäftsführer* im Sinne der §§ 1893 I, 1698 b BGB handelt.[20]

Letzteres ist der Fall, wenn eine einwandfreie Übergabe an den Erben nicht möglich, sei es, dass der Betreuer ihn gar nicht kennt, sei es, dass die Erbfolge unklar ist, und wenn der Betreuer in dieser Situation Geschäfte des verstorbenen Betreuten regelt, die keinen Aufschub dulden. Die Notgeschäftsführung endet, wenn die Sorge für den Nachlass von dem Erben oder aber von einem vom Nachlassgericht eingesetzten Nachlasspfleger, §§ 1960 und 1961 BGB, übernommen werden kann. Die Betreuungsvergütung während der Notgeschäftsführung wird nicht pauschaliert, sondern wie beim beruflichen Ergänzungs- und Sterilisationsbetreuer[21] nach tatsächlich angefallenen Stunden und entstandenem Aufwand abgerechnet.[22]

Der Betreuer kann sich auch selbst gegenüber dem Nachlassgericht als Nachlasspfleger anbieten, um auf diesem Weg eine neue Legitimation für die Sorge für den Nachlass zu erhalten. Diese Legitimation ist dann rechtlich unabhängig von der Betreuung und auch nicht auf schlechterdings unaufschiebbare Angelegenheiten beschränkt.

Wegen der Frage der Zuständigkeit für die Bestattung s. S. 178.

e) Tod des Betreuers

Stirbt der Betreuer, erlischt seine Befugnis, den Betreuten zu vertreten aus § 1902 BGB, die Befugnis geht nicht etwa auf seine Erben über.[23]

---

[19] LG Meiningen, Beschluss vom 19.12.2006, 3 T 249/06.
[20] LG Meiningen aaO.
[21] S. oben S. 100.
[22] LG Meiningen aaO; ebenso LG Stendal BtPrax 2006, 234.
[23] Ebenfalls einhellige Meinung, obgleich wiederum im Gesetz nicht ausdrücklich erwähnt, ebenso MüKo-*Spickhoff* § 1893 BGB Rdnr. 12.

Die Betreuung selbst bleibt bestehen.[24] Der Betreuungsrichter hat schnellstmöglich einen neuen Betreuer einzusetzen, § 1908 c BGB.

Der Erbe des Betreuers ist daher verpflichtet, den Tod des Betreuers dem Betreuungsgericht unverzüglich anzuzeigen, §§ 1908i I 1, 1894 I BGB. Diese Anzeigepflicht trifft ebenso den verbleibenden Betreuer (bei mehreren Betreuern oder Gegenbetreuung), § 1894 II BGB, beim Gegenbetreuer auch § 1799 I 2 BGB).

---

[24] Palandt-*Götz* § 1908 c BGB Rdnr. 1.

Kapitel 7 Berufsbetreuer

Der Einsatz als Berufsbetreuer setzt im Allgemeinen voraus, dass der Betreuer mehr als 10 Betreuungen führt oder voraussichtlich demnächst führen wird. Die Arbeit des Berufsbetreuers wird durch eine Monatspauschale entgolten, deren Höhe abhängt von der beruflichen Qualifikation des Berufsbetreuers sowie davon, ob der Betreute in einem Heim oder in einer Wohnung lebt und ob der Betreute vermögend oder vermögenslos ist. Im ersten Betreuungsjahr ist die Pauschale höher als in der Folgezeit. Ergänzungs- und Sterilisationsbetreuer rechnen nach tatsächlich erbrachten Stunden ab. Von dem Berufsbetreuer wird eine sehr selbständige Arbeitsweise erwartet. Dazu gehört auch, dass es seine Sache ist, dem Betreuungsgericht mitzuteilen, wenn er überlastet ist. Hilfen für Berufsbetreuer bieten, örtlich unterschiedlich, Betreuungsbehörde und Betreuungsvereine und die Berufsverbände der Berufsbetreuer. Die für ehrenamtliche Betreuer geltenden Hilfsangebote der Betreuungsgerichte stehen grundsätzlich auch Berufsbetreuern zur Verfügung.

1. Berufsbetreuer früher und heute

Das entgeltliche Führen rechtlicher Vertretungen für Behinderte und Kranke gab es schon vor dem Inkrafttreten des Betreuungsrechts als Berufspflegschaften oder -vormundschaften. Hierfür eingesetzt wurden vor allem Rechtsanwälte und soziale Vereine, die oftmals -zig dieser Fälle übernahmen. Dies führte dazu, dass die Pflegebefohlenen vielfach nur mehr verwaltet wurden, ein persönlicher Kontakt zu dem Berufsvormund oder -pfleger wurde dabei bis auf Null reduziert.

Gerade diese unpersönliche Amtsführung hatte bei der Einführung des Betreuungsrechts dazu geführt, dass die „persönliche" Betreuung in den Vordergrund gestellt und zum *Leitbild* erklärt wurde, wie es sich aus der anfänglichen Fassung des § 1897 I BGB ergibt: „Zum Betreuer bestellt das Betreuungsgericht eine natürliche(!) Person, die geeignet(!) ist, in dem gerichtlich bestimmten Aufgabenkreis die Angelegenheit des Betreuten zu besorgen und in hierbei im erforderlichen Umfang persönlich(!) zu betreuen."

© Springer-Verlag GmbH Deutschland, ein Teil von Springer Nature 2019
J. Seichter, *Einführung in das Betreuungsrecht*,
https://doi.org/10.1007/978-3-662-57498-0_7

In der Anfangszeit des Betreuungsrechts waren die Richter in der misslichen Lage, auch nicht ansatzweise über genügend ehrenamtliche Betreuer zu verfügen.

Nach altem Recht war es Aufgabe der Rechtspfleger gewesen, Personen zu finden und einzusetzen, die als Betreuer in Betracht kamen. Sie forderten ihrerseits die politischen Gemeinden um Benennung geeigneter Männer und Frauen auf. Nun musste der Richter selbst Betreuer suchen und die Gemeinden nutzten die Rechtsänderung, sich aus der Benennung von Betreuern zurückzuziehen mit der Begründung, dafür sei jetzt schließlich die Betreuungsbehörde zuständig. Die Betreuungsbehörden wurden von den Ländern aber erst im Laufe des Jahres 1992 eingerichtet, zuletzt in Thüringen mit Gesetz vom 19.07.1994 (!) (GVBl. 905). Auch die vom Betreuungsgesetz gewünschten Betreuungsvereine waren vielerorts noch nicht vorhanden oder jedenfalls noch nicht arbeitsfähig.

Die vormaligen Berufsvormünder und -pfleger schreckten vielfach vor der Erbringung der ihnen jetzt abverlangten persönlichen Betreuung zurück. Es war auch schwer, ehrenamtliche Betreuer zu gewinnen: Das Profil des in den Veröffentlichungen zum neuen Betreuungsrecht dargestellten „neuen Betreuers" war teilweise so überhöht, dass sich die Meinung ausbreitete: „Ist ja was ganz Großartiges, aber ich jedenfalls kann dieser Aufgabe nicht gerecht werden."

Die teilweise sehr druckvoll betriebenen Bemühungen von Betreuungsrichtern, durch öffentliche Vorträge neue ehrenamtliche Betreuer zu gewinnen, zeigten daher anfangs nur magere Erfolge.

Sie waren teilweise stark von dem Bemühen bestimmt, Ängste vor der Übernahme abzubauen, den neuen, idealisierten, Berufsbetreuertyp soweit zu reduzieren und zu entmythologisieren, dass ein durchschnittlicher Bürger sich die Übernahme einer solchen Aufgabe wieder zutrauen konnte. Diese Bemühungen kulminierten in der Formel „Wer seine eigenen Angelegenheiten regeln kann, kann auch die eines anderen regeln".

Erfolge bei der Gewinnung neuer ehrenamtlicher Betreuer traten erst ein, als ihre Gewinnung Schulung und Begleitung durch die Arbeit der inzwischen installierten Betreuungsbehörden und vor allem der Betreuungsvereine unterstützt oder sogar vollständig übernommen wurde.

So blieben als „neue" *Berufs*betreuer zunächst doch wieder Rechtsanwälte, die sich bereit erklärt hatten, Betreuungen auch nach den neuen Anforderungen zu führen.

In dieses Betreuervakuum stießen nun etwa ab 1994 mit einem Mal ganze Scharen von Interessenten, meist Sozialarbeiter oder Sozialpädagogen, die sich, oft mit einer ausführlichen Bewerbungsmappe, wie sie im Arbeitsrecht üblich ist, um eine „Stelle" als Berufsbetreuer bewarben. Die neuen Berufsbetreuer wurden von den Gerichten schnell akzeptiert, teilweise unter Vernachlässigung des Einsatzes der inzwischen aufgrund der Öffentlichkeitsarbeit der Betreuungsbehörden und -vereine verstärkt zur Verfügung stehenden ehrenamtlichen Betreuer.[1]

---

[1] vgl. hierzu auch die Ausführungen S. 58, Abschnitt Berufsbetreuer.

Dabei spielte sich relativ schnell eine Gerichtspraxis ein, die, ungeachtet der durchlaufenen Ausbildung, einen einheitlichen Stundensatz von 75 DM vergütete. Das war erheblich, zumal ja auch Fahrt- und Wartezeiten vergütet wurden.

Der Umstand, dass die neuen Berufsbetreuer ganz überwiegend nicht aus rechtsberatenden, sondern sozialen Berufsrichtungen kamen, führte in der Folgezeit dazu, dass immer mehr Betreuungsarbeit geleistet (und abgerechnet) wurde, die bei Licht betrachtet keine rechtliche Betreuung, sondern soziale oder sogar therapeutische Hilfestellung war. Der in § 1897 I BGB enthaltene Zusatz „im erforderlichen Umfang" und der Umstand, dass die Einführung des Betreuungsrechts das Wesen der Betreuung als (nur) rechtliche Vertretung unberührt gelassen hatte, blieben völlig außer Acht. Die Ausgaben der Gerichte für die Vergütungen der Berufsbetreuer wuchsen sprunghaft an.

Auf diesem Hintergrund ist die durch das 2. BtÄndG eingeführte Pauschalierung des Entgelts für Berufsbetreuer zu sehen.

2. Voraussetzungen der Anerkennung als Berufsbetreuer

Die Anerkennung als Berufsbetreuer erfolgt gemäß § 1836 I 2 BGB dadurch, dass *in jedem Einzelfall* in den Beschluss, durch den der Betreuer eingesetzt wird, ein Zusatz etwa folgenden Wortlauts aufgenommen wird: „Die Betreuung wird berufsmäßig geführt."

a) Wie wird man Berufsbetreuer?

Berufsbetreuer wird man, indem man einem Gericht oder einer Betreuungsbehörde seine Vorstellungsunterlagen schickt, die im Wesentlichen einer Bewerbungsmappe für eine Bewerbung um eine Arbeitsstelle entsprechen. In dem Begleitschreiben bittet man zweckmäßigerweise gleich um ein persönliches Vorstellungsgespräch.

Da im Allgemeinen jeder Berufsbetreuer kontinuierlich mindestens 11 Berufsbetreuungen übertragen bekommen muss, kann es passieren, dass man nicht berücksichtigt werden kann, weil derzeit kein zusätzlicher Betreuer benötigt wird. Da es in dem Stamm der bereits tätigen Berufsbetreuer aber immer wieder Abgänge gibt, kann es ich in diesem Fall lohnen, ein oder zwei Jahre später nochmals anzufragen.

In dem *Vorstellungsgespräch* wird der Berufsbetreuer mit den Erwartungen des Gerichts an ihn sowie damit, was er vom Gericht erwarten kann, bekannt gemacht. Teilweise werden ein Führungszeugnis oder eine Auskunft aus dem gerichtlichen Schuldnerverzeichnis eingeholt. Wird der Bewerber als Berufsbetreuer grundsätzlich akzeptiert, wird die Betreuungsbehörde ihn dem Gericht oder den Gerichten ihres Bezirks brieflich vorstellen.

Fand der Erstkontakt bei dem Betreuungsrichter statt, ist dieser durch das zum 01.01.1999 in Kraft getretene 1. BtÄndG gehalten, vor dem erstmaligen Einsatz des neuen Berufsbetreuers der für den Ort des Ersteinsatzes zuständigen Betreuungsbehörde Gelegenheit zur Stellungnahme zu geben, § 1897 VII BGB.

Der Betreuungsrichter sollte darauf achten, dass neue Berufsbetreuer „in absehbarer Zeit", nach Ansicht des Autors: innerhalb etwa eines Jahres, nach dessen erstmaliger Einsetzung, die vom Gesetz in § 1 II VBVG Nr. 1 geforderten 11 Betreuungen führt – u. U. auch für andere Gerichte. In gleicher Weise sollte er regelmäßig prüfen, dass jeder einzelne seines Berufsbetreuerstammes nicht unter diese Mindestzahl absinkt.

Es gibt Betreuungsrichter, die keine eigene Berufsbetreuerpflege betreiben, sondern dies der Betreuungsbehörde überlassen und sich dann auch von dieser den jeweils einzusetzenden Berufsbetreuer benennen lassen. In diesen Fällen muss die Betreuungsbehörde das baldige Erreichen und die Einhaltung der Mindestzahl der berufsmäßig zu führenden Betreuungen überwachen.

b) Die Übertragung von Berufsbetreuungen

Der vom Gericht in den Betreuungsbeschluss aufzunehmende Zusatz „Die Betreuung wird berufsmäßig geführt." ist für die Stellung des Betreuers als Berufsbetreuer *konstitutiv.*[2] Das heißt er ist für das Vorliegen einer Berufsbetreuung notwendig, aber auch hinreichend. Durch ihn und nur durch ihn wird die Betreuung zur Berufsbetreuung.

Wenn das Gericht diesen Zusatz weglässt, obwohl offensichtlich eine Berufsbetreuung gewollt war, etwa, weil der betreffende Betreuer ausschließlich Berufsbetreuungen führt, kommt eine nachträgliche Ergänzung des Beschlusses nach der allgemeinen Berichtigungsnorm des § 42 FamFG mit rückwirkender Kraft in Betracht; liegen die Voraussetzungen einer Berichtigung nicht vor, kann ebenfalls ergänzt werden, aber nur mit Wirkung für die Zukunft[3].

Das Gericht muss (!) die Feststellung der berufsmäßigen Führung der Betreuung aussprechen, wenn dem Betreuer Betreuungen in einem solchen Umfang übertragen sind, dass er sie nur im Rahmen seiner Berufsausübung führen kann, oder wenn anzunehmen ist, dass dieser Zustand in absehbarer Zeit eintreten wird, § 1 I 1 VBVG.

---

[2] Palandt-*Götz* Anh. zu § 1836 BGB (VBVG) § 1 VBVG Rdnr. 6.
[3] BGH BtPrax 2014, 76 Rdnr. 10,

Das heißt, dass, wenn das Gericht ausgesprochen hat, dass die Betreuung berufsmäßig geführt wird, der Betreuer ab sofort wie ein Berufsbetreuer abrechnen kann, auch wenn er den erforderlichen Umfang an Betreuungen erst in absehbarer Zeit erreicht.

c) Erster Regelfall: Mehr als zehn Betreuungen

Gesetzlicher Regelfall für einen solchen Umfang von Betreuungen, dass deren berufsmäßige Führung anzuerkennen ist, ist die Zahl von „mehr als zehn" Betreuungen. Diese Bestimmung findet sich in § 1 I Nr. 1 VBVG, das über §§ 1908i I, 1836 I 3 BGB auch für Berufsbetreuer gilt.

d) Zweiter Regelfall: Gesamtbetreuungsaufwand mehr als 20 Wochenstunden

Als zweiter gesetzlicher Regelfall ist in § 1 I Nr. 2 VBVG aufgeführt, dass Berufsmäßigkeit anzuerkennen ist, wenn der voraussichtliche Zeitaufwand voraussichtlich 20 Wochenstunden nicht unterschreiten wird. Dieser Maßstab ist für die Berufsbetreuer nach Einführung der Vergütungspauschale obsolet. Er bleibt wohl von Bedeutung für die Fälle, in denen nach Stunden abgerechnet wird, so beim Berufsverfahrenspfleger, beim Ergänzungs- und beim Sterilisationsbetreuer.[4]

In der Praxis hat sich dieser vormals in § 1836 I 4 Buchstabe b) BGB enthaltene Maßstab ohnehin nicht durchgesetzt. Zum einen macht der Richter sich im Normalfall keine Gedanken, wie viele Stunden wohl anfallen werden. Es ist auch bei der Unterschiedlichkeit der einzelnen Betreuungsfälle und der im Wesen der Betreuungsaufgabe liegenden Unwägbarkeiten schwer, wenn nicht sogar unmöglich, zu Beginn der Betreuung den voraussichtlich erforderlichen Zeitaufwand abzuschätzen. Zum andern ändert sich der Zeitaufwand im Verlauf der Betreuung unter Umständen erheblich, so zum Beispiel, wenn die Arbeiten zu Beginn einer Heimverlegung erledigt sind (vgl. Fall 12, S. 45).

e) Anerkennung einer Berufsbetreuung über die gesetzlichen Regelfälle hinaus

Die beiden vorgenannten Fallgruppen sind nur gesetzliche Regelfälle für die Anerkennung einer Berufsbetreuung. Eine Anerkennung ist aber auch darüber hinaus möglich, wenn dem Betreuer weniger als elf Betreuungen übertragen sind und werden sollen, (im Einzelfall sogar nur eine[5]), diese wenigen oder diese eine

---

[4] Vgl. S. 100 und 35.
[5] BayObLG BtPrax 1999, 29.

Betreuung aber einen solchen Umfang haben, „dass er sie nur im Rahmen seiner Berufsausübung führen kann", § 1 I VBVG.

Ein besonderer Umfang an Betreuungsarbeit kann aber unabhängig von der Anzahl der geführten Betreuungen auch dann vorliegen, wenn der Betreuer für einen besonders schwierigen Fall gerade aufgrund einer entsprechenden besonderen Qualifikation ausgewählt wurde,[6] wobei die Schwierigkeiten sowohl in den zu erledigenden Aufgaben als auch im Umgang mit dem Betreuten begründet sein können.[7] Der Anerkennung als Berufsbetreuer steht es dabei im Einzelfall auch nicht entgegen, wenn der Betreute neben der Betreuung einer Vollzeitbeschäftigung nachgeht.[8]

f) Beteiligung der Betreuungsbehörde

Gemäß dem durch das 1. BtÄndG eingefügten § 1897 VII BGB soll das Gericht die Betreuungsbehörde anhören, wenn es einem bisher innerhalb des Gerichtsbezirks noch nicht als Berufsbetreuer eingesetzten Betreuer erstmals das berufsmäßige Führen einer Betreuung übertragen will. Die Betreuungsbehörde soll die Möglichkeit haben, sowohl zu der persönlichen Eignung des vorgesehenen Berufsbetreuers Stellung nehmen können als auch zu der Frage, ob zu erwarten ist, dass er in absehbarer Zeit Betreuungen in einem Umfang übertragen erhalten wird, dass die Anerkennung der Berufsmäßigkeit gerechtfertigt ist. Ein Verstoß gegen diese Vorschrift ist folgenlos.[9] Die praktische Bedeutung dieser Bestimmung ist von Gericht zu Gericht sehr unterschiedlich.

> Es gibt Betreuungsrichter, die selbst eine sorgfältige Berufsbetreuerpflege betreiben und damit den erforderlichen Überblick auch ohne Beteiligung der Betreuungsbehörde haben. Vom fachlichen her ist zumindest ein erfahrener Betreuungsrichter der Betreuungsbehörde an Sachkunde nicht unterlegen.
> Es gibt aber ebenso, insbesondere in großen Städten, Betreuungsrichter, die die Vermittlung von Betreuern vollständig durch die Betreuungsbehörde erledigen lassen. Auch die Beteiligung der Betreuungsbehörde bietet allerdings keinen absoluten Schutz vor Fehlbesetzungen. Bei dem Gericht, dem der Autor angehört, erwies sich ein von der Betreuungsbehörde vorgeschlagener Berufsbetreuer als katastrophaler Missgriff, was aber auch die Betreuungsbehörde nicht vorher erkennen konnte.

Während seiner Tätigkeit, ist der Berufsbetreuer gemäß § 10 VBVG verpflichtet, der Betreuungsbehörde in deren Bezirk er seinen Sitz oder Wohnsitz hat, kalenderjährlich mitzuteilen

---

[6] OLG Zweibrücken BtPrax 2000, 223.

[7] BayObLG NJW-RR 1999, 517.

[8] Bundesverfassungsgericht (künftig:BVerfG) NJW 1999, 1621.

[9] Palandt-*Götz* § 1897 BGB Rdnr. 22.

1. die Zahl der von ihm im zurückliegenden Kalenderjahr geführten Betreuungen aufgeschlüsselt nach Betreuten in einem Heim oder außerhalb eines Heims und
2. den von ihm für die Führung von Betreuungen im Kalenderjahr erhaltenen Geldbetrag.

Weitere gesetzliche Auskunfts- und sonstige Pflichten hat der Berufsbetreuer gegenüber der Betreuungsbehörde nicht. *Die Aufsicht ihm gegenüber steht nicht der Betreuungsbehörde zu, sondern ausschließlich dem Betreuungsgericht, § 1837 BGB.*

3. Zur Abrechnung des Berufsbetreuers

Seit Inkrafttreten des 2. BtÄndG ist die Zahl der monatlichen Betreuungsstunden, die der Berufsbetreuer geltend machen kann, *pauschaliert.* Berufsmäßige Ergänzungs- und Sterilisationsbetreuer sowie Berufsverfahrenspfleger rechnen dagegen auch weiterhin nach tatsächlichem Zeitaufwand ab, s. S. 100 und S. 35.

a) Zu den Hintergründen der mit dem 2. BtÄndG eingeführten Pauschalierung der Vergütung

Das frühere Vergütungssystem für die Berufsbetreuer krankte daran, dass es nicht nur keine Anreize zum wirtschaftlichen Handeln des Betreuers enthielt, sondern unwirtschaftliches Handeln belohnte und damit geradezu dazu herausforderte: Je mehr Stunden ein Betreuer arbeitete, desto mehr verdiente er. Eine Überprüfung der abgerechneten Stundenzahlen war nach der weitgehend einheitlichen Spruchpraxis der Gerichte kaum möglich. Dies galt vor allem für die Abgrenzung von rechtlicher und sozialer Betreuung.[10] Letztlich leistete die faktisch nicht überprüfbare Abrechnung auf Stundenbasis Vorschub zu Abrechnungsunredlichkeit und damit zu Betrug.[11]

Das 2. BtÄndG stellt daher die Abrechnung der Berufsbetreuer auf Fallpauschalen um.

Bei der Bemessung der als Pauschale zuzugestehenden Betreuungsstunden wird differenziert *zum einen* nach der Dauer, die der Betreute bereits unter Betreuung steht. Grund hierfür ist, dass im Allgemeinen die Betreuung in ihrer Anfangsphase mehr Arbeit macht, als im weiteren Verlauf, wenn das Wesentliche geregelt ist.

Zum zweiten wird unterschieden zwischen Betreuten, die in einem Heim leben und solchen, die eine eigene Wohnung haben. Maßgeblich für dieses Kriterium ist, dass der Bewohner einer Einrichtung, die ja ihrerseits strukturelle Hilfen bietet,

---

[10] Vgl. S. 5.

[11] Auch wenn es hierfür „harte" Zahlen nicht gibt, ist diese Gefahr nicht von der Hand zuweisen, ohne dass die Gesamtheit der Berufsbetreuer unter „Generalverdacht" gestellt werden soll.

regelmäßig geringeren Betreuungsaufwand erfordert als der Alleinlebende in einer Privatwohnung.

Eine dritte Unterscheidung wird gemacht zwischen vermögenslosen Betreuten, deren Betreuungskosten bei der Staatskasse bleiben, und Betreuten, die die Betreuungskosten aus ihrem eigenen Vermögen zahlen. Bei letzteren ist die Pauschale etwas erhöht, nach der Gesetzesbegründung mit dem Argument, dass hier die Vermögensbetreuung ja auch höheren Aufwand verursache.

Es ist das Wesen einer Pauschale, dass sie verallgemeinert und somit einzelne Betreuungen nicht mehr kostendeckend geführt werden können. Dies soll dadurch ausgeglichen werden, dass bei der Vielzahl der von einem Berufsbetreuer zu führenden Betreuungen die Betreuungen mit niedrigem Aufwand die nicht kostendeckenden Betreuungen mitfinanzieren (Gedanke der Mischkalkulation).

> Für den Betreuungsrichter bedeutet dies, dass er bestrebt sein sollte, die Betreuungen, die er dem einzelnen Berufsbetreuer überträgt, entsprechend zu „mischen". Es wird nicht einfach sein, dem gerecht zu werden, zumal, wenn der Betreuer für mehrere Richter oder, wie es häufig vorkommt, gar für mehrere Gerichte Betreuungen führt.

Um den Gerichten die Abrechnung der Betreuervergütungen weiter zu vereinfachen, wurden schließlich noch die bisher gesondert anrechenbaren Aufwandsentschädigungen des Berufsbetreuers, z. B. für Fahrtkosten und Porto, in die neuen Fallpauschalen eingerechnet.

b) Einstufung in Vergütungsgruppen

Bei der Höhe des Stundensatzes werden weiterhin *3 Vergütungsgruppen* unterschieden, §§ 3 I und 4 I VBVG.

- Wer gar keine Berufsausbildung hat, erhält einen Stundensatz nach Vergütungsgruppe 1.
- Wer eine abgeschlossene Lehre oder einen vergleichbaren Berufsabschluss hat, erhält einen Stundensatz nach Vergütungsgruppe 2.
- Wer ein abgeschlossenes Hochschul- oder Fachhochschulstudium vorweisen kann, einen Stundensatz nach Vergütungsgruppe 3.

Die genannten Ausbildungen müssen allerdings für das Betreueramt auch von Nutzen sein: ansonsten bleibt es bei Vergütungsgruppe 1, § 1 I VBVG.

Wer etwa ein Archäologiestudium abgeschlossen hat, kann damit also nur nach Vergütungsgruppe 1 abrechnen, nicht einmal nach Vergütungsgruppe 2!

> Dagegen lässt sich jedoch einwenden, dass der Abschluss eines Studiums gleich welcher Richtung aufgrund der dabei generell erworbenen Kenntnisse und Fertigkeiten zumindest einem Lehrberufsabschluss gleichwertig zu erachten ist. Daher sollte in diesen Fällen jedenfalls Vergütungsgruppe 2 angewendet werden. Genauso verhält es sich mit dem erfolgreichen Abschluss einer Lehre, die von ihrem Gegenstand her keine unmittelbar der

für die Aufgabe eines Betreuers erforderlichen Kenntnisse vermittelt. Deshalb sollte über den Wortlaut des Gesetzes hinaus jedweder Lehrabschluss zur Anwendung von Vergütungsgruppe 2 führen.

Dieser Einwand ist, soweit ersichtlich, von Rechtsprechung oder Literatur bisher noch nicht erhoben worden.

c) Die Höhe des zugrunde zu legenden Stundensatzes

Den so gebildeten Vergütungsgruppen entsprechen gemäß Tab. 7.1 folgende Stundensätze:

Wegen der Ausnahmeregelung einer Erhöhung des Stundensatzes bei vermögenden Betreuten vgl. S. 103. Diese Erhöhung *betrifft allerdings nur den Stundensatz,* bei der Stundenanzahl führt diese Ausnahmeregelung an der Pauschalierung nicht vorbei.

Berufsbetreuer sind verpflichtet, der Betreuungsbehörde, in deren Bezirk er sein Büro oder seinen Wohnsitz hat, kalenderjährlich eine Aufstellung der von ihm geführten Betreuungen zu melden, aufgeschlüsselt nach Betreuten, die in einem Heim wohnen und solchen, die noch zu Hause leben, § 10 I Nr. 1, II VBVG. Sie müssen auch den Gesamtbetrag ihr im Kalenderjahr erhaltenen Betreuervergütungen erklären, § 10 I Nr. 2, II VBVG. Die Betreuungsbehörde ist berechtigt, diese Mitteilungen dem Betreuungsgericht zu übermitteln, § 10 III VBVG.

Gemäß § 1897 VIII BGB muss eine Erklärung über Zahl und Umfang der bisher berufsmäßig geführten Betreuungen auch bei jeder weiteren Bestellung zum Berufsbetreuer abgegeben werden. Diese Vorschrift erscheint angesichts der Erklärungspflichten nach dem VBVG überzogen und wird, soweit ersichtlich, auch in der Praxis nicht angewandt.

d) Die Anzahl der vergütungsfähigen Stunden

Grundsätzlich rechnen die Berufsbetreuer jetzt nicht mehr nach Einzelstunden ab. Sie erhalten als Vergütung Monatspauschalen, denen gemäß Tab. 7.2 folgende Stundenansätze zugrunde liegen:

Dabei bedeutet *„Pauschale",* dass nach Maßgabe dieser Pauschale zu vergüten ist, gleich ob tatsächlich mehr oder auch weniger Stunden angefallen sind.

Tab. 7.1 Stundensätze für Berufsbetreuer ab 01.07.2005. (§ 4 VBVG)

	Stundensatz
Vergütungsgruppe 1	27,00 €
Vergütungsgruppe 2	33,50 €
Vergütungsgruppe 3	44,00 €

Tab. 7.2 Pauschale Stundenzahlen für Berufsbetreuer

Vermögenslage	Mittellos § 5 II VBVG		Vermögend § 5 I VBVG	
Aufenthalt	**Heim** *Satz 1*	**Zu Hause** *Satz 2*	**Heim** *Satz 1*	**Zu Hause** *Satz 2*
Laufzeit	**Stunden pro Monat**			
1.–3. Monat	4,5	7	5,5	8,5
4.–6. Monat	3,5	5,5	4,5	7
7.–12. Monat	3	5	4	6
Ab 13. Monat	2	3,5	2,5	4,5

Die Betreuungsvereine können für ihre beruflich geführten Betreuungen entsprechend abrechnen, dabei gilt der Vereinsbetreuer nunmehr kraft Gesetzes als Berufsbetreuer, § 7 I VBVG.

> Bei der Einsetzung eines ehrenamtlichen Betreuers aus den Reihen eines Betreuungsvereins sollte man diesen daher nicht als Vereinsbetreuer bezeichnen, um Missverständnisse zu vermeiden. Hier hat sich die Tenorierung bewährt „ … als ehrenamtlicher Betreuer im Betreuungsverein XY" – nicht etwa „als Vereinsbetreuer"!

Betreuungsleistungen, die ein Vereinsbetreuer gegenüber mittellosen Personen erbringt, sind <u>umsatzsteuerbefreit</u>.[12]

Von diesen Sonderregelungen abgesehen bleibt als einzige Möglichkeit des Berufsbetreuers, die Pauschalierung zu umgehen, die nach Einzelstunden vorzunehmende Abrechnung von *Diensten, die zu seinem Beruf oder Gewerbe gehören,* § 4 II 2 VBVG in Verbindung mit § 1835 III BGB. Diese Vorschrift wird in der Praxis im Wesentlichen für Rechtsanwälte angewendet, sie soll deshalb hier nicht weiter erörtert werden. Eine Anwendung auf Berufsbetreuer als solche scheidet jedenfalls aus, weil sonst die explizit und speziell für sie eingeführte Pauschalierung vollständig ausgehebelt würde. Vereinsbetreuern ist die Möglichkeit der Abrechnung nach dieser Norm ausdrücklich verwehrt, § 7 I 2 VBVG.

e) Vergütung des beruflichen Ergänzungs- und Sterilisationsbetreuers

Der Berufsbetreuer als Ergänzungs- oder Sterilisationsbetreuer rechnet weiterhin nach tatsächlich geleisteten Stunden ab, *ist also nicht in die Pauschalierung einbezogen,* § 6 Satz 1 VBVG.

---

[12] BtPrax 2009, 120.

Tab. 7.3 Stundensätze der beruflichen Ergänzungs- und Sterilisationsbetreuer. (§§ 6 und 3 VBVG)		
Vergütungsgruppe 1	19,50 €
Vergütungsgruppe 2	25,00 €
Vergütungsgruppe 3	33,50 €

Grund hierfür ist, dass diese Betreuergruppe für eine konkrete Aufgabe eingesetzt wird, die je nachdem sehr schnell erledigt ist. Auf diese Fälle ist damit die für die langfristig angelegte Betreuung angewandte Pauschalierung nicht übertragbar.

Ihre Stundensätze sind aber niedriger, als die im Rahmen der Pauschalierung festgesetzten, § 3 VBVG, vgl. Tab. 7.3.

Zusätzlich kann gemäß § 6 VBVG, § 1835 II BGB *Aufwendungsersatz* und gemäß § 6 und § 3 I 3 VBVG den Ersatz der *Mehrwertsteuer* erstattet werden.

f) Vergütung des beruflichen Verhinderungsbetreuers

Während der Ergänzungsbetreuer eingesetzt wird, weil der Hauptbetreuer aus *rechtlichen* Gründen am Tätigwerden verhindert ist, etwa wegen Interessenkollision[13] wird der *Verhinderungsbetreuer* tätig, weil der Hauptbetreuer aus tatsächlichen Gründen am Tätigwerden verhindert ist, etwa wegen Urlaub oder wegen Krankheit.

Bei der Vergütung des beruflichen Verhinderungsbetreuers will das 2. BtÄndG, dass der Gesamtaufwand nicht ansteigt: Der Verhinderungsbetreuer bekommt daher die Tage, an denen er tatsächlich tätig wird, anteilig erstattet, der Hauptbetreuer muss eine entsprechende Kürzung hinnehmen, § 6 Satz 2 VBVG („teilen").

g) Vergütung des Behördenbetreuers und der Betreuungsbehörde

Ist ein konkreter Mitarbeiter der Betreuungsbehörde als Betreuer bestellt (Behördenbetreuer) kann der Betreuungsbehörde für dessen Einsatz nach § 8 I VBVG eine Ermessensvergütung bewilligt werden, aber nur, wenn der Betreute vermögend ist. Wird nicht ein bestimmter Mitarbeiter der Betreuungsbehörde als Betreuer eingesetzt, sondern die Betreuungsbehörde selbst (Behördenbetreuung), hat diese keinen Vergütungsanspruch. Bei einem vermögenden Betreuten kann sie aber Aufwendungsersatz erhalten, gleich, ob ein Behördenbetreuer eingesetzt oder Behördenbetreuung angeordnet ist, § 8 II VBVG.

---

[13] Vgl. S. 63.

4. Einzelfragen zur Vergütungspauschale für Berufsbetreuer

a) Zum Heimbegriff

Wann lebt ein Betreuter in einem Heim? Eine Definition des Heimbegriffs ist in § 5 III VBVG enthalten. Danach handelt es sich um Einrichtungen für Volljährige, die über die Überlassung von Wohnraum hinaus tatsächliche Betreuung und Verpflegung anbieten, entgeltlich betrieben werden und auf Dauer angelegt sind.

Damit fällt das sogenannte „betreute Wohnen" nicht unter den Begriff der Heimunterbringung im Sinne dieser Vorschrift,[14] ebenso wenig die Unterbringung in einer Pflegefamilie.[15] Der Aufenthalt in einer *Außenwohngruppe* stellt dagegen eine Heimunterbringung dar, da hier regelmäßig alle wesentlichen Merkmale der Heimunterbringung erfüllt sind, insbesondere eine Versorgung und Pflege und Hilfestellungen angeboten werden.[16]

Von der Heimunterbringung abzugrenzen sind (1) die sogenannte Kurzzeitpflege, also der lediglich vorübergehende Aufenthalt in einem Heim, etwa während Abwesenheit oder Verhinderung der Pflegeperson innerhalb der Familie oder nach einem Krankenhausaufenthalt zur Rekonvaleszenz und (2) der Heimaufenthalt „auf Probe". In diesen vom VBVG nicht erwähnten Fällen wird man auf die Frage des dauerhaften Lebensmittelpunkts abstellen müssen. Als Kriterium der Dauerhaftigkeit wird man auch auf den Rechtsgedanken des § 1 IV des Heimgesetzes[17] zurückgreifen können, wonach ein vorübergehender Heimaufenthalt vorliegt bei einer Aufenthaltsdauer von bis zu 3 Monaten. Wenn dann noch Zweifel bleiben, kann man auch noch auf die Frage abstellen, ob der Betreute tatsächlich noch Wohnraum außerhalb des Heimes hat, den er von heute auf morgen nutzen kann und ob er sich bewusst diese Möglichkeit offenhalten will. Derart zweifelhafte Grenzfälle werden indes selten sein. In jedem Fall wird ein dauerhafter Heimaufenthalt anzunehmen sein, wenn die Wohnung des Betreuten mit Genehmigung des Betreuungsgerichts gemäß § 1907 BGB aufgelöst ist.

b) Berechnung der Laufzeit der Betreuung

Die für die Fallpauschale des Berufsbetreuers maßgebliche Laufzeit der Betreuung läuft ab dem Beginn der Betreuung durch, beginnt also im Fall eines Betreuerwechsels nicht neu. Dies gilt auch, wenn eine zunächst einfache und daher ehrenamtlich geführte Betreuung eskaliert und nunmehr einem Berufsbetreuer übertragen wird.

---

[14] Ebenso LG Koblenz FamRZ 2009, 458.

[15] BGH BtPrax 2008, 118, der aber eine Ausnahme für denkbar hält, wenn die Pflegefamilie in engster Anbindung an eine Heimeinrichtung arbeitet, ebenso Brandenburgisches Oberlandesgericht BtPrax 2009, 125.

[16] LG Duisburg BtPrax 2007, 266.

[17] Abgedruckt S. 310.

Im letztgenannten Fall erscheint denkbar, dass die Gerichte in Härtefällen Ausnahmen zulassen. Das 2. BtÄndG hat allerdings bewusst auf jegliche Härtefallregelungen verzichtet, um ein ansonsten zu erwartendes alsbaldiges Aufweichen der beabsichtigten Restriktionen zu verhindern. Letztlich ist das gesamte Betreuungsrecht ein Härtefall! Damit werden auch die Gerichte bei der Zulassung von Ausnahmen Zurückhaltung walten lassen.

Ein Pauschalierungssystem ist wesensmäßig schematisch, formalistisch. Daraus folgt, dass bei Neubestellung eines Betreuers nach Aufhebung einer früher bereits bestehenden Betreuung die Laufzeit der Betreuung im Sinne der Fallpauschale neu beginnt. Eine Ausnahme hiervon wird sein, wenn ein Aufhebungsbeschluss auf Beschwerde aufgehoben wird.

Dies kann problematisch werden, wenn eine vorläufige Betreuung nach Ablauf der Frist, für die sie angeordnet ist, weitergeführt werden soll. Anders als die endgültig eingerichtete Betreuung, die weiterläuft, auch wenn die Überprüfungsfrist überschritten wird, handelt es sich bei der Befristung der vorläufigen Betreuung um eine echte Ablauffrist. Das heißt, die gewünschte Weiterführung ist nur durch Neubestellung eines Betreuers möglich, die Möglichkeit für eine Verlängerung einer einmal abgelaufenen vorläufigen Betreuung besteht nicht.

In diesen Fällen, die in der Praxis gar nicht so selten sind, sollten die Berufsbetreuer im Rahmen einer fairen Zusammenarbeit mit dem Gericht nicht auf Neubeginn der Laufzeit der Betreuung bestehen. Im Übrigen erscheint hier eine das Gesetz in diesem Punkt korrigierende und ergänzende Haltung der Gerichte, dass ein Neubeginn der Laufzeit der Betreuung hier nicht in Betracht kommt, möglich und auch sachgerecht.

Die Fallpauschale könnte schließlich dazu führen, dass der Betreuer nach dem Tod des Betreuten, mit dem ja die Betreuung endet, kein Entgelt mehr erhält. Für eilbedürftige Maßnahmen, insbesondere die Beerdigung, die Sicherung des Nachlasses und die Abwicklung des Heimverhältnisses sehen aber § 1908i I 1, 1893 I, 1698b BGB Notgeschäftsführungspflichten des (vormaligen) Betreuers vor. Wo solche Pflichten tatsächlich anfallen, wird dem diesen Pflichten erfüllenden Betreuer die entsprechende Fortzahlung der Vergütung nicht zu verweigern sein.

In diesen Fällen, die in der Praxis gar nicht so selten sind, sollten die Berufsbetreuer im Rahmen einer fairen Zusammenarbeit mit dem Gericht nicht auf Neubeginn der Laufzeit der Betreuung bestehen. Im Übrigen erscheint hier eine das Gesetz in diesem Punkt korrigierende und ergänzende Haltung der Gerichte, dass ein Neubeginn der Laufzeit der Betreuung hier nicht in Betracht kommt, möglich und auch sachgerecht.

Alternativ käme in Betracht, dass der vormalige Betreuer sich als Nachlasspfleger bestellen lässt oder dem für „verwaiste" Todesfälle zuständigen Ordnungsamt anbietet, das Erforderliche gegen eine der bisherigen Betreuervergütung entsprechende Zahlung zu veranlassen. Ein solches Verhalten ist ebenso wenig ehrenrührig wie die Rechnungsstellung durch das Beerdigungsinstitut. Der Betreuer muss ebenso wie der Beerdigungsunternehmer von seiner Arbeit leben.

c) Ausnahmsweise Erhöhung des Stundensatzes bei vermögenden Betreuten

Wie bereits ausgeführt, hat das 2. BtÄndG auf die Zulassung von Härtefallregelungen weitestgehend verzichtet, um einer Aufweichung der Neuregelungen keinen

Raum zu geben. Als einzige Ausnahme bestimmt § 3 III VBVG, dass das Gericht bei besonderen Schwierigkeiten der Betreuung ausnahmsweise eine Erhöhung der gesetzlichen Stundensätze bewilligen kann, allerdings nicht bei mittellosen Betreuten.

Diese Ausnahmeregelung hat ihren Grund darin, dass der ein großes Vermögen verwaltende Betreuer sich nicht auf die für Normalfälle bemessenen allgemeinen Stundensätze verweisen lassen müssen soll. „Man soll dem Ochsen, der drischt, das Maul nicht verbinden"

Durch die Beschränkung dieser Regelung auf vermögende Betreute bleiben fiskalische Interessen unberührt, das Sparziel des 2. BtÄndG wird nicht infrage gestellt.

d) „Prämie" für Abgabe der Betreuung an einen ehrenamtlichen Betreuer

Schon jetzt erkennbar hat die Einführung der pauschalierten Abrechnung einen „Klammereffekt" ausgelöst: Die Bereitschaft, Betreuungen abzugeben, sinkt, bestimmt der Richter bei einem amtsmüden Betreuer einen anderen Nachfolger, als von diesem vorgeschlagen, gibt es mehr oder minder direkte Kritik.

Um die Bereitschaft von Berufsbetreuern, Betreuungen an ehrenamtliche Betreuer abzugeben, zu fördern, sieht § 5 V VBVG vor, dass der das Verfahren abgebende Berufsbetreuer für den Abgabemonat und den Folgemonat noch die volle Pauschale erhält. Da gilt auch, wenn der betreffende ehrenamtliche Betreuer bislang bereits neben dem Berufsbetreuer eingesetzt war.

e) Unzulässigkeit der Bestellung mehrerer Berufsbetreuer nebeneinander

In § 1899 I 3 BGB neu aufgenommen wurde ein Satz 3, der die Bestellung mehrerer Berufsbetreuer nebeneinander für unzulässig erklärt. Grund hierfür ist neben dem generellen Sparwillen des Gesetzgebers wohl auch eine sich ansonsten anbietende Gefahr der Aushöhlung der Einsparbemühungen: Die Notwendigkeit eines zweiten (Berufs-)Betreuers würde sich in nicht wenigen Fällen begründen lassen mit der Folge, dass dann doppelte Pauschalen zu zahlen wären.

Ausdrücklich ausgenommen von dieser Einschränkung sind die Sonderfälle der Einsetzung eines Sterilisationsbetreuers,[18] §§ 1899 I 3, 1899 II BGB, und die Einsetzung eines Verhinderungsbetreuers, §§ 1899 I 3, 1899 IV BGB und eines Gegenbetreuers, §§ 1899 I 3, 1792 BGB.

Auch der Ergänzungsbetreuer[19] ist Verhinderungsbetreuer in diesem Sinne, sodass es auch bei ihm ein Nebeneinander von zwei Berufsbetreuern geben darf.

---

[18] Vgl. S. 151.
[19] Vgl. S. 63.

Aus den in S. 64 aufgeführten Gründen setzt der Autor gerade für Ergänzungsbetreuungen bevorzugt Rechtsanwälte oder Berufsbetreuer ein.

Zum Einsatz eines Ergänzungsbetreuers neben einem Berufsbetreuer wird es aber gleichwohl kaum kommen, da eine Ergänzungsbetreuung in der Praxis nur vorkommt, wenn Angehörige als Betreuer eingesetzt sind und damit die Hauptbetreuung ehrenamtlich geführt wird.

5. Kosten der Betreuung für das Vermögen des Betreuten bzw. seiner Angehörigen

a) Gerichtskosten

Die Gerichtsgebühren für Betreuungen sind gering. Grundsätzlich ist die Tätigkeit des Betreuungsgerichts kostenfrei, § 91 Kostenordnung. Soweit das Vermögen des Betreuten nach Abzug des im Sozialhilferechts geltenden Schonvermögens 25.000 € übersteigt, fallen jährliche Gebühren von 15 € je angefangene 5000 € des Vermögens an, § 92 Kostenordnung. Selbst bei einem Vermögen von 250.000 € wären das pro Jahr nur 250 €.

Die Höhe des für Betreute geltenden Schonvermögens beläuft sich auf 5000 € für ihn zuzüglich 500 € für jede überwiegend von ihm unterhaltene Person.[20]

b) Kosten der Betreuer

Ist der Betreute mittellos, übernimmt die Staatskasse die Kosten der Betreuung und zwar gemäß § 1835 IV BGB die dem Betreuer entstandenen Auslagen, gemäß § 1835a III BGB die Aufwandsentschädigung[21] eines ehrenamtlichen Betreuers und gemäß § 1 II 2 VBVG auch die Vergütung eines Berufsbetreuers. Die Frage der Mittellosigkeit ist nach den Vorschriften des Bundessozialhilfegesetzes (BSHG) zu beurteilen, § 1836 c BGB. Hat der Betreute über das Schonvermögen des BSHG hinausgehendes Einkommen oder Vermögen gilt er gleichwohl so lange als mittellos, als er den Aufwendungsersatz des ehrenamtlichen Betreuers oder die Vergütung des Berufsbetreuers nur teilweise oder in Raten zahlen könnte, § 1836d Nr. 1 BGB.

Der Betreute gilt weiter auch dann als mittellos, wenn er Unterhaltsansprüche gegen Angehörige hat, diese aber gerichtlich geltend machen müsste. Von dieser im Allgemeinen sehr belastenden Verpflichtung stellt ihn das Gesetz ausdrücklich frei, § 1836d Nr. 2 BGB.

---

[20] Palandt-*Götz* § 1836 c BGB Rdnr. 11.
[21] Vgl. S. 58.

c) Regressansprüche der Staatskasse

Allerdings kann die Staatskasse ihre Aufwendungen in gleicher Weise wie bei der Sozialhilfe, aber auch mit den für Regress nach Sozialhilfe geltenden Einschränkungen[22] gegebenenfalls im Wege des Regresses in das Vermögen des Betreuten geltend machen.

Fällt dem Betreuten während der Dauer der Betreuung Vermögen zu, kann die Staatskasse mit Rückwirkung von bis zu 10 Jahren die von ihr an die Betreuer ausgezahlten Gelder vom Betreuten zurückfordern, § 1836e I 1 und 2 BGB.

Praktisch bedeutsamer ist der Fall, dass die Staatskasse, allerdings ebenfalls auf bis zu 10 Jahre zurück beschränkt, den Nachlass des Betreuten in Regress nehmen (Nachlassregress), § 1836e I 1 und 2 BGB. Allerdings haften die Erben dabei nur mit dem Wert des Nachlasses, nicht mit ihrem eigenen Vermögen.

6. Besonderheiten für die Amtsführung des Berufsbetreuers

Für die Amtsführung des Berufsbetreuers gelten zunächst die für die Amtsführung des ehrenamtlichen Betreuers (Kap. 5, S. 71) dargestellten Grundsätze entsprechend.

Der Berufsbetreuer genießt, weil ihn der Betreuungsrichter kennt und überprüft hat und er sich im Verlauf der Zeit auch (hoffentlich!) bewährt hat, besonderes fachliches und persönliches Vertrauen. Auf der anderen Seite sind die Erwartungen an ihn auch höher, als die an einen ehrenamtlichen Betreuer. Schließlich ist ihm typischerweise der Betreute bei Übernahme der Betreuung gänzlich unbekannt.

Diese Umstände führen zu den nachfolgend dargestellten Besonderheiten bei der Einsetzung und der Amtsführung eines Berufsbetreuers.

a) Übersendung eines Aktenauszuges

Der Berufsbetreuer erhält bei Übernahme einer Betreuung einen Aktenauszug, damit er die für Führung der Betreuung erforderlichen Hintergrundkenntnisse über den Betreuten hat. In den Aktenauszug gehören Kopien des (bei mehreren: zumindest des jüngsten) Betreuungsgutachtens oder -attests und, soweit eingeholt, des (bei mehreren: zumindest des jüngsten) Sozialberichts der Betreuungsbehörde. Übernimmt der Berufsbetreuer eine bereits bestehende Betreuung, kommen hinzu der letzte Bericht des vorherigen Betreuers und das jüngste Vermögensverzeichnis.

---

[22] Palandt-*Götz* § 1836e BGB Rdnr. 6.

b) Übernahme von Betreuungen ohne Vorankündigung; schneller Erstkontakt; umgehender Erstbericht

Der ehrenamtliche Betreuer wird *stets* vor Übernahme der Betreuung gefragt, ob er zur Amtsübernahme bereit ist. Bei außenstehenden ehrenamtlichen Betreuern findet vielfach sogar vor Übertragung der Betreuung ein erstes Kennenlernen statt.

Soweit außenstehende ehrenamtliche Betreuer zu einem *Betreuungsverein* gehören, gehört es zu dem Angebot der Betreuungsvereine, diese Kennenlernbesuche im Beisein eines hauptamtlichen Mitarbeiters des Betreuungsvereins vorzunehmen und dabei den künftigen Verlauf der Betreuung zu besprechen. Auch hier kommt es erst *nach* positivem Bericht über den Erstkontakt zur Einsetzung als Betreuer.

Demgegenüber gehört es zu den Erwartungen an einen *Berufsbetreuer,* dass er sich, insbesondere in Eilfällen, bei manchen Gerichten aber auch ganz allgemein, Betreuungen auch ohne vorherige Anfrage übertragen lässt. Der übersandte Aktenauszug tritt hier an die Stelle des vorherigen Kennenlernens. Wenn es wirklich eilt, wird der Betreuungsbeschluss per Telefax übermittelt, was für die Wirksamkeit der Einsetzung des Betreuers ausreicht,[23] der Aktenauszug folgt einige Tage später per Briefpost nach.

Als Ausgleich sollte der Berufsbetreuer bei einer ihm auf diesem Weg übertragenen Betreuung zugebilligt bekommen, nach Kennenlernen des Betreuten die Betreuung ohne große Begründung wieder zurückgeben zu dürfen.

Der Erstkontakt sollte dann längstens innerhalb zweier Wochen stattfinden, in Eilfällen noch am selben oder spätestens am nächsten Tag.

Ein Berufsbetreuer muss auch, wo es nötig ist, die Betreuung *gründlicher dokumentieren,* als dies von einem ehrenamtlichen Betreuer verlangt werden kann. Dazu gehört ein *Erstbericht* an das Betreuungsgericht innerhalb zweier Wochen nach dem Erstkontakt.

Dieser Erstbericht braucht nicht unbedingt lang zu sein, soll dem Betreuungsgericht aber bestätigen,

- dass die Betreuung aufgenommen wurde,
- dass der Berufsbetreuer zur Übernahme der Betreuung bereit ist und
- dass bei dem Erstkontakt auch seitens des Betreuten keine massiven Vorbehalte gegen die Person des Betreuers hervorgetreten sind.

c) Sicherstellung der Erreichbarkeit durch Fax, Anrufbeantworter, Handy, E-Mail

Um kurzfristig erreichbar zu sein, muss ein Berufsbetreuer ein funktionstüchtiges Telefaxgerät sowie einen Anrufbeantworter besitzen. Zusätzlich zu empfehlen ist ein Handy, das über die Mailboxfunktion zugleich als Anrufbeantworter dienen kann.

---

[23] Vgl. S. 71.

Bei einem Telefaxgerät muss gewährleistet sein, dass dieses rund um die Uhr empfangsbereit ist (u. U. schwierig bei PC-Telefax); Betreuungsrichter haben manchmal ungewöhnliche Arbeitszeiten. Bei E-Mail, Telefax, Anrufbeantworter und Mailbox ist sicherzustellen, dass diese, auch wenn der Berufsbetreuer selbst ortsabwesend ist, mindestens einmal am Tag auf Eingänge überprüft und natürlich, dass diese Eingänge auch beantwortet werden.

d) Besondere Selbständigkeit in der Amtsführung und deren Grenzen

Schon für den ehrenamtlichen Betreuer wurde die hohe Selbständigkeit in der Amtsführung hervorgehoben, dies gilt beim Berufsbetreuer in noch höherem Maß.

(1) Das Recht und die Pflicht zur selbständigen Amtsführung
Die Betreuten stellen an den (Berufs-)Betreuer so unterschiedliche und vielfältige Anforderungen, wie eben die Menschen vielfältig und unterschiedlich sind:

- Altersdemente sind oft gar nicht mehr in der Lage, irgendwelche Wünsche zu äußern. Hier muss der Betreuer „für den Betreuten" denken, dessen Bedürfnisse erkennen und diese gegenüber Arzt und Heim durchsetzen.
- Das können zum Beispiel sein ordentliche Körperpflege, Rasieren, Haareschneiden, Schutz gegen Sonneneinstrahlung, ausreichendes Lüften, zu laute Musik aus dem Radio des Zimmernachbarn, die Angehörigen um einen Besuch bitten, Vermittlung von Krankenabendmahl und seelsorgerlichem Beistand.
- Psychisch Kranke machen besonders enge Zusammenarbeit mit dem Arzt erforderlich.
- Bei starken Nebenwirkungen von Medikamenten sollte nach Alternativen gefragt, die Herabsetzung der Dosierung erörtert werden. Notwendige Fixierungsmaßnahmen sind zu akzeptieren, aber: Sind sie wirklich notwendig, gibt es weniger einschneidende Alternativen, ist die Durchführung der Fixierung so schonend wie möglich?
- Bei geistig Behinderten erfordert es oft viel Einfühlungsvermögen und Phantasie, bei unerfüllbaren Wünschen des Betreuten das dahinter stehende Kernbedürfnis herauszufinden, um so vielleicht wenigstens eine befriedigende Teilerfüllung herbeiführen zu können.
- Dem unerfüllbaren Wunsch nach einem Einzelzimmer kann durch einen einfachen Zimmerwechsel und/oder Wechsel des Mitbewohners teilabgeholfen werden, Spannungen in der Wohngruppe oder in der beschützenden Werkstatt durch einen Wechsel in der Person des Bezugsbetreuers in der Einrichtung.

Diese Beispiele sollen zeigen dass das Betreuungsrecht dem Betreuer (wie auch dem Betreuungsgericht!) außerordentlich viel Spielraum bietet. Es gilt, diesen Spielraum mit sozialer und praktischer Phantasie, manchmal auch viel Geduld, zunutzen.

Fall 29:

Ein Senior, der noch in einer eigenen Wohnung lebte, ließ aus Gewohnheit von innen den Wohnungsschlüssel stecken. So kam er teilweise selbst nicht mehr in die Wohnung zurück, war er aber innerhalb der Wohnung, hatten Sozialstation und Betreuer, obwohl im Besitz eines eigenen Schlüssels, keine Möglichkeit, sich Eintritt zu verschaffen. Die aufgrund des hierdurch eingetretenen Pflegenotstands drohende Verlegung in ein Heim gegen den erklärten Willen des Betreuten konnte durch Einbau eines Schließzylinders, der auch zu schließen war, wenn auf der anderen Seite ein Schlüssel steckte, vermieden werden.

Die Frage, wann von einem Berufsbetreuer selbständiges Handeln erwartet wird und wann auch er das Betreuungsgericht um Rat fragen darf, lässt sich nicht einheitlich beantworten und hängt auch einerseits von der Praxis bei dem betreffenden Betreuungsgericht und andererseits von der Erfahrung des Berufsbetreuers ab. Die Grenze der Selbständigkeit des Berufsbetreuers ist aber jedenfalls da erreicht, wo das Gesetz gerichtliche Genehmigungen vorschreibt und insbesondere bei dem Brechen des Willens des Betreuten durch unmittelbare Gewalt.[24]

(2) Fristenüberwachung

Auch wenn natürlich das Gericht eine eigene Fristenkontrolle führt, sollte der Berufsbetreuer die für seine Betreuten bestehenden Fristen selbständig überwachen und das Gericht rechtzeitig vor Fristablauf an eine etwa erforderliche Verlängerung erinnern. „Rechtzeitig" heißt

- bei Überprüfung der Verlängerung einer bereits auf Dauer bestehenden (also nicht mehr nur vorläufigen) Betreuung 6 Monate vor dem hierfür festgesetzten Zeitpunkt,
- bei einer vorläufigen Betreuung 2 Monate vor deren Ablauf,
- bei vorläufiger Unterbringung aufgrund einstweiliger Anordnung oder kurzfristiger Unterbringung von wenigen Wochen, etwa in einem psychiatrischen Krankenhaus, 2 Wochen vor Fristende,
- und bei längerfristiger Unterbringung, etwa auf der geschlossenen Station eines Altenheims, 3 Monate vor Ablauf der Unterbringungsfrist.

Wichtig:

Das Überschreiten der Überprüfungsfrist für die Verlängerung oder Aufhebung einer auf Dauer bestehenden Betreuung ist ohne rechtliche Wirkung, führt insbesondere nicht etwa zur Beendigung der Betreuung. Vorläufige Betreuungen und jegliche Unterbringungsgenehmigungen laufen dagegen mit Fristablauf aus.

---

[24] Vgl. S. 44 „Freiheitsentziehung".

(3) Mitteilung der eigenen Auslastung des Berufsbetreuers an das Betreuungsgericht

Es kann passieren, dass Gericht und Betreuungsbehörde den Überblick verlieren, wie viele Betreuungen der einzelne Berufsbetreuer eigentlich führt.

Soweit dies dazu führt, dass der Betreuer unter die Mindestzahl von 11 Betreuungen absinkt,[25] ist es angebracht, dass er, ohne zu drängen, Betreuungsbehörde oder Betreuungsrichter auf diesen Umstand hinweist, um zusätzliche Betreuungen zugewiesen zu erhalten.

Im umgekehrten Fall, also bei der Zuweisung zu vieler Betreuungen, sollte eine Überlastungsanzeige erfolgen. Diese kann je nachdem dahin lauten, dass bis auf weiteres von der Übertragung neuer Betreuungen Abstand genommen werden möge, oder auch, dass um die Entpflichtung von einzelnen Betreuungen, die dann aber konkret angegeben werden müssen, gebeten wird. *Wer eine Überlastung nicht anzeigt, kann für durch die Überlastung etwa eingetretene Pflichtverletzungen in Haftung genommen werden.*

e) Konflikte des Berufsbetreuers mit Angehörigen

Wenn trotz Vorhandenseins von Angehörigen ein Berufsbetreuer eingesetzt wird, deutet schon das darauf hin, dass innerhalb der Familie Spannungen bestehen und gerade diese Spannungen die Einsetzung eines außenstehenden Berufsbetreuers erforderlich gemacht haben. Der Betreuer sollte auf diese Spannungen eingestellt sein und versuchen, hier mit Fingerspitzengefühl und Einfühlungsvermögen zu klären. Gelingt das nicht, gelten die Hinweise S. 81 entsprechend.

7. Hilfen für Berufsbetreuer

a) Berufsbetreuertreffen der Betreuungsbehörden und der Betreuungsvereine

Die Berufsbetreuer sollten Kontakt zur *Betreuungsbehörde* haben, auch diese führt gelegentlich Veranstaltungen durch, die auch für Berufsbetreuer von Interesse sein können, unter Umständen auch Veranstaltungen speziell für Berufsbetreuer. Dasselbe gilt für *Betreuungsvereine* entsprechend. Gelegentlich finden sich Berufsbetreuer auch zu Treffen untereinander zusammen, etwa zu einem gemeinsamen regelmäßig oder in loser Folge stattfindenden *„Berufsbetreuerstammtisch"*.

---

[25] Vgl. S. 95 Abschnitt c).

b) Berufsbetreuerverbände

Schließlich haben sich in den letzten Jahren auch Berufsverbände von Berufsbetreuern gebildet.[26] Diese geben *Zeitschriften* heraus, die über aktuelle Entwicklungen im Betreuungsrecht informieren und beteiligen sich an der Diskussion über bevorstehende oder auch aus Sicht der Berufsbetreuerschaft zu fordernde Änderungen in Gesetzgebung und Rechtsprechung.

c) Die Unterstützungsangebote des Betreuungsgerichts und der Betreuungsbehörde gelten grundsätzlich auch für Berufsbetreuer

Abschließend zu diesem Punkt ist noch darauf hinzuweisen, dass die Unterstützungsangebote des Betreuungsgerichts für ehrenamtliche Betreuer[27] und auch der Betreuungsbehörde[28] grundsätzlich auch den Berufsbetreuern zur Verfügung stehen.

---

[26] Bundesverband der Berufsbetreuer/innen, Schmiedestraße 2 20095 HamburBundesverband freier Berufsbetreuer, Richard Wagner Str. 52, 10585 Berlin
[27] Vgl. S. 79 Abschnitt g).
[28] § 4 III BtBG.

Kapitel 8 Betreuungsrecht und Bankgeschäfte

Der Betreuer ist gesetzlicher Vertreter des Betreuten und hat insoweit der Bank gegenüber dieselbe Stellung wie der Vorstand eines Vereins oder einer Aktiengesellschaft – oder auch wie Eltern für ihre minderjährigen Kinder. Der für Bankgeschäfte maßgebliche Aufgabenkreis ist die Vermögenssorge. Der Nachweis der Betreuerstellung erfolgt im Allgemeinen durch Vorlage des vom Betreuungsgericht ausgestellten Betreuerausweises. Da die Betreuung die Geschäftsunfähigkeit unberührt lässt, kann es zu widersprüchlichen Entscheidungen von Betreuer und Betreutem kommen. Kommt es hierdurch zu Problemen, kann die Anordnung eines Einwilligungsvorbehalts durch das Betreuungsgericht erforderlich werden. Bei Verdacht auf Unregelmäßigkeiten des Betreuers sollte die Bank das Betreuungsgericht einschalten, das Bankgeheimnis steht dem nicht entgegen. Verfügungen des Betreuers, auch wenn sie vom Betreuungsgericht genehmigt sind, finden ihre Grenze da, wo der Betreute selbst in seiner Verfügungsbefugnis beschränkt ist, etwa durch eine Kontopfändung.

1. Die Vertretungsbefugnis des Betreuers

a) Grundsatz

Innerhalb seines Aufgabenkreises vertritt der Betreuer den Betreuten gerichtlich und außergerichtlich, § 1902 BGB. Der für die Bankgeschäfte maßgebliche Aufgabenkreis ist die Vermögenssorge. Ein Betreuer mit diesem Aufgabenkreis tritt der Bank gegenüber als gesetzlicher Vertreter für den Betreuten und damit für das Vermögen des Betreuten auf. Insoweit hat er *die gleiche Stellung wie der Vorstand eines Vereins oder einer Aktiengesellschaft – oder auch wie Eltern für ihre minderjährigen Kinder.*

© Springer-Verlag GmbH Deutschland, ein Teil von Springer Nature 2019
J. Seichter, *Einführung in das Betreuungsrecht*,
https://doi.org/10.1007/978-3-662-57498-0_8

b) Nachweis der Vertretungsbefugnis

Aus Sicht der Banken etwas unglücklich ist die Frage nach dem Nachweis dieser Vertretungsberechtigung. Bei Vereinen und Firmen, die in ein Register eingetragen sind, erfolgt der Nachweis der Vertretungsbefugnis durch einen aktuellen Registerauszug, der auch noch beglaubigt werden kann. Der Betreuer hat einen vom Gericht ausgestellten Betreuerausweis. Dieser ist unter Umständen schon Jahre alt und vor allem: er trägt – wenn der Betreuer auf Dauer bestellt ist – kein Ablaufdatum.

> Grund für das fehlende Ablaufdatum ist, dass die Bestellung eines Betreuers auf Dauer nicht abläuft. Im Betreuungsbeschluss ist zwar angegeben, bis wann das Gericht überprüft, ob die Betreuung aufgehoben oder verlängert wird. Ein Überschreiten dieser Frist (was in der Praxis gar nicht so selten ist) lässt jedoch die weitere Wirksamkeit der Betreuung unberührt.

Damit stellt sich für die Bank die Frage, ob und wie sie überprüfen muss und kann, ob der vorgelegte Betreuerausweis (noch) wirksam ist.

Zu Beginn der Zusammenarbeit mit dem Betreuer ist das aber meist unproblematisch. Denn der Betreuer kommt im Allgemeinen sehr schnell nach Aushändigung des Betreuerausweises zur Bank, sodass der Ausweis ähnlich „frisch" ist wie ein aktueller Registerauszug.

> Noch vor Aushändigung des Betreuerausweises bekommt der Betreuer eine Ausfertigung des Betreuungsbeschlusses per Post übersandt. Wenn es eilt, kann dieser mit dem Dienstsiegel des Gerichts versehene Beschluss in Verbindung mit einem amtlichen Lichtbildausweis von der Bank durchaus als vorläufiger Ausweis behandelt werden.

Ist die erstmalige Legitimation des Betreuers erfolgt, braucht die Bank im weiteren Verlauf der Geschäftsbeziehung ohne Anlass nicht nach einer Aktualisierung zu fragen, ebenso wie sie im laufenden Firmengeschäft nicht unentwegt einen neuen Registerauszug verlangt. Sie kann aber durchaus bei jedem Schalterbesuch um Vorlage des Betreuerausweises bitten. Dadurch hat sie ausreichende Sicherheit, dass die Betreuung noch besteht und auch kein Betreuerwechsel stattgefunden hat. *Denn bei Aufhebung der Betreuung oder Entlassung des Betreuers wird der Betreuerausweis umgehend vom Gericht eingezogen.* Ebenso werden Änderungen im Aufgabenkreis umgehend nachgetragen oder durch Einziehung des bisherigen und Ausgabe eines neuen Betreuerausweises amtlich dokumentiert. Aus diesem Grund darf die Bank auch auf die Richtigkeit eines älteren Betreuerausweises vertrauen. Bestehen im Einzelfall Zweifel, kann sie bei dem Gericht, das den Betreuerausweis ausgestellt hat, Nachfrage halten.

> Nachfragen bei Gericht sollten grundsätzlich schriftlich erfolgen. Dies dient zum einen der Absicherung der Bank. Zum anderen kann das Gericht auf telefonische Anfrage ohnehin oft nicht antworten, wenn die Akte nicht vorliegt.

Aber Achtung: Die Bestellung eines vorläufigen Betreuers ist befristet und läuft mit Ablauf dieser Frist aus.

c) Betreuungsgerichtliche Genehmigungen von Verfügungen des Betreuers

Einzelne Verfügungen des Betreuers sind nur mit Genehmigung des Betreuungsgerichts wirksam (§§ 1812, 1813, 1821, 1822 BGB). Die meisten dieser Fälle betreffen die Banken nicht oder kommen jedenfalls im Bankalltag kaum vor (z. B. Aufnahme eines Kredits auf den Namen des Betreuten oder Abgabe einer Bürgschaftserklärung für den Betreuten).

Praktisch am bedeutsamsten ist die *Notwendigkeit einer Genehmigung bei Auszahlung aus einem Guthaben von über 3.000 €* gemäß § 1813 I Nr. 2 BGB Der frühere Streit, ob sich dieser Wert auf die Höhe des einzelnen abgehobenen Betrages bezieht oder auf die Höhe des Gesamtguthabens des Kontos, von dem die Abhebung erfolgt, ist obergerichtlich inzwischen dahin beantwortet, dass die Höhe des Gesamtguthabens auf dem betreffenden Konto maßgeblich ist.[1]

Ist eine betreuungsgerichtliche Genehmigung erforderlich, sollte selbstverständlich sein, dass auf deren schriftlicher Vorlage bestanden wird. In der Praxis des Autors ereignete sich ein Fall, in dem über 10.000 DM ausgezahlt wurden und das Betreute Kreditinstitut sich auf eine telefonische Genehmigung der Rechtspflegerin berief, die diese aber in Abrede stellte. Eine für die Bank gleichermaßen wie für die Rechtspflegerin unangenehme Situation, bei der allerdings die Bank unterliegt.

2. Einander widersprechende Verfügungen des Betreuers und des Betreuten

Einander widersprechende Verfügungen von Betreuer und Betreutem sind ein in der Praxis erfreulicherweise seltenes Problem. Denn wer einen Betreuer für die Vermögenssorge hat, geht meist nicht mehr selbst zur Bank, ja ist häufig dazu gar nicht mehr in der Lage.

Der Betreuungsbeschluss als solcher macht nicht geschäftsunfähig. Es gibt allerdings weiterhin die Geschäftsunfähigkeit wegen Störungen der Willensbildung, etwa bei Geisteskrankheit, § 104 Nr. 2 BGB. Wer sich in einem solchen Zustand befindet, ist „automatisch" geschäftsunfähig, ohne dass dies vom Gericht ausgesprochen werden müsste oder auch nur ausgesprochen werden könnte. Und wer dergestalt geschäftsunfähig ist, bleibt es natürlich auch dann, wenn ihm ein Betreuer bestellt wird. Aber *konstitutiv* für die Geschäftsunfähigkeit ist sein Geisteszustand, nicht der Betreuungsbeschluss. Es wäre also falsch zu sagen, wer einen Betreuer hat, ist nicht geschäftsunfähig. Die Geschäftsunfähigkeit tritt aber – anders als bei der früheren Entmündigung – nicht mehr durch die Bestellung eines Betreuers ein.

---

[1] OLG Köln FamRZ 2007, 1268.

Das Vorliegen von Geschäftsunfähigkeit ist im Allgemeinen leicht zu erkennen, z. B. bei schwerer geistiger Behinderung oder Down-Syndrom (= Trisomie 21). Aber es gibt auch unerkannte Geschäftsunfähigkeit. Gegen die ist man machtlos. Aber sie ist eher selten und findet sich als „unerkannte Geisteskrankheit" in erster Linie in der juristischen Ausbildungsliteratur zum Erlernen der Rechtslage bei der Rückabwicklung von Verträgen.

Dies vorausgeschickt kann es schon einmal passieren, dass Betreuer und Betreuter *widersprüchliche Verfügungen* treffen. Wenn die Bank von der Betreuung weiß, erkennt sie dann meist die Verfügung des Betreuten einfach nicht an. Das ist zwar pragmatisch und führt im Allgemeinen zu einem vernünftigen Ergebnis, entspricht aber – bei erhaltener Geschäftsfähigkeit des Betreuten – nicht der Rechtslage. Von Rechts wegen verhält es sich in diesen Fällen genauso wie bei der Erklärung einer Firma, die von der ihres Anwalts abweicht: Sofern die frühere Erklärung nicht verbindlich geworden ist, gilt die zuletzt abgegebene Erklärung.

Eine Vertragsannahme schafft Bindungswirkung und kann damit von dem Annehmenden nicht ohne weiteres widerrufen werden. Damit bleibt eine Annahmeerklärung des Betreuers bei einer späteren Widerrufserklärung des Betreuten bestehen. Aber es gibt ja auch jederzeit rücknehmbare Erklärungen, wie etwa die Einrichtung eines Dauerauftrags. Bei diesen gilt nach allgemeinen zivilrechtlichen Grundsätzen die zuletzt erteilte.

Wenn die Bank von der Betreuung Kenntnis hat, bleibt ihr nur, den Betreuer von der entgegenstehenden Erklärung zu unterrichten, damit dieser die Sache klären kann. Wenn es auf Dauer zu derlei widersprüchlichen Handlungen kommt, bleibt nur, *entweder* die Betreuung aufzuheben *oder* aber für die diesbezüglichen Erklärungen des Betreuten Einwilligungsvorbehalt anzuordnen.[2] Dann sind im Umfang des Einwilligungsvorbehalts Erklärungen auch eines an sich geschäftsfähigen Betreuten nur noch mit Einwilligung des Betreuers wirksam.

Eine andere Problemstellung betrifft folgender

Fall 30:

Dem Betreuer war die Betreuung für seine Mutter übertragen, der Aufgabenkreis der Betreuung umfasste u. a. die Vermögenssorge. Die Bank der Betreuten bat den Betreuer telefonisch um Übersendung eines bei diesem befindlichen Sparbuchs, weil Nachbuchungen erfolgen sollten. Als das Sparbuch zurückkam, war es entwertet. Auf Nachfrage des Betreuers teilte die Bank mit, das Geld sei in einen Sparbrief überschrieben worden, die entsprechende Unterschrift sei von der Betreuten geleistet worden.

Auch wenn die Geschäftsfähigkeit der Betreuten außer Frage stand, hat hier die betreffende Bank in grober Weise das Gebot der fairen Zusammenarbeit mit dem

---

[2] Vgl. oben S. 78.

Betreuer verletzt, insbesondere, in dem sie ihn unter einem Vorwand zur Übersendung des Sparbuchs veranlasste.[3]

---

3. Aufsichtsfunktion des Betreuungsgerichts

Das Betreuungsgericht führt die Aufsicht über die Tätigkeit des Betreuers. Besteht der Verdacht, dass der Betreuer unkorrekt handelt, sollte daher dem Betreuungsgericht Mitteilung gemacht werden. Als Beispiel wird hier zunächst auf Fall 10, oben S. 31, und

Fall 20, oben S. 51, verwiesen. Ein entsprechendes Handeln wie dort seitens des Heims käme auch für die Bank in Betracht.

Das Bankgeheimnis steht einer entsprechenden Meldung nicht entgegen. Denn zum einen schützt das Bankgeheimnis den Kontoinhaber und nicht seinen Vertreter. Zum anderen braucht die Bank ja gar keine Einzelheiten mitzuteilen, die besonders sensibel im Sinne des Bankgeheimnisses sind. Ein halbwegs substantiierter Hinweis, dass der Verdacht einer Unregelmäßigkeit bestehe, reicht aus. Schon ein solcher Hinweis bietet nämlich eine ausreichende Grundlage für eigene Maßnahmen des Betreuungsgerichts.

Unter dem Aspekt ihrer in erster Linie dem Betreuten und nicht dem Betreuer geltenden vertraglichen Schutzpflicht kann die Bank zu einem solchen Hinweis sogar verpflichtet sein.

Gemäß § 1846 BGB ist bis zur Bestellung eines Betreuers das Betreuungsgericht in Eilfällen gesetzlicher Vertreter jedes Hilfebedürftigen und damit zur Abgabe jedweder Erklärung für diesen befugt. Das kann im Einzelfall sehr weit gehen:

Fall 31:

So erging in einer Betreuungssache folgender *Beschluss:*

In der Betreuungssache pp. wird <u>durch einstweilige Anordnung</u> Herr B. B. zum vorläufigen Betreuer bestellt. Als Aufgabenkreis wird bestimmt die Vermögenssorge. Zugleich wird für den Teilaufgabenkreis „Erteilung von Vollmachten" vorläufiger Einwilligungsvorbehalt angeordnet. Damit kann der Betreute Vollmacht nur noch mit Einwilligung des vorläufigen Betreuers erteilen. Die vorläufige Bestellung und der vorläufige Einwilligungsvorbehalt enden am … .

Die am … vor der Notarin Frau N. N. zu deren UR-Nr. 9999/2002 von dem Betreuten erteilte Vollmacht wird hiermit vom Gericht gemäß § 1846 BGB widerrufen.

Jegliche von dem Betreuten bei der A-Bank erteilten Bevollmächtigungen, über sein Konto oder über seine Konten zu verfügen, werden hiermit vom Gericht gemäß § 1846 BGB widerrufen.

---

[3] Zu einem ganz ähnlichen Fall im Heimbereich vgl. nachfolgend S. 126 Fall 32.

Soweit rechtlich möglich werden sämtliche Konten des Betreuten bei der A-Bank vom Gericht gemäß § 1846 BGB dergestalt gesperrt, dass über die Konten nur noch der Betreute persönlich oder der vorläufige Betreuer verfügen können.
Die sofortige Wirksamkeit des vorliegenden Beschlusses wird angeordnet.

<u>Gründe:</u>
Der Betreute hat dem Gericht gegenüber vorgetragen, er habe die notarielle Vollmacht gar nicht erteilen wollen. Er sei von seinem Sohn hierzu genötigt worden; dieser habe so geschrien. Der Sohn habe nun die Bankunterlagen an sich genommen. Wünsche nach Geld sowie nach Auskunft über seine finanzielle Situation blieben unbeachtet. Ähnlich hatte er sich ausweislich der Betreuungsakte bereits gegenüber dem Betreuungsrichter des vormals als Eilgericht zuständigen Amtsgerichts in X sowie gegenüber der Betreuungsbehörde in Y geäußert.
Unter den gegebenen Umständen besteht noch erheblicher Aufklärungsbedarf. Zum Schutz der Interessen des Betreuten war jedoch vorab die vorliegende einstweilige Anordnung zu treffen.
Der Betreute erschien bei seiner richterlichen Anhörung gut orientiert. Da er jedoch nicht mehr ausreichend durchsetzungsstark ist, seine Interessen gegenüber seinem Sohn zu behaupten, erschien es unabweislich, ihm Unterstützung durch einen außenstehenden Betreuer zukommen zu lassen.
Der Betreute hat bei seiner Anhörung dem Erlass der vorliegenden einstweiligen Anordnung in allen Punkten zugestimmt.

Diese sich selbst erklärende einstweilige Anordnung soll zeigen, in welchem Umfang das Betreuungsgericht in die Geschäfte eines Hilfebedürftigen eingreifen kann.
Die Bezeichnung einer Vollmacht als „unwiderruflich" steht bei im Rahmen der betreuungsrechtlichen Praxis vorkommenden Vollmachten einem Widerruf im Allgemeinen nicht entgegen. Unwiderrufliche Vollmachten können Berechtigung und ihre Zulässigkeit haben im allgemeinen Geschäftsleben, zum Beispiel bei Empfangsvollmachten im Falle längerer Abwesenheit des Vollmachtgebers. Hier kann ein anzuerkennendes rechtliches Interesse bestehen, Unwiderruflichkeit zuzulassen. Die im Betreuungsrecht herrschenden Vorsorge- und Generalvollmachten sind demgegenüber von einer gerade erschreckenden Allwirksamkeit. Der Bevollmächtigte wird hier in der Regel zu allem ermächtigt, was es eben gibt: Einwilligung in Fixierungsmaßnahmen, Aufenthaltsbestimmungsrecht, Zustimmung zu jedweden, auch lebensbedrohenden ärztlichen Untersuchungen und Eingriffen, Entscheidungen über den Behandlungsabbruch. Auch wenn die entsprechenden Erklärungen teilweise der Betreuungsgerichtlichen Genehmigung unterliegen: *Es ist unzulässig und damit rechtlich unwirksam, eine derart umfassende Vollmacht, durch die sich der Vollmachtgeber praktisch völlig der Disposition eines anderen unterwirft, unwiderruflich zu erteilen.*[4] Bedauerlicherweise findet sich gleichwohl solche Unwiderruflichkeit auch immer wieder in notariell beurkundeten Vollmachten.

---

[4] Ebenso Palandt-*Ellenberger* § 168 BGB Rdnr. 6.

4. Grenzen der Wirkung betreuungsgerichtlicher Beschlüsse

In einem Fall aus der Praxis des Autors wollte der Betreuer aufgrund eines Vergütungsbeschlusses des Gerichts den entsprechenden Betrag vom Konto des Betreuten abheben. Die Bank zahlte aus, obwohl ihr ein Arrestbeschluss hinsichtlich der Konten des Betreuten zugestellt war und dessen Ansprüche gepfändet waren. Dabei war sie irrtümlich davon ausgegangen, dass der gerichtliche Vergütungsbeschluss den doch gleichfalls gerichtlichen Arrestbeschluss suspendiere.

Im Sinne der Geltung der letztergangenen Entscheidung beim Vorliegen einander widersprechender Entscheidungen des Betreuers und des noch geschäftsfähigen Betreuten (oben S. 78) ist dieser Gedanke sogar nachvollziehbar.

Die Auszahlung hätte gleichwohl nicht erfolgen dürfen. *Denn betreuungsgerichtliche Entscheidungen mit Wirkung auf das Vermögen des Betreuten finden ihre Grenze da, wo der Betreute selbst in seiner Verfügungsbefugnis beschränkt ist.*

Auszahlungen zulasten eines gepfändeten Kontos an den Kontoinhaber sind unzulässig, weil ja zentraler Zweck der Pfändung das für den Inhaber der gepfändeten Forderung geltende Verfügungsverbot ist. Ein für einen Betreuten geltendes Verfügungsverbot gilt aber ohne weiteres auch für dessen Betreuer. Der Betreuer handelt ja nicht aus eigenem Recht, sondern aus dem Recht des Betreuten, das er in dessen Namen und mit Wirkung für und gegen ihn wahrnimmt. Daher können die Verfügungsrechte des Betreuers niemals über die Verfügungsrechte des Betreuten hinausgehen, Verfügungsbeschränkungen, die für den Betreuten gelten, beschränken immer in gleicher Weise auch die Verfügungsbefugnis des Betreuers.

Der Grundsatz des Vorrangs der zuletzt getroffenen Entscheidung kommt also nicht zum Tragen. *Anderes gilt dann, wenn das den Pfändungsbeschluss erlassende Gericht, also das Vollstreckungsgericht, die Pfändung aufhebt oder der Titel, aufgrund dessen die Pfändung erfolgt, wegfällt.* Beides kann aber nie durch das Betreuungsgericht erfolgen.

5. Die Nichtanerkennung von Privatvollmachten durch die Bank

Viele Bank haben die Praxis, nicht notariell beurkundete Vollmachten nur anzuerkennen, wenn sie auf den Hausvordrucken der Bank erteilt wurden. Andere privatschriftliche Bankvollmachten erkennen sie nicht an.

Diese Praxis konterkariert die Bemühungen, Betreuungen durch Vollmachten entbehrlich zu machen und es gibt Bemühungen, dem entgegenzutreten.

Kreditinstituten, die mutwillig privatschriftlichen Vollmachten die Anerkennung verweigern, können aber die Kosten des daraufhin eingeleiteten Betreuungsverfahrens auferlegt werden, LG Hamburg, 301 T 280/17.

Kapitel 9 Betreuungsrecht und Sozialstation

Auch, wo der Dienst der Sozialstation (und der ihnen vergleichbaren Dienste der ambulanten Alten- und Krankenpflege) etwa ohne förmliche rechtliche Beauftragung geschieht, macht dies eine Betreuung nicht ohne weiteres entbehrlich. Die Sozialstationen sind neben dem Hausarzt oft die erste außenstehende Stelle, die von der Notwendigkeit der Einsetzung eines Betreuers erfährt. Ebenso merken sie als erste, wenn ein Betreuer sich nicht um den Betreuten kümmert. Aus diesem Grund sollten die Leiter dieser Dienste sich den für ihren Bezirk zuständigen Betreuungsrichtern vorstellen. Selbstverständlich sollten sie auch Kontakt zu dem jeweiligen Betreuer haben und wissen, wie sie ihn im Notfall erreichen können. Auch wenn der Betreute noch selbst absprachefähig ist, sollte die Sozialstation den Betreuer zumindest insoweit beteiligen, dass dieser über die laufenden Maßnahmen informiert ist. Ist der Betreuer passiv oder trifft er unvertretbare Entscheidungen, sollte die Sozialstation das Betreuungsgericht einschalten.

1. Häufig erste Hinweisgeber auf die Notwendigkeit einer Betreuung

In Deutschland gibt es mittlerweile flächendeckend Einrichtungen der ambulanten Alten- und Krankenpflege, meist unter der Bezeichnung Diakonie- oder Sozialstation.

Diese ambulanten Dienste organisieren zum Beispiel „Essen auf Rädern" und übernehmen Körper- und Krankenpflege sowie Überwachung der regelmäßigen Einnahme der ärztlich verordneten Medikamente. In diesem Rahmen werden bis zu drei Hausbesuche täglich angeboten. Die Finanzierung erfolgt wenn möglich über die Pflegeversicherung oder auch, ausschließlich oder ergänzend, durch Zahlung des Betreuten selbst oder der Sozialhilfe. Ein wesentliches Fundament dieser Einrichtungen ist die Möglichkeit des Einsatzes von Zivildienstleistenden.

Der Dienst der Sozialstationen geschieht vielfach auch „rechtsformfrei", also ohne rechtsverbindliche Beauftragung durch den Betreuten. Anlass der Aufnahme

© Springer-Verlag GmbH Deutschland, ein Teil von Springer Nature 2019
J. Seichter, *Einführung in das Betreuungsrecht*,
https://doi.org/10.1007/978-3-662-57498-0_9

des Dienstes für den Betreuten ist dann eine Nachricht etwa von Angehörigen, von Nachbarn oder durch die Stadtverwaltung. Er handelt sich bei den Sozialstationen also um eine der „anderen Hilfen, bei denen kein gesetzlicher Vertreter bestellt wird", § 1896 I 2 BGB. Aus diesem Grund wird weithin vertreten, dass die Hilfe einer Sozialstation auch bei einem Betreuten, der diese selbst nicht mehr anfordern oder in sie einwilligen kann, die Bestellung eines Betreuers entbehrlich macht. Denn durch diese Hilfe würden doch die Angelegenheiten des Betreuten „ebenso gut" besorgt wie durch einen Betreuer.

Ungeachtet der Verankerung im Gesetz verkennt diese Auffassung aber den Unterschied zwischen tatsächlicher Hilfestellung und der Notwendigkeit ordnungsgemäßer rechtlicher Vertretung. Die Notwendigkeit der Einwilligung eines Pflegebedürftigen in seine sachgerechte Pflege entfällt nicht dadurch, dass diese Pflege auch ohne wirksame Einwilligung erbracht wird (s. oben S. 19).

Bedeutung für die Betreuungsarbeit haben die Sozialstationen und entsprechende Dienste dadurch, dass sie nach dem Hausarzt oft als erste außenstehende Stelle erfahren, dass die Notwendigkeit der Bestellung eines Betreuers besteht. Sie sind es dann, die den Angehörigen empfehlen, eine Betreuung zu beantragen. Bei entsprechender Notwendigkeit, etwa bei Verweigerung offensichtlich erforderlicher Hilfeleistung, treten sie auch von sich aus direkt an das Betreuungsgericht heran mit der Bitte, zu prüfen, ob nicht ein Betreuer bestellt werden sollte. Schließlich erkennen die ambulanten Pflegedienste oft als erste, wenn ein Betreuer sich nicht kümmert oder für den Pflegedienst ständig unerreichbar ist.

Da die ambulanten Pflegedienste durch ihre Tätigkeit in ständigem Kontakt mit bereits Betreuten oder mit solchen stehen, die die Hilfe durch einen Betreuer benötigen könnten, sollten sie einen „kurzen Draht" zum Betreuungsrichter haben. In entsprechenden Fällen wird der Betreuungsrichter sie ohnehin bitten, bei einer richterlichen Anhörung des Betreuten in dessen Wohnung mit anwesend zu sein, um dadurch über das Ergebnis der Anhörung hinaus weitere Angaben über den sozialen und pflegerischen Hintergrund des Betreuten zu gewinnen.

Aus den vorgenannten Gründen sollte der Leiter einer Sozial-/Diakoniestation oder eines ambulanten Sozial-/Pflegedienstes sich bei den für seinen Bezirk zuständigen Betreuungsrichtern vorstellen.

2. Zusammenarbeit des Betreuers mit dem Betreuungsgericht

Die ambulanten Hilfsdienste sollten, sobald sie erfahren, dass eine Betreuung besteht, mit dem Betreuer Kontakt haben und wissen, wie sie ihn im Notfall erreichen können. Ebenso sollte der Betreuer den Ansprechpartner des Dienstes und dessen Telefon-/Handynummer kennen.

Der Betreuer sollte von dem ambulanten Dienst wissen, welche Leistungen dieser erbringt und welche nicht. Soweit Entscheidungsbedarf besteht, ist, auch wenn mit dem Betreuten eine Verständigung noch möglich ist, stets der Betreuer zu beteiligen. Zum einen ist bei einem Betreuten im Allgemeinen fraglich, ob er noch in der Lage ist, seine pflegerische Versorgung soweit zu überblicken, dass er noch wirksam in sie einwilligen kann. Schon zur Absicherung des ambulanten Dienstes ist daher auch bei einem noch absprachefähigen Betreuten stets auch dem Betreuer zumindest Gelegenheit zur Stellungnahme zu geben. Dass die Beteiligung des Betreuers zwecks wirksamer Einwilligung Absprachen mit dem Betreuten (die ja auch therapeutischen Sinn haben können) nicht entbehrlich macht, sondern neben ihnen steht, ist selbstverständlich.

In vielen Fällen wird der Betreuer berechtigterweise die Sachentscheidungen ohnehin dem Pflegedienst überlassen. Soweit der Betreuer Entscheidungen trifft, die dem Pflegedienst schlechthin unvertretbar erscheinen, kann und sollte er ebenfalls den Betreuungsrichter einschalten, damit dieser den Sachverhalt überprüfen und gegebenenfalls den Betreuer zu einer anderen Entscheidung veranlassen kann.

Erforderlichenfalls kann das Betreuungsgericht dem Betreuer Ge- und Verbote erteilen, § 1837 II BGB, ihm für bestimmte Entscheidungen die Vertretungsmacht entziehen, § 1796 BGB, oder im schlimmsten Fall den Betreuer entlassen, § 1908b BGB.

Zu einem aufsichtlichen Eingreifen des Betreuungsgerichts gegen einen Betreuer kommt es jedoch nur äußerst selten. Im Normalfall ist die Zusammenarbeit der Pflegedienste mit dem Betreuer beiderseits reibungslos möglich. Das Wichtigste ist, dass man voneinander weiß und miteinander in Kontakt treten kann und tritt.

Kapitel 10 Betreuungsrecht und Heim

Insbesondere im Behindertenbereich kann es zu Spannungen zwischen Betreuer und Heim/Einrichtung kommen, wenn Notwendigkeiten des Heimalltags mit Rechten des Betreuten und manchmal auch mit der Rechtsordnung kollidieren. Inhaltlich sollten sich in solchen Fällen beide Seiten um eine beiderseits tragbare Lösung bemühen. Formal steht dem Betreuer das Recht zu, zu entscheiden. Das Heim sollte es unterlassen, mit Betreuten „hinter dem Rücken des Betreuers" Absprachen zu treffen und den Betreuer von etwaigen eigenständigen Entscheidungen des Betreuten in Kenntnis setzen. In rechtlich zweifelhaften Fällen sollte sich der Betreuungsrichter einer Bitte des Heims, notwendige Entscheidungen rechtlich abzusichern, nicht verschließen; nötigenfalls dient auch die förmliche Verweigerung einer vom Heim gewünschten Maßnahme der Rechtsklarheit. Gelingt es Heim und Betreuer nicht, sich zu einigen, kommt eine Mediation durch das Betreuungsgericht in Betracht. Abschließend Ausführungen zur gesetzlichen Aufgabenteilung zwischen Betreuungsrichter und Betreuungsrechtspfleger.

1. Vorgegebene Spannungen

Insbesondere in Behinderteneinrichtungen, aber auch bei sonstigen Heimbewohnern, ist ein Spannungsverhältnis zwischen dem Heim und dem Betreuer vorprogrammiert:

- Die Mitarbeiter der Einrichtung bzw. des Heims sind die Hauptbezugspersonen des Betreuten. Bei schwierigen Bewohnern ist es das Heim, das auch am meisten unter dem Betreuten leidet und seinen Auffälligkeiten und Aggressionen ausgesetzt ist. Den Pflegern und Erziehern der Einrichtung obliegt es – auch im Interesse der anderen Bewohner, für die sie ja auch Verantwortung tragen – eine tragfähige Lösung zu finden.
- Der gerichtlich bestellte Betreuer ist dagegen im Vergleich mit den Heimbetreuern jeweils nur relativ kurz mit dem Betreuten zusammen. Wenn etwa der

Betreuer beim Wiederaufflammen einer psychischen Erkrankung seine Anordnungen getroffen hat, kann er sich entfernen, die Heimbetreuer bleiben mit dem psychotischen Bewohner und der Schwierigkeit, mit ihm umgehen zu müssen, zurück.

* Die rechtliche Entscheidungsgewalt liegt jedoch im Ernstfall bei dem gerichtlich bestellten Betreuer und nicht bei den Heimmitarbeitern.

Pfleger und Erzieher wollen und müssen helfen, der Betreuer (und hinter ihm der Betreuungsrichter) haben das Recht und die Pflicht, zu entscheiden, ob die von der Einrichtung gewünschte Form der Hilfe in Übereinstimmung mit der Rechtsordnung steht. In der Polarität von Wunsch und Wohl des Betreuten haben die Heime und Einrichtungen primär das Wohl des Betreuten, der anderen Bewohner und auch ihrer Mitarbeiter im Blick, während es dem Betreuer (und dem Betreuungsrichter) obliegt, dem Wunsch des Betreuten zur Geltung zu Verhelfen – wenn auch nicht jedem Wunsch und nicht um jeden Preis.

Es ist nicht möglich und auch nicht wünschenswert, diese Spannung nachhaltig und dauerhaft aufzulösen. Denn eine solche Auflösung hätte letztlich unausweichlich die Preisgabe der Polarität Wunsch und Wohl des Betreuten zur Folge. Der richtige Umgang mit dieser Spannung setzt voraus, dass beide Seiten um die Unterschiedlichkeit ihres Auftrags wissen, damit sie verstehen können, worin und weshalb die andere Seite im Einzelfall zu einem abweichenden Ergebnis kommt. Auf dieser Grundlage muss es dann immer wieder neu gelingen, eine tragfähige Synthese zu finden. Dabei werden auf der einen Seite Pfleger und Erzieher immer wieder akzeptieren müssen, wenn einzelne ihrer Konzepte sich aus Gründen des Persönlichkeitsrechts des Betreuten nicht verwirklichen lassen. Auf der anderen Seite werden Betreuer und Betreuungsrichter von Sachzwängen und Vorgaben, die im Gesetz unberücksichtigt geblieben sind, immer wieder zu Konzessionen geführt, die sich gefährlich weit vom Buchstaben des Gesetzes entfernen, im Einzelfall aber gleichwohl nicht umgangen werden können.

2. Beispiele für schwierige Entscheidungen

Fall 32:

Die Behinderteneinrichtung kommt mit dem Betreuten gut klar, weil er leicht suggestibel ist. Sie vermeidet daher, Entscheidungen des Betreuers herbeizuführen und lässt sich die von ihr gewünschten Einwilligungen vom Betreuten direkt unterschreiben, ohne den Betreuer hierüber auch nur zu unterrichten. Der Betreute sei ja schließlich nicht geschäftsunfähig.

Es ist schon einmal durchaus fraglich, ob der Betreute geschäftsfähig ist. Der Betreuungsbeschluss als solcher führt zwar nicht mehr zur Geschäftsunfähigkeit. Soweit der Betreute aber die von ihm unterzeichneten Erklärungen (konnte er sie überhaupt lesen?) nicht verstanden hat, sind sie zumindest (ggf. auch durch den Betreuer!)

anfechtbar, sei es wegen Irrtums gemäß § 119 BGB oder sogar wegen arglistiger Täuschung gemäß § 123 BGB. Soweit der Betreute aufgrund seiner Behinderung schlechterdings außerstande war, zu verstehen, worum es denn da ging, ist er auch nach dem Inkrafttreten des neuen Betreuungsrechts geschäftsunfähig, § 104 Nr. 2 BGB. Die Willenserklärung eines Geschäftsunfähigen ist unheilbar nichtig, § 105 BGB, sie kann auch nicht, etwa durch Genehmigung eines gesetzlichen Vertreters nachträglich wirksam werden. Nicht die Geschäftsunfähigkeit wurde abgeschafft, sondern die geschäftsunfähig machende Wirkung des Betreuungsbeschlusses. Wer auch ohne Betreuungsbeschluss in allen Dingen oder auch nur teilweise geschäftsunfähig ist, bleibt es, auch wenn ein Betreuungsbeschluss ergeht.

Die Einrichtung hat sich mit ihrem Vorgehen damit zunächst in den Bereich größter Rechtsunsicherheit begeben und damit eine der Intentionen des Rechts-instituts Betreuung, nämlich im Interesse aller Beteiligter, also nicht nur des Betreuten, Rechtsklarheit zu schaffen, unterlaufen.

Die Einrichtung hat aber auch das Gebot der fairen Zusammenarbeit mit dem Betreuer gröblich verletzt. Auf der Grundlage eines gezielten Umgehens des Betreuers kann die im Interesse des Betreuten, dem doch Einrichtung wie Betreuer in gleicher Weise verpflichtet sind, erforderliche vertrauensvolle Zusammenarbeit nicht gedeihen.

▶ **Grundsatz 7:** Erklärungen in Angelegenheiten, für die ein Betreuer bestellt ist, sollten daher stets bei dem Betreuer eingeholt werden. Lässt die Einrichtung sich Erklärungen unmittelbar von dem Betreuten ein abgeben, hat es eine Kopie dieser Erklärungen des Betreuten umgehend dem Betreuer zuzuleiten.

Für die Juristen unter den Lesern: Diese Auffassung findet eine gewisse Stütze in § 53 ZPO, der eine Partei, die im Prozess von einem Betreuer vertreten wird, ungeachtet ihrer etwa fortbestehenden Geschäftsfähigkeit für prozessunfähig erklärt.

Es besteht Anlass zu dem Hinweis, dass die Einwilligung in ärztliche Maßnahmen nicht vom Heim, sondern vom Betreuer erteilt werden muss (vgl. S. 141 Abschnitt c), die ersten beiden Absätze).

Fall 33:

Die geistig schwerstbehinderte Betreute ist nachtaktiv, geht zur Nachtzeit in Zimmer anderer Bewohner und lässt sie nicht schlafen. Nach einem entsprechenden Versuch, der erfolgreich und insbesondere ohne nennenswerten Widerstand der Betreuten verläuft, beantragt das Heim, die Einschließung der Betreuten zur Nachtzeit richterlich zu genehmigen.

Hier ging es nicht um eine Spannung mit dem Betreuer, der war nämlich ganz einverstanden. Die Frage ist, ob die Einschließung, die als Freiheitsentziehung der richterlichen Genehmigung bedarf, § 1906 BGB, hier genehmigt werden konnte.

Das Gesetz sieht eine solche Genehmigung nur zur Vermeidung „erheblicher Gesundheitsgefährdung" vor. Eine solche war aber nicht festzustellen. Gleichwohl genehmigte das Gericht die Einschließung mit der Begründung, dass eine unterbringungsähnliche Maßnahme gemäß § 1906 IV BGB schon von ihrer Bezeichnung her weniger schwer wiege als eine Unterbringung gemäß § 1906 I BGB. Die Betreute finde sich mit der Maßnahme ohne größeren Widerstand ab, die Freiheit werde ihr nur für einen Zeitraum entzogen, innerhalb dessen sie durch die Einschließung nun doch zum Schlaf finde, sodass die Rechtsbeeinträchtigung gering sei. Damit könnten die Genehmigungsvoraussetzungen für diesen Fall niedriger als vom Gesetz vorgesehen angesetzt werden. Eine vom Heim vorgeschlagene Alternative sei die Verabreichung eines Schlafmittels gewesen, das bei der Betreuten aber auch tagsüber so stark nachwirkte, dass es faktisch zu ständiger Sedierung gekommen wäre. Demgegenüber sei die Einschließung zur Nachtzeit der geringere Eingriff.

Angesichts der Bedeutung des eigenen Schlafes für die Gesundheit der Betreuten hätte man die Sicherstellung dieses Schlafes auch als medizinisch gebotene Heilbehandlung auffassen und dann die Einschließung gemäß § 1906 I Nr. 2 BGB genehmigen können, eine kaum weniger kühne Konstruktion.

Fall 33 ist ein Beispiel für die Anforderung an den Betreuungsrichter, in zunächst unlösbar erscheinenden Fällen mit Phantasie, Mut und Entschlossenheit Lösungen innerhalb des Gesetzessinns (der *ratio legis*), neben dem Gesetzeswortlaut und über diesen hinaus (*praeter et supra legem*) zu finden.[1]

Fall 34:

Das Heim verlegt einen Bewohner, mit dem eine Verständigung nicht mehr möglich ist, ohne Rückfrage von einem Einzelzimmer in ein Mehrbettzimmer, weil das Einzelzimmer für einen Neuzugang benötigt wird.

Eine klar unzulässige Übergehung eines Betreuers bei einem Wechsel des gewohnten Zimmers, also einem für den Betreuten meist äußerst bedeutsamen Punkt.[2] So eilbedürftig, dass aus zwingenden Gründen eine Entscheidung des Betreuers, oder bei Nichterreichbarkeit des Gerichts, § 1846 BGB, nicht vorher hätte erholt werden können, war diese Entscheidung nicht.

Fall 35:

Die alte nicht mehr orientiert alte Dame beschmiert sich und ihre Umgebung insbesondere zur Nachtzeit mit ihren Exkrementen. Das Heim beantragt, die Fixierung ihrer Hände zu genehmigen.

---

[1] Vgl. S. 45, Stichwort „mutige Einzelfallentscheidungen".
[2] Vgl. der Rechtsgedanke des § 1907 BGB der die Wohnungsauflösung unter besonderen Schutz stellt, weil sie den Betreuten seines gewohnten Umfelds beraubt.

Ein Fall von sehr fragwürdige Genehmigungsfähigkeit denn der Vorfall ist zwar unappetitlich und unhygienisch, aber wohl nicht erheblich gesundheitsgefährdend. Die Genehmigung gemäß § 1906 IV BGB wurde nach Beratung mit dem Arzt und dem Betreuer unter Zurückstellung von Bedenken gleichwohl erteilt.

Fall 36:

Der Betreuer beantragt, die Unterbringung der an einer Psychose erkrankten und alkoholabhängigen Betreuten auf der geschlossenen Station des Pflegeheims zu genehmigen. Ansonsten werde sie sich weiterhin exzessiv Alkohol beschaffen und den mühsamst gefundenen Heimplatz verlieren. Ohne Heimplatz müsse sie jedoch auf der Straße leben, was nach dem Urteil des hinzugezogenen Arztes eine ganz erhebliche Gefährdung der Gesundheit und unter Umständen sogar des Lebens für sie darstellen würde.

Vergleichbar mit Fall 33 abermals zweifelhafte Genehmigungsbedürftigkeit; die Genehmigung wurde auch hier nach Beratung mit Betreuer und Psychiater erteilt, allerdings nur für wenige Monate, um die weitere Entwicklung abzuwarten und mit der Auflage, der Betreuten täglich zwei Stunden begleiteten Ausgang zu ermöglichen. Unter dem Eindruck der Unterbringung änderte die Betreute ihr Verhalten, sodass die Unterbringung zunächst stundenweise und inzwischen vollständig wieder aufgehoben werden konnte.

Fall 37:

Der außerhalb der Schreiphasen durchaus noch ansprechbare Betreute schreit halbstundenlang anhaltend und mit großer Lautstärke. Die Belange der anderen Heimbewohner sind nachhaltig gestört. Das Heim beantragt eine Unterbringung in einem Psychiatrischen Krankenhaus, ersatzweise solle der Heimvertrag auf irgendeine Weise aufgelöst werden. Die Betreuerinnen, Töchter des Betreuten können sich zu keiner der beiden Alternativen entschließen.

Eine äußerst schwierige Situation. Während einer Schreiphase fand eine Anhörung mit dem behandelnden Psychiater statt. Nach dessen Beurteilung versprachen Medikamente keine Abhilfe, man müsse abwarten, vielleicht werde es besser. Eine Indikation für eine stationäre Behandlung in einem Psychiatrischen Krankenhaus liege nicht vor.

Zum (gut verständlichen) Entsetzen des Heimes wurde weder die Verlegung in ein Psychiatrisches Krankenhaus, noch eine Auflösung des Heimvertrags genehmigt. Nach wenigen äußerst aufreibenden Wochen wurde es deutlich besser, inzwischen ist das Problem verschwunden. Aber für Monate hätte man den Zustand wohl nicht bestehen lassen können und dann wohl die Auflösung des Heimvertrages genehmigen müssen. Dann aber wäre es schwierig geworden, ein anderes aufnahmebereites Heim zu finden.

3. Hinweise für die Praxis des Betreuers

a) Grundsätzlich vertrauensvolle Zusammenarbeit mit dem Heim

Zentralauftrag des Betreuers ist die Wahrnehmung der Interessen des Betreuten. Zu den Interessen des Betreuten gehört aber auch und nicht zuletzt eine stabile vertrauensvolle Beziehung des Betreuers zu dem Heim und dessen Mitarbeitern. Eine solche Beziehung gedeiht aber nur auf der Grundlage fairer und partnerschaftlicher Zusammenarbeit des Betreuers mit dem Heim.

Dies setzt voraus, dass der Betreuer sich nicht, wie es gelegentlich anzutreffen ist, in erster Linie als Aufsichtsbeamter des Heims geriert. Grundsätzliches Misstrauen des Betreuers dem Heim gegenüber und ein daraus entstehender ständiger Rechtfertigungsdruck des Heims dem Betreuer gegenüber sind keine Basis für eine geglückte Zusammenarbeit. Der Betreuer soll und darf davon ausgehen, dass die Mitarbeiter des Heims ein positives Berufsverständnis haben und, ebenso wie der Betreuer, dem Heimbewohner dienen und ihm helfen wollen. Über gelegentliche Missgeschicke und Unzulänglichkeiten sollte der Betreuer in diesem Sinne hinweggehen, mögliche Missverständnisse zum Besten des Heims auslegen.

> Im Sinne dieser Zusammenarbeit ist es zum Beispiel ohne weiteres zulässig, dass, wie weithin üblich, das Heim das Taschengeld der Heimbewohner verwaltet. Der Betreuer kann dies erlauben, möchte er es nicht, muss das Heim dies akzeptieren. *Dann muss der Betreuer aber die Taschengeldversorgung des Betreuten auf andere Weise sicherstellen.* Auch wenn die Taschengeldverwaltung beim Heim bleibt, sollte der Betreuer die Führung des Taschengeldkontos regelmäßig überprüfen. Dies ist kein Ausdruck des Misstrauens, sondern ordnungsgemäßer Wahrnehmung des Betreueramts.

Vonseiten des Heims ist für eine gelingende Zusammenarbeit mit dem Betreuer unabweisbar erforderlich, dass es den Betreuer mit seinen Rechten und Pflichten voll und ganz akzeptiert. Da heißt vor allem, dass es nicht am Betreuer vorbei „über seinen Kopf hinweg" Entscheidungen trifft, vielleicht sogar mit dem Ziel, dadurch Tatsachen zu schaffen, die der Betreuer dann nachträglich kaum mehr ändern kann.[3]

b) Wünsche oder Beanstandungen des Betreuers, Missstände

Dieses Grundanliegen einer stets vertrauensvollen Zusammenarbeit des Betreuers mit dem Heim darf aber nicht dergestalt absolut gesetzt werden, dass „um des lieben Friedens willen" begründete Beanstandungen nicht erhoben oder vernünftige Wünsche des Betreuten nicht vorgebracht werden sollten. Ein solcher auf einem falschen Harmoniebedürfnis und Konfliktscheue beruhender *fauler Friede ist nicht*

---

[3] Negatives Beispiel hierzu S. 128 Fall 34

im Interesse des Betreuten. Der Betreuer soll die Auseinandersetzung mit dem Heim nicht suchen, wo sie geboten ist, darf er ihr aber im Sinne einer richtig verstandenen Zivilcourage auch nicht ausweichen.

Bei dem Weitergeben von Wünschen oder Beanstandungen darf der Betreuer dann auch durchaus parteiisch sein. Er handelt nicht wie ein der Überparteilichkeit verpflichteter Richter, sondern als parteilicher Vertreter und Sachwalter der Interessen des Betreuten. Das heißt, dass er, auch wenn ihm die Argumente des Heims plausibel erscheinen, im Einzelfall auf seinem Standpunkt beharren darf und vielleicht sogar sollte, wenn ihm dies bei Gesamtwürdigung für den Betreuten günstiger erscheint.

Bei einigermaßen wichtigen Beanstandungen, denen das Heim trotz entsprechenden Vortrags nicht abhilft, kann der Betreuer das Betreuungsgericht bitten, sich einzuschalten. In krassen Fällen des hartnäckigen Ignorierens von erheblichen Beanstandungen (zum Beispiel wiederholtes Entscheiden des Heims am Betreuer vorbei, Pflegemissstände, gravierende Gesetzesverstöße) kommt eine Benachrichtigung der *Heimaufsicht* in Betracht. Eine vorherige Einschaltung des Betreuungsgerichts ist nicht erforderlich, kann aber zweckmäßig sein.

c) Mediation durch das Betreuungsgericht

(1) Probleme des Heims mit dem Betreuer
Hält das Heim eine Sachentscheidung des Betreuers für unvertretbar oder völlig unpraktikabel und weigert sich der Betreuer, den Bedenken des Heims zu entsprechen, kann das Heim das Betreuungsgericht um Hilfe bitten. Dieses wird dann zunächst den Betreuer um Stellungnahme bitten und erforderlichenfalls ein gemeinsames Gespräch mit dem Betreuer und dem Vertreter des Heims führen. Kommt auch dabei eine Einigung nicht zustande, hat das Betreuungsgericht die Möglichkeit, dem Betreuer eine Weisung zu einer bestimmten Sachentscheidung zu erteilen, § 1837 II BGB. Im Sinne der dem Betreuer zugestandenen und auch von ihm geforderten Selbständigkeit wird von dieser Möglichkeit allerdings nur selten Gebrauch gemacht.

(2) Probleme des Betreuers mit dem Heim
Hat der Betreuer seinerseits mit dem Heim Probleme, etwa weil es ihn notorisch übergeht oder seine Entscheidungen nicht respektiert, hat er die Möglichkeit, das Betreuungsgericht um Beratung zu bitten, § 1837 I BGB. In diesem Fall wird das Betreuungsgericht ebenfalls zunächst versuchen, unter Anhörung beider Seiten zu vermitteln. Anders als gegenüber dem Betreuer steht dem Betreuungsgericht zwar eine Weisungsbefugnis gegenüber dem Heim nicht zu. Es kann aber, wenn eine einvernehmliche Lösung nicht zustande kommt, den Betreuer dahin beraten, die Heimaufsicht einzuschalten oder auch mithilfe eines Rechtsanwalts zivilrechtliche Schritte gegen das Heim einzuleiten. Bei entsprechendem Anlass kann die Einschaltung der Heimaufsicht auch unmittelbar vom Betreuungsgericht vorgenommen werden.

(3) Betreuungsrichter oder Rechtspfleger?

Wenn hier und an anderen Stellen vom „Betreuungsgericht" die Rede ist, stellt sich die Frage, ob die entsprechende Aufgabe dem Betreuungsrichter oder dem Rechtspfleger obliegt.

An sich sind die die Betreuungssachen grundsätzlich dem Rechtspfleger übertragen, soweit nicht ausdrücklich die Entscheidung durch den Richter vorgeschrieben ist.[4] Damit wäre auch die Beratung der Betreuer Sache des Rechtspflegers.

Auf der anderen Seite obliegt die Auswahl des Betreuers dem Richter,[5] es ist der Richter, der im Rahmen seiner Anhörungen häufig in die Heime kommt und deren Situation und Mitarbeiter kennt. Aus diesem Grund nimmt der Autor die Beratung der Betreuer bei Problemen mit den Heimen als „untrennbar zu richterlichen Aufgaben gehörend",[6] selbst wahr. Die Beratung der Betreuer im Rahmen der Vermögenssorge bleibt dagegen bei dem Rechtspfleger. Diese Aufgabenverteilung kann jedoch bei anderen Amtsgerichten anders geregelt sein, sodass im Einzelfall eine entsprechende Anfrage angebracht ist.

Ein *Richter auf Probe* darf im ersten Jahr nach seiner Ernennung nicht in Betreuungssachen tätig werden, § 23 c II 2 Gerichtsverfassungsgesetz (GVG).

Seit einer entsprechenden Änderung des § 19 I Nr. 1 RPflG durch das 2. BtÄndG sind die Länder nunmehr ermächtigt, die Aufgaben des Betreuungsrichters *teilweise den Rechtspflegern zu übertragen* („Öffnungsklausel"). Dies beträfe vor allem die Auswahl und Bestellung des Betreuers.

Eine solche Verlagerung wäre nicht jedoch sachgerecht. Der für die Anordnung der Betreuung und die Bestimmung des Aufgabenkreises weiter zuständige Richter lernt die Betreuten bei seiner Anhörung persönlich kennen und kann daher den Betreuer besser auswählen, als der Rechtspfleger. Es sei denn, dieser hört zwecks Auswahl eines Betreuers seinerseits an, was vermeidbare Doppelarbeit im Außendienst bedeuten würde. Die durch das Betreuungsrecht eingeführte Einheitsentscheidung[7] hat sich bewährt und sollte nicht aufgegeben werden.

Von der Übertragungsmöglichkeit ist bislang auch nur wenig Gebrauch gemacht worden. In *Bayern* ist aufgrund Landesverordnung vom 15.03.2006 (GVBl. S. 170) der Rechtspfleger für die Betreuerauswahl nach dem Tod des bisherigen Betreuers sowie bei der Bestellung von Ergänzungsbetreuern nach § 1899 IV BGB zuständig. In *Rheinland-Pfalz* ist durch Landesverordnung vom 15.05.2008 (GVBl S. 81), in Kraft seit 01.01.2009, die Betreuerauswahl und –bestellung auf den Rechtspfleger übertragen worden mit Ausnahme der Auswahl und Bestellung bei der erstmaligen Anordnung einer Betreuung.

---

[4] § 3 Nr. 2 Buchstabe a), § 14 I Nr. 4 Rechtspflegergesetz (RPflG), *Schönfelder* **Nr. 96.**

[5] § 14 I Nr. 4 RPflG.

[6] § 5 I Nr. 2 RPflG; vgl. auch § 8 I RPflG.

[7] D. h. Anordnung der Betreuung, Bestimmung des Aufgabenkreises und Auswahl des Betreuers liegen in einer Hand.

Kapitel 11 Betreuungsrecht und Arzt/ Krankenhaus

Aus Haftungsgründen ist die Bestellung eines Betreuers für die Gesundheitsfür-
sorge bei fraglicher Einwilligungsfähigkeit des Patienten auch den Interessen des
Arztes in höchstem Maße dienlich. Der Arzt, der eine Betreuung anregt, um Schaden
von seinem Patienten abzuwenden, verletzt hierdurch <u>nicht</u> *die ärztliche Schweige-*
pflicht. Der Betreuer (nicht aber das Heim!) ist gesetzlicher Vertreter des Betreuten.
Damit gelten Erklärungen des Betreuers gegenüber dem Arzt wie auch Erklärun-
gen des Arztes gegenüber dem Betreuer (Aufklärungsgespräch!) als unmittelbar von
dem Betreuten bzw. als unmittelbar diesem gegenüber abgegeben. Ärztliche Maß-
nahmen, die konkret lebensbedrohlich sind oder die konkrete Gefahr einer schwe-
ren und länger dauernden gesundheitlichen Schädigung mit sich bringen, bedürfen
außer der Einwilligung des Betreuers auch noch der Zustimmung des Betreuungs-
richters. Das Legen einer PEG-Sonde stellt keinen derart gefährlichen Eingriff dar.
Die Schranken für eine Sterilisation bei Betreuten sind in § 1905 BGB außerordent-
lich hoch gesetzt.

1. Arzthaftungsprobleme im betreuungsfreien Raum

Gerade in Angelegenheiten der Gesundheitsfürsorge kommt es gar nicht selten
vor, dass ein, etwa im Rahmen einer Altersdemenz, einwilligungsunfähig gewor-
dener Patient vom langjährigen Hausarzt ohne weiteres weiterbehandelt wird,
obwohl mangels Einwilligungsfähigkeit weder der Patient selbst dieser Behandlung
wirksam zustimmen kann, noch ein ordnungsgemäß bestellter Vertreter zur Verfügung steht (vgl. Fall 8, S. 19).

a) Anforderungen an eine wirksame Behandlungseinwilligung

Eine *wirksame* Einwilligung eines solchen Patienten liegt weder darin, dass er in
langjähriger Praxis mit den Behandlungen des Hausarztes stets einverstanden war,

© Springer-Verlag GmbH Deutschland, ein Teil von Springer Nature 2019
J. Seichter, *Einführung in das Betreuungsrecht*,
https://doi.org/10.1007/978-3-662-57498-0_11

noch darin, dass er jetzt noch ein unkritisches: „Ich bin ja mit allem, was Sie tun, einverstanden" von sich zu geben in der Lage ist.

(1) Langjähriges Vertrauen in den Hausarzt kein Einwilligungssurrogat

Eine „Generaleinwilligung" in jedwede künftige Behandlung des Hausarztes ist mangels Bestimmtheit unwirksam, zumindest aber rechtlich überaus fragwürdig, sodass sie als Grundlage einer ärztlichen Behandlung nicht ausreicht. Denn ein langjähriges uneingeschränktes Ja zur hausärztlichen Behandlung im allgemeinen lässt sich nicht ausreichend sicher als ein Ja auch zu der jetzt etwa unvermutet erforderlichen Amputation der Brust oder beider Oberschenkel oder zu der aktuell erstmals erforderlich gewordenen stationären Behandlung in einem psychiatrischen Krankenhaus einschließlich Fixierungsmaßnahmen deuten. Hinzu kommt dass solche Einwilligungen im Allgemeinen nicht schriftlich vorliegen und dadurch in noch höherem Maße unsicher sind.

Anders kann es sich verhalten, wenn der Patient in dem Wissen um eine schwere Erkrankung, die absehbar auch den Verlust der Einwilligungsfähigkeit zur Folge hat, noch im Vollbesitz seiner geistigen Kräfte Anordnungen für die Zeit nach Verlust der Einwilligungsfähigkeit trifft. Hierbei handelt es sich nicht um eine amorphe Generaleinwilligung, sondern um eine konkrete Willenserklärung im Hinblick auf eine absehbare Entwicklung, die als Patientenverfügung vom Arzt zu beachten ist.

Wer für den Fall der Einwilligungsunfähigkeit Vollmacht erteilen möchte, muss beachten, dass eine solche Vollmacht für Unterbringungsmaßnahmen im Sinne § 1906 I – IV BGB und lebensgefährliche oder folgenschwere ärztliche Eingriffe im Sinne § 1904 BGB nur wirksam ist, wenn sie schriftlich erteilt wurde und die genannten Maßnahmen oder Eingriffe ausdrücklich aufführt, §§ 1906 V, 1904 II BGB.

(2) Undifferenziertes „Ja ja" als wirksame Einwilligung?

Wenn der Patient noch in der Lage ist, beim Eintreffen des Hausarztes mit einem undifferenzierten „ja ja" sein Einverständnis zu dessen Behandlung zu erklären, ist das jedenfalls bei komplizierteren und folgenschwereren Eingriffen ebenfalls keine wirksame Einwilligung. *Denn wirksam ist eine Behandlungseinwilligung nur,* wenn der Patient nach sachgerechter Aufklärung durch den Arzt in der Lage ist, das Für und Wider der vom Arzt vorgeschlagenen Behandlung und der Folgen dieser Behandlung im Großen und Ganzen selbst abzuwägen.[1] Ist die Fähigkeit zu einer solcherart differenzierten Beurteilung nicht mehr vorhanden, ist der Patient nicht mehr einwilligungsfähig.

---

[1] Palandt-*Ellenberger* Überblick vor § 104 BGB Rdnr. 8.

Sofern dieses „ja ja" allerdings wenigstens noch als Ausdruck des grundsätzlichen Vertrauens zu dem Arzt gelten kann, wird darin im Einzelfall auch ein wirksamer Verzicht auf die ärztliche Aufklärung zu sehen sein. In diesem Fall könnte die Äußerung zugleich eine wirksame Einwilligung mit dem „natürlichen Willen"[2] darstellen und wäre dann trotz aufgehobener Einwilligungsfähigkeit wirksam. Aus Gründen der Rechtsklarheit sollte aber gleichwohl ein Betreuer bestellt werden, mit der der Betreute im Allgemeinen ohne weiteres einverstanden sein wird.

b) Gefahren für den Arzt bei Behandlung ohne wirksame Einwilligung

Abgesehen davon, dass bei einem ohne wirksame Einwilligung behandelten Betreuten *dessen* Rechte verletzt werden, ist dieses Vorgehen *auch für den Arzt hochproblematisch und arzthaftungsrechtlich gefährlich*. Denn allein eine fehlende Einwilligung kann eine Arzthaftung auslösen und zwar auch dann, wenn keinerlei Behandlungsfehler vorliegt.

Bsp. 15:

In einem vom Oberlandesgericht (OLG) München entschiedenen Fall[3] war es bei einer operativen Weisheitszahnextraktion ohne Verschulden des Zahnarztes zu einer Durchtrennung des *nervus lingualis* gekommen. Es handelt sich hierbei um eine Komplikation mit einer Wahrscheinlichkeit von 1 bis 2 Promille, über deren Möglichkeit der Zahnarzt die (voll einwilligungsfähige) Patientin nicht aufgeklärt hatte. Nach erfolglosen Reanastomisierungsversuchen bleiben als Dauerschäden eine Gefühllosigkeit der linken Zungenhälfte mit der Folge häufiger Bissverletzungen sowie Behinderungen beim Essen und Sprechen sowie Störungen des Geschmackssinns in diesem Bereich. Das Oberlandesgericht erkannte der Patientin wegen Missachtung ihres Selbstbestimmungsrechts durch die unzureichende Aufklärung ein Schmerzensgeld von 20.000 DM zu. Denn bei ordnungsgemäßer Aufklärung hätte sich die Patientin insoweit in einem Entscheidungskonflikt befunden, dass sie den Eingriff möglicherweise erst später und womöglich auch von einem Kieferchirurgen als Spezialisten oder in einer klinischen Einrichtung hätte vornehmen lassen, zumal der Zahn aktuell keine erheblichen Schmerzen verursacht habe.

Ebenso der Bundesgerichtshof (BGH),[4] der auch noch ausdrücklich auf seine Rechtsprechung hinweist, wonach selbst bei vitaler Indikation eines Eingriffs das Selbstbestimmungsrecht des Patienten es verlange, dass der Arzt es ihm überlasse,

---

[2] Zum Begriff s. S. 186.

[3] OLG München NJW-RR 1994, 1308.

[4] BGH NJW 1994, 799.

über den Eingriff zu entscheiden und ihn gegebenenfalls auch abzulehnen, selbst wenn ein solcher Entschluss medizinisch unvernünftig wäre.

Die vorstehenden Beispiele aus der Rechtsprechung sollen verdeutlichen, welche arzthaftungsrechtliche Bedeutung einer ordnungsgemäßen Aufklärung des Patienten zukommt.

> **Grundsatz 8:** Erfolge von Patienten in Arzthaftungsprozessen haben ihren Grund häufiger in Aufklärungsmängeln als in Behandlungsfehlern. Die Bestellung eines Betreuers für die Gesundheitsfürsorge kann also bei fraglicher Einwilligungsfähigkeit des Patienten außer dessen Interessen auch den Interessen des Arztes in höchstem Maße dienlich sein.

Reicht die Verstehensfähigkeit eines Patienten nicht mehr aus, aufgrund ordnungsgemäßer und allgemeinverständlicher Aufklärung durch den Arzt Vor- und Nachteile des in Rede stehenden Eingriffs im Großen und Ganzen zu begreifen und damit selbstverantwortlich über ein Ja oder Nein zu dem Eingriff entscheiden zu können,[5] sollte ein Betreuer für die Gesundheitsfürsorge bestellt werden.

Der Vollständigkeit halber soll noch darauf hingewiesen werden, dass in Notfällen der Arzt auf der Grundlage des sogenannten *„übergesetzlichen Notstands"*, ungeachtet der Bezeichnung seit langem gesetzlich geregelt in § 34 Strafgesetzbuch (StGB), natürlich ohne jede Einwilligung tätig werden kann und dies ja, auch bei Patienten, deren prinzipielle Einwilligungsfähigkeit nicht infrage steht, regelmäßig tut und auch tun muss, wen diese, zum Beispiel nach einem Unfall, aktuell ohne Bewusstsein sind.

2. Schweigepflicht des Arztes

Die Schweigepflicht des Arztes ist gesetzlich verankert in § 203 I Nr. 1 StGB, in dem ein Verstoß mit Geldstrafe oder Freiheitsstrafe bis zu einem Jahr bedroht ist. Sie schützt das Selbstbestimmungsrecht des Patienten, der einerseits die Freiheit haben muss und soll, sich dem Arzt gegenüber rückhaltlos zu offenbaren. Diese Freiheit setzt aber voraus, dass im Rahmen des mit Verfassungsrang garantierten „Rechts auf informationelle Selbstbestimmung"[6] des Patienten dieser allein entscheiden kann, ob und wem der Arzt das ihm anvertraute Wissen weitergeben darf.

a) Ärztliche Schweigepflicht gegenüber dem Betreuer?

Soweit der Betreuer den Aufgabenkreis „Gesundheitsfürsorge" übertragen bekommen hat, ist er gesetzlicher Vertreter des Betreuten dem Arzt gegenüber. Damit besteht eine Schweigepflicht des Arztes gegenüber dem Betreuer so viel und so

---

[5] Palandt-*Sprau* § 823 BGB Rdnr. 153.
[6] BVerfGE 65, 1, 43.

wenig wie gegenüber dem Betreuten selbst. Denn der Betreuer handelt ja nicht aus eigenem Recht, sondern aus dem Recht des Betreuten. Er hat kein eigenes Auskunftsrecht, nimmt aber das Auskunftsrecht des Betreuten für diesen wahr. Für eine Geltung der Schweigepflicht ist damit von vorneherein kein Raum.

b) Ärztliche Schweigepflicht gegenüber Angehörigen

Nicht ganz so einfach gelagert ist es bei der Frage, ob die ärztliche Schweigepflicht gegenüber Angehörigen gilt. Denn die Angehörigen sind, so lange sie nicht als Betreuer eingesetzt sind, nicht gesetzliche Vertreter.[7] Grundsätzlich gilt die Schweigepflicht des Arztes auch gegenüber dem Ehepartner.

In Not- und Betreuungsfällen wird man allerdings ohne weiteres von einer *mutmaßlichen Einwilligung* des Patienten zur Unterrichtung des Ehegatten durch den Arzt ausgehen können. Eine Ausnahme von dieser Regel wird dann gelten, wenn die Ehegatten dauerhaft getrennt oder sogar in Scheidung leben.

Wenn allerdings der Patient ausdrücklich wünscht, dass keinem seiner Angehörigen Auskunft erteilt wird, schließt dieser Wunsch von Rechts wegen auch die Auskunftserteilung an den Ehegatten definitiv aus.

Da es mithin eine gesetzlich kodifizierte oder sonst rechtlich klar definierte Durchbrechung der Schweigepflicht gegenüber dem Ehegatten nicht gibt, ist auch die neugeschaffene eingetragene Partnerschaft für gleichgeschlechtliche Lebensgemeinschaft für diese Frage ohne konstitutive (d. h. rechtsbegründende) Bedeutung. Auch ohne eingetragene Partnerschaft wird man bei Lebensgemeinschaften von der mutmaßlichen Einwilligung der Unterrichtung des Ehepartners ausgehen können. Allerdings wird der Umstand der förmlichen Eintragung den Nachweis des Bestehens einer Lebensgemeinschaft erleichtern.

c) Ärztliche Schweigepflicht gegenüber dem Betreuungsrichter

Im betreuungsrichterlichen Alltag erhält man laufend von Hausärzten Atteste übersandt mit der Anregung, einen Betreuer zu bestellen. Dies geschieht in bester Absicht, ist meist begründet und wird auch von den Betreuten selbst, soweit eine Verständigung mit ihnen hierzu noch möglich ist, kaum je beanstandet. Sowohl Ärzte als auch Patienten und deren Angehörige gehen offenbar ohne weiteres davon aus, dass die Schweigepflicht des Arztes gegenüber dem Betreuungsrichter allgemein nicht gilt. Eine solche Suspendierung der Schweigepflicht gegenüber dem Betreuungsrichter wäre zweifellos sinnvoll, vor allem zur rechtlichen Absicherung der Ärzteschaft. *Die schützenswerten Interessen der Betreuten sind durch die Amtspflicht des Betreuungsrichters und durch die Rechtsgarantien innerhalb des Betreuungsrechts ausreichend gewährt.* Gleichwohl ist im geltenden Recht eine solche Einschränkung der Schweigepflicht jedoch nicht gesetzlich festgeschrieben.

---

[7] Vgl. oben S. 56.

Vom Ergebnis her steht außer Frage, dass es entweder generell oder aber zumindest in krassen Fällen möglich sein muss, dass der Arzt den Betreuungsrichter einschaltet. Unklar ist, wie diese Durchbrechung der Schweigepflicht rechtsdogmatisch begründet werden kann.

(1) Bestellung eines „Vorbetreuers" zur Entbindung von der Schweigepflicht

Rein theoretisch bestünde die Möglichkeit, in einer Art Vorschaltverfahren einen Betreuer zur Ausübung des Schweigepflichtsverzichts für den Betreuten zu bestellen, um so dem behandelnden Arzt freie Hand zu geben. Aber selbst für die Bestellung dieses „Vorbetreuers" wäre ein ärztliches Attest erforderlich. Und wenn der Hausarzt nichts sagen darf, erfährt das Gericht ja nicht einmal, dass es eines solchen Vorbetreuers bedarf. Diese Möglichkeit ist daher von *Coeppicus*[8] zutreffend als lebensfremd verworfen worden.

(2) Nichtgeltung der ärztlichen Schweigepflicht gegenüber dem Betreuungsrichter

Bester Ansatzpunkt für die aus praktischen Gründen unverzichtbare Durchbrechung der Schweigepflicht des Arztes gegenüber dem Betreuungsgericht[9] ist die Annahme, dass die Benachrichtigung des Betreuungsrichters durch den Arzt der Schutzzweck des § 203 I 1 StGB nicht berührt wird, sodass schon der Tatbestand der Schweigepflichtverletzung nicht erfüllt ist. Denn entscheidend ist hier auf den „sozialen Sinn und Bedeutungsgehalt"[10] des Verhaltens des die Schweigepflicht durchbrechenden Arztes insgesamt abzustellen.

Ein Anhaltspunkt für diese Auffassung ergibt sich aus § 1846 BGB, wonach vor Bestellung eines Betreuers das Betreuungsgericht die im Interesse des Betreuten erforderlichen Maßnahmen zu treffen hat („Ersatzkompetenz" des Betreuungsgerichts). Diese Vorschrift gibt dem Betreuungsgericht das Recht und die Pflicht, bei Gefährdung der Interessen des Betreuten eilbedürftige Entscheidungen selbst zu treffen. Darunter können auch irreversible Entscheidungen sein, wie etwa die Einwilligung in eine Operation. *Im Ergebnis ist das Betreuungsgericht also vor Bestellung eines Betreuers kraft Gesetzes im Notfall gesetzlicher Vertreter des Betreuten.* Damit besteht ihm gegenüber ebenso wenig eine Schweigepflicht wie gegenüber dem Betreuten selbst.

Das Betreuungsgericht nimmt also mit der Entgegennahme eines ärztlichen Attests das Auskunftsrecht des Betreuten dem Arzt gegenüber an Stelle des Betreuten wahr. Das Vorliegen eines Notfalls folgt ohne weiteres aus der Benachrichtigung

---

[8] *Coeppicus* Seite 118.

[9] Innerhalb des Betreuungsgerichts zuständig der Rechtspfleger, § 3 Nr. 2 Buchstabe a), § 14 I Nr. 4 RPflG; die Befugnis des Betreuungsrichters folgt aus dessen „auch-Kompetenz" § 8 I RPflG.

[10] So *Fischer,* Strafgesetzbuch und Nebengesetze 56. Auflage 2009, Rdnr. 23 vor § 211 StGB zur der umstrittenen Frage, wie die in bestimmten Fällen vom Ergebnis her unstreitig gewünschte Straffreiheit der Beendigung lebenserhaltender Maßnahmen bei Schwerstkranken dogmatisch zu begründen ist.

des Betreuungsrichters durch den Arzt. Bei den nachfolgenden Ermittlungen sind die Rechte des Betreuten durch die Verfahrensvorschriften des Betreuungsrechts umfassend geschützt. Insbesondere steht ihm auch das Recht zur Seite, krank sein zu dürfen, ohne sich behandeln zu lassen, wenn er das möchte und so lange er das noch einigermaßen eigenverantwortlich entscheiden kann.

(3) Durchbrechung der ärztlichen Schweigepflicht durch mutmaßliche Einwilligung oder rechtfertigenden Notstand

Folgt man den Erwägungen in vorstehendem Abschnitt (2) nicht, kann der Rückgriff auf den mutmaßlichen Willen des Betreuten helfen. In nicht wenigen Fällen wird der Betreute aber ausdrücklich erklärt haben (oder würde auf Befragen erklären), eine Benachrichtigung des Betreuungsgerichts nicht zu wünschen. Dieser Wille wird, außer bei schwersten Störungen der Willensbildung der Annahme eines befürwortenden mutmaßlichen Willens entgegenstehen. Es geht auch nicht an, an die Stelle einer Befragung des Patienten dessen mutmaßlichen Willen zu behaupten und so unter Umgehung des tatsächlichen Patientenwillens dessen wohlverstandenes Interesse durchzusetzen.

Da mithin der mutmaßliche Wille oft auch nicht weiterhilft, bleibt als einzige Rechtsgrundlage dann (wieder einmal) nur der Rückgriff auf den (früher übergesetzlichen) rechtfertigenden Notstand in § 34 StGB. Danach darf der Arzt die Schweigepflicht durchbrechen, wenn eine nicht anders abwendbare Gefahr für Leib und Leben des Patienten besteht. Die hierbei vorzunehmende Abwägung zwischen der Rechtsgutverletzung und der drohenden Gefahr wird angesichts der Begrenztheit der Verletzung der Schweigepflicht in aller Regel für die Offenbarungsbefugnis des Arztes sprechen.

(4) Resümee

Soweit der Autor in Betreuungsverfahren, auch anderer Gerichte, Einblick hat, ist die anfangs zitierte Benachrichtigung des Gerichts durch den Hausarzt Rechtsalltag, wobei die Frage nach dem genauen Rechtsgrund der Durchbrechung der ärztlichen Schweigepflicht offenbar vielfach unklar bleibt. Für diese Einschätzung spricht auch, dass Veröffentlichungen zu diesem Problemkreis rar sind.

MüKo-*Schwab*, Rdnr. 116 zu § 1896 BGB, zitiert (zustimmend) einen Aufsatz von *Kern*, MedR 1993, 245, 247, wonach der Arzt, der eine Betreuung anregt, um Schaden von seinem Patienten abzuwenden, die Schweigepflicht nicht verletzt.
    Wie wenig Probleme die *Rechtspraxis* mit dieser Frage hat, zeigt sich etwa daran, dass das Justizministerium von Baden-Württemberg ein Formular zum Download anbietet,[11] mit dem Ärzte in Eilfällen unter Angabe der betreuungsrelevanten Diagnose eine Betreuung anregen können.

---

[11] Download im Internet bereit unter www.justiz-bw.de („Service", „Formulare und Merkblätter", „Sonstiges").

Ärzte und Angehörige der Heilberufe, die hier Bedenken haben oder begegnen, sollten mit dem zuständigen Betreuungsrichter das Vorgehen abstimmen und ihn gegebenenfalls auch auf die hier vertretene Auffassung hinweisen. *Juristen und (Ober-)Gerichte* sind aufgefordert, ihrerseits in Veröffentlichungen oder Urteilen Lösungen zur Ausgangsfrage anzubieten.

3. Der Betreuer als gesetzlicher Vertreter des Betreuten

a) Umfang und Bedeutung der Vertretungsbefugnis des Betreuers

Der Betreuer ist im Rahmen seines im Betreuungsbeschluss festgelegten und im Betreuerausweis genau aufgeführten Aufgabenkreises gesetzlicher Vertreter des Betreuten. Damit gelten Erklärungen des Betreuers gegenüber dem Arzt wie auch Erklärungen des Arztes gegenüber dem Betreuer (Aufklärungsgespräch!) als unmittelbar von dem Betreuten bzw. als unmittelbar diesem gegenüber abgegeben. Eine Aufklärung des Betreuten selbst ist ebenso wenig erforderlich wie, dass dieser Erklärungen des Arztes versteht. Der Betreuer handelt nicht neben dem Betreuten, er genehmigt nicht nur dessen Erklärungen, er handelt völlig eigenständig an Stelle des Betreuten. *Seine Rechtsposition ist dieselbe wie die von Eltern bei minderjährigen Kindern.*

Selbstverständlich sollte und wird der Arzt, mit dem Betreuten in dem Umfang, in dem mit diesem (ungeachtet seiner Einwilligungsunfähigkeit) eine Verständigung noch möglich ist, auch diesem seine Maßnahmen erläutern. Aber diese Erläuterung hat psychologische, therapeutische Funktion; zur Bestätigung der vom Betreuer abgegebenen Einwilligungserklärung geboten ist sie nicht.

b) Die für den Arzt wichtigen Aufgabenkreise

Der für ärztliches Handeln zentrale Aufgabenbereich wird in Betreuungsbeschluss und Betreuerausweis als „*Gesundheitsfürsorge*", gelegentlich auch als „Vertretung des Betreuten bei der Zustimmung zu ärztlichen Heilmaßnahmen" bezeichnet.[12] Ist die Heilmaßnahme mit einer Veränderung des Aufenthaltsortes verbunden, etwa bei Verlegung in ein Krankenhaus, ist zusätzlich der Aufgabenbereich „*Aufenthaltsbestimmungsrecht*" erforderlich.

Soweit der Arzt nicht mit einer Krankenkasse abrechnet, sondern privat, hat seine Beauftragung unmittelbare Auswirkung auf das Vermögen des Betreuten. Im Allgemeinen wird eine Betreuung sich ohnehin auch auf insoweit erforderliche Vermögenssorge erstrecken. Ist das nicht der Fall, umfasst die „Gesundheitsfürsorge" ohne weiteres auch die für die Wahrnehmung der Gesundheitsfürsorge erforderlichen

---

[12] Vgl. S. 38 „Gesundheitsfürsorge".

Vermögensverfügungen. Es ist daher nicht unbedingt erforderlich, den Aufgabenkreis der Betreuung eigens hierfür auf die *Vermögenssorge* zu erweitern, kann aber um der Rechtsklarheit willen sinnvoll sein.

Vor allem bei psychischen Erkrankungen mit längeren einigermaßen stabilen symptomfreien oder -armen Phasen wird in Anwendung des Erforderlichkeitsgrundsatzes der Aufgabenkreis der Betreuung gelegentlich dahin beschränkt, dass er sich nur auf „die Gesundheitsfürsorge bei Wiederaufflammen der schizoaffektiven Psychose des Betreuten" erstreckt, manchmal noch mit dem Zusatz „soweit eine stationäre Behandlung in einem psychiatrischen Krankenhaus erforderlich ist". Diese Einschränkung muss der Arzt natürlich beachten. *Es ist daher zu empfehlen, dass der Arzt den Betreuer um Überlassung einer Ablichtung des Betreuungsbeschlusses und nach dessen Aushändigung auch des Betreuerausweises sowie etwaiger künftiger Abänderungsbeschlüsse bittet.*

c) Zusammenarbeit von Betreuer und Arzt

Der Arzt muss sich stets bewusst sein, *dass eigentlicher Träger des Einwilligungsrechts des Betreuten der Betreuer ist* und nicht etwa, wie es in der Praxis oft gehandhabt wird, das Heim oder die Einrichtung, in der der Betreute lebt. Wird ihm, etwa gelegentlich eines Heimbesuchs in anderer Sache, ein neuer Patient vorgestellt, für den eine Betreuung besteht, sollte er sich durch Rückfrage bei dem Pflegepersonal vergewissern, dass der Betreuer mit seiner Konsultation einverstanden ist. Bei Unklarheiten sollte der Arzt von sich aus an den Betreuer herantreten.

Als *Beispiel für die Möglichkeit* einer brieflichen Kontaktaufnahme (hier: eines hinzugezogenen Psychiaters) mit dem Betreuer kann das nachfolgend abgedruckte Muster dienen:

Musterbrief zur Beteiligung des Betreuers durch den Arzt
An

als Betreuer(in) des/ der Herrn/ Frau

Betreff: Information über die psychiatrische Mitbehandlung durch mich

Sehr geehrte Frau Betreuerin, sehr geehrter Herr Betreuer,
Ich wurde von dem Hausarzt/ der Heimleitung um psychiatrische Untersuchung und Mitbehandlung Ihres/ Ihrer oben genannten Betreuten gebeten.
Aufgrund des Untersuchungsbefundes halte ich es für erforderlich, Medikamente einzusetzen und zwar das Präparat/ die Präparate
Das Präparat/ die Präparate gehört/gehören zu der Gruppe der
und kann/ können auch Nebenwirkungen hervorrufen. Wenn Sie es wünschen, kann ich Sie gern näher darüber informieren. Sie können sich unter meiner o. a. Anschrift und Telefonnummer an mich wenden.

Wenn ich keine anderslautende Nachricht von Ihnen erhalte, gehe ich davon aus, dass Sie mit der Weiterbehandlung durch mich und der genannten Medikation einverstanden sind. Sollten eine gravierende Änderung der Medikation oder der Behandlungsstrategie erforderlich werden werde ich Sie unterrichten. Selbstverständlich haben Sie auch sonst jederzeit die Möglichkeit, Ihrerseits mit mir Kontakt aufzunehmen.

Mit freundlichen Grüßen

Entsprechend wie in dem Abschnitt über die Zusammenarbeit zwischen Heim bzw. Einrichtung und Betreuer[13] ausgeführt sollen sowohl Arzt als auch Betreuer um eine *vertrauensvolle Zusammenarbeit im gemeinsamen Interesse des ihnen anvertrauten Betreuten* bemüht sein.

Das bedeutet für den Betreuer zum Beispiel, dass er die ihm übertragene Wahrnehmung der Interessen des Betreuten ernst nehmen sollte. Konkret kann das heißen, bei einem ärztlichen Aufklärungsgespräch vorhandene Unklarheiten und Zweifel bis zur erschöpfenden Beantwortung durchzusprechen und Folgen, mögliche Komplikationen sowie etwaige Alternativen sorgfältig abzufragen. Im Einzelfall kann die Entscheidung eines Betreuers für oder gegen eine ärztliche Maßnahme eine schwere Last bedeuten. Hat er sich sorgfältig aufklären lassen, muss er die Entscheidung dann eben nach bestem Wissen und Gewissen treffen. Als Orientierung wird er hierbei nach dem tatsächlichen oder mutmaßlichen Willen des Betreuten forschen, wobei ihn dieser nicht zwingend bindet, § 1901 II und III BGB.

Oft allerdings werden sich für die Feststellung dieses Willens keine ausreichenden Anhaltspunkte finden.

In ethischen Konfliktfällen kann der Betreuer als Hilfserwägung heranziehen, wie er im Fall eigener Betroffenheit oder der Betroffenheit des eigenen Elternteils oder auch des eigenen Kindes handeln würde.[14] Auch wenn die Entscheidung zu keinem positiven Ergebnis führt, war sie dann richtig und ist von Rechts wegen nicht zu beanstanden. Der ethische Grundsatz, dass der Mensch nicht Herr über Leben und Tod ist, wirkt in diesen Fällen nicht imperativ, sondern entlastend: der Betreuer braucht nicht die letzte Verantwortung für den ihm anvertrauten Betreuungsbedürftigen zu tragen.

Für den Arzt bedeutet die Pflicht zur vertrauensvollen Zusammenarbeit mit dem Betreuer, dass er diesen genauso sorgfältig aufzuklären und zu beraten hat, wie er es (hoffentlich) ansonsten unmittelbar dem Patienten gegenüber tut. Er hat das Entscheidungsrecht des Betreuers genauso ernst zu nehmen wie das Selbstbestimmungsrecht des Patienten, von dem sich das Entscheidungsrecht des Betreuers ja ableitet.

---

[13] Vgl. S. 125.
[14] Vgl. auch hier der Begriff des „pater diligens", vgl. S. 77.

Bei unüberbrückbaren Gegensätzen zwischen Arzt und Betreuer gelten die vorstehend zu dem Thema „Probleme zwischen Betreuer und Heim bzw. Einrichtung"[15] gemachten Ausführungen entsprechend. So kann und sollte der Arzt den Betreuungsrichter einschalten, wenn er mit einer offensichtlichen Fehlentscheidung oder dem Verdacht missbräuchlicher Amtsführung des Betreuers konfrontiert wird.

d) Der Betreuungsrichter als Vertreter des nicht erreichbaren Betreuers

In Fällen der Nichterreichbarkeit des Betreuers oder wenn trotz zweifelhafter Einwilligungsfähigkeit ein Betreuer noch nicht eingesetzt ist, ist der Betreuungsrichter[16] befugt, die erforderlichen Maßnahmen selbst zu treffen, § 1846 BGB.

Dabei wird dieser aber eben nur als Vertreter des Betreuers tätig mit der Folge, dass der Betreuer die Entscheidung des Richters ohne weiteres abändern kann[17].

In diesen Fällen handelt dann unmittelbar der Betreuungsrichter an Stelle des unerreichbaren oder noch nicht bestellten Betreuers als gesetzlicher Vertreter des Betreuten. Für die ihm dann zustehende Vertretungsmacht gelten die für die Vertretungsmacht des Betreuers gemachten Ausführungen (S. 140) entsprechend. Das heißt unter anderem, dass der Richter sich dann vom Arzt auch ebenso aufklären lassen, wie es vom Betreuer gefordert wird (vgl. S. 141).

Für die Einwilligungserklärung bedarf es keines förmlichen Beschlusses. Der Richter kann den Aufklärungsbogen an den für den Patienten vorgesehenen Stellen unterzeichnen und außer Gerichts- und Dienstbezeichnung sowie dem Aktenzeichen beifügen „als gesetzlicher Vertreter gemäß § 1846 BGB". In die Gerichtsakte gehört dann der Vermerk über die Anhörung des Betreuten, die Aufklärung durch den Arzt oder die Ärzte und die erfolgte Einwilligungserklärung.

Die Vertretungsbefugnis des Betreuungsrichters gemäß § 1846 BGB gilt entsprechend, wenn auch nur nicht ausreichend sicher geklärt werden kann, ob eine Betreuung besteht, wer als Betreuer eingesetzt ist oder ob der Aufgabenkreis des Betreuers für die zu treffende Entscheidung ausreicht.

Da in derlei Fällen im allgemeinen Eilbedürftigkeit vorliegen wird, stehen die genannten Befugnisse sowohl dem *hauptzuständigen* Betreuungsrichter, in dessen Bezirk der Betreute wohnt, als auch dem *eilzuständigen* Betreuungsrichter, in dessen Bezirk sich der Betreute derzeit aufhält, zu; die Zuständigkeit beider

---

[15] Vgl. S. 131.

[16] Eigentlich: der Rechtspfleger, § 3 Nr. 2b RPflG; in der Praxis wird aufgrund seiner größeren Nähe zu den Betreuten oft der Richter tätig, was nach § 8 I RPflG auch wirksam ist.

[17] OLG Zweibrücken BtPrax 2003, 184.

Gerichte besteht also, solange die Eilbedürftigkeit andauert, nebeneinander. Dem hauptzuständigen Gericht kommt aber insoweit Vorrang zu, also von ihm ergangene Entscheidungen, soweit sie dem Eilgericht bekannt werden, für eine Entscheidung durch dieses keinen Raum mehr lassen.

Ist die Angelegenheit so eilbedürftig, dass der Richter nicht beteiligt werden kann, bleibt dem Arzt nur noch, nach Notstandsgesichtspunkten selbst zu entscheiden (vgl. S. 136).

4. Genehmigungspflicht für gefährliche ärztliche Maßnahmen (§ 1904 BGB)

In § 1904 BGB ist bestimmt, dass ärztliche Maßnahmen,

- die konkret lebensbedrohlich sind
- oder die konkrete Gefahr einer schweren und länger dauernden gesundheitlichen Schädigung mit sich bringen,

außer der Einwilligung des Betreuers auch noch der *Zustimmung des Betreuungsrichters* bedürfen. Dieses Erfordernis gilt gemäß § 1904 II BGB *auch,* wenn nicht ein gerichtlich bestellter Betreuer, sondern ein vom Betreuten selbst eingesetzter Bevollmächtigter zustimmt. Sie gilt dagegen *nicht,* wenn der noch Betreute selbst zustimmt, vorausgesetzt, er ist noch einwilligungsfähig.[18]

Der letztgenannte Aspekt kann leicht übersehen werden. Dies soll an einem weiteren Beispiel aus der Praxis verdeutlicht werden:

Fall 38:

Ein Betreuer beantragt die Genehmigung der Amputation des linken Fußes der Betreuten gemäß § 1904 BGB. Die Betreute habe vor 17 Jahren bei einem Unfall eine Trümmerfraktur des linken Fußes erlitten, die nie ganz verheilt sei. Es seien immer wieder Entzündungen und offene Wunden aufgetreten. Die Neuinfektionen seien über die Jahre immer häufiger, länger anhaltend und schwerwiegender geworden. Inzwischen heile die Wunde seit fast einem Jahr nicht mehr ab und spreche auf die früher wirksame Antibiotikabehandlung kaum noch an. Daher sei nach ärztlichem Ermessen eine Amputation unausweichlich. Aufgrund des extrem hohen Übergewichts der Betreuten einerseits und ihrer kognitiv eingeschränkten Aufnahme- und Lernfähigkeit andererseits stehe infrage, ob die Betreute nach der Amputation je lernen werde, mithilfe einer Prothese zu laufen.

Die Betreute selbst habe große Angst vor einer Amputation. Sie spreche dabei stets von ihrer Mutter, die am Oberschenkel amputiert worden sei, nie gelernt

---

[18] Zur Einwilligungsfähigkeit vgl. S. 134.

habe mit einer Prothese zu gehen, unter Phantomschmerzen gelitten „und immer geweint" habe. Anscheinend, so der Betreuer weiter, verbinde die Betreute die Amputation auch mit der Ehesituation ihrer Eltern, dass ihr Vater ihre Mutter verlassen habe. Andererseits empfinde die Betreute ihre von der Erkrankung bestimmte Lebenssituation seit langem als unerträglich. Auf den drängenden Rat in der Klinik, verbunden mit dem Verweis auf den zu erwartenden Krankheitsverlauf – die weitere Ausdehnung der Infektion –, habe sie ihre Zustimmung zur Amputation gegeben„wenn es denn nicht anders geht" Sie habe dabei fast erleichtert gewirkt, dass die Entwicklung der Infektion ihr, da ihr kaum noch eine Wahl bleibe, abgenommen habe.[19]

Die hier geschilderte Entscheidungsnot der Betreuten unterscheidet sich in nichts von der Entscheidungsnot eines einwilligungsfähigen Patienten in solcher Situation. Die Betreute war somit einwilligungsfähig – und hatte bereits eingewilligt[20]! Grundlage der Amputation war also die Einwilligung der Betreuten selbst, nicht die des Betreuers. Anders als die Einwilligung des Betreuers bedarf aber die der (beachte: einwilligungsfähigen) Betreuten selbst keiner Genehmigung gemäß § 1904 BGB. Dies wurde dem Betreuer so mitgeteilt, der Ausspruch einer betreuungsgerichtlichen Genehmigung gemäß § 1904 BGB unterblieb.

Insoweit liegen die Dinge hier ebenso wie bei dem Betreuten, der in die Verwendung von Bettgittern selbst einwilligt.[21] Im Unterschied zu diesen wird allerdings bei Einwilligung in ärztliche Eingriffe der „natürliche" Wille meist nicht ausreichen. In dem dargestellten Fall aber lag eine Abwägung vor, die über die Qualität eines (nur) natürlichen Willens weit hinausging.

Die Notwendigkeit der richterlichen Genehmigung gilt gemäß § 1904 I 2 BGB auch *nicht bei Gefahr im Verzuge.*

Sinn dieser gesetzlichen Vorschrift ist, in diesem Bereich von vitaler Bedrohung den Schutz der Gesundheit und des Lebens des Betreuten nicht durch das zusätzliche Erfordernis einer richterlichen Genehmigung zu gefährden.

Angesichts des für die Umsetzung des Betreuungsrechts typischen Partikularismus wird die Frage, ob eine ärztliche Maßnahme nach § 1904 BGB der richterlichen Genehmigung bedarf, von Gericht zu Gericht höchst unterschiedlich gehandhabt. Es ist daher anzuraten, sich bei dem jeweils zuständigen Betreuungsrichter über die von diesem vertretene Auffassung zu unterrichten.

---

[19] AG Nidda 6 XVII 423/00.
[20] Zur Einwilligungsfähigkeit vgl. S. 134.
[21] Vgl. S. 206.

Verschiedentlich werden

- alle Narkosen einschließlich der Periduralanästhesie,
- jegliche Operation einschließlich des Legens einer PEG-Sonde
- und auch körperliche Eingriffe unterhalb von Operationen wie etwa Magen- und Darmspiegelungen

für so gefährlich gehalten, dass diese ausnahmslos der richterlichen Genehmigung bedürfen.

Diese sehr weitgehende Betrachtungsweise wird jedoch vor allem in ihrer typisierenden Vereinheitlichung § 1904 BGB nicht gerecht. Sie berücksichtigt zum einen nur unzureichend, dass diese Norm Ausnahmecharakter hat und damit einer Analogie nicht zugänglich und *restriktiv auszulegen* ist. Zum anderen aber ist § 1904 BGB auf eine im Einzelfall zu treffende Entscheidung angelegt und entzieht sich weitgehend der Festlegung „stets" genehmigungsbedürftiger Eingriffe. So mag es zum Beispiel Allgemeinzustände geben, bei denen das Narkoserisiko so hoch ist, dass die Narkose der richterlichen Genehmigung bedarf. Für die Narkose schlechthin gilt dies nicht. Natürlich wird es auch Eingriffe geben, die generell als genehmigungsbedürftig gelten können. Eingriffe am offenen Herzen oder chirurgische Eingriffe mit Gehirnbeteiligung gehören dazu. Das Gebot, § 1904 BGB restriktiv und weitgehend einzelfallbezogen auszulegen, nötigt aber zu Zurückhaltung bei der Einstufung als „ausnahmslos genehmigungsbedürftig".

a) Feststellung des Grades der Gefährlichkeit der Maßnahme

Im Gespräch mit Ärzten hat sich die Frage bewährt, ob bei einem Patienten mit normalem Allgemeinzustand die geplante Maßnahme als lebensgefährlich angesehen wird oder eine so konkrete Gefahr lang anhaltender und (!) schwerer gesundheitlicher Schäden mit sich bringt dass dies mit einem einwilligungsfähigen Patienten zu erörtern wäre. Die zweite Frage ist, ob im konkreten Fall dieses allgemeine Risiko signifikant erhöht ist. Werden beide Fragen verneint, ist der Eingriff genehmigungsfrei. Allein der Umstand etwa, dass der Patient nach dem Eingriff prophylaktisch auf der Intensivstation behandelt wird und/oder apparatemedizinisch versorgt wird, macht den Eingriff noch nicht gefährlich im Sinne des § 1904 BGB. Und bei einem hochbetagten oder dem Tode nahen Patienten ist schon zu fragen, ob die Gefahr in dem Eingriff gründet, oder ob nicht sein Zustand schlechthin lebensgefährlich ist.

b) Feststellung der Schwere des drohenden gesundheitlichen Schadens

Bei der Beantwortung der Frage, ob ein drohender gesundheitlicher Schaden „schwer" ist, wird zu Recht eine Beurteilung anhand des Straftatbestandes der „schweren" Körperverletzung aus § 226 StGB, der auf Verlust eines wichtigen Körperteils, eines Sinnesorgans, der Zeugungsfähigkeit, abstellt, abgelehnt. Es gibt aber praktisch keine veröffentlichte Rechtsprechung zu der Frage, welche drohenden gesundheitlichen Schäden so „schwer" sind, dass die sie womöglich auslösende ärztliche Maßnahme der Genehmigung gemäß § 1904 BGB bedarf. Die hierzu veröffentlichten Entscheidungen betreffen meist entweder den Sonderfall der Genehmigungsbedürftigkeit des Abbruchs ärztlicher Maßnahmen oder die Frage der ärztlichen Zwangsbehandlung. Es bleibt nur, auch hier unter ärztlicher Beratung am Einzelfall zu entscheiden.

In den Vorauflagen war an dieser Stelle beispielhaft ausgeführt, der Verlust eines Beines durch Oberschenkelamputation sei für einen an den Beinen Gelähmten ebenso wenig eine schwere Folge, wie eine Penisamputation wegen hochschmerzhaften Peniskarzinoms bei einem Altersdementen, der, soweit feststellbar, seit Jahren keine sexuelle Aktivität mehr entfaltet hat (und, dies sei hier ergänzt, wegen der Hochschmerzhaftigkeit der Erkrankung dazu weder in der Lage gewesen sein, noch Neigung verspürt haben dürfte). An dieser Auffassung hält der Autor allerdings nicht mehr uneingeschränkt fest. Über die rein körperlichen Folgen hinaus kann eine Amputation nämlich auch psychische Auswirkungen haben. So kann die Abnahme großer Körperteile (Oberschenkel) oder für die persönliche, insbesondere auch sexuelle Identität bestimmender Organe (Penis, Brust) eine so *starke Beeinträchtigung der körperlichen Integrität und der Psyche* mit sich bringen, dass über diesen Aspekt doch wieder eine „schwere" Folge des Eingriffs im Sinne des § 1904 BGB erwogen werden muss.

Als der Autor bei einer Ärztefortbildung vortrug, die Einwilligung einer Brustamputation durch den Betreuer könne der betreuungsrichterlichen Genehmigung bedürfen, wurde ärztlicherseits erhebliches Unverständnis geäußert. Es handle sich um einen sehr häufigen Eingriff, der bei Altersdementen so gravierend auch nicht sei.

c) Genehmigungskriterien

Bei der Frage, ob die Genehmigung zu erteilen ist, sind, wie stets, das Wohl des Betreuten sowie etwa bekannt gewordene Wünsche zu berücksichtigen. Die Genehmigung ist schon zu versagen, wenn die beabsichtigte Maßnahme weder eine Heilung, noch eine Besserung verspricht; im Zweifel haben das Leben des Betreuten sowie Leidenslinderung oder zumindest die Verhinderung von Leidensverstärkung Vorrang.

d) Das Legen einer PEG-Sonde, eine genehmigungsbedürftige Maßnahme gemäß § 1904 BGB?

Eine „PEG-Sonde" (*Perkutane Endoskopisch kontrollierte Gastrostomie*) dient der Einleitung der täglich erforderlichen Kalorienmenge incl. erforderlicher Flüssigkeit unter Umgehung von Mund und Speiseröhre durch die Bauchdecke unmittelbar in den Magen. Einsatzgebiete der PEG-Sonde sind vor allem

- Patienten, bei denen eine erhöhte Gefahr des Verschluckens und damit verbunden des Einatmens von Speiseteilen (Aspiration) mit der möglichen Folge einer Lungenentzündung (Aspirationspneumonie),
- Patienten, die zur Aufnahme von Nahrung über den Mund vorübergehend oder auf Dauer nicht (mehr) in der Lage sind oder die Aufnahme der Nahrung verweigern.

Auch wenn eine PEG-Sonde gelegt ist, ist weiterhin die Nahrungsaufnahme über den Mund möglich. Darin liegt ein gravierender Vorteil der PEG-Sonde gegenüber der nachfolgend dargestellten Nasensonde.

Als Alternative zur PEG-Sonde kann auch eine *Nasensonde* gelegt werden, bei der die Ernährungssonde durch Nasenhöhle und Speiseröhre geführt wird um ebenso wie die PEG-Sonde in den Magen einzumünden. Die Nasensonde führt im Gegensatz zur PEG-Sonde zu einem Fremdkörpergefühl. Daher neigen Patienten, die dazu in der Lage sind, dazu, sich diese Sonde zu ziehen. Auch sonst ist das Legen und auch das Überwachen der Nasensonde verhältnismäßig komplikationsträchtig,[22] sodass die Nasensonde, vor allem bei längerer Verweildauer, zunehmend von der PEG-Sonde verdrängt wird, die, nachdem sie mit einem kleinen komplikationsarmen Schnitt in die Bauchdecke gelegt ist, erheblich weniger Überwachung verlangt und eben den Patienten nicht stört.

Nach dem bisher Gesagten bedarf das Legen einer PEG-Sonde *nicht* der richterlichen Genehmigung, denn eine konkrete Gefahr des Todes oder eines schweren und länger anhaltenden gesundheitlichen Schadens, § 1904 BGB, ist mit ihr nicht verbunden.[23]

Gleichwohl wird gelegentlich vertreten, das Legen einer PEG-Sonde sei gemäß § 1904 BGB genehmigungsbedürftig.[24] Begründet wird diese Auffassung mit den möglichen Fernwirkungen der PEG-Sonde bei langfristiger Anwendung:

- Auch wenn zusätzliche Ernährung über den Mund im Prinzip möglich sei, unterbleibe dies oft aus Zeitmangel, der Patient vereinsame.
- Durch die ständig tropfende Sondennahrung komme es zu einem Völlegefühl bei gleichzeitigem Verlust des natürlichen Hungergefühls; trotz Völlegefühls entstehe so die Angst, zu verhungern.
- Die Darmtätigkeit verkümmere angesichts der leicht verdaulichen Sondennahrung, der Mund trockne mangels Benutzung aus.
- Die Mund-, Zungen- und Kiefernmuskulatur verkümmere, die Sprache werde verwaschen und schwer verständlich.
- Es komme zu Zwangsernährung.

---

[22] Hierzu im einzelnen vgl. *Müller-Bohlen,* BtPrax 1997, 22.

[23] Ebenso *Müller-Bohlen,* Fußnote 130.

[24] *Hubert-Fehler/Hollmann,* BtPrax 1996, 210; die nachfolgende Aufzählung der negativen Fernwirkungen der PEG-Sonde geht auch auf diesen sehr lesenswerten Aufsatz zurück.

Diese gegen die PEG-Sonde vorgebrachten Bedenken müssen unbedingt ernst genommen werden. Sie haben Auswirkungen auf das Handeln des Betreuers zum Wohl des Betreuten. Sie führen allerdings nicht zur Genehmigungsbedürftigkeit gemäß § 1904 BGB.

Die Durchsetzung der weiteren Ernährung über den Mund ist in den Fällen, in denen dies möglich ist erforderlich, wird aber durch das Liegen der PEG-Sonde nicht behindert. Diese Durchsetzung ist aber Sache des Betreuers und nicht des Gerichts. Ein Genehmigungsbeschluss gemäß § 1904 BGB erleichtert diese Durchsetzung nicht. Psychologisch kann er eher Gegenteil bewirken: Wenn das Gericht schon genehmigt hat, kann der Betreuer doch keine Einwendungen mehr haben.

> Wenn der Betreuer in diesem Punkt keine Übereinstimmung mit dem Heim findet, kommt die Herbeiführung eines vermittelnden Gesprächs mit dem Betreuungsrichter in Betracht, vgl. S. 131, zu dem dieser unter Umständen auch den behandelnden Arzt hinzu laden wird.

Wenn ausschließliche Ernährung über den Mund ausreicht, kommt schon eine Einwilligung des Betreuers in die PEG-Sonde nicht in Betracht, sodass sich in diesen Fällen die Frage der richterlichen Genehmigung nicht stellt. Wo aber aus medizinischen Gründen keine Ernährung durch den Mund mehr möglich oder diese nicht ausreichend ist, sind die aufgeführten körperlichen Rückbildungen nicht Folge der PEG-Sonde, sondern Folge der Störung der Nahrungsaufnahme über den Mund, unter Umständen auch Folge mangelhafter Pflege nach dem Eingriff, nicht aber des Eingriffs selbst. Die Frage der Zwangsernährung ist dogmatisch nicht in § 1904 BGB, sondern in § 1906a BGB angesiedelt. Denn die Genehmigungsbedürftigkeit gefährlicher Eingriffe gemäß § 1904 BGB knüpft nicht an das Brechen des Willens des Betreuten an, sondern an die Gefährlichkeit des Eingriffs.

e) Sachverständigengutachten; keine einstweilige Anordnung

Gemäß § 298 IV 1 FamFG ist vor einer Genehmigung die Einholung eines Sachverständigengutachtens vorgeschrieben. Der begutachtende und der den Eingriff vornehmende Arzt sollen nicht personengleich sein, § 298 IV 2 FamFG. Das Verbot der Personenidentität wurde durch das FamFG gegenüber dem FGG graduell gelockert. In § 69d II 2 FGG war noch bestimmt, Sachverständiger und ausführender Arzt sollten „in der Regel" nicht personengleich sein. Diese Änderung beruht auf praktischen Erwägungen, weil es insbesondere bei eilbedürftigen Entscheidungen schwierig ist, in der zur Verfügung stehenden Zeit ein geeignetes Gutachten einzuholen. Die Begutachtung kann auch mündlich erfolgen. Das Gutachten muss sich auch auf die Frage der Einwilligungsunfähigkeit erstrecken.

Eine einstweilige Anordnung kommt dogmatisch nicht in Betracht, da sie ja die endgültige Entscheidung vorwegnehmen würde. An ihrer Stelle sieht § 1904 I 2 BGB vor, dass bei Eilgefahr die Genehmigungsbedürftigkeit entfällt. Ist also ein Eingriff so eilbedürftig, dass keine Zeit mehr für das Genehmigungsverfahren bleibt, ist die Maßnahme genehmigungsfrei. Die Genehmigung muss in diesen Fällen auch nicht nachgeholt werden.

Hier zeigt sich ein Problem des durch das FamFG verschärften Genehmigungs-
verfahrens. Es erfordert einen so hohen Zeitaufwand, dass sein Ergebnis häufig
nicht wird abgewartet werden können. Bei der dann leicht eintretenden Eilbedürftigkeit entfällt aber der Richtervorbehalt vollständig, sodass der Eingriff durchgeführt wird und durchgeführt werden darf, ohne den Richter auch nur zu beteiligen
geschweige denn ein Sachverständigengutachten zu erholen. *Die Notwendigkeit der
Einwilligung des Betreuers bleibt jedoch auch bei dieser Fallgestaltung bestehen.*

f) „Negativattest" des Betreuungsrichters zur Feststellung der Genehmigungsfreiheit

Aufgrund des verständlichen und zu respektierenden Wunsches der Ärzteschaft
nach Rechtssicherheit sollte in Fällen, in denen die Maßnahme vom Betreuungsrichter als genehmigungsfrei eingestuft wird, eine entsprechende Verfügung zu den
Akten genommen und auf Wunsch auch abschriftlich dem Arzt zugeleitet werden.

5. Sterilisation eines Betreuten

> Grundsätzlich können auch Männer nach den betreuungsrechtlichen Bestimmungen steri-
> lisiert werden. Da in der Praxis aber, soweit ersichtlich, ausschließlich Anträge auf Sterili-
> sation Frauen betreffend gestellt werden, werden in diesem Abschnitt die Betreuten mit der
> weiblichen Form bezeichnet.

Auf dem Hintergrund des Missbrauchs im nationalsozialistischen Deutschland hat
der Gesetzgeber die Schranken für eine Sterilisation bei Betreuen in § 1905 BGB
außerordentlich hoch gesetzt. Eine Zustimmung durch den Betreuer ist *schlechterdings unzulässig,* wenn die Betreute auf irgendeine Weise zu erkennen gibt, dass
sie einen solchen Eingriff nicht wünscht, § 1905 I 1 Nr. 1 BGB. Und sie ist nach
dem Erforderlichkeitsgrundsatz, § 1896 II 1 BGB *überflüssig und damit ebenfalls
unzulässig,* wenn die Betreute selbst im Großen und Ganzen versteht, worum es bei
einer Sterilisation geht und selbst einwilligt.[25] Dann kann die Sterilisation nämlich
aufgrund dieser Einwilligung der Betreuten vorgenommen werden, ohne dass es
eines Votums des Betreuers bedürfte.

Es bleiben also lediglich die Fälle übrig, in denen die Betreuten dauerhaft, § 1905
I 1 Nr. 2 BGB zu keinerlei eigener Stellungnahme, sei sie jetzt zustimmend oder
ablehnend, in der Lage sind.

Und das sind nicht viele.

---

[25] Palandt-*Sprau* § 823 BGB Rdnr. 151.

Fall 39:

Bei dem Amtsgericht Nidda, das derzeit einen Betreutenbestand von etwas über 1300 und jährliche Neuzugänge von knapp 500 zu verzeichnen hatte, kam es von 1992 bis 2004 zu fünf Anträgen auf Genehmigung einer Sterilisation. In zwei Fällen konnten die Betreuten selbst zustimmen und in den anderen drei Fällen ergab das gynäkologische Gutachten, dass eine praktikable Möglichkeit zur Empfängnisverhütung bestand

Soll gleichwohl eine Sterilisation erfolgen, der die Betreute selbst nicht zustimmen kann, ist für die Zustimmung stets ein eigener Betreuer einzusetzen, § 1899 II BGB, und, (außer, wenn der Betreute selbst einen geeigneten Bevollmächtigten bestellt hat), stets ein Verfahrenspfleger zu bestellen § 297V FamFG. Die Einsetzung eines Vereins oder einer Betreuungsbehörde als *Sterilisationsbetreuer* ist unzulässig, § 1900V BGB.

Es ist ein gynäkologisches Gutachten[26] einzuholen, ob die gewünschte Verhütung einer Schwangerschaft nicht auch ohne Sterilisation sichergestellt werden kann; zusätzlich ist ein sonder- und sexualpädagogisches Gutachten[27] zur Frage erforderlich, inwieweit überhaupt sexuelle Kontakte, die zu einer Schwangerschaft führen könnten, zu erwarten sind, § 297 VI FamFG. Der begutachtende Arzt darf nicht personengleich mit dem Arzt sein, der die Sterilisation vornehmen soll, § 297 VI 3 FamFG.

Die Sterilisation ist *subsidiär,* das heißt, wenn eine Schwangerschaft auch ohne Sterilisation ausreichend sicher verhütet werden kann, darf eine Sterilisation nicht vorgenommen werden, § 1905 I 1 Nr. 5 BGB.

Hierbei wird man durchaus in Ansatz bringen dürfen, dass orale Kontrazeptiva (die „Pille") große Regelmäßigkeit in der Anwendung erfordern, die nicht ohne weiteres gewährleistet werden kann. Auf diesem Grund häufig angewandt wird die „Dreimonatsspritze". Eventuelle belastende Nebenwirkungen dieser Mittel können ihre Anwendung für die Betreute so belastend machen, dass ihr Vorhandensein einer Sterilisation nicht schlechthin entgegenstehen. Auch hierzu müssen die einzuholenden Gutachten Stellung nehmen.

Ein von der Betreuten selbst ausgehender Wunsch nach Sexualkontakt wird heute durchweg respektiert, sodass die sexuelle Enthaltsamkeit als Alternative zur Sterilisation ausscheidet. *Sexuelle Kontakte gegen und auch ohne den Willen der Betreuten können, dürfen und sollen dagegen sehr wohl unterbunden werden, so dass diese Möglichkeit die Vornahme einer Sterilisation nicht rechtfertigt.*

Schließlich schreibt das Gesetz noch vor, dass möglichst derjenigen Sterilisationsmethode der Vorzug zu geben ist, bei der die Sterilisation auch wieder rückgängig gemacht werden kann, § 1905 II 3 BGB. Dies ist zunächst eine ärztliche Frage.

---

[26] Formulierungsvorschlag hierfür s. S. 226.
[27] Formulierungsvorschlag hierfür s. S. 226.

Im Anhörungsgespräch mit Betreuten sollten diese gleichwohl vorsorglich stets darauf hingewiesen werden, dass sie von einer Unumkehrbarkeit ausgehen müssen.

Wie bereits anfangs dieses Abschnitts erwähnt können im Prinzip auch Männer nach betreuungsrechtlichen Grundsätzen sterilisiert werden. Gesetzliche Regelindikation für die betreuungsrechtliche Sterilisation ist aber, dass die Schwangerschaft, die durch die Sterilisation vermieden werden soll, dazu führt, dass die Mutter das Kind (wegen eigener geistiger oder seelischer Behinderung) nicht selbst großziehen kann, § 1905 I 2 BGB.

Die *Sterilisation eines Mannes nach Betreuungsrecht* kommt damit nur in Fällen in Betracht, in denen auch die Partnerin entsprechend behindert ist. In diesem Fall sollte dann allerdings auch stets geprüft werden, ob nicht die Voraussetzungen der betreuungsrechtlichen Sterilisation auch für den Mann vorliegen. Denn die Sterilisation bei einem Mann ist medizinisch erheblich einfacher als die bei einer Frau. Und es wäre eine unerlaubte Diskriminierung wegen der Geschlechtszugehörigkeit, würde eine auch beim Mann zulässige Sterilisation nach Betreuungsrecht unterlassen und statt dessen bei der Partnerin vorgenommen werden, allein weil eben nur sie es ist, die schwanger werden kann.

Angesichts der übermächtigen Verfahrensgarantien zur Vermeidung betreuungsrechtlicher Sterilisationen mutet es eigentümlich an, dass betreuungsrechtliche Schwangerschaftsabbrüche nirgendwo geregelt und damit keiner besonderen Restriktion unterstellt sind.

Ein Schwangerschaftsabbruch gegen den Willen der Betreuten kann *nur* in Betracht kommen, wenn Schwangerschaft und/oder Entbindung deren Leben konkret bedrohen (sogenannte medizinische Indikation).[28] Angesichts der damit einhergehenden psychischen Folgen wird ein Schwangerschaftsabbruch, <u>jedenfalls wenn er gegen den Willen der Betreuten erfolgt,</u> regelmäßig der Genehmigung des § 1904 BGB bedürfen[29].

---

[28] Ebenso MüKo-*Schwab*, § 1904 BGB Rdnr. 37.
[29] Anderer Ansicht MüKo-*Schwab*, § 1904 BGB Rdnr. 37.

Kapitel 12 Die gesetzliche Regelung der Patientenverfügung

Eine Patientenverfügung muss schriftlich erstellt sein. Wirksam wird sie erst nach dem Eintritt der Einwilligungsunfähigkeit. In der Patientenverfügung können nur bestimmte ärztliche Maßnahmen untersagt werden, etwa Reanimation, das Legen einer PEG-Sonde. Allgemeine Bestimmungen („Wenn ich einmal sehr krank bin, möchte ich würdevoll sterben dürfen.") sind keine Patientenverfügung. Die Basispflege, auch das Stillen von Hunger und Durst auf natürlichem Weg, können durch Patientenverfügung nicht ausgeschlossen werden. Betreuer und Arzt prüfen, ob die in der Patientenverfügung umschriebene Lebens- und Behandlungssituation eingetreten ist („Vier-Augen-Prinzip"). Bejahen sie dies übereinstimmend, ist die von dem Patienten getroffene Bestimmung umzusetzen, ohne dass das Betreuungsgericht beteiligt wird. Sind sich Arzt und Betreuer nicht einig („Konfliktfall"), ist eine Entscheidung des Betreuungsrichters erforderlich. Ist die Patientenverfügung unwirksam oder situativ unzutreffend, kann sie doch bei der Ermittlung des dann maßgeblichen mutmaßlichen Willens des Patienten von Bedeutung sein. Der Zeitpunkt des menschlichen Todes und der Begriff „Nächste Angehörige" sind im Transplantationsgesetz definiert.

1. Ausgangslage

Durch das am 01.09.2009 in Kraft getretene 3. BtÄndG („Patientenverfügungsgesetz") ist in § 1901a BGB erstmals der Begriff der Patientenverfügung in das Gesetz aufgenommen und die Verbindlichkeit der Patientenverfügung gesetzlich geregelt worden. *Ausgangspunkt* für die Anerkennung der Patientenverfügung ist der seit langem bestehende Rechtssatz, dass keiner, der zu einer freien Willensbildung in der Lage ist, gegen seinen Willen ärztlich behandelt werden darf, auch wenn die Behandlungsverweigerung objektiv unvernünftig ist und möglicherweise zum Tode führt. Die „Freiheit zur Krankheit"[1] ist also auch die Freiheit zum Tod.

---

[1] BVerfG NJW 1982, 691; BVerfG NJW 1998, 1774 = BtPrax 1998, 144.

© Springer-Verlag GmbH Deutschland, ein Teil von Springer Nature 2019
J. Seichter, *Einführung in das Betreuungsrecht*,
https://doi.org/10.1007/978-3-662-57498-0_12

Dieser Grundsatz, so *die Befürworter der Patientenverfügung,* müsse doch auch gelten, wenn man in der konkreten Entscheidungssituation zwar bereits die Entscheidungsfähigkeit verloren habe, etwa durch Koma oder Demenz, aber zuvor, bei noch bestehender Einwilligungsfähigkeit, seinen Behandlungs- und insbesondere Nichtbehandlungswillen klar erklärt habe. Es müsse auch verhindert werden, dass, wenn man sich selber nicht mehr äußern könne, Ärzte, Angehörige, Betreuer – und Betreuungsrichter(!) den festgelegten Patientenwillen missachteten, indem sie ihn rein spekulativ („wer weiß denn, ob sich der Willen nicht vielleicht geändert hat") oder selbstherrlich auslegten.

Kritiker der Patientenverfügung wenden ein, diese Entscheidung zum Behandlungsabbruch könne man nicht mit bindender Wirkung vorwegnehmen. Auch Patienten, die von einer tödlichen Erkrankung wüssten, würden in ebendieser Situation oftmals um jeden einzelnen Tag kämpfen. Der Patientenverfügung werde regelmäßig zugrunde gelegt eine Situation, in der die eigene Zukunftsperspektive „aussichtslos" sei und der bestehende Zustand „nicht mehr lebenswert". Es sei oftmals durchaus unklar, ob diese beiden Voraussetzungen erfüllt seien. Eine diesbezügliche Beratung des Patienten mit dem Arzt, vielleicht auch Umstimmung des Patienten in einer solchen Beratung, sei – weil die Patientenverfügung ja erst nach Eintritt der Erklärungsunfähigkeit wirkt – nicht mehr möglich. Könne die Verfügung, bei Demenz nicht weiterbehandelt zu werden, gelten für einen Patienten, der in seinem dementen Zustand ersichtlich glücklich lebe? Wolle jemand, der „keine Apparatemedizin" verfügt habe, tatsächlich ausschließen, bei Kammerflimmern defibrilliert oder auch nur vorübergehend intubiert und beatmet zu werden? Schließlich: Alte Menschen wollten häufig „niemandem zur Last fallen". Könne das nicht eigentliches Motiv der Patientenverfügung sein und könne dann dieses Motiv gebilligt werden? Was, wenn die Abgabe einer Patientenverfügung in Verträgen über Lebens- oder Krankenversicherung gefordert werde?

Das Gesetz hat diese und weitere in diesem Zusammenhang zu stellende Fragen unter anderem dadurch aufgelöst, dass es eine Patientenverfügung vorsieht, die mit einer starken Bindungswirkung ausgestattet ist, § 1901a I BGB. Daneben bestimmt es, wie der Patientenwille zu berücksichtigen ist, wenn eine wirksame Patientenverfügung nicht vorliegt, § 1901a II BGB.

Die Argumente der Kritiker hat es aufgenommen, indem es die Umsetzung des in der Patientenverfügung bekundeten Willens von einem übereinstimmenden Votum von Arzt und Betreuer/Bevollmächtigtem abhängig macht oder, falls dieses nicht zustande kommt, der betreuungsrichterlichen Genehmigung unterwirft.

2. Die schriftlich Patientenverfügung des § 1901a I BGB

a) Formale und inhaltliche Voraussetzungen

Nach der Legaldefinition in § 1901a I BGB liegt eine Patientenverfügung vor, wenn ein (1) einwilligungsfähiger (2) Volljähriger (3) für den Fall seiner Einwilligungsunfähigkeit (4) schriftlich eine Entscheidung über die Einwilligung oder

Nichteinwilligung in eine (5) bestimmte, (6) noch nicht unmittelbar bevorstehende (7) ärztliche Maßnahme getroffen hat.

Ergänzend ist bestimmt, (8) dass niemand zur Errichtung einer Patientenverfügung verpflichtet werden und die Errichtung und Vorlage einer Patientenverfügung nicht zur Bedingung eines Vertragsschlusses gemacht werden darf sowie (9) dass die Patientenverfügung auch errichtet werden kann, wenn der Patient noch gar nicht erkrankt ist.

(1) Als *einwilligungsfähig* ist der Betreute anzusehen, wenn er Art, Bedeutung, Tragweite und auch die Risiken seiner Erklärung zu erfassen und seinen Willen hiernach zu bestimmen vermag.[2] *Wer hierzu nicht oder nicht mehr in der Lage ist, kann also keine Patientenverfügung treffen.*

Es wird immer wieder gefragt, ob ein Betreuer oder ein Bevollmächtigter eine Patientenverfügung für einen Patienten erstellen kann, der selbst hierzu nicht mehr imstande ist. Diese Frage ist stets zu verneinen. Als „höchstpersönliche" Willensäußerung ist die Patientenverfügung vertretungsfeindlich, kann also nie von einem Vertreter abgegeben werden.

Die Einwilligungsfähigkeit als Voraussetzung zur Abgabe einer Patientenverfügung ist in der Praxis immer wieder von Bedeutung. Es kommt nämlich nicht selten vor, dass dem Betreuungsrichter bei einem Heimbesuch eine Bewohnerin vorgestellt wird, die einen ganz erheblich dementen Eindruck macht. Bei den Heimunterlagen findet sich indes eine Vorsorgeverfügung, die von eben dieser Bewohnerin eine Woche zuvor getroffen und mit zittriger Hand unterzeichnet wurde. Hier werden Heim, Arzt, Bevollmächtigter oder Betreuer und, soweit er damit befasst wird, auch der Betreuungsrichter schon fragen dürfen und müssen, ob die Unterzeichnerin wirklich Art, Bedeutung, Tragweite und auch die Risiken ihrer Erklärung noch erfasst hat.

(2) Auf die gelegentlich anzutreffende Kritik, dass nach geltendem Recht *Minderjährige* keine Patientenverfügung abgeben können, soll im Rahmen dieses Buches zum Betreuungsrecht, das ja nur Volljährige betreffen kann, nicht eingegangen werden.

(3) Wichtig ist die Gesetzesbestimmung wonach die Patientenverfügung wirksam ist *„für den Fall seiner Einwilligungsunfähigkeit."* Bei der Patientenverfügung handelt es also um eine *aufschiebend bedingte Erklärung.* Sie wirkt erst ab Eintritt der Einwilligungsunfähigkeit, nicht früher. Solange der Patient noch einwilligungsfähig ist, ist seine Patientenverfügung also ohne Wirkung.

(4) Die *Schriftform* als Wirkungsvoraussetzung beschränkt sich auf die Notwendigkeit handschriftlicher Unterzeichnung, bedeutet also nicht, dass die gesamte Patientenverfügung schriftlich abgefasst sein muss.[3] Zu beachten ist aber, dass der

---

[2] BT-Drucksache 16/8442 S. 13.

[3] Darin unterscheidet sich die Patientenverfügung vom Testament des Erbrechts, das (außer bei notarieller Beurkundung) vollständig *hand*schriftlich abgefasst sein muss. Aus diesem Grund sollte auch die Bezeichnung der Patientenverfügung als Patienten*testament* vermieden werden.

jederzeit mögliche Widerruf einer Patientenverfügung formlos möglich ist, also auch mündlich, auch durch schlüssiges Verhalten.

(5) Noch wichtiger ist die Beschränkung der Wirksamkeit der Patientenverfügung auf *„bestimmte"* ärztliche Maßnahmen. Allgemeine Richtlinien für eine künftige Behandlung wie z. B: „Wenn ich einmal sehr krank bin, möchte ich würdevoll sterben dürfen." reichen nicht aus. Das Gleiche gilt für undifferenzierte Verfügungen wie „keine Apparatemedizin". Allerdings dürfen an diesen Bestimmtheitsgrundsatz keine übertrieben hohen Anforderungen gestellt werden, um die Patientenverfügung, die ja in vielen Fällen ohne juristischen Beistand verfasst wird, nicht zu entwerten.[4] Ausreichend bestimmt sind Verfügungen wie das Verbot des Legens einer PEG-Sonde oder von Reanimationsmaßnahmen oder die Untersagung künstlicher Ernährung und Beatmung sowie der Gabe von Antibiotika z. B. bei einer Lungenentzündung. *Dabei kann auch verfügt werden, dass bereits eingeleitete Maßnahmen (Medikamtengabe, künstliche Ernährung und Beatmung) abgebrochen werden sollen.*

(6) Die Bestimmung, die abgelehnte ärztliche Maßnahme dürfe *nicht unmittelbar bevorstehen,* gilt etwa, wenn zum Beispiel ein einwilligungsfähiger Patient vor einer gefährlichen Operation erklärt, im Fall eines Herzstillstandes wolle er nicht wiederbelebt werden. Aufgrund des unmittelbar Bevorstehens dieser Situation ist das kein Fall der Patientenverfügung mit der Rechtsfolge, dass diese Erklärung nicht dem für diese geltenden Bestimmungen unterliegt. Sie ist also nach allgemeinem bürgerlichen Recht ohne weiteres auch mündlich wirksam. Durch die Herausnahme dieser Fallgruppe aus dem Regelungsbereich der Patientenverfügung sollte dies einfach nur klargestellt und dadurch vermieden werden, dass eine solche Erklärung den Bestimmungen über die Patientenverfügung unterworfen und damit in ihrer Wirksamkeit infrage gestellt werden könnte.

Zwei Beispielfälle für Rechtsfragen bei Entscheidungen von Patienten gelegentlich unmittelbar bevorstehender ärztlicher Maßnahmen

---

Fall 40:

Bei einer Fortbildungsveranstaltung mit Ärzten wurde gefragt, wie vorzugehen sei bei einer Schwangeren, die aus grundsätzlichen Erwägungen vor der Geburt jeglichen operativen Eingriff abgelehnt hat, weil sie eine „natürliche Geburt" wolle, bei der während der Geburt aber eine sowohl für sie selbst als auch für das Kind unabweisbar vitale Indikation für einen Kaiserschnitt auftritt.

Die Antwort lautet, dass dies zunächst einmal kein Fall der Patientenverfügung ist, weil die Ablehnung der Geburt zeitlich unmittelbar vorausgegangen war. Die unerwarteten Geburtskomplikationen stellten aber eine Abweichung von der Situation dar, die die Gebärende bei Ablehnung jeglichen operativen Eingriffs vor Augen hatte. Für die jetzt eingetretene Situation ist die Ablehnung daher nicht bindend. Da im Höhepunkt der Geburtskrise mit unerwarteten

---

[4] Palandt-*Götz* § 1901a BGB Rdnr. 5.

Komplikationen die Gebärende nicht einwilligungsfähig ist, könnte von den Ärzten zum einen nach ihrem mutmaßlichen Willen entschieden werden. Dabei wird schwerlich anzunehmen sein, dass dieser dahin geht, notfalls müssten sie und das Kind eben versterben. Mangels aktuell noch wirksamer ausdrücklicher Operationsverweigerung käme alternativ eine Operation unter Notstandsgesichtspunkten, § 34 StGB, in Betracht.

Fall 41:

Bei einem Vortrag des Autors meldete sich eine etwa 70-jährige Zuhörerin, die einen körperlich und psychisch kerngesunden Eindruck machte. Sie trug vor, bei ihr sei unlängst eine Herzkatheteruntersuchung vorgenommen worden. Unmittelbar vor dieser Untersuchung habe sie erklärt, falls es in deren Verlauf zu einem Herzstillstand käme, wolle sie nicht wiederbelebt werden. Dieser Fall sei nicht eingetreten. Sie frage sich aber, ob die Ärzte ihrem Wunsch wohl entsprochen haben würden.

Wiederum kein Fall der Patientenverfügung. Anders als in dem zuvor dargestellten Fall würde hier aber keine unerwartete Abweichung vorgelegen haben von der Situation, die die Patientin bei Erklärung ihres Wiederbelebungsverbots vor Augen hatte. Dieses mithin wirksame ausdrückliche Reanimationsverbot kann auch nicht unter Rückgriff auf den Notstand aus § 34 StGB umgangen werden. Denn eine Behandlung gegen den ausdrücklichen aktuellen freien Willen des Patienten ist stets unzulässig. Somit hätten die Ärzte hier aus rechtlicher Sicht keine Reanimationsoption gehabt. Hätten sie angesichts des guten Allgemeinzustands der Patientin gleichwohl reanimiert, wäre das rechtswidrig gewesen – mit zivil- und strafrechtlichen Folgen. Die beste Lösung wäre es hier jedoch gewesen, der Patientin zu erklären, dass man zu diesen Bedingungen nicht zur Durchführung des Eingriffs bereit ist. Bei nicht akutem Handlungsbedarf steht dem Arzt die Ablehnung eines Eingriffs durchaus zu.

(7) Bedeutend dagegen wieder die Beschränkung des Wirksamkeitsbereichs der Patientenverfügung auf *ärztliche* Maßnahmen. Sie bedeutet, dass die sogenannte *Basispflege* nicht ausgeschlossen werden kann. Diese umfasst menschenwürdige Unterbringung, Zuwendung, Körperpflege, Lindern von Schmerzen, Atemnot und Übelkeit sowie Stillen von Hunger und Durst auf natürlichem Wege.[5]

Dabei darf das Stillen von Hunger und Durst auf natürlichem Wege nicht unter Zwang erfolgen. Es darf aber Essen und Trinken angereicht und auch zur Nahrungsaufnahme motiviert werden. Die auch schon vertretene Auffassung, bei Untersagung künstlicher Ernährung sei es lediglich erlaubt, das Essen hinzustellen, geht zu weit.

---

[5] *Lipp/Strasser* BtPrax 2012, 103, 104.

*Das Legen einer PEG-Sonde stellt dagegen auch dann eine ärztliche Maßnahme
dar, wenn es nicht der Medikamentenversorgung, sondern lediglich der Flüssig-
keits- und/oder Nahrungszufuhr dient. Damit kann durch Patientenverfügung
sowohl das Legen einer PEG-Sonde untersagt als auch die Entfernung einer bereits
gelegten PEG-Sonde gefordert werden.*

(8) Die Errichtung einer Patientenverfügung soll allein auf dem entsprechenden
Wunsch des Patienten beruhen. Aus diesem Grund bestimmt § 1901a IV BGB, dass
niemand hierzu verpflichtet oder die Vorlage einer Patientenverfügung zur Voraussetzung für einen Vertragsabschluss gemacht werden darf.

So darf weder ein Heim noch ein Palliativmediziner oder ein Hospiz seinen
Dienst von der Vorlage einer Patientenverfügung abhängig machen.

> Gefordert werden darf dagegen die Erteilung einer Vollmacht; insoweit sieht das Gesetz
> keine Einschränkung vor.

Die Vorschrift zielt insbesondere auch auf Kranken- und Lebensversicherungen,
denen es damit untersagt ist, den Abschluss eines Versicherungsvertrages an die
Errichtung oder Vorlage einer Patientenverfügung zu koppeln.

Entsprechend ist der mit Gesetz vom 17.07.2017[6] eingefügte § 1901a IV BGB
der den Betreuer oder Bevollmächtigten verpflichtet, den Betreuten „in geeigneten Fällen" auf die Möglichkeit einer Patientenverfügung hinzuweisen und ihn auf
dessen Wunsch hin (!) bei deren Erstellung zu unterstützen dadurch begrenzt, dass
auf den Betreuten keinerlei Druck in diese Richtung ausgeübt werden darf.

(9) Mit der Bestimmung des Gesetzes, dass eine Patientenverfügung unabhängig
von Art und Stadium einer Erkrankung errichtet werden kann, § 1901a I 1 am Ende
BGB, ist die früher vertretene Auffassung überholt, eine Patientenverfügung könne
nur für Situationen getroffen werden, in denen der Sterbevorgang schon unumkehr-
bar eingesetzt habe (präfinales oder finales Stadium). Das Selbstbestimmungsrecht
des Patienten erstreckt sich vielmehr auch auf das Recht, Behandlungen für künftige Erkrankungen auszuschließen, für deren Ausbrechen es noch keinerlei Symptome gibt und für Situationen die noch nicht präfinal oder final sind. Wirkung
entfaltet die Patientenverfügung aber, wie ausgeführt, immer erst nach Eintritt der
Einwilligungsunfähigkeit.

b) Prüfungsaufgabe von Betreuer/Bevollmächtigtem und Arzt

Ist Einwilligungsunfähigkeit eingetreten und (erst!) damit die Patientenverfügung
wirksam geworden, liegt in der Patientenverfügung eine rechtswirksam Entscheidung des Betreuten selbst. Er ist es der entschieden hat, es sind nicht der Betreuer,
die Angehörigen oder der Arzt, die entscheiden müssten oder auch nur könnten.

---

[6] BGBl. I S. 2426.

Der Betreuer (oder der Bevollmächtigte, § 1901a V BGB) *hat damit nur noch zu prüfen,* ob die in der Patientenverfügung umschriebene Lebens- und Behandlungssituation eingetreten ist, § 1901a I 1 BGB. Ziel dieser Prüfung ist es, dem *Willen des Patienten* zur Geltung und Umsetzung zu verhelfen.[7] Weiß der Betreuer, dass die Patientenverfügung widerrufen wurde (was formlos geht, auch mündlich) oder der Patient nicht mehr daran festhalten will, hat er auch das zu berücksichtigen, ebenso wenn ernstlich infrage steht, ob der Patient bei Abfassung der Patientenverfügung nicht erklärungsfähig war.

Die Fortgeltung des in der Patientenverfügung niedergelegten Willens könnte z. B. infrage stehen, wenn es neue Therapiemethoden gibt, die bei Abfassung der Patientenverfügung noch nicht bekannt waren. Hierunter gehört wohl auch der Fall, wenn die Patientenverfügung Beatmung untersagt, der Patient jetzt aber in Atemnot nach Luft ringt und dies durch Beatmung gelindert werden kann.

Bei all diesen Prüfungen darf der Betreuer aber nicht sein Ermessen an Stelle des Ermessens des Patienten setzen oder willkürliche Mutmaßungen über dessen aktuellen Willen anstellen. Für ein Nichtvorliegen der vom Patienten geschilderten Lebens- und Behandlungssituation müssen vielmehr *konkrete* Anhaltspunkte vorliegen.

(2) Außer dem Betreuer/Bevollmächtigten hat der behandelnde Arzt in eigener Verantwortung zu prüfen, welche ärztliche Maßnahmen bei dem betreffenden Patienten nach den Regeln der ärztlichen Kunst indiziert sind, § 1901b I 1 BGB. Maßstab dieser Prüfung ist *das Wohl des Patienten.*

Kommt bei dieser Prüfung der Arzt zu dem Ergebnis, dass keinerlei Indikation für weitere ärztliche Untersuchungen, Heilbehandlungen oder Eingriffe vorliegt, unterbleiben diese allein aufgrund fehlender Indikation. Eine medizinisch nicht indizierte Behandlung kann gegenüber dem Arzt nicht erzwungen werden, auch nicht, wenn dies dem Willen des Patienten entspricht.[8]

Bei der Prüfung geht es vor allem auch um die Diagnose und um die Prognose, die beide der in der Patientenverfügung bestimmten Lebens- und Behandlungssituation entsprechen müssen. Der Autor wurde einmal von einem erwachsenen Sohn eines Patienten angerufen, der am Vortag einen schweren Schlaganfall erlitten hatte, mit der Frage, wann denn jetzt die Maschinen abgestellt werden könnten. Hier konnte die Antwort nur lauten „jetzt jedenfalls nicht". Denn nach einem frischen Schlaganfall ist die Prognose regelmäßig ganz offen.

(3) Liegt an sich eine Indikation für weitere ärztliche Maßnahmen vor, erörtern nun der behandelnde Arzt und der Betreuer/Bevollmächtigte gemeinsam das weitere Vorgehen, soweit tunlich unter Beteiligung naher Angehöriger oder Vertrauenspersonen des Patienten, § 1901b I 2, II BGB.[9]

---

[7] *Dietl/Böhm* BtPrax 2012, 135, 139 letzter Absatz.

[8] Palandt-Götz § 1901a BGB Rdnr. 29 am Ende.

[9] Ein sehr anschauliches Fallbeispiel in *Bühler/Stolz* BtPrax 2009, 261.

Ist die Patientenverfügung wirksam und treffen die in ihr enthaltenen Bestimmungen nach *übereinstimmender* Auffassung des Betreuers und des behandelnden Arztes auf die aktuelle Lebens- und Behandlungssituation zu („Vier-Augen-Prinzip"), hat der Betreuer dafür zu sorgen, dass dem Willen des Patienten entsprochen wird, § 1901a I 2 BGB.

Es ist also nicht der Betreuer, der entscheidet, dass z. B. nicht reanimiert wird. Es ist der Patient, der dies entschieden hat. *Der Betreuer verhilft lediglich dieser Patientenentscheidung zu ihrer Umsetzung, weil der Patient selbst das nicht mehr kann.*

c) Preisgabe des Vier-Augenprinzips?

Coeppicus vertritt die Auffassung, die Mitwirkung eines Betreuers bei der Umsetzung einer Patientenverfügung sei im Grundsatz entbehrlich, weil eben der erklärte Wille des Patienten unmittelbar gelte. Auch ohne die Zwischenschaltung eines Betreuers seien nun einmal Behandlungen rechtswidrig, wenn die rechtlich erforderliche Einwilligung fehle und Behandlungsbegrenzungen rechtmäßig, wenn der Patient dies selbst wirksam so bestimmt habe. Die Erwähnung des Betreuers/ Bevollmächtigten in § 1901a BGB bedeute lediglich, dass der Gesetzgeber Regeln für das Handeln des Vertreters treffen wollte, wenn ein solcher vorhanden ist.[10]

In dieselbe Richtung scheint der mit Gesetz vom 20.02.2013 (BGBl. I S. 277) eingefügte neue § 630d BGB zu weisen:

§ 630d Einwilligung

(1) [1]Vor Durchführung einer medizinischen Maßnahme, insbesondere eines Eingriffs in den Körper oder die Gesundheit, ist der Behandelnde verpflichtet, die Einwilligung des Patienten einzuholen. [2]Ist der Patient einwilligungsunfähig, ist die Einwilligung eines hierzu Berechtigten einzuholen, soweit nicht eine Patientenverfügung nach § 1901a Absatz 1 Satz 1 die Maßnahme gestattet oder untersagt. [3]Weitergehende Anforderungen an die Einwilligung aus anderen Vorschriften bleiben unberührt. [4]Kann eine Einwilligung für eine unaufschiebbare Maßnahme nicht rechtzeitig eingeholt werden, darf sie ohne Einwilligung durchgeführt werden, wenn sie dem mutmaßlichen Willen des Patienten entspricht.
(2) Die Wirksamkeit der Einwilligung setzt voraus, dass der Patient oder im Fall des Absatzes 1 Satz 2 der zur Einwilligung Berechtigte vor der Einwilligung nach Maßgabe von § 630e Absatz 1 bis 4 aufgeklärt worden ist.
(3) Die Einwilligung kann jederzeit und ohne Angabe von Gründen formlos widerrufen werden.

In den Gesetzmaterialien finden sich insoweit folgende Ausführungen:

Hat der Patient für den Fall seiner Einwilligungsunfähigkeit Festlegungen zu seiner Einwilligung oder Untersagung bestimmter Behandlungen in einer Patientenverfügung (§ 1901a) getroffen, so gelten diese. Sofern der Behandelnde keine Zweifel daran hat, dass eine

---

[10] *Coeppicus* NJW 2013, 2393.

wirksame Patientenverfügung vorliegt, die auf die aktuelle Lebens- und Behandlungssituation zutrifft, wird er auf ihrer Grundlage entscheiden (§ 1901a Absatz 1 <BGB>).[11]

Von der Beteiligung eines Betreuers/Bevollmächtigten ist hier keine Rede mehr! Was § 630d I 3 BGB angeht:

Weitergehende Anforderungen an die Einwilligung aus anderen Vorschriften bleiben unberührt.

verweisen die Gesetzesmaterialien immerhin u. a. auf § 1904 BGB, in dessen Absatz 4 die Entbehrlichkeit einer gerichtlichen Genehmigung einer Therapiebegrenzung von der Einhaltung des „Vier-Augen-Prinzip" Betreuer/Bevollmächtigter einerseits und Arzt andererseits abhängig gemacht wird.

> § 630d BGB muss im Kontext mit §§ 1901a, 1904 II, IV BGB gesehen werden. Seine missverständliche Abfassung bietet keinen Grund für die Annahme, dass „durch die Hintertür" das Vieraugenprinzip des § 1904 IV BGB aufgegeben oder auch nur eingeschränkt werden sollte.

Bei der Patientenverfügung handelt es sich um eine aufschiebend bedingte Willenserklärung. Da muss es schon einen geben, der prüft, ob die aufschiebende Bedingung eingetreten ist. Die Aufgabe einer solchen Prüfung wäre auch im Hinblick auf die unvermeidlichen Unschärfen von Patientenverfügungen (s. oben S. 154) bedenklich. Diese Unschärfen nämlich sind es, die die Möglichkeit einer Korrektur durch Mitwirkung eines Betreuers/Bevollmächtigten erfordern für den Patienten, der sich, ist der Verfügungsfall erst einmal eingetreten, ja selbst nicht mehr äußern kann. Dass von dieser Mitwirkung zurückhaltend, unter Respekt vor dem in der Patientenverfügung niedergelegten Willen, Gebrauch gemacht werden muss, wurde bereits dargestellt. *Eine völlige Preisgabe jeglicher Korrekturmöglichkeit durch einen Betreuer/Bevollmächtigten aber wird den Besonderheiten der Patientenverfügung nicht gerecht.*

d) Verzögerungen bei der Umsetzung des in der Patientenverfügung niedergelegten Patientenwillens

Eigentlich ist es ja ganz klar: Wenn Betreuer/Bevollmächtigter und Arzt übereinstimmend zu dem Ergebnis kommen, dass der in der Patientenverfügung umschriebene Fall eingetreten ist, „hat" der Betreuer dem in der Patientenverfügung

---

[11] BT-Drs 17/10488 S 23 f.

niedergelegten Willen Ausdruck und Geltung zu verschaffen, § 1901a I 2 BGB. Das gilt ebenso für den Bevollmächtigten, § 1901a V BGB.

Gerade dem Patienten nahestehende Betreuer/Bevollmächtigte können aber bei der Umsetzung einer auf Behandlungsabbruch gerichteten Patientenverfügung in erhebliche eigene persönliche Probleme geraten. Auch die medizinische Diagnose und vor allem Prognose sind bisweilen schwer zu stellen. Der Fall „*Franziska Salver*"[12] verdeutlicht Probleme, die trotz Patientenverfügung auftreten können.

Fall 42:

Franziska Salver (Name geändert), ehemalige Oberärztin, befindet sich nach einem Schlaganfall mit anschließender Hirnblutung in einem Zustand schwerer geistiger Behinderung, der nach neurologischem Urteil mit hoher Wahrscheinlichkeit dauerhaft ist. Sie ist nicht mehr kommunikationsfähig, signalisiert aber Abwehr gegen medizinische und pflegerische Maßnahmen. Manchmal weint sie. Sie ist mit einer PEG-Sonde versorgt. Sie hat eine Patientenverfügung verfasst, in der sie u. a. bestimmt hat, dass lebenserhaltende Maßnahmen unterbleiben sollen, wenn „ … die Wahrscheinlichkeit dafür spricht, dass ich eine schwere Dauerschädigung meines Gehirns davontrage, die mir ein menschenwürdiges Dasein nicht mehr erlaubt." „In guten Tagen" hat sie ihre beste Freundin bevollmächtigt, ihren in der Patientenverfügung enthaltenen Willen für sie durchzusetzen. Zunächst erscheint fraglich, ob *Franziska Salver* ihren jetzigen Zustand als menschenwürdiges Dasein im Sinne ihrer Patientenverfügung beurteilt hätte. Daraufhin durchgeführte Befragungen in dem Krankenhaus, in dem sie gearbeitet hat, ergeben, dass sie nach Visiten immer wieder gesagt hat, so wie dieser oder jener Patient wolle sie nicht enden. Das habe sich nicht nur auf Koma-Patienten bezogen. Aus alledem wird die Überzeugung abgeleitet, dass *Franziska Salver* genau den Zustand, in dem sie sich jetzt befindet, für nicht menschenwürdig hält, obwohl sie sich weder im eigentlichen Sterbeprozess befindet, noch ohne Bewusstsein ist. Gleichwohl scheut sich die als Bevollmächtigte eingesetzte Freundin, den Behandlungsabbruch durchzusetzen: Sie hofft, dass es vielleicht doch noch besser wird. Auf Rat der Ethikkommission wendet sich Frau *Salvers* Freundin nun an das Vormundschaftsgericht. Der Betreuungsrichter gibt erst nach langem Zögern und Einholung eines weiteren ärztlichen Gutachtens die Genehmigung, die Kalorienzufuhr allmählich zu reduzieren und schließlich nur noch Flüssigkeit zu geben. Sechs Wochen später stirbt die Patientin. Seit dem Schlaganfall waren vier Jahre vergangen.

Hier lag zwar eine Patientenverfügung vor, aber *die als Bevollmächtigte eingesetzte beste Freundin der Patientin zögerte, in den Behandlungsabbruch einzuwilligen.* Sie hoffte immer noch auf Besserung. An diesem Fall werden die zwangsläufigen Schwächen jeder Patientenverfügung deutlich. Zum einen die Frage, ob der aktuelle

---

[12] Fallbeispiel im Internet abgelegt gewesen unter www.chrismon.de/ctexte/2003/6/6-2.html.

Zustand der Patientin voraussichtlich dauerhaft sein wird. Das ist keine juristische Fragestellung, sondern eine medizinische – und oftmals nicht schnell zu beantworten. Zum zweiten die Frage, ob der Zustand in dem sich die Patientin befindet, einem menschenwürdigen Leben entspricht, ein wohl vor allem ethisches Problem. Und drittens das (menschlich verständliche und auch ethisch nicht zu beanstandende) Zögern der Bevollmächtigten: dies machte weitere Ermittlungen erforderlich mit der zwangsläufigen Folge zeitlicher Verzögerung.

> Dabei stand ja hier, ganz im Sinne der Vermeidung von Betreuungen, eine Bevollmächtigte zur Verfügung und auch noch die beste Freundin der Patientin, als eine Person ihres ganz besonderen Vertrauens, die sie zudem mutmaßlich jahre- oder jahrzehntelang sehr gut kannte.

Soweit es am Ende der Fallbeschreibung heißt, seit dem Schlaganfall seien vier Jahre vergangen, muss der hier anklingende Vorwurf hinterfragt werden. Da war das Zögern der bevollmächtigten Vertrauten. Kann man ihr das vorwerfen? Hätte das vermieden werden können? Und da ist das zusätzlich Zeit kostende Verfahren des Gerichts. Es kann kaum beanstandet werden, dass dieses zunächst zu ermitteln versuchte, ob der Zustand der Patientin aus ihrer Sicht menschenunwürdigem Leben entsprach. Der zusätzlich Zeit und Geld kostende Einsatz eines Verfahrenspflegers wird in derlei Fällen zwar nicht von allen Betreuungsrichtern eingehalten, von den Obergerichten aber durchaus verlangt.[13] Schließlich ist der Fallbeschreibung nicht zu entnehmen, wie viel Zeit überhaupt schon vergangen war, als das Gericht erstmals mit der Sache befasst wurde.

e) Der Konfliktfall

In dem vorstehend dargestellten Fall *Franziska Salver* dürfte es sich im Übrigen um einen Konfliktfall gehandelt haben, also eine Uneinigkeit von Betreuer/Bevollmächtigtem und Arzt, dass der Verfügungsfall eingetreten ist. Das ist nicht eben häufig, er kommt aber vor. Hierzu folgender Beispielfall, entsprechendes ist dem Autor bereits mehrfach begegnet:

Fall 43:

Die Patientin gerät seit längerer Zeit immer wieder ins Koma, ihr Allgemeinzustand ist stark reduziert. Die Berufsbetreuerin ist in Urlaub, ihr Ehemann ist aufgrund einer Vollmacht vertretungsbefugt. Die Einrichtung, in der die Patientin gepflegt wird, bedrängt den Ehemann, er solle doch endlich von seiner Entscheidungsbefugnis Gebrauch machen und einem Behandlungsabbruch zustimmen. Der Ehemann ist hierzu nicht bereit, weil er noch Hoffnung hat.

---

[13] z. B. OLG Karlsruhe, BtPrax 2004, 202.

Ohne auf die (vorhandene) Patientenverfügung einzugehen ist in jedem Fall anzumerken, dass es weder der Einrichtung noch dem Arzt ansteht, den Bevollmächtigten/ Betreuer zu bedrängen. Es liegt ein klassischer Konfliktfall vor, in dem die Umsetzung der Patientenverfügung der richterlichen Genehmigung bedarf, § 1904 IV, II BGB.

Fall 44:

Eine Berufsbetreuerin wird von einem Arzt aufgefordert, doch endlich einem Behandlungsabbruch zuzustimmen. Die Berufsbetreuerin, die die Sache eben erst übernommen hat, will keine schnelle Entscheidung treffen. Daraufhin wird sie vom Arzt attackiert, sie entziehe sich ihrer Mitverantwortung.

Eine auf Behandlungsabbruch abzielende Entscheidung ist nicht eilbedürftig. Der Tod kann warten. Die Entwicklung hin zur Patientenverfügung wurde angestoßen, durch Patienten, die im Koma und bei aussichtsloser Prognose jahrelang künstlich ernährt wurden und, nach damaliger Rechtsauffassung, ernährt werden mussten. Es ging nicht um einen schnellen Tod, sondern um die Möglichkeit, wenn keinerlei Therapiemöglichkeit mehr besteht Patienten sterben lassen zu dürfen. Der Betreuer soll nicht den Willen des Patienten manipulieren und dies auch nicht mutwillig hinauszögern, aber er soll verantwortlich entscheiden und das kann Zeit kosten.

Wenn der Arzt ohne Zustimmung des Betreuers *die Behandlung abbrechen will, liegt ein Konfliktfall vor. Hierfür den Betreuer zu attackieren ist weder angemessen noch zielführend. Nötigenfalls kann der Arzt auf eine richterliche Genehmigung hinwirken.*

f) Folgerungen für die Abfassung von Patientenverfügungen

Die Patientenverfügung sollte zunächst die Situationen umschreiben, für die sie gelten soll: Sterbephase, dauernder Verlust der Kommunikationsfähigkeit, dauernder Bewusstseinsverlust, dauerndes Koma.

Für die genannten Situationen können dann Bestimmungen zu Einleitung, Umfang und Beendigung *bestimmter* ärztlicher Maßnahmen getroffen werden, etwa weitere Chemotherapie, künstliche Ernährung, Reanimation, antibiotische Behandlung bei etwaiger Lungenentzündung. Um in Situationen, die von der Verfügung nicht umfasst sind, den mutmaßlichen Willen besser ermitteln zu können, sollten auch Lebenseinstellungen und religiöse Überzeugungen mitgeteilt werden.

Eine Patientenverfügung sollte möglichst aufgrund eines eingehenden Aufklärungsgesprächs mit einem behandelnden Arzt verfasst und von diesem mit unterzeichnet werden.[14] *Damit steht dieser erforderlichenfalls auch für Rückfragen bei Unklarheiten zur Verfügung.*

---

[14] Ebenso mit Nachdruck auch *Lipp/Strasser* BtPrax 2012, 103, 106.

Diese bereits in den Vorauflagen gegebene Empfehlung ist angesichts des Bestimmtheitsgrundsatzes noch wichtiger geworden: Um bestimmte Maßnahmen begrenzen oder ausschließen zu können, muss man erst einmal wissen, was konkret überhaupt in Betracht kommt. Aus diesem Grund ist für die Abfassung einer wirksamen Patientenverfügung die Beteiligung eines behandelnden Arztes wichtiger als die notarielle Beurkundung. Auch wenn die Patientenverfügung beim Notar erstellt wird, sollte eine vorherige ärztliche Beratung erfolgen und deren Ergebnisse sowie der Name des beratenden Arztes in die Patientenverfügung aufgenommen werden.

Ungeachtet der nach alledem erforderlichen Individualität jeder Patientenverfügung werden als Denkanregung nachstehend folgende Beispielsituationen für den möglichen Inhalt einer Patientenverfügung genannt:[15]

Wenn

- ich mich aller Wahrscheinlichkeit nach unabwendbar im unmittelbaren Sterbeprozess befinde,
- ich mich im Endstadium einer unheilbaren, tödlich verlaufenden Krankheit befinde, selbst wenn der Todeszeitpunkt noch nicht absehbar ist.
- in Folge einer Gehirnschädigung meine Fähigkeit, Einsichten zu gewinnen, Entscheidungen zu treffen und mit anderen Menschen in Kontakt zu treten, nach Einschätzung zweier erfahrener Ärztinnen oder Ärzte (*können namentlich benannt werden*) aller Wahrscheinlichkeit nach unwiederbringlich erloschen ist, selbst wenn der Todeszeitpunkt noch nicht absehbar ist. Dies gilt für direkte Gehirnschädigung z. B. durch Unfall, Schlaganfall oder Entzündung ebenso wie für indirekte Gehirnschädigung z. B. nach Wiederbelebung, Schock oder Lungenversagen. Es ist mir bewusst, dass in solchen Situationen die Fähigkeit zu Empfindungen erhalten sein kann und dass ein Aufwachen aus diesem Zustand nicht ganz sicher auszuschließen, aber unwahrscheinlich ist.
- in Folge eines weit fortgeschrittenen Hirnabbauprozesses (z. B. bei Demenzerkrankung) auch mit ausdauernder Hilfestellung nicht mehr in der Lage bin, Nahrung und Flüssigkeit auf natürliche Weise zu mir zu nehmen.
- Eigene Beschreibung der Anwendungssituation:
  [Anmerkung: Es sollten nur Situationen beschrieben werden, die mit einer Einwilligungsunfähigkeit einhergehen können.]

Es gibt im Internet inzwischen wohl Hunderte von Formularen für Patientenverfügungen. Sie sind durchweg brauchbar. Viele sehen Felder zum Ankreuzen vor, hier ist besondere Sorgfalt beim Ausfüllen erforderlich.[16]

---

[15] Aus dem Bericht der von der Bundesregierung eingesetzten Arbeitsgruppe „Patientenautonomie am Lebensende" unter Leitung von Vorsitzendem Richter am Bundesgerichtshof a. D. *Klaus Kutzer* vom 10.06.2004, im Internet abgelegt gewesen unter www.bmj.de/media/archive/695.pdf.

[16] *Gegen* die Verwendung von Ankreuzformularen und statt dessen für individuelle Erstellungen von Patientenverfügungen *Lipp/Strasser* BtPrax 2012, 103, 106.

Nachfolgend ein Entwurf des Autors:

Patientenverfügung:
Ich bestimme hiermit für den Fall, dass ich meinen Willen nicht mehr bilden
oder verständlich äußern kann:
Wenn meine Fähigkeit mit anderen Menschen in Kontakt (sei es auch nur
durch Gesten oder mit den Augen) zu treten, nach Einschätzung zweier erfahrener Ärzte aller Wahrscheinlichkeit nach unwiederbringlich erloschen ist,
treffe ich, selbst wenn der Todeszeitpunkt noch nicht absehbar ist, folgende
Festlegungen:

1. Es sollen alle lebenserhaltenden Maßnahmen unterlassen werden.
2. Hunger und Durst sollen auf natürliche Weise gestillt werden, gegebenenfalls mithilfe bei der Nahrungs- und Flüssigkeitsaufnahme. Ich wünsche
   fachgerechte Pflege von Mund und Schleimhäuten sowie menschenwürdige Unterbringung, Zuwendung, Körperpflege und das Lindern von
   Schmerzen, Atemnot, Übelkeit, Angst, Unruhe und anderer belastender
   Symptome.
3. Ich erwarte eine fachgerechte Schmerz- und Symptombehandlung. Wenn
   alle sonstigen medizinischen Möglichkeiten zur Schmerz- und Symptom-
   kontrolle versagen, sollen bewusstseinsdämpfende Mittel zur Beschwer-
   delinderung eingesetzt werden. Dabei nehme ich die Möglichkeit einer
   ungewollten Verkürzung meiner Lebenszeit durch schmerz- und symptom-
   lindernde Maßnahmen in Kauf.
4. Eine künstliche Ernährung soll unabhängig von der Form der künstlichen
   Zuführung der Nahrung (z. B. Magensonde durch Mund, Nase oder Bauchdecke, venöse Zugänge) nicht erfolgen. Die künstliche Flüssigkeitszufuhr
   soll nach ärztlichem Ermessen reduziert werden.
5. Wiederbelebungsmaßnahmen und künstliche Beatmung sollen unterbleiben, eine schon eingeleitete Beatmung soll eingestellt werden, unter der
   Voraussetzung, dass ich Medikamente zur Linderung der Luftnot erhalte.
   Die Möglichkeit einer Bewusstseinsdämpfung oder einer ungewollten Verkürzung meiner Lebenszeit durch diese Medikamente nehme ich in Kauf.
6. Wenn eine Betreuung erforderlich ist, sollen als Betreuer

   …

   eingesetzt werden und zwar jeweils alleinvertretungsbefugt. Sie sollen insbesondere dafür sorgen, dass mein in dieser Patientenverfügung enthalte-
   ner Wille umgesetzt wird.

… , den …

– Unterschrift –   – Unterschrift des/der Zeugen –
– Bestätigungsvermerk des behandelnden Arztes –

g) Verbindung von Patientenverfügung, Betreuungsverfügung und (Vorsorge-)Vollmacht

Ungeachtet des jeweils unterschiedlichen Regelungsgegenstands können Patientenverfügung, Betreuungsverfügung und (Vorsorge-)Vollmacht in einem einheitlichen Schriftstück zusammengefasst werden. Dafür spricht, dass alle drei Erklärungen im Wesentlichen dieselbe Situation betreffen, nämlich die nach Verlust der eigenen Einwilligungsfähigkeit.

h) Form und Aufbewahrung von Patientenverfügungen; Registrierung

Ebenso wie Betreuungsverfügung, (Vorsorge-)Vollmacht und Testament sollte auch die Patientenverfügung *so aufbewahrt werden, dass sie im Ernstfall auch aufgefunden wird.* Es kann sich zum Beispiel anbieten, eine Kopie der Patientenverfügung einer persönlichen Vertrauensperson oder auch dem Hausarzt auszuhändigen und dabei auch mitzuteilen, wo sich das Original befindet. Stattdessen oder zusätzlich kann man in Brieftasche, Ausweismappe oder Geldbeutel einen Zettel einlegen, dass eine Patientenverfügung existiert und wo sie sich befindet oder wer weitere Auskunft geben kann.

Patientenverfügungen, die zugleich eine Vorsorgevollmacht *oder* eine Betreuungsverfügung enthalten,[17] kann man registrieren lassen bei der

> Bundesnotarkammer
> - Zentrales Vorsorgeregister -
> Postfach 08 01 51
> 10001 Berlin.

Aus § 1 II VRegV folgt, dass dies auch für privatschriftlich, also nicht öffentlich beglaubigte oder notariell beurkundete Verfügungen.

Die Registrierung ist auch online möglich. Wegen Einzelheiten, auch zu den (einmaligen) Kosten, bei Online-Registrierung von für Privatpersonen grundsätzlich 13 €, siehe die Homepage des Zentralen Vorsorgeregisters www.vorsorgeregister.de.

3. Die fehlende oder die formunwirksame schriftliche Patientenverfügung

Auch der Fall, dass eine Patientenverfügung fehlt oder dass sie unwirksam ist (etwa weil der Verfügende nicht mehr einwilligungsfähig war, sie nicht schriftlich erstellt oder der Bestimmtheitsgrundsatz nicht eingehalten ist) oder dass die Bestimmungen

---

[17] § 1 I Nr. 6, § 10 Vorsorgeregister-Verordnung (VRegV) vom 21.02.2005, BGBl. I S. 318, zuletzt geändert durch Gesetz vom 18.02.2013, BGBl. I S. 266.

der Patientenverfügung auf die aktuelle Situation nicht zutreffen, ist im Gesetz geregelt, § 1901a II BGB.

In diesen Fällen ist nach dem mutmaßlichen Willen des Betreuten zu fragen und, falls dieser zureichend sicher festgestellt werden kann, diesem zu entsprechen. Rechtlich ist der Unterschied, dass hier nicht der Patient entscheidet, da dies ja nur durch eine wirksame und schriftliche Patientenverfügung möglich ist, sondern der Betreuer.

a) Die Ermittlung des mutmaßlichen Willens des Patienten

Hauptregel ist, dass der mutmaßliche Willen des Patienten aufgrund konkreter *Anhaltspunkte zu ermitteln ist § 1901a II 2 BGB.* Grundlage der Entscheidung soll sein der so gut wie möglich ermittelte mutmaßlich wirkliche Willen des Patienten und nicht reine Mutmaßungen, Spekulationen, über diesen Willen.

Für die Ermittlung konkreter Anhaltspunkte für den Patientenwillen darf, ja muss, auch die mangelbehaftete Patientenverfügung herangezogen werden, soweit sie hierzu Auskunft gibt. Weiter zu berücksichtigen sind insbesondere frühere mündliche oder schriftliche Äußerungen, seine (*nicht:* des Betreuers!) ethische oder religiöse Überzeugungen und sonstige persönliche Wertvorstellungen des Betreuten, § 1901a II 3 BGB. Soweit dies ohne erhebliche Verzögerung möglich ist, soll auch nahen Angehörigen und sonstigen Vertrauenspersonen des Betreuten Gelegenheit zur Äußerung gegeben werden, § 1901b II BGB.

Reicht das Ergebnis der Ermittlungen für die sichere Feststellung des mutmaßlichen Patientenwillens nicht aus, hat die Entscheidung sich am Wohl des Patienten zu orientieren, wobei im Zweifel dem Schutz des Lebens, also der Fortführung der indizierten Maßnahmen der Vorrang einzuräumen ist, BGH BtPrax 2016, 187 unter Bezugnahme auf BT-Drucks. 16/8442 S. 16.

b) Die Entscheidung des Betreuers

Anders als bei der wirksamen Patientenverfügung liegt in all diesen Fällen keine zureichende eigene Entscheidung des Patienten über Weiterführung oder Unterlassung ärztlicher Maßnahmen vor. Damit beschränkt sich hier die Aufgabe des Betreuers hier nicht darauf, die bereits getroffene Entscheidung des Betreuten umzusetzen, *hier muss er selbst entscheiden,* § 1901a II 1 BGB.

---

4. Unzureichende Erörterung einer Umstellung auf palliative Behandlung als ärztlicher Behandlungsfehler

Nach einer Entscheidung des OLG München vom 21.12.2017, 1U 454/17, kann es einen ärztlichen Behandlungsfehler darstellen, wenn der Arzt es unterlässt, die Fortsetzung einer künstlichen Ernährung im Stadium der finalen Demenz oder deren Beendigung mit Umstellung des Behandlungsziels auf rein palliative Versorgung mit der Folge eines alsbaldigen Todes des Patienten gründlich mit dem Betreuer zu erörtern. Unterlässt er dies, stellt dies einen Behandlungsfehler dar, der Schadenersatz- und Schmerzensgeldansprüche auslösen kann.

Mit dieser Ausdehnung der ärztlichen Aufklärungspflicht trägt das OLG München der gegenüber dem Betreuer höheren Sachkompetenz des Arztes Rechnung, die er im Sinne des die Patientenverfügung tragenden Selbstbestimmungsrechts des Patienten mit dem Betreuer kommunizieren *muss*. Das bedeutet freilich nicht, dass der Arzt anstelle des Betreuers entscheiden oder den Betreuer zu einer Entscheidung in eine bestimmte Richtung drängen muss. Aber der Betreuer muss vermittelt bekommen, dass möglicherweise eine Entscheidung von ihm zu treffen ist und welche Umstände für diese bedeutsam sind.

Bleiben Arzt und Betreuer unterschiedlichere Auffassung, kann jeder von ihnen das Betreuungsgericht einschalten (Konfliktfall, sie nachfolgender Abschnitt 5).

5. Die Beteiligung des Betreuungsrichters

a) Grundsatz

In Weiterführung der Entscheidung des BGH vom 17.03.2003[18] ist nunmehr in § 1904 IV BGB gesetzlich geregelt, dass der Betreuungsrichter bei auf Therapiebegrenzung gerichteten Entscheidungen, *nicht* zu beteiligen ist, wenn Betreuer und Arzt sich einig sind, dass die angestrebte Entscheidung dem Willen des Patienten entspricht.

Das gilt gleichermaßen beim Vorliegen einer wirksamen Patientenverfügung im Sinne § 1901a I BGB wie bei der Ermittlung des mutmaßlichen Patientenwillens ohne wirksame Patientenverfügung, § 1901a II BGB. Denn zunächst schreibt § 1901b BGB für *beide* Fälle die Beteiligung des Arztes vor, also das 4-Augen-Prinzip. Sodann bestimmt § 1904 IV BGB wiederum für *beide* Fälle, dass bei Einvernehmen zwischen Arzt und Betreuer/Bevollmächtigtem keine richterliche Genehmigung erforderlich ist.

Zur Einschaltung des Betreuungsrichters kommt es aber weiterhin stets dann, wenn in diesem Punkt keine Übereinstimmung zwischen Arzt und Betreuer erzielt wird (*„Konfliktfall"*).

Vor Inkrafttreten des 3. BtÄndG und des FamFG kam es im Dezernat des Autors zu einem solchen Konfliktfall (mit unterschiedlicher Auffassung zweier Ärzte), ohne dass eine Patientenverfügung vorlag. Die Entscheidung erging dahin, dass der Aufgabenkreis der Betreuerin um den Teilaufgabenkreis Vertretung der Betreuten bei der Einwilligung in das Legen einer PEG-Sonde gekürzt und für diesen Teilaufgabenkreis ein (Berufs-)Betreuer eingesetzt wurde.

---

[18] NJW 2003, 1588 = BtPrax 2003, 123.

Aus den Gründen[19]:

Fall 45:

Die Betreute, die in 3 Tagen 97 Jahre alt wird, war seit längerer Zeit mit einer PEG-Sonde versorgt. Als diese schadhaft wurde, sollte diese PEG-Sonde im Kreiskrankenhaus S. ausgewechselt werden. Die Entfernung der alten PEG-Sonde gestaltete sich schwierig, gelang jedoch. In dieser Phase schlug der Stationsarzt den Angehörigen vor, von dem Legen einer neuen PEG-Sonde abzusehen. Die Hausärztin hält dies für falsch. Nach dem Ergebnis der Ermittlungen des Gerichts ist die Betreuerin nicht bereit, dem Legen der neuen PEG-Sonde zuzustimmen. Dies wäre im vorliegenden Fall aber so schwer rechtswidrig, dass diese Entscheidung aus der Zuständigkeit der bisherigen Alleinbetreuerin herauszunehmen und einem weiteren, außenstehenden, Betreuer zu übertragen war. ...

Als Kriterien, bei deren Vorliegen ein Abbruch der Ernährung mit absehbar und ja auch gewollt tödlichem Ausgang in Betracht kommen kann, werden aus *ärztlicher* Sicht genannt[20] (1) irreversible Bewusstlosigkeit und Kommunikationsunfähigkeit, (2) Schwerstpflegebedürftigkeit, (3) künstliche Aufrechterhaltung von Nahrungsaufnahme und Atemluft sowie künstliche Aufrechterhaltung der Ausscheidungsfunktion. Schließlich muss (4) bei Beendigung der künstlichen Unterstützung der Vitalfunktionen ein rasches Ableben des Betreuten zu erwarten sein. Aus *juristischer* Sicht müssen vorliegen der ausdrücklich erklärte oder wenigstens der mutmaßliche Wille des Betreuten.

Schon die genannten *medizinischen* Kriterien liegen hier nicht vor. Die Betreute ist nicht irreversibel bewusstlos, die Kommunikationsfähigkeit ist nicht gänzlich aufgehoben. So konnte sie in der letzten Woche noch auf Aufforderung der Hausärztin beim Anlegen der Blutdruckmanschette mitarbeiten, erklärte auf Befragen eine Heimmitarbeiterin im Beisein des Richters, Erdbeerkuchen zu bevorzugen, wenn sie zwischen diesem und Salzhering zu entscheiden hätte und lacht nach dem Bekunden der Ärztin und des Heimpersonals mit einer bestimmten Altenpflegerin. Die Betreute ist nicht schwerstpflegebedürftig, sie ist in Pflegestufe 2 eingestuft. Das Atmen und die normale Ausscheidungsfunktion funktionieren normal. Damit ist auch mit einem schnellen Ableben bei Unterlassung der weiteren Unterstützung der Ernährung über eine PEG-Sonde nicht zu rechnen.

Ein erklärter Wille zu der Frage des Abbruchs der Ernährung liegt nicht vor, nach übereinstimmender Einschätzung sowohl des Richters wie auch der Angehörigen ist sie krankheitsbedingt aktuell nicht mehr in der Lage, einen solchen Willen zu erklären.

Für einen mutmaßlichen Willen nach Abbruch der Ernährung gibt es keine Anhaltspunkte. Die Betreute nimmt ja durchaus noch Nahrung über den Mund auf. Das indiziert den Willen, zu essen und zu leben. Auch sonstige Hinweise für

---

[19] AG Nidda 6 XVII 358/02.
[20] *Bühler/Stolz* FamRZ 2003, 1633.

aktuelle Todessehnsucht waren nicht festzustellen. Der entscheidende Richter hat vergleichbare Patienten gesehen, die das Essen förmlich verweigert haben, den Löffel, den Becher weggestoßen haben. So ist es hier nicht. Die Betreute kann wegen Schluckschwierigkeiten nur nicht genug Nahrung und vor allem Flüssigkeit aufnehmen. Das ist aber etwas ganz anderes als fehlender Wille zur Nahrungsaufnahme. Neben Nahrungsverweigerung und Todessehnsucht kommt als weiteres Kriterium für einen mutmaßlichen Willen, die Ernährung möge abgebrochen werden, dauerhafter schwerer Schmerz in Betracht. Auch davon kann hier keine Rede sein. Die Betreute hat keinerlei Dauermedikation, weder zur Herzstärkung, noch zur Schmerzbekämpfung. Sie macht auch bei den Besuchen des Richters bei ihr keinen schwer leidenden Eindruck. So schläft sie ruhig und lässt sich, ohne das Schmerzen aufträten, aufwecken. ...

Das Gericht verkennt nicht und, wie die Literatur belegt, auch die Ärzteschaft ist sich bewusst, dass die zum Teil ja auch beängstigenden Fortschritte der Medizin in immer mehr Einzelfällen den Abbruch ärztlicher Behandlung gebieten können. Die Angst davor, nicht leben zu können und nicht sterben zu dürfen, muss ernst genommen werden. Im vorliegenden Fall liegen praktisch gar keine Anhaltspunkte dafür vor, dass sich die Betreute in einer solchen Situation befindet.

Das Gebot des effektiven Schutzes des Lebens der Betreuten aus Artikel 2 des Grundgesetzes gebietet daher, die Frage der Einwilligung des Legens einer PEG-Sonde aus der Verantwortung der bisherigen Alleinbetreuerin herauszunehmen und hierfür einen weiteren, außenstehenden, Betreuer einzusetzen.

Da die Betreute bereits exsikkiert ist, ist Gefahr im Verzuge, sodass gemäß § 69 a Abs. 3 Satz 2 FGG[21] die sofortige Wirksamkeit dieser Entscheidung anzuordnen war.

In den Konfliktfällen, in allein denen der Betreuungsrichter noch beteiligt wird, gelten seit Inkrafttreten des FamFG folgende Verfahrensregeln:

Der Betreuungsrichter hat die Beteiligten, das sind praktisch in erster Linie die Angehörigen, anzuhören, § 298 I 2 FamFG. Da persönliche Anhörung nicht vorgeschrieben ist, kann das auch schriftlich geschehen.

Der Betreute ist persönlich anzuhören, 298 I 1 FamFG, was sich als ein bloßes Aufsuchen darstellt, weil dessen Einwilligungsunfähigkeit Voraussetzung der zu treffenden Entscheidung ist. Immerhin gewinnt der Betreuungsrichter dabei einen persönlichen Eindruck von dieser Einwilligungsunfähigkeit vom Maß seines Leidens, für seine Teilhabe oder sogar Freude am Leben oder, im gegenteiligen Fall, für Therapiemüdigkeit bis hin zur Todessehnsucht.

Als Kompensierung der nicht mehr möglichen eigentlichen Anhörung des Betreuten ist stets ein Verfahrenspfleger zu beteiligen, § 298 II FamFG. Weiter ist ein Sachverständigengutachten einzuholen, wobei Sachverständiger nicht der behandelnde Arzt sein soll, § 298 III FamFG.

---

[21] Das Vorgängergesetz des FamFG.

b) Betreuungsrichterliche Beschlüsse in Sonderfällen

Fall 46:

Ein Patient liegt seit vielen Monaten in einem Pflegeheim im Koma. Mit seinem Wiedererwachen ist nicht mehr zu rechnen. Es kommt immer wieder vor, dass er in der Nacht kollabiert, worauf der Nachtdienst den Notarzt ruft und dieser den Patienten in ein Krankenhaus einweist. Am nächsten oder übernächsten Tag wird er jeweils wieder in das Heim zurückgebracht. Seine Ehefrau, die auch als seine Betreuerin eingesetzt ist, möchte im Einvernehmen mit dem behandelnden Arzt erreichen, dass ihrem Mann diese kurzfristigen Krankenhauseinweisungen, die ihn jeweils sehr anstrengen und von denen er völlig erschöpft zurückkommt, künftig erspart bleiben. Eine Patientenverfügung liegt nicht vor.

In diesem Fall hätte an sich auch ohne bindende Patientenverfügung das Einvernehmen der Betreuerin mit dem behandelnden Arzt ausgereicht, künftig die Krankenhauseinweisungen zu unterbinden, § 1901a II BGB; einer Beteiligung des Betreuungsrichters bedurfte es nicht, § 1904 IV BGB. Auf Bitte der Ehefrau wurde die Berechtigung zu diesem Vorgehen gleichwohl durch betreuungsrichterlichen Beschluss festgestellt. Die Tochter hatte schriftlich ihr Einvernehmen erklärt, mit Ehefrau, behandelndem Arzt und Pflegepersonal fand ein Erörterungstermin statt. Mit dem Ehemann war keine Verständigung möglich. Dem Vernehmen nach ist durch das nunmehrige Vorliegen des richterlichen Beschlusses das Problem gelöst.

Es ist die Frage, wer im Heim, das ja eigentlich über alle Fakten verfügt, jeweils den Notarzt gerufen hat. Es ist wohl die typische Nachtdienstproblematik, bei der die Nachtbereitschaft den Patienten und seinen Hintergrund dann doch nicht kennt und dann den Notarzt holt, dem Patient und Hintergrund ebenso unbekannt sind wie der Betreuerin, mit der er natürlich zur Nachtzeit das vorgeschriebene (!) Einvernehmen mit ihr nicht herstellen kann.

Stolz propagiert zur Vermeidung unerwünschter Notfalleinsätze auch für Patienten, die zu Hause wohnen, eine Abwandlung der Patientenverfügung, die von ihm so genannte von Betreuer und Arzt gemeinsam erstelle „Patientenanweisung als Ergänzung zur vorhandenen Patientenverfügung".[22] Hintergrund seiner Überlegungen ist ein zu Hause wohnender nicht mehr einwilligungsfähiger Patient, der nicht mehr notfallmäßig eingewiesen werden soll. Ganz ähnlich wie in dem vorstehend dargestellten Fall ersetzt er das eigentlich zwischen Notarzt und Betreuer erforderliche Einvernehmen (das zur Nachtzeit und in der Eile eines Notfalleinsatzes nie dargstellt werden kann) durch ein vorweggenommenes Einvernehmen des Betreuers mit dem behandelnden Hausarzt, das entsprechend dokumentiert dem Notarzt die Möglichkeit zur Nichtbehandlung geben soll.

Abweichend von dem von *Stolz* seinem Aufsatz zugrunde gelegten Sachverhalt ist in dem zuvor dargestellten Fall aus der Praxis des Autors Adressat der Anweisung

---

[22] *Stolz* BtPrax 2011, 103.

das Heimpersonal, das keinen Notarzt mehr rufen soll. Die von *Stolz* erörterte Problematik des für die Unterlassung einer an sich indizierten ärztlichen Maßnahme erforderlichen Einvernehmens des Notarztes mit dem Betreuer („Vier-Augen-Prinzip") tritt dann nicht auf.

6. Definition von Tod und „Nächste Angehörige" im Transplantationsgesetz (TPG)

Durch das Transplantationsgesetz (TPG) vom 05.11.1997 in der Fassung der Bekanntmachung vom 04.09.2007[23] ist geregelt, ob und wann einem Menschen Organe zum Zweck der Übertragung auf einen anderen Menschen entnommen werden dürfen. In diesem Zusammenhang findet sich, jetzt in § 3 II Nr. 2 TPG, erstmals *eine gesetzliche Definition des Todes eines Menschen.* Danach gilt ein Mensch als tot, wenn „der endgültige nicht behebbare Ausfall der Gesamtfunktion des Großhirns, des Kleinhirns und des Hirnstamms nach Verfahrensregeln, die dem Stand der Erkenntnisse der medizinischen Wissenschaft entsprechen, festgestellt ist" (sogenannter Hirntod).

> Diese Definition ist auch über das TPG hinaus von Bedeutung. Der genaue Todeszeitpunkt kann für den Erbfall von Bedeutung sein, wenn etwa nach einem gemeinsamen schweren Unfall in Frage steht, ob der in Betracht kommende Erbe womöglich vor dem Erblasser verstorben ist.

Damit eine Organentnahme überhaupt zulässig ist, muss die Feststellung des Hirntods, die damit der Feststellung des Todeseintritts entspricht, durch (1) zwei (2) hierfür qualifizierte (3) Ärzte, die (4) den Organspender unabhängig voneinander untersucht haben, die (5) weder an der Entnahme, noch an Übertragung der Organe des Organspenders beteiligt sein dürfen und auch (6) nicht Weisungen eines an der Organentnahme oder Übertragung beteiligten Arztes unterstehen dürfen, getroffen werden, § 5 I 1 und II TPG. Sind seit endgültigem und nicht behebbarem Stillstand von Herz und Kreislauf mehr als drei Stunden vergangen reicht die Feststellung durch einen Arzt aus, die übrigen Voraussetzungen bleiben unberührt, § 5 I 2 TPG.

Außer der erstmaligen Definition des Todes des Menschen hat das TPG in seinem § 1a Nr. 5 die zur Entscheidung über die *„nächsten Angehörigen"* genau aufgeführt.

„Nächster Angehöriger" sind gemäß § 1a Nr. 5 TPG in dieser Reihenfolge

1. der Ehegatte oder der eingetragene Lebenspartner,
2. die volljährigen Kinder,
3. die Eltern oder, bei Minderjährigen, der oder die Sorgerechtsinhaber,
4. die volljährigen Geschwister und
5. die Großeltern.

---

[23] BGBl I 2206, zuletzt geändert durch Art. 2 des Gesetzes vom 18.07.2017 BGBl. I 2757.

Voraussetzung der Entscheidungsbefugnis ist bei allen Angehörigen, dass sie in den letzten zwei Jahren vor dessen Tod persönlichen Kontakt mit dem möglichen Organspender hatten, § 4 II 1 TPG; dies muss der Arzt ausdrücklich feststellen, § 4 II 2 TPG.

Das letztgenannte Kriterium und die zuvor genante Auflistung der Angehörigen bieten sich auch als Anhaltspunkt dafür an, ob der Patient mutmaßlich einverstanden ist, dass der betreffenden Person Auskunft über seinen Gesundheitszustand erteilt werden darf.

Ist ein höherrangiger Angehöriger nicht erreichbar, genügt die Beteiligung und Entscheidung des nächsterreichbaren nachrangigen Angehörigen, § 4 II 4 TPG
Bei gleichrangigen Angehörigen, etwa mehreren volljährigen Kindern, reicht es, wenn einer von ihnen beteiligt wird und zustimmt, § 4 II 3 TPG. Widerspricht aber auch nur einer von mehreren gleichrangigen Angehörigen, darf die Organentnahme nicht durchgeführt werden, § 4 II 3 TPG.

Dem nächsten Angehörigen steht eine volljährige Person gleich, die dem möglichen Organspender bis zu dessen Tode in besonderer persönlicher Verbundenheit offenkundig nahegestanden hat (*„Person des Vertrauens"*), sie tritt neben den nächsten Angehörigen, § 4 II 5 TPG. Auch in diesem Fall gibt es also mehrere gleichrangig zur Entscheidung Berufene mit der Folge, dass die Beteiligung und Einwilligung auch der Vertrauensperson ausreicht, ihr Widerspruch aber der Organentnahme entgegensteht.

Durch diese Regelung werden zum Beispiel nichteheliche Lebensgemeinschaften erfasst.

Wegen weiterer Einzelheiten zum Transplantationsgesetz wird verwiesen auf den Kommentar zum TPG von *Ulrich Schroth* u. a., München (Beck) 2005 und auf den interdisziplinären medizinethischen Sammelband „Kommerzialisierung des menschlichen Körpers", Herausgeber *Jochen Taupitz,* Heidelberg (Springer) 2007.

Kapitel 13 Betreuungsrecht, öffentliche Ordnung und zivilrechtliche Ansprüche

Bei erheblicher Fremd- oder Eigengefahr und Eilbedarf sind das Ordnungsamt und auch die Polizei selbst unmittelbar zur sogenannten polizeirechtlichen Einweisung befugt. Die richterliche Genehmigung kann (und muss!) nachträglich erfolgen. Daher erfolgt die Einweisung häufig vor Einschaltung des Gerichts. Ist der Eilbedarf nicht so hoch, so dass der Richter vorab eingeschaltet werden kann, hat dieser sorgfältig zu prüfen, ob die medizinischen Grundlagen für die Einweisung vorliegen. Außer einem Attest ist hierfür die persönliche Anhörung vor Einweisung (notfalls mit Polizeischutz) von besonderer Bedeutung. Nicht jeder „Störer" kann eingewiesen werden! Weder nach Betreuungsrecht, noch nach den Bestattungsgesetzen der Länder ist der Betreuer für die Bestattung des Betreuten verantwortlich. Für die Bestattungskosten haften der Nachlass u. U. Angehörige, sonst der Fiskus. Der Betreuungsrichter muss angesichts seiner erheblichen Machtfülle sehr darauf achten, sich nicht instrumentalisieren zu lassen, gelegentlich gibt es geradezu missbräuchliche Einweisungsanregungen.

1. Betreuung zur Behebung von Störungen der öffentlichen Ordnung

Gelegentlich wird der Betreuungsrichter auch von der Kommune gebeten, tätig zu werden, um Störungen der öffentlichen Ordnung zu beheben.

> Der Betreute ist alkoholkrank und betrinkt sich jeden Tag auf der vom Verkehrsverein aufgestellten Bank am Marktplatz.
> Die Betreute ist schizophren, verhält sich zeitweise in der Öffentlichkeit distanzlos und bricht dabei in lautes Schimpfen aus.
> Der Betreute lebt als Obdachloser auf der Straße, die ihm zugewiesene Unterkunft sucht er nur sporadisch auf, Passanten beschweren sich beim Ordnungsamt.

© Springer-Verlag GmbH Deutschland, ein Teil von Springer Nature 2019
J. Seichter, *Einführung in das Betreuungsrecht*,
https://doi.org/10.1007/978-3-662-57498-0_13

Als weiteres Beispiel für den Antrag einer Kommune auf die Bestellung eines Betreuers wird auf Fall 61 (S. 239) verwiesen. Gelegentlich stellt die Kommune einen Antrag auch bei nichtöffentlichen Missständen, auf die sie von Nachbarn oder Angehörigen aufmerksam gemacht worden ist.[1]

Bei erheblicher Fremd- oder Eigengefahr sind die Kommunalbehörden und auch die Polizei selbst aufgrund eines der Landesgesetze über die Unterbringung psychisch Kranker[2] unmittelbar zur sogenannten polizeirechtlichen Einweisung befugt. Diese Einweisung ist dann nach Einlieferung des Betreuten in das zuständige Psychiatrische Krankenhaus (PKH) richterlich zu genehmigen.

> Aus diesem Grund erfolgt die Durchführung der Einweisung in den meisten Fällen vor Einschaltung des Gerichts.

Da bei der Anhörung des Betreuten im PKH ohne weiteres zugleich mündlich ein entsprechendes ärztliches Attest erholt werden kann, sind diese Fälle für den Richter vom Verfahren her meist unkompliziert.

Weist die Kommunalbehörde oder die Polizei dagegen nicht unmittelbar selbst ein, sondern beantragt vorab eine richterliche Entscheidung, ist das vor dem Hintergrund des zuvor Gesagten zunächst einmal ein Indiz dafür, dass man sich dort der Sache so sicher nicht ist.

Die wichtigste Frage ist, ob überhaupt eine ausreichende medizinische Indikation für eine Zwangseinweisung oder Zwangsbetreuung vorliegt. Der Umstand, dass das erschreckend oft nicht der Fall ist, nötigt den Richter zu besonders sorgfältigem Vorgehen.

Fall 47:

Die Familie der knapp 40-jährigen Betreuten war unter Vorlage eines hausärztlichen Attests bei der Gemeinde: die Betreute müsse wegen Selbstmordgefahr dringend in stationäre psychiatrische Behandlung.

Die Anhörung (wegen mitgeteilter Gefährlichkeit mit Polizeischutz) ergab ein für solche Fälle untypisches Bild. Die Wohnung der Betreuten befand sich, obwohl die Anhörung unangemeldet stattfand, in ordentlichem Zustand. Die Betreute erschien aufgebracht (verständlicherweise), etwas sehr redselig („logorrhoisch"), aber insgesamt unauffällig. Der das Attest ausstellende Hausarzt habe sie nur einmal anlässlich der fälligen Verschreibung eines andauernd einzunehmenden Medikaments kurz gesehen (Das wurde später von den Angehörigen bestätigt!). Ihre eigentliche Hausärztin werde attestieren, dass keinerlei Beschlussnotwendigkeit bestehe. Ein entsprechendes Attest lag dem Gericht wenige Tage später vor.

---

[1] Vgl. S. 176. Fall 47
[2] Fundstellen abgedruckt nachfolgend S. 189.

Dieser Fall verdeutlicht den Wert des unmittelbaren Eindrucks des Richters von der Betreuten und der Situation, in der sie lebt. Dies gilt natürlich umso mehr, wenn der Richter in diesem Rechtsgebiet bereits erfahren ist. Und er zeigt, dass man damit rechnen muss, dass es Ärzte gibt, die Atteste zum Zweck einer Zwangseinweisung allein aufgrund von Angaben Angehöriger („fremdanamnestisch") ausstellen, ohne die Patientin hierzu auch nur angesehen zu haben. Ein krasser Fall, gewiss, aber tatsächlich so geschehen.

Allgemein ist bei Anträgen, „Störer" einzuweisen, zu bedenken, dass alle Arten von Einweisung entweder Eigen- oder Fremdgefahr oder Notwendigkeit (und Befugnis[3]!) von Zwangsbehandlung voraussetzen. Diese Voraussetzungen liegen aber bei „Störern" keineswegs immer vor.[4]

Schon an dieser Stelle sei aber darauf hingewiesen, dass nach herrschender Meinung ein betreuungsrechtlicher Unterbringungsbeschluss nur im Interesse des Betreuten ergehen kann, also bei Eigengefährdung oder Behandlungsbedürftigkeit. Bei Fremdgefährdung kommt ein Unterbringungsbeschluss nach einem der Landesgesetze über die Unterbringung psychisch Kranker in Betracht. Diese Gesetze greifen auch bei Eigengefährdung ein. Damit besteht bei Eigengefährdung ein Wahlrecht zwischen der betreuungsrechtlichen und der (landesrechtlich geregelten) polizeirechtlichen Unterbringung. Es empfiehlt sich, dieses Wahlrecht zugunsten der betreuungsrechtlichen Unterbringung auszuüben, da diese leichter zu handhaben und bei Änderungen der Unterbringungsnotwendigkeit flexibler ist.

Das LG Kassel, BtPrax 2013, 72, hält dagegen auch Fremdgefährdung ohne gleichzeitige Eigengefährdung als Grund für Genehmigungen der Unterbringung zur Heilbehandlung nach 1906 I Nr. 2 BGB zulässig.

Wegen der weiter sich in diesem Zusammenhang stellenden Frage, ob eine Betreuung gegen den Widerstand des Betreuten überhaupt Erfolg verspricht, vgl. S 89 Abschnitt (4).

Auch wenn die Anträge der Kommunalbehörden selbst kaum je missbräuchlich erscheinen und meist auch durchaus verständlich sind, muss der Betreuungs- und Unterbringungsrichter sich an die engen Grenzen halten, innerhalb derer er Zwangseinweisung und -unterbringung anordnen darf. Der Betreuungs- und der Unterbringungsrichter dürfen sich nicht kritiklos zum Instrument auch durchaus berechtigt erscheinender sozialhygienischer Wünsche machen. *Mit manchen Störern und Störungen muss eine freie Gesellschaft eben leben.*

Ungeachtet der Vielzahl der Kontakte, die der Betreuungsrichter haben sollte, muss er doch stets darauf bedacht sein, seine innere Unabhängigkeit zu wahren. Er muss immer noch so viel Abstand haben, dass er auch gegen den Widerstand von Heimen, Betreuern, Rechtsanwälten und Behörden entscheiden kann. Der Betreuungsrichter ist vom Gesetz mit einer ganz erheblichen Machtfülle ausgestattet. Die Zwangsräumung einer Wohnung, die vor dem Zivilgericht allein bis zum Vorliegen

---

[3] Das weitgehend garantierte Recht auf Krankheit beachten!

[4] Vgl. hierzu S. 177.

eines vollstreckbaren Titels Monate bis Jahre erfordert, kann vom Betreuungsrichter im Prinzip innerhalb eines Tages ausgesprochen werden. Bei dieser Machtfülle muss der Betreuungsrichter sich stets bewusst sein, dass er, durchaus aus bedrängenden Situationen heraus, zum Erreichen einer einfachen und billigen „Lösung" instrumentalisiert werden kann.[5] Diese Gefahr gilt es zu erkennen und sich ihr von innen und von außen entgegenzusetzen.

2. Wer ist für die Bestattung zuständig?

a) Regelung der Bestattung

Mit dem Tod des Betreuten ist die Betreuung beendet, ohne dass es einer entsprechenden Entscheidung des Betreuungsgerichts bedürfte. Damit ist der Betreuer *jedenfalls nach Betreuungsrecht* nicht verpflichtet, für die Bestattung des Betreuten zu sorgen. Die Regelung der Bestattung ist nach herrschender Meinung kein unaufschiebbares Geschäft des Betreuten nach §§ 1893, 1698b BGB,[6] sodass auch diese Vorschriften keine Bestattungspflicht des Betreuers begründen.

Wenn *bei Nichterreichbarkeit von Erben oder Angehörigen des Betreuten* der Betreuer gleichwohl, etwa aus menschlicher Verbundenheit mit dem Betreuten, die Bestattung regeln will, *ist er dazu aber berechtigt.*[7] Er wird dabei als Geschäftsführer ohne Auftrag, §§ 677 ff. BGB, der Erben oder Angehörigen[8] tätig. Es kommt auch vor, dass der Betreuer die Bestattung auch auf ausdrückliche Bitte der Erben oder Angehörigen regelt.

> **Zum Bestattungsrecht der Länder:**
> Nach den Bestattungsgesetzen der Länder ist derzeit wohl in keinem Bundesland von einer den Betreuer treffenden Bestattungspflicht auszugehen.

In *Sachsen* ergibt sich das aus einer Entscheidung des Verwaltungsgerichts Leipzig.[9] Ob sich aus § 9 I Nr. 4 des *Rheinland-Pfälzischen* Bestattungsgesetzes eine Betreuungspflicht des –Betreuers herleiten lässt, ist nach einer Entscheidung des Oberverwaltungsgerichts Rheinland-Pfalz[10] zumindest sehr zweifelhaft. In *Bayern* ist aus § 1 I Nr. 3 Bestattungsverordnung der Betreuer zwar zur *Veranlassung der*

---

[5] Vgl. S. 180.

[6] Anderer Ansicht *Spranger* BtPrax 1999, 174.

[7] Diese Befugnis (nicht eine Verpflichtung hierzu!) folgt aus § 5 des Gesetzes über die Feuerbestattung vom 15.05.1934, RGBl. I 380.

[8] Nicht des Betreuten, weil es eine Geschäftsführung für Verstorbene nicht gibt.

[9] Verwaltungsgericht Leipzig FamRZ 2007, 1786.

[10] Oberverwaltungsgericht Rheinland-Pfalz in Amtliche Entscheidungen der Oberverwaltungsgerichte Rheinland-Pfalz und Saarland 34, 401.

Leichenschau verpflichtet, soweit ihm zu Lebzeiten des Verstorbenen dessen Personensorge übertragen war.

Davon, dass die Personensorge zum Aufgabenkreis des Betreuers gehörte kann ausgegangen werden, wenn ihm entweder die Gesundheitssorge oder das Aufenthaltsbestimmungsrecht übertragen waren.

Eine Pflicht zur Bestattung trifft den Betreuer als solchen aber auch in Bayern nicht. Denn der insoweit einschlägige § 15 Bestattungsverordnung spricht lediglich von Angehörigen.

Steht kein zur Regelung der Bestattung Verpflichteter oder Bereiter zur Verfügung, ist die Bestattung letztlich als allgemeine polizeirechtliche Aufgabe Angelegenheit des Ordnungsamts, in dessen Bezirk der Todesfall sich ereignet hat.

Die Unzuständigkeit des Betreuers auch für die Bestattung wird vielfach als unangemessen empfunden. Wenn ein Betreuter, mit dem eine Verständigung insoweit noch möglich ist, und ein Betreuer sich dahin einigen, dass der Betreuer auch die Bestattung regeln soll, ist das wohl die beste Lösung. Hat der Betreute entsprechende Mittel, sollte in diesen Fällen die Bestattung noch zu seinen Lebzeiten im Voraus bezahlt werden. Damit kann das Problem gelöst werden, dass der Betreuer ab dem Tod des Betreuten ja nicht mehr befugt ist, Vermögensverfügungen für den Betreuten vorzunehmen.

Nach einer Entscheidung des OLG Frankfurt[11] ist es nicht zu beanstanden, wenn der Betreute hierfür einen Teil seines Vermögens aufwendet, auch wenn er dadurch sein Vermögen vermindert und so die Staatskasse die weiteren Kosten der Betreuung (das heißt vor allem: des [Berufs-]Betreuers) tragen muss. Der für den Bestattungsvorsorgevertrag erforderliche Geldbetrag sei aufgrund seiner vertraglich vereinbarten Zweckbestimmung aus dem Vermögen des Betreuten ausgeschieden, so dass es sich hierbei nicht mehr um verwertbares Vermögen im Sinne § 88 des BSHG handle. Der Betreute sei nicht gehalten, sein Vermögen für die Bestreitung künftiger Betreuerkosten aufzusparen. Denn das allgemeine Persönlichkeitsrecht aus Art. 2 GG umfasse auch das Recht, über die eigene Bestattung zu bestimmen und zu Lebzeiten für deren angemessene Durchführung und Bezahlung zu sorgen.

b) Wer trägt die Kosten der Bestattung?

Der Umstand, dass die Betreuung mit dem Tod des Betreuten endet, führt dazu, dass der (gewesene) Betreuer für Tätigkeiten, die nach dem Tod des Betreuten vornimmt, keine vom Betreuungsgericht festzusetzende Entschädigung mehr erhalten kann, gleich, ob diese aus dem Nachlass des verstorbenen Betreuten bezahlt werden könnte oder von der Staatskasse zu tragen wäre. Sein Zeitaufwand stellt aber einen Teil des für die Bestattung erforderlichen Aufwands dar, für den er von dem zur Tragung der Bestattungskosten Verpflichteten Ersatz verlangen kann, wobei als

---

[11] OLG Frankfurt BtPrax 2001, 128.

Maßstab für den Umfang dieses Ersatzes sich der Stundensatz seiner bisherigen Betreuervergütung anbietet.

Für die Bestattungskosten haftet zunächst der Nachlass, § 1968 BGB. Hat der Betreute ausreichend Vermögen zur Deckung der Bestattungskosten hinterlassen, kann der Betreuer in diesem Fall bei dem Nachlassgericht gemäß §§ 1960, 1961 BGB die Anordnung einer Nachlasspflegschaft beantragen, damit der Nachlasspfleger ihm aus dem Nachlassvermögen die Beerdigungskosten erstatten kann. Vielfach wird das Nachlassgericht dabei den Betreuer fragen, ob er bereit ist, diese Nachlasspflegschaft zu übernehmen, der Betreuer kann dies auch selbst anregen.[12] Die Übernahme der Nachlasspflegschaft durch den Betreuer ist praktisch und zu empfehlen.

Reicht der Wert des Nachlasses zur Deckung der Bestattungskosten nicht aus, kommt eine *Haftung der dem Verstorbenen gegenüber unterhaltsverpflichteten Angehörigen* in Betracht, auch wenn diese nicht Erben geworden sind oder die Erbschaft ausgeschlagen haben, §§ 1360a III, 1361 IV 3, 1615 II BGB.

Sind auch die Angehörigen außerstande, die Beerdigungskosten zu zahlen sind die Kosten der Bestattung von der Sozialhilfe zu tragen, § 15 BSHG.

---

3. Gefahr des Missbrauchs des betreuungsrichterlichen Eilverfahrens

Wenn Angehörige gegenüber dem Betreuungsrichter vorbringen, der Betreute müsse aus zwingenden Gründen umgehend in ein Psychiatrisches Krankenhaus eingewiesen oder in ein Heim verlegt werden, besteht prinzipiell die Möglichkeit einer sofortigen Entscheidung. Um dem Betreuungsrichter im Eilfall schnelles Handeln zu ermöglichen, sieht das Betreuungsrecht nämlich vor, dass nahezu alle verfahrensrechtlichen Garantien des Betreuungsrechts (Bestellung eines Verfahrenspflegers, Einholung eines Gutachtens, selbst die Anhörung des Betreuten) bei Gefahr im Verzug zunächst entfallen dürfen. Wenn auch durchweg deren baldestmögliche Nachholung vorgeschrieben ist, ist dann doch schon einmal ein Faktum geschaffen, das manchmal nicht so einfach wieder rückgängig gemacht werden kann, nicht zu reden von der möglichen persönlichen Traumatisierung des Betreuten.

Der Betreuungsrichter muss sich daher stets bewusst sein, dass ihm das Gesetz für den Eilfall sehr weitgehende Entscheidungsbefugnisse nahezu ohne Verfahrensgarantien für den Betreuten übertragen hat. Mit dieser Befugnis gilt es entsprechend vorsichtig und verantwortungsbewusst umzugehen.

Die Aussicht auf eine solcherart schnelle (u. U. innerhalb weniger Stunden) und potenziell nahezu verfahrensfreie Entscheidung, die dann auch noch vom Betreuungsgericht praktisch kostenfrei und ohne jeden Vollstreckungsschutz vollzogen wird, ist für die Angehörigen verlockend. Sie führt in der Praxis immer wieder

---

[12] Befürwortend *Formella,* BtPrax 1999, 176, 177.

dazu, dass Anträge, die an sich in einem Wochen oder Monate dauernden Zivil-
oder Verwaltungsrechtsstreit durchgefochten werden oder zumindest das normale
Betreuungsverfahren durchlaufen müssten, mit einer eine Eilentscheidung rechtfertigenden betreuungsrechtlichen Indikation versehen werden und so auf dem Tisch
des Betreuungsrichters landen.

Als krasses Beispiel hierfür vgl. zunächst auf Fall 47 (S. 176).

Fall 48:

An einem Donnerstag ging ein Betreuungsantrag ein. Die mit Sohn und Schwiegertochter im selben Haus lebende alt gewordene Mutter müsse in ein Altenheim
verlegt werden und „könne das nicht mehr selbst verstehen". Am nächsten Tag
wurde telefonisch nachgefragt, wo denn die Entscheidung bleibe. Das beigefügte
hausärztliche Attest bescheinigte, dass die Versorgung der Patientin in einem
Heim „angebracht sei". Die daraufhin am selben Tage durchgeführte Anhörung
ergab, dass die noch mobile und beim Fernsehen angetroffene Betreute, wie bei
alten Menschen häufig, sich der ihr von Sohn und Schwiegertochter angesonne-
nen Verlegung in ein Altenheim widersetzte. Offenkundige Anhaltspunkte für
Willensbildungsstörungen waren für den Richter nicht feststellbar, das Attest
gab ohnehin nichts her. Als daraufhin Sohn und Schwiegertochter erklärt wurde,
es müsse das Normalverfahren durchlaufen werden, eine Entscheidung werde
danach wohl nicht vor Ablauf von zwei Monaten zu erwarten sein, reagierten
diese entsetzt und ohne jedes Verständnis. Sie hätten keine Kraft mehr, die Pflege
der Mutter fortzuführen. Es wurde ein Kontakt mit der Betreuungsbehörde vermittelt, um Hilfen für die Versorgung der alten Dame zu Hause aufzuzeigen.

Hintergrund war hier der Wunsch, die Betreute und die Verantwortung für sie so
schnell wie irgend möglich aus dem Haus zu bekommen.

Es kommt auch vor, dass öffentliche Stellen versuchen, das Betreuungsrecht für
ihre Zwecke einzusetzen.

Fall 49:

Die Betreute war dem Betreuungsrichter sei Jahren dienstlich bekannt. In diesem
Zeitraum erholte Gutachten von drei unterschiedlichen Psychiatern hatten ihr
eine verquere Persönlichkeit bescheinigt, das Vorliegen der Voraussetzungen der
Errichtung einer Zwangsbetreuung aber verneint. Schlussendlich hatte sie eine
Betreuung akzeptiert, um in der Wohnung bleiben zu können. Nunmehr trat die
Kommunalverwaltung an das Gericht heran mit dem Antrag, die Verlegung der
Betreuten in ein Heim anzuordnen, weil die Heimversorgung kostengünstiger
wäre, als die inzwischen eingerichtete häusliche Pflege. Sollte dem Antrag nicht
entsprochen werden, müsse die Zahlung der Sozialhilfe eingestellt werden.

Hier wurde dem Betreuer geraten, einen Rechtsanwalt zu beauftragen, um vor dem
Verwaltungsgericht zu klären, ob die angedrohte Einstellung der Sozialhilfeleistung

rechtens sei. Das Sozialamt gab nach, ohne dass es zu einem Verwaltungsgerichts-verfahren kam.

Selbstverständlich gibt es auch sachlich begründete Eilanträge, denen dann zu Recht entsprochen wird. Eine gewisse Vorsicht und Misstrauen gegenüber dem Vortrag der Betreuten Angehörigen und gegenüber möglicherweise gefälligkeits-halber erstellten ärztlichen Attesten ist jedoch angezeigt.

Zur Entscheidung in der Sache gilt auch hier: Es muss ein gesetzlicher Grund zur Zwangsmaßnahme vorliegen. Allein die Überlastung von Angehörigen, mag sie auch zu Recht Mitgefühl auslösen, stellt einen solchen Grund nicht dar. Vielleicht kann im Rahmen des Hausbesuchs ja ein anderer Lösungsweg aufgezeigt werden. Und manche Lasten können eben auch nicht genommen werden[13].

---

[13] Vgl.etwa S. 82 Fall 25 sowie die Beispiele S. 175.

Kapitel 14 Unterbringung

Unterbringungen des Betreuten in einer geschlossenen Einrichtung bedürfen der richterlichen Genehmigung, § 1906 BGB („Richtervorbehalt"). Keine richterliche Genehmigung ist erforderlich, wenn der Betreute einwilligt. Nach § 1906 BGB kann untergebracht werden zum einen wegen Eigengefährdung und zum andern wegen der Notwendigkeit ärztlicher Untersuchung oder Behandlung. Die Unterbringung wegen Fremdgefährdung ist nur nach den (polizeirechtlichen) Unterbringungsgesetzen der Länder möglich. Bei Unterbringungsentscheidungen ist ein Verfahrenspfleger zu beteiligen. Der Betreuungsrichter kann von der Beteiligung eines Verfahrenspflegers absehen, muss das dann aber in seiner Entscheidung begründen. Die Frage der Unterbringung in einem offenen Krankenhaus oder in einem offenen Heim ist im Gesetz nicht geregelt. Hier muss auf die Notstandsregelung des § 34 StGB zurückgegriffen werden. Eine, ebenfalls im Gesetz nicht geregelte, richterliche Genehmigung kann in Betracht kommen.

1. Abgrenzung Unterbringung und unterbringungsähnliche Maßnahme

Die Abgrenzung zwischen einer Unterbringung im Sinne § 1906 I, II BGB und einer unterbringungsähnlichen Maßnahme im Sinne § 1906 IV BGB ist kaum logisch zu begründen. Nach herrschender Meinung liegt eine mit Freiheitsentziehung verbundene Unterbringung im Sinne § 1906 I, II BGB dann vor, wenn sich der Untergebrachte gegen seinen Willen in einer geschlossenen Einrichtung oder in einer geschlossenen Abteilung einer Einrichtung befindet.[1] Da heißt, im Falle einer Einschließung auf einer weitläufigen geschlossenen Station liegt eine Unterbringung gemäß § 1906 I, II BGB vor, im Falle der Angurtung an Stuhl oder Bett („körpernahe Fixierung")

---

[1] Palandt-*Götz* § 1906 BGB Rdnr. 4.

© Springer-Verlag GmbH Deutschland, ein Teil von Springer Nature 2019
J. Seichter, *Einführung in das Betreuungsrecht*,
https://doi.org/10.1007/978-3-662-57498-0_14

auf einer offen Station dagegen „nur" eine unterbringungsähnliche Maßnahme nach § 1906 IV BGB – obwohl die Beschneidung der Freiheit eklatant höher ist!

Der Unterschied liegt nicht in der Genehmigungsbedürftigkeit, die besteht in beiden Fällen. Das Verfahrensrecht sieht aber in der Maßnahme nach § 1906 I, II BGB den schwereren Eingriff, seine Genehmigung setzt die Vorlage eines fachärztlichen Gutachtens voraus, § 321 I FamFG. Für die Genehmigung einer unterbringungsähnlichen Maßnahme reicht dagegen ein ärztliches Zeugnis aus, §§ 321 I, 312 Satz 1 Nr. 2 FamFG.

Nach *Schwab* ist für eine Unterbringung im Sinne § 1906 I, II BGB das „Verbringen" in einen durch Überwachung und andere Mittel geschlossenen Lebensraum essenziell: „Nur bei dieser Begriffswahl lassen sich die Maßnahmen nach § 1906 Abs. 1 und Abs. 4 überhaupt unterscheiden."[2] Unter diesem Gesichtspunkt stellt sich die Frage, ob bei einem Betreuten der seit Jahren in einer geschlossenen Einrichtung lebt und prognostisch auf unabsehbare Zeit weiter leben wird, dieses Verbringenselement überhaupt noch vorliegt, wenn er nicht erkennbar auf ein dauerhaftes Verlassen der Einrichtung drängt. *Fehlt es, wäre dann die Genehmigung (nur noch) nach § 1906 IV BGB zu erteilen.*

Das ist eine in der Praxis häufige Konstellation: Grund der langjährigen Unterbringung in einer geschlossenen Einrichtung ist meist nicht, dass der Betreute dies unbedingt dauerhaft verlassen will, sondern dass er zu unbegleiteten Ausflügen neigt, die ihn bei bestehender Orientierungslosigkeit vital gefährden.

Geht man mit *Schwab* weiter davon aus, das bei ständiger Eingitterung in einer an sich offenen Einrichtung nicht nur eine unterbringungsähnlichen Maßnahme gemäß § 1906 IV BGB, sondern eine Unterbringung gemäß §§ 1906 I, II BGB vorliegt[3] und bringt damit außer dem Verbringungsmoment noch ein Intensitätsmoment in Ansatz, könnte man umgekehrt sehr milde Formen der Unterbringung als (lediglich) unterbringungsähnliche Maßnahme einstufen.

Fall 50:

Im damaligen Amtsbezirk des Autors befindet sich ein Altenheim, das über eine sehr große Außenanlage verfügt, in der sich die Bewohner frei bewegen können. Das Hoftor ist allerdings zum Schutz der teilweise verwirrten Bewohner dauerhaft verschlossen. Soweit die Bewohner nicht mehr einwilligungsfähig sind, wurde diese Maßnahme richterlich genehmigt und zwar als *minus* gegenüber einer Unterbringung im herkömmlichen Sinne lediglich als unterbringungsähnliche Maßnahme gemäß § 1904 IV BGB. Die Abschließung des Hoftors ist

---

[2] MüKo-*Schwab*, § 1906 BGB Rdnr. 13.
[3] MüKo-*Schwab* § 1906 BGB Rdnr. 73.

zwar zeitlich unbegrenzt, stellt sich aber angesichts des ohnehin eingeschränkten Fortbewegungsradius der Bewohner gleichwohl nur als *partielle Freiheitsentziehung*[4] dar.

Diese recht weitgehende Konsequenz erscheint vertretbar, weil ja auch die unterbringungsähnliche Maßnahme der richterlichen Überprüfung unterliegt.

2. Zur Unterbringung gemäß § 1906 I, II BGB im Einzelnen

Hauptanwendungsfall der Unterbringung gemäß § 1906 I, II BGB ist die Zwangseinweisung in ein psychiatrisches Krankenhaus

a) Genehmigungsbedürftigkeit

Nach § 1906 I, II BGB bedürfen Unterbringungen der richterlichen Genehmigung *("Richtervorbehalt")*, wenn sie mit Freiheitsentziehung verbunden sind, dasselbe gilt für freiheitsentziehende Maßnahmen außerhalb von Unterbringungen (hierzu nachfolgend Kapitel 16). Gemeinsamer Anknüpfungspunkt für die Genehmigungsbedürftigkeit in beiden Fällen ist der Eingriff in die persönlichen Freiheitsrechte des Betreuten.

b) Eilentscheidungsbefugnis des Betreuers

Ohne die richterliche Genehmigung ist die Unterbringung nur zulässig, wenn mit dem Aufschub Gefahr verbunden ist; die Genehmigung ist unverzüglich nachzuholen, § 1906 II 2 BGB. Der Betreuer hat also im Eilfall die Kompetenz, selbständig die Unterbringung anzuordnen.

Diese Kompetenz wurde anfangs von manchen psychiatrischen Krankenhäusern dadurch entwertet, dass sie die Aufnahme des Betreuten von der *vorherigen* Vorlage eines richterlichen Unterbringungsbeschlusses abhängig machten. Diese Einschränkung der betreuerlichen Kompetenz war natürlich unzulässig. Allerdings scheint das in der Zwischenzeit auch nicht mehr vorzukommen.

Die richterliche Genehmigung ist „unverzüglich" nachzuholen. Praktisch heißt das, das der Betreuer (dies ist seine Sache, nicht Sache der Klinik!) spätestens am nächsten Arbeitstag bei dem Betreuungsgericht einen Antrag auf Genehmigung der Unterbringung stellen muss.

---

[4] MüKo-*Schwab* § 1906 Rdnr. 7.

Neben dem Gericht, das die Betreuung führt, ist immer auch das Gericht zuständig, in dessen Bezirk die Unterbringung vollzogen wird. Zwischen diesen beiden Gerichten hat der Betreuer ein Wahlrecht. Es ist meist praktischer, den Antrag bei dem Gericht des Unterbringungsorts zu stellen, weil der Richter den Untergebrachten ja persönlich anhören muss.

c) Die Einwilligung des Betreuten macht einen Gerichtsbeschluss entbehrlich

Wie vorstehend ausgeführt, ist Anknüpfungspunkt der Unterbringungsgenehmigung gemäß § 1906 I BGB der Eingriff in die Freiheit des Betreuten. Aus diesem Grund bestehen keine Notwendigkeit und auch keine Möglichkeit zu einer Unterbringungsgenehmigung, wenn der Betreute selbst einverstanden ist. Denn in solchen Fällen liegt eine Freiheitsentziehung begrifflich nicht vor.

Im Einzelfall allerdings kann die Frage des Vorliegens einer Einwilligung aber durchaus schwierig sein:

Fall 51:

Dem Richter wird bei einem Besuch in einem Psychiatrischen Krankenhaus eine junge Frau vorgestellt, die an einer Schizophrenie leidet. Nach den Ausführungen des Stationsarztes ist ihre weitere stationäre Behandlung auch ohne weiteres indiziert. Die junge Frau macht in der Anhörung einen zerfahrenen sprunghaften Eindruck. Sie hat offenbar vor dem Richter Angst. Sie erklärt ausdrücklich ihr Einverständnis mit ihrer weiteren stationären Behandlung, bittet aber, von einem „Beschluss" abzusehen.

Der Arzt macht jedoch plausibel, dass die Betreute zwar derzeit einverstanden ist, sie ihr Einverständnis bei der nächsten Krise wieder zurücknehmen werde. Dies habe sie bisher stets so gemacht.

Hier war ein Unterbringungsbeschluss zu erlassen. Denn die vordergründig vorhandene Einwilligung der Patientin war *krankheitsbedingt nicht ausreichend tragfähig.*

Die Einwilligung in die Unterbringung setzt im Übrigen keineswegs zwingend voraus, dass der Betreute vollständig geschäftsfähig ist. Es gibt durchaus Fälle, wo Betreute aufgrund ihrer Erkrankung nicht in der Lage sind, die Einzelheiten ihrer Behandlung mit dem Arzt abzusprechen, wohl aber unter solchem Leidensdruck stehen, dass sie erklären, behandelt werden und hierzu auch freiwillig auf Station bleiben zu wollen. Diese sogenannte *„natürliche Einwilligungsfähigkeit",* vgl. § 1906 III BGB, reicht für die Entbehrlichkeit eines Unterbringungsbeschlusses aus, wenn sie tragfähig erscheint.

Die Einwilligung in eine Behandlung erfordert dagegen nicht nur ein allgemeines „Ja des Betreuten, sondern auch, dass dieser im Großen und Ganzen Umfang und Bedeutung der infrage kommenden ärztlichen Maßnahmen verstehen, Risiken einschätzen und mögliche Alternativen abwägen kann. Aus diesem Grund reicht die natürliche Einwilligungsfähigkeit als Grundlage ärztlicher Maßnahmen nicht aus.

Die Absprache der Behandlung im Einzelnen muss der Arzt daher auch dann mit dem Betreuer treffen, wenn der nicht mehr einwilligungsfähige Betreute mit seinem „natürlichen Willen" mit der Behandlung prinzipiell einverstanden ist.[5]

d) Die Unterbringungsgründe Eigengefährdung und Fremdgefährdung

(1) Eigengefährdung

Von Eigen- oder auch Selbstgefährdung spricht man, wenn der Betreute durch sein eigenes Verhalten seine Gesundheit oder gar sein Leben erheblich gefährdet. Dabei ist es nicht erforderlich, dass der Betreute diese Gefahr, wie etwa beim Suizidversuch, absichtlich herbeiführt.

Eine solche erhebliche Gefährdung kann zum Beispiel liegen in der Gefahr, dass der Betreute orientierungslos im öffentlichen Verkehrsraum herumirrt, dass er Essen und Trinken verweigert, dass er im Bett raucht.

Es gibt aber auch untypische Fälle von Eigengefährdung:

Fall 52:

Der geistig erheblich behinderte Betreute war umtriebig, es zog ihn zu Obdachlosen. Diese akzeptierten ihn jedoch nicht als einen der ihren und verlangten von ihm, sich von ihnen fernzuhalten. Als er sich nicht daran hielt, wurde er übel zusammengeschlagen. Gleichwohl strebte er immer wieder dorthin.

Zur Unterbringungsmöglichkeit führt Eigengefährdung allerdings nur, wenn sie Folge einer geistigen oder seelischen Störung ist. Ohne diese Einschränkung müsste unter Umständen jeder Kettenraucher oder Extremsportler mit seiner Unterbringung rechnen.

Bei dem Unterbringungsgrund „Eigengefährdung", § 1906 I Nr. 1 BGB, besteht parallel zu der betreuungsrechtlichen auch die Möglichkeit der polizeirechtlichen Unterbringung.

Da bei Suizidversuchen meist die Polizei als erste vor Ort ist, ordnet diese dann die Einweisung des Betreuten in ein Psychiatrisches Krankenhaus nach dem örtlich geltenden Landesgesetz über die Unterbringung psychisch Kranker an („polizeirechtliche" im Gegensatz zur „betreuungsrechtlichen" Unterbringung).

Bei der nachträglichen richterlichen Anhörung kann der Richter dann entscheiden, ob er den Unterbringungsbeschluss auf Betreuungsrecht oder auf das landesrechtliche Gesetz über die Unterbringung psychisch Kranker stützt.

---

[5] Vgl. S. 134 „Behandlungseinwilligung"; *anders die wohl herrschende Meinung,* die auch im Bereich der Gesundheitsfürsorge natürliche Einwilligungsfähigkeit ausreichen lässt, für alle: Palandt-*Götz* § 1904 BGB Rdnr. 8.

Bei einem noch nicht Betreuten wird es häufig bei der polizeirechtlichen Unterbringung bleiben, weil beim akut kriseninduzierten Selbstmordversuch vielfach die Voraussetzungen für eine Betreuung nicht vorliegen. *Allerdings kann die polizeirechtliche Unterbringung Anlass für den Richter sein, zu prüfen, ob etwa die Bestellung eines Betreuers nötig ist.*

Besteht bereits eine Betreuung, bietet sich in jedem Fall die Umstellung der Rechtsgrundlage der Unterbringung auf das wesentlich flexiblere Betreuungsrecht an. Grundsätzlich bestehen aber beide Unterbringungsmöglichkeiten bei Eigengefährdung nebeneinander.

(2) Notwendigkeit ärztlicher Untersuchung oder Behandlung

Selbst unter in der Psychiatrie erfahrenen Ärzten ist vielfach unbekannt, dass es außer dem betreuungsrechtlichen Unterbringungsgrund der Eigengefährdung und dem polizeirechtlichen Unterbringungsgrund der Fremdgefährdung im Rahmen des Betreuungsrechts noch *einen dritten Unterbringungsgrund* gibt: Die Notwendigkeit ärztlicher Untersuchung oder Behandlung bei krankheitsbedingter Unfähigkeit des Betreuten, deren Notwendigkeit einzusehen, § 1906 I *Nr. 2* BGB.

Dieser Unterbringungsgrund der Notwendigkeit ärztlicher Behandlung liegt im richterlichen Alltag fast immer auch in den Fällen von Eigengefährdung vor. Denn wer wegen einer geistigen oder psychischen Störung in den Zustand der Eigengefährdung geraten ist, bedarf in aller Regel ärztlicher Behandlung. Der Richter kann dann entscheiden, welchen Unterbringungsgrund er seiner Entscheidung zugrunde legen will.

> Unterbringungsbeschlüsse allein wegen Eigengefahr kommen in Betracht, wenn der Betreute „auskuriert" ist, die Eigengefahr aber andauert. In diesen Fällen erfolgt dann folgerichtig die Unterbringung auch nicht in einem psychiatrischen Krankenhaus, sondern etwa auf einer geschlossenen („beschützenden") Station eines Heims.

Der Autor stützt seine Unterbringungsbeschlüsse meist auf die Notwendigkeit ärztlicher Heilbehandlung. Denn die akute Eigengefahr kann schneller zurückgehen, als die Notwendigkeit der Behandlung auf einer geschlossenen Station. Dann aber müsste ein wegen Eigengefahr Untergebrachter ungeachtet fortbestehender Behandlungsbedürftigkeit entlassen oder aber die Begründung der Unterbringung nachträglich umgestellt werden. Es ist daher sachgerecht, in diesen Fällen die Unterbringung von vorneherein auf Behandlungsnotwendigkeit zu stützen.

Die Unterbringung wegen Notwendigkeit einer Heilbehandlung ist ebenso wie die Unterbringung wegen Eigengefährdung *(1)* nur im Interesse des Betreuten zulässig. Auch diese Form der Unterbringung kommt also nicht infrage, nur um Dritte zu schützen, etwa vor einem lärmenden Hausbewohner. Es muss auch *(2)* tatsächlich eine echte Behandlungsmöglichkeit bestehen; ist der Patient auskuriert oder nicht (weiter-)behandelbar, kann er nicht nach dieser Vorschrift untergebracht werden. Weiter muss *(3)* die Unterbringung des Betreuten auf einer geschlossenen Station nach ärztlichem Urteil Voraussetzung einer erfolgversprechenden Behandlung sein. Reicht eine ambulante Behandlung aus, ist eine Unterbringung unzulässig. Letzte und wichtigste Voraussetzung ist, dass *(4)* der Betreute selbst wegen einer geistigen oder seelischen Störung nicht selbst in die Unterbringung einwilligen kann. Durch diese Einschränkung bleibt der Behandlungsunwillige, der noch selbst einwilligungsfähig ist, vor einer Zwangsbehandlung geschützt.

(3) Fremdgefährdung

Anders als der Unterbringungsgrund der Eigengefährdung, der den Betreuten vor sich selbst schützt, schützt der Unterbringungsgrund der Fremdgefährdung andere vor dem Betreuen.

Eine betreuungsrechtliche Unterbringung wegen *Fremdgefährdung,* zum Beispiel massiven fremdaggressiven Durchbrüchen, ist nach dem klaren Wortlaut des § 1906 I und II BGB überhaupt nicht zulässig, insoweit kommt aber eine *polizeirechtliche Unterbringungsentscheidung* nach den Landesgesetzen über die Unterbringung psychisch Kranker in Betracht.

Die Unterbringungsgesetze der Länder sind im Einzelnen:

Baden-Württemberg: Gesetz über Hilfen und Schutzmaßnahmen bei psychischen Krankheiten (Psychisch-Kranken-Hilfe-Gesetz – PsychKHG) vom 25.11.2014 zuletzt geändert durch Gesetz vom 01.12.2015 (GBl. S. 1047)

Bayern: Gesetz über die Unterbringung psychisch Kranker und deren Betreuung (Unterbringungsgesetz – UnterbrG) in der Fassung der Bekanntmachung vom 05.04.1992 (GVBl. S. 60, ber. S. 851) zuletzt geändert durch Gesetz vom 17.07.2015 (GVBl. S. 222)

Berlin: Gesetz über Hilfen und Schutzmaßnahmen bei psychischen Krankheiten (PsychKG) vom 17.06.2016

Brandenburg: Gesetz über Hilfen und Schutzmaßnahmen sowie über den Vollzug gerichtlich angeordneter Unterbringung für psychisch kranke und seelisch behinderte Menschen im Land Brandenburg (Brandenburgisches Psychisch-Kranken-Gesetz (BbgPsychKG) vom 05.05.2009 (GVBl. I S. 134), zuletzt geändert durch Gesetz vom 26.10.2010 (GVBl. I Nr. 34)

Bremen: Gesetz über Hilfen und Schutzmaßnahmen bei psychischen Krankheiten (PsychKG) vom 19.12.2000 (GBl. S. 471), zuletzt geändert durch Gesetz vom 25.01.2016 (VBL.I/16, [NR. 5])

Hamburg: Hamburgisches Gesetz über Hilfen und Schutzmaßnahmen bei psychischen Krankheiten (HmbPsychKG) vom 27.09.1995 (GVBl. S. 235), zuletzt geändert durch Artikel 5 des Gesetzes vom 21.02.2017 (GVBl. S. 47)

Hessen: Hessisches Gesetz über Hilfen bei psychischen Krankheiten (Psychisch-Kranken-Hilfe-Gesetz – PsychKHG) vom 04.05.2017

Mecklenburg-Vorpommern: Gesetz über Hilfen und Schutzmaßnahmen für psychisch Kranke (Psychischkrankengesetz – PsychKG M-V) in der Fassung der Bekanntmachung vom 13.04.2000 (GVOBl. S. 182), zuletzt geändert durch § 51 Satz 2 des Gesetzes vom 14.07.2016 (GVOBl. S. 593)

Niedersachsen: Niedersächsisches Gesetz über Hilfen und Schutzmaßnahmen für psychisch Kranke (NdsPsychKG) vom 16.06.1997 (GVBl. S. 272), zuletzt geändert durch Gesetz vom 21.09.2017 (GVBl. S. 300)

Nordrhein-Westfalen: Gesetz über Hilfen und Schutzmaßnahmen bei psychischen Krankheiten (PsychKG) vom 17.12.1999 (GV S. 662), zuletzt geändert durch Gesetz vom 06.12.2016 (GV S. 1062)

Rheinland-Pfalz: Landesgesetz für psychisch kranke Personen (PsychKG) vom 17.11.1995 (GVBl S. 473), zuletzt geändert durch Gesetz vom 27.05.2014 (GVBl. S. 69)

Saarland: Gesetz über die Unterbringung psychisch Kranker (Unterbringungsgesetz-UBG) vom 11.11.1992 (Amtsbl 92, 1271), zuletzt geändert durch Gesetz vom 09.04.14 (Amtsbl_I_14,156)

Sachsen: Sächsisches Gesetz über die Hilfen und die Unterbringung bei psychischen Krankheiten (SächsPsychKG) in der Fassung vom 10.10.2007 (GVBl. S. 422), zuletzt geändert durch Gesetz vom 07.08.2014 (GVBl. S. 446)

Sachsen-Anhalt: Gesetz über Hilfen für psychisch Kranke und Schutzmaßnahmen des Landes Sachsen-Anhalt (PsychKG LSA) vom 30.01.1992 (GVBl. S. 88), zuletzt geändert durch Gesetz vom 13.04.2010 (GVBl. S. 192)

Schleswig-Holstein: Gesetz zur Hilfe und Unterbringung psychisch kranker Menschen (Psychisch-Kranken-Gesetz – PsychKG) vom 14.01.2000 (GVOBl. S. 206), zuletzt geändert durch Gesetz vom Ges. vom 07.05.2015 (GVOBl. S. 106)

Thüringen: Thüringer Gesetz zur Hilfe und Unterbringung psychisch kranker Menschen (ThürPsychKG) in der Fassung der Bekanntmachung vom 05.02.2009 (GVBl S. 10), zuletzt geändert durch Gesetz vom 08.08.2014 (GVBl. S. 545)

Der Vollständigkeit halber ist hier auch noch die *strafrechtliche Unterbringung* zu erwähnen, die gemäß §§ 63 ff. StGB auf Antrag der Staatsanwaltschaft vom Strafgericht angeordnet werden kann. Diese Unterbringungsart ist nicht Gegen- stand des vorliegenden Buches.

Die verschiedenen Unterbringungsmöglichkeiten und ihrer Unterschiede sind in nachfolgender Tab. 14.1 noch einmal zusammengefasst:

(4) Unterbringungsziel: Abwehr von Gefahren für Leib oder Leben

Das Ziel der Unterbringung gemäß § 1906 I Nr. 1 BGB ist die Abwehr von Gefahren für Leib oder Leben des Betreuten. Also nicht etwa die Abwehr für das Vermögen des Betreuten (hier hilft unter Umständen der Einwilligungsvorbehalt) oder von Gefahren für die öffentliche Ordnung (hier greift in Extremfällen nur die polizeirechtliche Unterbringungsentscheidung).

Wann allerdings Gefahr für Leib oder Leben besteht, kann im Einzelfall durchaus unklar sein, vgl. Fall 36 (S. 129).

(5) Unterbringungsvoraussetzung: Geistige oder seelische Störung

Neben dem Vorliegen einer objektiven Gefährdung für Leib oder Leben des Betreuten bestimmt § 1906 I Nr. 1 BGB als weitere Voraussetzung eines Unterbringungsbeschlusses, dass diese Gefährdung *„aufgrund einer psychischen Krankheit oder geistigen oder seelischen Behinderung"* des Betreuten besteht. Damit trägt das Gesetz dem Umstand Rechnung, dass jeder das Recht hat, krank zu sein, sich nicht behandeln zu lassen und unter Umständen an seiner Krankheit sogar zu sterben. Wer aus Leichtfertigkeit und Bequemlichkeit oder auch aus Angst vor dem Arzt

Tab. 14.1 Die unterschiedlichen Unterbringungsmöglichkeiten

	UNTERBRINGUNGSGRUND		
	Behandlungsnotwendigkeit, *auch ohne Eigengefahr*	Eigengefahr	Fremdgefahr *meist selten*
RECHTS-GRUNDLAGE	**Betreuungsrecht § 1906 I Nrn. 1 oder 2 BGB**	**Polizeirecht – Unterbring-ungsgesetze der Länder –**	**Strafrecht § 63 StGB; § 126a StPO**
WER IST EIL-ZUSTÄNDIG?	**Betreuungsrichter,** in dessen Bezirk sich der Betreute derzeit aufhält; **Betreuer mit dem Aufgabenkreis Aufenthaltsbestimmungsrecht"** darf bei Gefahr in Verzug darf ein auch ohne richterliche Genehmigung unterbringen, muss aber umgehend richterliche Genehmigung beantragen	**Polizei** **Ordnungsamt** **Unterbring-ungsrichter** des derzeitigen Aufenthaltsorts, im Eilfall auch ohne Antrag der Verwaltung	**Polizei** **Staatsanwalt-schaft** **Ermittlungs-richter**
ANTRAGSTEL-LENDE BEHÖRDE	– kein Antrags-verfahren, die Unterbringungs anregung kann von jedermann kommen –	innere Verwaltung (z. B. Gemeinde, Landratsamt)	Staatsanwalt-schaft
WER ENTSCHEIDET ENDGÜLTIG?	Betreuungsrichter des Gerichts, bei dem die Betreuung geführt wird	Unterbringungs-richter des Gerichts, in dessen Bezirk die Unterbringung stattfindet	Strafgericht

oder der Behandlung eine ärztliche Beratung meidet, hat grundsätzlich das Recht, so zu handeln.[6]

> Diese Verweigerungshaltung ist nicht so abwegig, wie es auf den ersten Blick zu sein scheint. Wer geht schon zweimal im Jahr zum Zahnarzt oder nimmt alle medizinisch empfohlenen Vorsorgeuntersuchungen wahr? Und manch einer, der Beschwerden hat, die ihn eine gravierende, unter Umständen auch lebensbedrohliche, Erkrankung befürchten lassen, bleibt in einer Art „Vogel-Strauß-Reaktion" dem Arzt fern, um seine schlimmen Befürchtungen nicht bestätigt zu bekommen.

Dieses Recht findet seine Grenze, wo die Behandlungsverweigerung sich nicht mehr als eigenverantwortliche Entscheidung der Lebensführung darstellt, sondern Folge einer seelischen oder geistigen Störung ist.

e) Missbräuchliche Unterbringungsanträge

Es kommt nicht selten vor, dass die Kommune oder auch Angehörige einen Unterbringungsantrag stellen, weil ein psychisch auffälliger Bürger bzw. ein Familienangehöriger die öffentliche Ordnung und/oder den Hausfrieden „stört". In diesen Fällen muss der Betreuungsrichter sehr sorgfältig prüfen, ob tatsächlich die Voraussetzungen für die sofortige Anordnung einer Unterbringungsmaßnahme vorliegen. Sehr oft ist dies nicht der Fall.

Dabei soll den Antragstellern nicht oder jedenfalls nicht in allen Fällen Missbrauchsabsicht unterstellt werden. Der Gedanke, „das könne doch nicht so bleiben" und man müsse doch „im wohlverstandenen Interesse" des Betreuten etwas tun, ist weit verbreitet. Aber gleichwohl liegen die gesetzlichen Voraussetzungen oft nicht vor. Nicht jeder, der stört, kann auch untergebracht werden!

Wegen Beispielsfällen und weiterer Einzelheiten hierzu wird nachdrücklich auf S. 147 Fall 47 und auf die Ausführungen S. 193 verwiesen.

---

3. Frage der Unterbringung in einer offenen Einrichtung

Die Unterbringungsgenehmigung des § 1906 I BGB setzt eine „freiheitsentziehende" Unterbringung voraus. In der Praxis kommt es aber nicht selten vor, dass dringender Bedarf für die Unterbringung in einer nicht-geschlossenen Einrichtung besteht, sodass das Tatbestandsmerkmal „freiheitsentziehend" fehlt.

---

[6] Vgl. Fußnote 1.

Fall 53:

Die psychisch erkrankte Seniorin, die unter Inanspruchnahme ambulanter Hilfen noch zu Hause wohnte, war an akutem Durchfall erkrankt, der nach ärztlichem Urteil wegen des damit einhergehenden Flüssigkeits- und Elektrolytverlusts in Verbindung mit dem schlechten Allgemeinzustand der Patientin durchaus lebensbedrohlich war. Es war stationäre Behandlung in einem (offenen Allgemein-) Krankenhaus erforderlich. Die Betreute widersetzte sich vehement der Krankenhauseinweisung, Krankheitsbedingt war sie nicht mehr in der Lage, das Bett ohne fremde Hilfe zielgerichtet zu verlassen oder selbständig zu laufen. Es erging Beschluss gemäß § 1906 I BGB auf Unterbringung in dem örtlichen Akutkrankenhaus, aus dem die Patientin nach einigen Tagen geheilt entlassen werden konnte.

Alle Tatbestandsmerkmale des § 1906 I BGB lagen vor – mit Ausnahme der Freiheitsentziehung. Denn schon wegen der eigenen Immobilität der Patientin war eine Behandlung unter geschlossenen Bedingungen *nicht erforderlich*. Eine geschlossene Behandlung war auch tatsächlich *nicht möglich*. Denn mit dieser Einweisungsdiagnose wäre die Patientin von keinem psychiatrischen Krankenhaus aufgenommen worden. Geschlossene Allgemeinkrankenhäuser gibt es aber in Deutschland nicht. Und selbst wenn: mangels Erforderlichkeit geschlossener Unterbringung wäre eine geschlossene Einweisung nicht in Betracht gekommen. Einziges Ziel des Einweisungsbeschlusses war also die zwangsweise Zuführung der Betreuten zur stationären Behandlung.

Fall 54:

Die ca. 90-jährige Seniorin war hochdement, die Schwiegertochter, die zu ihrer Pflege zu ihr gezogen war, konnte die Pflege, auch mit ambulanter Unterstützung, nicht mehr bewältigen. Sie wurde darauf hin von zwei (erwachsenen) Enkeln mit sanfter Gewalt, aber jedenfalls gegen ihren Willen, in ein nahegelegenes offenes Altenheim gebracht, in dem sie bald vergaß, wo sie jetzt war.

In Fall 53 (und in den Vorauflagen) war die Auffassung vertreten worden, es lägen hier eine planwidrige Regelungslücken im Gesetz vor, sodass die analoge Anwendung von § 1906 I BGB möglich sei. Ebenso auch bei einer unabweisbaren zwangsweisen Verbringung eines Betreuten in ein offenes Heim.

Diese gegen die absolut herrschende Meinung[7] stehende Auffassung wird nicht mehr aufrecht erhalten. Und seien die Entscheidungen noch so unabweisbar, es fehlt eben eine gesetzliche Ermächtigung für einen richterliche Unterbringungsentscheidung.

---

[7] Für alle: Palandt-*Götz* § 1906 BGB Rdnr. 5.

Da gleichwohl derlei Fälle im Alltag vorkommen, und zwar gar nicht einmal selten, nachfolgende Lösungsgedanken.

a) Die normative Macht des Faktischen

In Fall 54 wurden einfach Fakten geschaffen. Der Richter wurde nicht beteiligt, die anderen Beteiligten nahmen das Vorgehen hin, was wäre auch als Alternative in Betracht gekommen? Erleichtert wurde dieser Weg, weil die Seniorin schnell vergaß, wo sie war, sich gut in dem Heim einlebte und mithin kein dauerhafter Zwang wie z. B. Einschließung erforderlich war.

b) Der rechtfertigende Notstand des § 34 StGB zugunsten der agierenden Angehörigen

Immerhin wurde in Fall 54 aber der Wille der alten Dame gebrochen, was den Schuldvorwurf der Freiheitsberaubung gemäß § 239 StGB begründen könnte.

Hier hilft als Rechtfertigungsgrund zugunsten der agierenden Angehörigen nur noch der rechtfertigende Notstand des § 34 StGB.

> Danach handelt nicht rechtswidrig, „wer in einer gegenwärtigen, nicht anders abwendbaren Gefahr für Leben, Leib, Freiheit, Ehre, Eigentum oder ein anderes Rechtsgut eine Tat begeht, um die Gefahr von … einem anderen abzuwenden, wenn bei Abwägung der widerstreitenden Interessen, namentlich der Betreuten Rechtsgüter und des Grades der ihnen drohenden Gefahren, das geschützte Interesse das beeinträchtigte wesentlich überwiegt. Dies gilt jedoch nur, soweit die Tat ein angemessenes Mittel ist, die Gefahr abzuwenden."

c) Genehmigungsbefugnis des Betreuungsgerichts „aus unabweisbaren Bedürfnis"

In einer – vor Erlass des Gesetzes über die Zwangsbehandlung ergangenen – Entscheidung vom 24.08.2012[8] zieht das LG Kassel zur Begründung der betreuungsrichterlichen Genehmigung einer stationären Zwangsbehandlung einen vom BGH in seiner Entscheidung vom 17.03.2003[9] postulierten Grundsatz heran, auch ohne gesetzliche Grundlage gebe es eine Prüfungsbefugnis der Gerichte „aus einer Gesamtschau des Betreuungsrechts und dem unabweisbaren Bedürfnis, mit den Instrumenten dieses Rechts auch auf Fragen im Grenzbereich menschlichen Lebens und Sterbens für alle Beteiligten rechtlich verantwortbare Antworten zu finden."

---

[8] FamRZ 2013, 327 = BtPrax 2012, 208; ebenso die ausführlich begründete Entscheidung AG Offenbach, Beschluss vom 26.06.2012 < 14 XVII 990/08>, veröffentlicht leider nur in der Zeitschrift Gesundheit und Pflege (Nomos) 2012, 239
[9] NJW 2003, 1588 = BtPrax 2003.

Für die Frage der *stationären* Zwangsbehandlung bedarf des dieses Rückgriffs nicht mehr, nachdem diese inzwischen in § 1906 III BGB gesetzlich geregelt wurde. Zur Lösung von Einzelfällen der Verbringung eines Betreuten in ein offenes Krankenhaus oder in ein offenes Altenheim wird man aber mit Anwendung dieses Grundsatzes der insoweit anhaltenden Untätigkeit des Gesetzgebers begegnen können und müssen. Das gilt sowohl für Fall 54 als auch für Fall 53.

In Fall 54 war das Gericht nicht beteiligt worden. Auf die Frage ob das vom Landgericht Kassel angezogene übergesetzliche Genehmigungsrecht des Betreuungsgerichts in derlei Fällen zu einer ebenfalls übergesetzlichen Genehmigungs<u>notwendigkeit</u> führt, soll hier nicht eingegangen werden.

Der hier vertretene Ansatz einer Genehmigungsbefugnis des Betreuungsgerichts aus unabweisbarem Bedürfnis ist aber rechtlich, auch verfassungsrechtlich, vorzuziehen der Alternative, den Angehörigen zu empfehlen dann eben ohne jegliche richterliche Beteiligung Gewalt anzuwenden, alternativ den evident Hilfebedürftigen sich selbst zu überlasen.

Dogmatisch muss zwar getrennt werden zwischen der Rechtfertigung durch Einwilligung oder Notstand einerseits und der gerichtlichen Genehmigung andererseits. Hat aber ein Gericht genehmigt, gehen die Beteiligten davon aus, dass das jetzt insgesamt rechtlich in Ordnung ist.

Das trifft auch zu: Wer eine richterliche Genehmigung erhält befindet sich, falls das Gericht übersehen hat, dass weder eine Rechtfertigung durch Einwilligung Notstand fehlt, in einem für ihn unvermeidbaren Verbotsirrtum und kann daher nicht bestraft werden, § 17 StGB.

d) Sonderfälle bei ambulanter Behandlung

Das Verbot der ambulanten Zwangsbehandlung gilt nur bei der Behandlung gegen den Widerstand des Betreuten. Eine (auch ambulante) Behandlung ohne Willen, aber auch ohne Widerstand des Betreuten bleibt aber grundsätzlich möglich. Das wäre dann auch keine Zwangshandlung im eigentlichen Sinne.

Ebenso ist es zulässig, wenn Arzt und/oder Betreuer versuchen, den Betreuten umzustimmen mit dem Ziel, dass er seinen Widerstand aufgibt.

Fall 55:

Der Patient verweigert eine allein lebenserhaltende Beinamputation bei ausgedehntem Gangrän. Der Chirurg hält ihn für einwilligungsfähig, möchte aber aus Haftungsgründen eine Entscheidung des Betreuungsrichters herbeigeführt haben, wonach eine Zwangsamputation nicht in Betracht komme.

Noch am Nachmittag desselben Tages fand die richterliche Anhörung im Beisein eines Psychiaters statt. Hierbei erklärte der Patient von sich aus, er habe sich jetzt den ganzen Tag mit der Entscheidung herumgequält und stimme nunmehr der Amputation zu. Daraufhin wurde das Bein noch am gleichen Tage amputiert.

Auf Bitte des Chirurgen machte der Richter aktenkundig, dass er und der Psychiater zu der übereinstimmenden Einschätzung gekommen waren, dass diese Einwilligung wirksam gewesen sei. Denn der Patient war nicht schreibfähig, so dass der Chirurg durch entsprechenden Vermerk in der Gerichtsakte den Nachweis der Einwilligung und deren Wirksamkeit festgehalten haben wollte. Diesem Wunsch wurde entsprochen, zu einer förmlichen Entscheidung kam es nicht.

4. Verfahrenspfleger und Unterbringungsfrist

a) Verfahrenspfleger

In Unterbringungssachen ist dem Betreuten vom Gericht ein Verfahrenspfleger[10] beizuordnen, „soweit dies zur Wahrnehmung seiner Interessen erforderlich ist", § 317 I 1 FamFG. Dies ist insbesondere dann der Fall, wenn von der persönlichen Anhörung des Betreuten durch den Richter abgesehen werden soll, Nach § 317 I 2 FamFG. Unterbleibt bei einer Unterbringungsentscheidung die Beteiligung eines Verfahrenspflegers, muss dies in der Unterbringungsentscheidung eigens begründet werden, § 317 II FamFG. Bei vorläufigen Unterbringungsgenehmigungen durch einstweilige Anordnung kann bei gesteigerter Dringlichkeit von der Beteiligung eines Verfahrenspflegers abgesehen werden, § 332 FamFG.

Wenn der Betreute selbst einen Rechtsanwalt oder eine andere geeignete Person als Bevollmächtigten bestellt, soll die Bestellung eines Verfahrenspflegers unterbleiben oder eine bereits bestehende Verfahrenspflegschaft aufgehoben werden, § 317 IV FamFG. Denn in diesen Fällen ist die Wahrnehmung der Interessen des Betreuten auch ohne Verfahrenspflegschaft gewährleistet.

b) Befristung

Die Unterbringungsgenehmigung ist auf längstens 1 Jahr zu befristen, bei offensichtlich länger andauerndem Unterbringungsbedürfnis auf längstens 2 Jahre, § 329 I 1 FamFG.

Bei langjährigen Unterbringungen soll spätestens nach 4 Jahren kein Gutachter beteiligt werden, der den Betreuten bisher behandelt oder begutachtet hat oder in der Einrichtung tätig ist, in der Betreute untergebracht ist, § 329 II FamFG.

Nach weiteren 4 Jahren wird dann auch wieder der Gutachter aus dem ersten 4-Jahres-Abschnitt in Betracht kommen.

Bei durch einstweilige Anordnung vorläufige genehmigten Unterbringungen beträgt die Höchstfrist 6 Wochen mit der Verlängerungsmöglichkeit auf maximal 3 Monate, § 333 I FamFG.

---

[10] Zum Begriff des Verfahrenspflegers vgl. S. 32.

Diese Vorschrift hat eine Tücke. In der Praxis werden die Unterbringungen in einem Psychiatrischen Krankenhaus weitgehend durch einstweilige Anordnung genehmigt. Ist durch Verlängerung(en) die Höchstdauer von 3 Monaten erreicht, <u>muss</u> ein Hauptsachebeschluss ergehen. Merkt man das erst kurz vor Ablauf der 3-Monats-Frist, kann es eng werden.

5. Zur Abgabe des Unterbringungsverfahrens

Wie schon bisher kann das Gericht Unterbringungssachen an das Gericht abgeben, in dessen Bezirk die Unterbringung vollzogen wird, sofern dieses zur Übernahme bereit ist, § 314 FamFG. Der Zustimmung des Betreuers wie des Untergebrachten bedarf es hierzu nicht, diese „sollen" aber angehört werden, § 4 Satz 2 FamFG.

Es entspricht einer weitverbreiteten Praxis, einstweilige Anordnungsverfahren ohne Anhörung abzugeben (und seitens des Zielgerichts dann auch zu übernehmen). Dies wird sich vielfach mit dem in solchen Verfahren bestehenden Eilbedürfnis rechtfertigen lassen.

Im Falle, dass das Gericht, an das abgegeben werden soll, nicht zur Übernahme bereit ist, entscheidet das gemeinschaftliche obere Gericht oder, falls dies der Bundesgerichtshof ist, das Oberlandesgerichts, zu dessen Bezirk das Gericht gehört, das mit der Sache zuerst befasst war, § 5 I Nr. 5, II FamFG. Solange der Zuständigkeitsstreit nicht entschieden ist, und das abgebende Gericht aufgrund seiner Abgabe nicht mehr bereit ist, tätig zu werden, ist für anfallende Entscheidungen jedenfalls auch das Gericht zuständig, in dessen Bezirk der Betreute sich tatsächlich aufhält, den dort „tritt das Bedürfnis für die Unterbringungsmaßnahme hervor, § 313 I Nr. 3 FamFG.

Kapitel 15 Die neue gesetzliche Regelung der Zwangsbehandlung

Die Voraussetzungen der Zwangsbehandlung und deren richterlicher Genehmigung sind nunmehr mit umfassenden Verfahrensgarantien gesetzlich geregelt. Durch eine Änderung dieser Regelung besteht nunmehr auch die Möglichkeit, einen Betreuten der Zwangsbehandlung zuzuführen, der nicht gemäß § 1906 I BGB untergebracht ist. Die Durchführung der Zwangsbehandlung muss zum Schutz des Betroffenen auch hier stationär erfolgen, nötigenfalls unter entsprechender Einweisung.

1. Hintergrund

Nach der bisherigen Rechtsprechung des BGH gab und gibt es für eine *ambulante* Zwangsbehandlung, etwa für die zwangsweise Zuführung zu einer ambulanten ärztlichen Maßnahme, keine Rechtsgrundlage.[1]

Im Rahmen von Unterbringungsmaßnahmen nach § 1906 I, II BGB, also bei *stationärer* Behandlung des Betreuten, wurde lange die Auffassung vertreten, die in dieser Norm enthaltene gesetzliche Ermächtigung zur zwangsweisen Unterbringung „weil zur Abwendung eines drohenden erheblichen gesundheitlichen Schadens eine Untersuchung des Gesundheitszustands, eine Heilbehandlung oder ein ärztlicher Eingriff notwendig ist" beinhalte zugleich die Ermächtigung zur Anordnung der Zwangsbehandlung in diesem Rahmen.

Diese Auffassung ist vom BGH für unzulässig erklärt worden.[2] Eine ausdrückliche gesetzliche Regelung sei unerlässlich.

Um zu vermeiden, dass die therapeutisch gedachte Unterbringung des § 1906 I Nr. 2 BGB bei einem die die Behandlung mit (nur) natürlichem Willen ablehnenden Patienten im Ergebnis auf eine bloße Verwahrunterbringung wie in § 1906 I Nr. 1 BGB reduziert wird, hatte der Gesetzgeber in einem ersten Schritt zunächst die

---

[1] BGH NJW 2006, 1277 = BtPrax 2006, 145; BGH NJW 2001, 888 = BtPrax 2001, 32.

[2] U. a. BGH NJW 2012, 2967 = BtPrax 2012, 156.

© Springer-Verlag GmbH Deutschland, ein Teil von Springer Nature 2019
J. Seichter, *Einführung in das Betreuungsrecht*,
https://doi.org/10.1007/978-3-662-57498-0_15

Zwangsbehandlung im Rahmen einer nach § 1906 I BGB *erforderlichen* geschlossenen Unterbringung in § 1906 III BGB gesetzlich geregelt.[3]

Diese Regelung erfasste aber nicht Zwangsbehandlungen bei Betreuten, deren geschlossene Unterbringung gemäß § 1906 I BGB aktuell *nicht erforderlich* war, obwohl die übrigen Voraussetzungen der Zwangsbehandlung erfüllt waren. Damit fehlte bei nicht Untergebrachten weiterhin eine gesetzliche Grundlage für die Zwangsbehandlung.

Dieses Fehlen hat das Bundesverfassungsgericht (aufgrund einer Vorlage des Bundesgerichtshofs[4]) beanstandet:

> Es ist mit der aus Artikel 2 Absatz 2 Satz 1 des Grundgesetzes folgenden Schutzpflicht des Staates unvereinbar, dass für Betreute, denen schwerwiegende gesundheitliche Beeinträchtigungen drohen und die die Notwendigkeit der erforderlichen ärztlichen Maßnahme nicht erkennen oder nicht nach dieser Einsicht handeln können, eine ärztliche Behandlung gegen ihren natürlichen Willen unter keinen Umständen möglich ist, sofern sie zwar stationär behandelt werden, aber nicht geschlossen untergebracht werden können, weil sie sich der Behandlung räumlich nicht entziehen wollen oder hierzu körperlich nicht in der Lage sind.
>
> Der Gesetzgeber ist verpflichtet, unverzüglich eine Regelung für diese Fallgruppe zu treffen.
>
> Bis zu einer solchen Regelung ist § 1906 Absatz 3 Bürgerliches Gesetzbuch in der Fassung von Artikel 1 Nummer 3 des Gesetzes zur Regelung der betreuungsrechtlichen Einwilligung in eine ärztliche Zwangsmaßnahme vom 18.02.2013 (Bundesgesetzblatt I Seite 266) auch auf stationär behandelte Betreute anzuwenden, die sich einer ärztlichen Zwangsbehandlung räumlich nicht entziehen können.[5]

Diese vom Bundesverfassungsgericht geforderte gesetzliche Regelung für die ärztliche Zwangsbehandlung auch nicht geschlossen Untergebrachter hat der Gesetzgeber mit Gesetz vom 17.07.2017[6] geschaffen. Er hat dazu die Bestimmungen über die ärztliche Zwangsbehandlung aus § 1906 BGB ausgegliedert und in einen neuen § 1906a BGB eingefügt. Inhaltlich trägt das Gesetz den Forderungen des Bundesverfassungsgerichts dadurch Rechnung, dass nunmehr eine ärztliche Zwangsbehandlung auch genehmigt werden kann, wenn keine geschlossene Unterbringung des Betreuten nach § 1906 I BGB vorliegt. Zum gesundheitlichen Schutz der Betreuten ist aber bestimmt, dass die ärztliche Zwangsbehandlung nur im Rahmen einer stationären Behandlung erfolgen darf. *Eine ambulante Zwangsbehandlung kommt also weiterhin nicht in Betracht.*

---

[3] Gesetz vom 18.02.2013 (BGBl. I S. 266).

[4] BtPrax 2015, 208.

[5] Beschluss vom 26.07.2016, 1 BvL 8/15 (BGBl. I S. 2159) = BtPrax 2016, 182.

[6] BGBl. I S. 2426.

2. Einzelheiten der gesetzlichen Regelung

a) Die gesetzliche Regelung im Einzelnen

In § 1906a I 1 BGB, befindet sich zunächst eine Legaldefinition der Zwangsbehandlung „Widerspricht eine ärztliche Maßnahme … dem natürlichen Willen des Betreuten … (ärztliche Zwangsmaßnahme)".

In dem insoweit gleichlautenden früheren § 1906 III 1 BGB, wurde erstmals ins BGB eingeführt der Begriff des „natürlichen Willens", als eine Willensäußerung die auch dann rechtlich beachtlich ist, wenn Geschäftsunfähigkeit vorliegt. Damit wird aber zugleich deutlich, dass eine Zwangsmaßnahme wenigstens einen solchen „natürlichen" Willen voraussetzt. *Wo ein natürlicher Wille aktuell nicht geäußert werden kann, liegt eine ärztliche Zwangsbehandlung nicht vor.*

Zu den Voraussetzungen, unter denen Betreuer (oder: Bevollmächtigte, § 1906a V BGB) in eine ärztliche Zwangsmaßnahme einwilligen kann, im Einzelnen:

Die ärztliche Zwangsmaßnahme muss zum Wohl des Betreuten notwendig sein, um einen drohenden *erheblichen* gesundheitlichen Schaden abzuwenden (Nr. 1).

Der Betreute muss aufgrund einer psychischen Krankheit oder einer geistigen oder seelischen Behinderung außerstande sein, die Notwendigkeit der ärztlichen Maßnahme zu erkennen oder nach dieser Einsicht handeln (Nr. 2).

Die ärztliche Zwangsmaßnahme muss die ärztliche Zwangsmaßnahme dem nach § 1901a BGB (Patientenverfügung) zu beachtenden Willen des Betreuten entsprechen (Nr. 3). Das betrifft also nicht nur die mit starker Bindungskraft versehene schriftlich Patientenverfügung des § 1901a BGB sondern auch den bei deren Fehlen nach § 1901a II BGB festgestellten maßgeblichen mutmaßlichen Willen des Betreuten.

Die Notwendigkeit, dass die Zwangsmaßnahme dem durch Patientenverfügung erklärten Willen entsprechen muss (so aber der Gesetzeswortlaut) geht zu weit. Sie hätte zur Folge, dass bei einer Patientenverfügung, die diesen Punkt unerwähnt lässt, die Maßnahme unterbleiben müsste. Die Vorschrift muss daher dahin restriktiv interpretiert werden, dass die Maßnahme einem dem in der Patientenverfügung erklärten Willen nicht widersprechen darf.

Es muss ernsthaft mit dem notwendigen Zeitaufwand, aber ohne Ausübung unzulässigen Drucks versucht worden sein, den Betreuten für die Behandlung zu gewinnen (Nr. 4).

Dieser Versuch braucht nicht vom Richter unternommen werden, sondern kann z. B. auch durch die Ärzte erfolgen. Dann muss allerdings der Richter substantiiert aktenkundig dass und wie der Versuch verlief.[7] Der Autor nimmt aber auch in diesen Fällen immer selbst einen Überzeugungsversuch vor, nicht selten mit Erfolg. Die Betreuten sind zuweilen eher bereit, auf den Richter zu hören, den sie durchaus als neutral und vor allem außerhalb des Klinikbetriebs stehend wahrnehmen.

---

[7] BGB BtPrax 2015, 238.

Die vorgesehene Maßnahme muss alternativlos sein (Nr. 5).

> In der Praxis erlebt man immer wieder, dass sich doch noch Alternativen auftun. Das tritt
> vor allem auf bei Patienten, die lediglich genau benannte Medikamente oder einzelne kon-
> krete Maßnahmen ablehnen, die dann ersetzt oder vermieden werden können.

Der Nutzen der Maßnahme muss die zu erwartenden Beeinträchtigungen deutlich
überwiegen (Nr. 6).

> Das kann in Zweifel stehen, wenn ein Patient nach jahrelanger frustraner Therapie mit Psy-
> chopharmaka behandlungsmüde wird und auch nach Einschätzung des Arztes der künftige
> Nutzen der angewandten Medikation unsicher ist.

Die ärztliche Zwangsmaßnahme muss im Rahmen eines stationären Aufenthalts in
einem Krankenhaus, in dem die gebotene medizinische Versorgung des Betreuten
einschließlich einer erforderlichen Nachbehandlung sichergestellt ist, durchgeführt
werden (Nr. 7).

> Zur Durchführung der Zwangsbehandlung zu einem stationären Aufenthalt in ein Kranken-
> haus kann dann erforderlichenfalls mit Genehmigung des Betreuungsrichters die zwangs-
> weise Verbringung des Betreuten in das Krankenhaus erfolgen, § 1906a IV BGB.

b) Zum Verfahren bei der Genehmigung einer Zwangsbehandlung

Zwangsbehandlungen bedürfen *immer* der betreuungsrichterlichen Genehmigung,
§ 1906a II BGB
*Die Dauer der Befristung ist für Zwangsbehandlungen enger geregelt als für
Unterbringungen:* Bei Genehmigung einer Zwangsbehandlung durch einstweilige
Anordnung darf sie längstens 2 Wochen betragen mit Verlängerungsmöglichkeit auf
insgesamt längstens 6 Wochen, § 333 II FamFG. Bei Genehmigung einer Zwangsbehandlung durch Hauptsacheentscheidung liegt die Höchstfrist bei 6 Wochen mit
(auch wiederholter) Verlängerungsmöglichkeit um jeweils höchstens 6 Wochen,
§ 329 I 2 FamFG.
Muss eine Verlängerung auf insgesamt über 12 Wochen erfolgen soll das Gericht
soll das Gericht <u>keinen</u> Sachverständigen bestellen, der den Betreuten bisher behandelt oder begutachtet hat oder in der Einrichtung tätig ist, in der der Betreute untergebracht ist, § 329 III FamFG.
Eine Besonderheit ist, dass eine unmittelbare Entscheidung des Betreuungsgerichts in Eilfällen gemäß § 1846 BGB bei einer Zwangsbehandlung nur zulässig ist,
wenn der Betreuer verhindert ist, § 1906a I 2 BGB.

> Das heißt, das, anders als sonst in Fällen des § 1846 BGB, eine (Eil-)Entscheidung des
> Betreuungsgerichts, wenn überhaupt noch kein Betreuer bestellt ist, hier ausscheidet.

c) Eilfälle

Im Gesetz nicht geregelt ist die Frage, wie bei akuter Gefährdung von Leib oder Leben vorzugehen ist, wenn die Zeit für das Genehmigungsverfahren nicht ausreicht. Hier bleibt den Ärzten nur der Rückgriff auf die allgemeine Notstandsregel des § 34 StGB. In der Praxis kommt das aber soweit ersichtlich kaum vor, denn wenn die Patienten etwa bewusstlos sind, liegt eben auch kein gegen die Behandlung gerichteter natürlicher Wille vor.

d) Praktische Erfahrungen mit der ärztlichen Zwangsbehandlung

Der Gedanke einer ärztlichen Zwangsbehandlung erweckt zunächst Ängste angesichts der vorgestellten Brutalität des Vorgehens: Der sich mit aller Kraft und auch durch laute Rufe wehrende Patient wird von mehreren festgehalten oder mit Gurten fixiert um dann das ärztlicherseits für erforderlich gehaltene Medikament zu injizieren.

Im klinischen Alltag verläuft es aber erheblich weniger dramatisch. Meistens akzeptieren die Patienten die richterliche Genehmigung mit der Folge, dass sie die Medikamente nun sogar oral einzunehmen bereit sind. In manchen Fällen ist auch eine gewisse Erleichterung festzustellen, dass jetzt eben entschieden ist, wie auch immer.

Fall 56:

Die Patientin mit dem Vollbild einer Katatonie spuckte die Medikamente aus und schlug bei deren Verabreichung um sich. Es stand Zwangsbehandlung zur Debatte. Zu Beginn des Anhörungstermins im Psychiatrischen Krankenhaus mit Richter, Betreuer, Verfahrenspflegerin und Stationsärztin gelang es dem Richter nicht, von der Patientin irgendeine Willenserklärung zu erlangen. Bei einem Versuch der Verfahrenspflegerin sagte sie ganz schwach: „Ich will gesund sein." Auf weitere Frage der Verfahrenspflegerin, ob sie denn lieber Spritzen bekommen als Tabletten schlucken wolle, erklärte sie ebenso schwach: „Spritzen". Hier schien noch eine Restbehandlungsbereitschaft auf, sodass der Beschluss über die Zwangsbehandlung unproblematisch war.

Und dennoch: Am nächsten Tag rief die Klinik an mit der Frage, ob die Patientin aufgrund des Genehmigungsbeschlusses bei der Verabreichung mit Gurten fixiert werden dürfe. Dies war in den Beschluss nicht ausdrücklich aufgenommen worden. Es wurde seitens des Richters die Auskunft erteilt, dass die Fixierungsgenehmigung während der Medikamentengabe ohne weiteres in der Genehmigung der *Zwangs*medikation enthalten sei. (Inzwischen bezieht der Autor derartige Fixierungen ausdrücklich in die Genehmigung ein.)

Kapitel 16 Unterbringungsähnliche Maßnahmen gemäß § 1906 IV BGB

Freiheitsbeschränkende Maßnahmen (Bettgitter, Bauchgurt im Sessel, Medikamente mit dem Hauptzweck der Sedierung) bedürfen der richterlichen Genehmigung. Dieser bedarf es nicht bei Einwilligung des Betreuten, sie kann auch entbehrlich sein bei Immobilität des Betreuten oder gänzlich erloschenen Fortbewegungsimpulses, sofern der Betreute keinen Widerstand erkennen lässt. Mit dem „Werdenfelser Weg" wird versucht, die Häufigkeit der Anwendung freiheitsbeschränkender Maßnahmen zu reduzieren.

1. Ausgangslage

§ 1906 IV BGB regelt den Richtervorbehalt für Freiheitsentziehungen, die ohne Unterbringung erfolgen. Für diese Fälle hat sich weithin der – im Gesetz selbst nicht erwähnte – Begriff der „unterbringungsähnlichen. Maßnahme" eingebürgert. Alternativ wird hierfür, auch der Begriff freiheitsbeschränkende Maßnahme verwendet. Diese Wortwahl betont das minus (weniger) der (lediglich) freiheitsbeschränkenden Eingriffe gemäß § 1906 IV BGB gegenüber den freiheitsentziehenden Eingriffen gemäß § 1906 I, II BGB. Als unterbringungsähnliche Maßnahme stuft die Praxis ein (ausgehend vom Wortlaut des § 1906 IV BGB) den Einsatz von Bettgittern, Angurtungen im Bett und/oder auf dem Stuhl und Medikation mit dem beabsichtigten Hauptzweck der Sedierung.

Zur Abgrenzung zwischen Unterbringung und unterbringungsähnlicher Maßnahme vgl. vorstehend S. 183.

Hauptbeispiele für die unterbringungsähnlichen Maßnahmen gemäß § 1906 IV BGB sind die Anbringung von Bettgittern, die Fixierung mit Gurten und die Verabreichung sedierender Medikamente.

In den meisten Fällen enden entsprechende Anträge auf richterliche Genehmigung mit einem „Negativattest", dass eine Genehmigung nicht erforderlich ist.

© Springer-Verlag GmbH Deutschland, ein Teil von Springer Nature 2019
J. Seichter, *Einführung in das Betreuungsrecht*,
https://doi.org/10.1007/978-3-662-57498-0_16

2. Fallgruppen

a) Bettgitterfälle

(1) Einwilligung des Betreuten

Ein Bettgitter bedarf keiner richterlichen Genehmigung, *wenn der Betreute einwilligt,* sei es auch nur mit seinem „natürlichen Willen".[1] Oftmals wünschen die Betreuten ja selbst ein Bettgitter in der berechtigten Befürchtung, sonst aus dem Bett zu fallen. Wenn ein Bewohner ersichtlich ängstlich wird, solange das Bettgitter offen ist und sich nach dessen Hochziehen beruhigt, indiziert das seinen „natürlichen Willen" die Bettgitter einzusetzen auch wenn mit ihm vielleicht im Übrigen überhaupt keine Verständigung mehr möglich ist.

> Dabei muss aber auch das Umgekehrte gelten: Wer am Bettgitter rüttelt oder zu weinen beginnt, wenn es hochgezogen wird, tut damit seinen natürlich Willen gegen ein Bettgitter kund. In diesem Fall bedarf das Bettgitter wieder der richterlichen Genehmigung.

(2) Fehlende Fortbewegungsmöglichkeit auch ohne Bettgitter

Das Bettgitter bedarf keiner richterlichen Genehmigung, wenn der Betreute auch ohne Bettgitter nicht mehr in der Lage wäre, das Bett ohne Hilfe Dritter zielgerichtet zu verlassen, etwa nach beidseitiger Oberschenkelamputation. Denn in diesem Fall hat er die Freiheit, das Bett alleine verlassen zu können, auch ohne Bettgitter bereits verloren, sodass dem Bettgitter keine eigenständige freiheitsentziehende Bedeutung mehr zukommt.[2]

> Lässt der Betreute dagegen in diesen Fällen erkennen, dass er das Bettgitter nicht will, stellt das Hochziehen des Bettgitters gleichwohl ein Brechen seines Willens dar, so dass es dann doch wieder einer richterlichen Genehmigung bedarf.

(3) Fehlender Fortbewegungsimpuls

Und schließlich ist das Bettgitter genehmigungsfrei wenn der Betreute dauerhaft keinerlei Bewegungsimpulse mehr zeigt. Denn auch in diesen Fällen hat das Bettgitter die freiheitsentziehende Bedeutung verloren.

b) Gurtfixierungen

Bei Gurtfixierungen gelten die im vorigen Abschnitt angestellten Erwägungen entsprechend. Wenn der Betreute einverstanden ist oder auch ohne Gurt Bett und Sessel nicht ohne fremde Hilfe zielgerichtet verlassen kann, stellen sie keine freiheitsentziehende Maßnahme dar.

---

[1] Vgl. S. 186 „natürliche Einwilligungsfähigkeit".
[2] Vgl. BGH BtPrax 2012, 206.

Es sind auch Gurtfixierungen denkbar, deren Einstufung als „unterbringungsähnliche Maßnahme" fraglich ist. Dient zum Beispiel die Angurtung am Rollstuhl
dazu, dem Betreuten die Benutzung des Rollstuhl überhaupt erst zu ermöglichen
und dadurch seinen Fortbewegungsradius zu vergrößern, wird eine unterbringungsähnliche Maßnahme schon tatbestandsmäßig nicht vorliegen.

Allerdings wird hier der Betreute mit der Gurtung auch einverstanden sein, sodass
auch insoweit die Genehmigungsbedürftigkeit entfällt.

Sollte der Betreute dagegen der Gurtung widersprechen, wird immerhin sein Wille gebrochen. Bei dieser Sachlage hält der Autor in jahrelanger Praxis allein wegen dieses Brechens
des Willens eine richterliche Genehmigung für erforderlich. Ist dagegen gar keine Willensäußerung zu erlangen ist ein Beschluss entbehrlich (wohl aber die Einwilligung des Betreu-
ers/Bevollmächtigten erforderlich).

Ansonsten ist zu beachten, dass Gurtfixierungen den Betreuten unter Umständen
weniger einschränken als die „unsichtbare" Fixierung durch Medikamente, aufgrund
derer er den ganzen Tag döst. *Besteht also entsprechender Bedarf kann eine Gurtfixie-
rung, die wenigstens den Geist frei lässt, ungeachtet ihrer martialischen Erscheinung
weniger einschneidend sein als die unauffällige „Fixierung durch Medikamente".*

Gelegentlich ist eine zwar zunächst durchaus verständliche, in guter Absicht
erfolgende, aber doch im Ergebnis fatale Zurückhaltung bei dem Einsatz von Gurtfixierungen festzustellen.

Fall 57:

Der 93-jährige Patient hatte die Operation eines ausgedehnten Leistenbruchs –
der Bauch glich nach dem Bericht des Chirurgen vor der Operation dem einer
schwangeren Frau – an sich gut überstanden. Postoperativ und aufgrund einer
phasenhaften und auch dann nur mäßigen Altersdemenz bei Morbus Parkin-
son [eine Verständigung war durchweg noch möglich, aber die Kritikfähigkeit
reduziert] wollte man ihm die an sich zur Sicherung indizierte Angurtung erspa-
ren. Der Patient fiel aus dem Bett und erlitt einen Oberschenkelhalsbruch. **Nun**
wurde er auf Dauer bis zu seinem einige Monate später eintretenden Tod fixiert
und konnte das Bett überhaupt nicht mehr verlassen.

Vor der Leistenbruchoperation hatte er das Bett tagsüber verlassen und sich
gelegentlich mit dem Rollstuhl in ein Restaurant zum Mittagessen fahren lassen.
Dies wäre ihm wohl auch nach der an sich komplikationsfreien Abheilung der
Leistenbruchoperationswunde wieder möglich gewesen.

c) Sedierende Medikamente

Sedierende Medikamente sind genehmigungsfrei, wenn die sedierende Wirkung
nicht Hauptzweck, sondern nur Nebenwirkung ist.

Ansonsten ist gerade bei der Frage der Genehmigungsbedürftigkeit von Medikamenten die (fach-)ärztliche Beratung unerlässlich.

Fall 58:

Die Betreute litt unter hochgradigem Tremor (Zittern), der sie hinderte, sich fortzubewegen oder auch nur die Hände sinnvoll zu gebrauchen. Es wurde ein sedierendes Medikament eingesetzt, das die Spitzen des Tremors soweit reduzierte, dass hierdurch die Betreute wieder erheblich mehr Möglichkeit der Fortbewegung und der Beschäftigung hatte.

Es bedarf keiner weiteren Darlegung, dass hier ein Medikament trotz final sedierender Wirkung keine freiheitsentziehende Bedeutung hatte, sodass es der richterlichen Genehmigung nicht bedurfte.

Der letztgenannte Fall soll zeigen, dass mit den gelegentlich veröffentlichten Listen von Medikamenten, die stets der richterlichen Genehmigung bedürfen, wenig anzufangen ist und dass diese Listen eine medizinische Beratung im Einzelfall nicht ersetzen können.

d) Fixierungen in Allgemeinkrankenhäusern bei Unruhezuständen nach einer Narkose

Bei einem geschäftsfähigen Krankenhauspatienten, der etwa nach einer Narkose wegen Unruhezuständen fixiert werden muss, wird in aller Regel von seiner mutmaßlichen Einwilligung mit vorübergehenden Fixierungsmaßnahmen ausgegangen werden können. Im Übrigen sind diese Fixierungen im Allgemeinen nur vorübergehend, sodass die Freiheitsentziehung weder „über einen längeren Zeitraum", noch „regelmäßig" stattfindet. Damit entfällt auch unter diesem Gesichtspunkt eine etwaige Genehmigungsbedürftigkeit gemäß § 1906 IV BGB.

e) Genehmigung unterbringungsähnlicher Maßnahmen im Interesse Dritter

Nach Soergel-*Damrau*[3] können freiheitsbeschränkende Maßnahmen gemäß § 1906 IV BGB auch im Drittinteresse, also nicht nur zum Schutz des Betreuten, genehmigt werden. Begrenzt werde die Genehmigungsfähigkeit dann nur noch durch den Verhältnismäßigkeitsgrundsatz.

Diese Lockerung gegenüber § 1906 I, II BGB leitet er daraus ab, dass diese ja nur „entsprechend" und nicht unmittelbar anzuwenden seien. Ohne diese Auslegung könne man einem nachts umherwandelnden und andere Heimbewohner in deren eigenem Nachtschlaf störenden Betreuten nicht Einhalt gebieten.

Diese von der übrigen Literatur abgelehnte Auslegung hat, worauf Soergel-*Damrau* hinweist, für sich, dass das von ihm gewählte Beispiel in der amtlichen Begründung

---

[3] Soergel-*Damrau* § 1906 BGB Rdnr. 23.

des Betreuungsgesetzes als Beispiel für unterbringungsähnliche Maßnahmen gewählt wird. Schließt man sich ihr an, könnten auch Situationen wie etwa in Fall 33 (S. 127) sachlich und dogmatisch zufriedenstellend gelöst werden. Die von Soergel-*Damrau* vertretene Auffassung verdient daher Zustimmung und sollte anerkannt und in entsprechenden Fällen angewendet werden. Der Schutz des Betreuten ist gewährleistet durch den Verhältnismäßigkeitsgrundsatz, die für Unterbringungsbeschlüsse geltenden Verfahrensvorschriften und vor allem dadurch, dass eine richterliche Kontrolle stattfindet.

Das LG Kassel, BtPrax 2013, 72, hält dieses Lockerung sogar für Genehmigungen der Unterbringung zur Heilbehandlung nach 1906 I Nr. 2 BGB zulässig.

f) Genehmigungsfreiheit unterbringungsähnlicher Maßnahmen bei Familienpflege

In § 1906 IV BGB ist ausdrücklich geregelt, dass unterbringungsähnliche Maßnahmen nur der richterlichen Genehmigung bedürfen, wenn der Betreute sich in einem Heim, einer Anstalt oder einer sonstigen Einrichtung aufhält. Lebt der Betreute also noch bei seiner Familie ist eine richterliche Genehmigung nicht erforderlich.

Hintergrund dieser Regelung ist, dass der Gesetzgeber in an sich löblicher Würdigung der besonderen Situation der Pflege in der Familie den Familienbereich insoweit rechtsfrei halten wollte. Gleichwohl ist diese Ausnahmebestimmung rechtlich überaus bedenklich. Denn der Grund für die Genehmigungsbedürftigkeit liegt in dem Eingriff in die persönliche Freiheit des Betreuten, der gemäß Art. 104 GG der richterlichen Genehmigung unterstellt ist. Ein Anbinden am Stuhl oder ein Einschließen im Zimmer ist aber in der Familie ein kaum weniger einschneidender Eingriff in die Persönlichkeitsfreiheit als in einem Heim.

Trotz dieser Bedenken wendet die Praxis die genannte Ausnahmevorschrift an, stellt also die Familienpflege von der Genehmigungsbedürftigkeit unterbringungsähnlicher Maßnahmen frei.

Des ungeachtet machen Krankenkassen gelegentlich die Bewilligung von Bettgurten vom Vorliegen eines richterlichen Genehmigungsbeschlusses abhängig. Was aber nicht genehmigungsbedürftig ist, ist auch nicht genehmigungsfähig, so dass ein solcher Beschluss nicht erlassen werden kann. Hier hilft eine Negativattest, also ein Beschluss, in dem festgestellt wird, dass eine Genehmigung nicht erforderlich ist und daher auch nicht ausgesprochen werden kann.

3. Der „Werdenfelser Weg"

a) Hintergrund

Es ist vielfach zu hören und zu lesen, dass viel zu viel und völlig bedenkenlos fixiert wird. Fixierungen seien gravierende Beeinträchtigungen für den Patienten. Fehlerhaft angebrachte Fixierungen seien gefährlich, ja lebensgefährlich, etwa wenn der Patient sich von der Angurtung befreien will und dabei stranguliert. Diese

Einwendungen müssen gelegentlich relativiert werden. Eine 5-Punkt-Fixierung stellt sicher eine gravierende Beeinträchtigung dar, ein Bettgitter zur Nachtzeit weniger. Wenn vorgebracht wird, die Zahl der gerichtlich genehmigten Fixierungen habe sich vom Jahr 2000 bis zum Jahr 2007 um mehr als 60 % erhöht,[4] wird das auch daran liegen, dass das Bewusstsein, dass eine richterliche Genehmigung notwendig ist gestiegen ist. Ein sachgerechter und gefahrloser Einsatz von Fixierungen ist vom Pflegepersonal zu verantworten und nicht vom Gericht und stellt im Übrigen die Notwendigkeit einer korrekten Fixierung nicht infrage. Wenn aber Wege gesucht werden, Fixierungen zu reduzieren, ist dies natürlich gleichwohl in Ordnung.

Ausgehend vom Amtsgericht Garmisch-Partenkirchen (das im Werdenfelser Land gelegen ist, daher der Name des Projekts) mit den Protagonisten Dr. Sebastian Kirsch, Richter am Amtsgericht Garmisch-Partenkirchen, und Joseph Wassermann, Leiter der Betreuungsstelle[5] bei dem Landratsamt Garmisch-Partenkirchen, greift eine Initiative um sich, die unter der Bezeichnung „Werdenfelser Weg" die Reduktion von Fixierungsmaßnahmen auf das wirklich erforderliche Maß vorantreibt.

b) Bisherige Praxis

Nach bisheriger Übung kommt es zu Fixierungsgenehmigungen, nachdem der Arzt in einem oft sehr knappen Attest deren Notwendigkeit aus ärztlicher Sicht bescheinigt und der Betreuer daraufhin einen entsprechenden Antrag stellt. Eigentlich treibende Kraft ist das Heim, das von der Heimaufsicht und dem Medizinischen Dienst der Krankenkassen Fehlermeldungen bekommt, wenn ein Bettgitter eingesetzt wird, aber kein Genehmigungsbeschluss vorliegt. Zudem fürchten die Heime zu Recht die straf- und vor allem zivilrechtliche Haftung, wenn ein Bewohner ohne Fixierung zu schaden kommt. „Wo ein Schaden eingetreten ist, muss auch ein Schuldiger sein, in der Regel der, der nicht fixiert hat."[6]

> Ein Problem dabei ist, dass ja in vielen Fällen ein Genehmigungsbeschluss gar nicht erforderlich ist, vgl. oben S. 206 am Ende. Darauf beruht die Praxis, dann dem Heim einen Brief zu übersenden, dass und warum kein Beschluss erforderlich ist, oder auch einen Beschluss zu erlassen, der der Erlass eines Genehmigungsbeschlusses unterbleibt. Diese Schriftstücke können dann anstelle des Genehmigungsbeschlusses vorgezeigt werden.

Bei dieser Vorgehensweise legt der Richter seiner Entscheidung das ärztliche Votum zugrunde, das er ja nicht so ohne weiteres überprüfen kann. Zu Abweichungen kommt es am ehesten bei Patienten, die einen ganz hohen Leidensdruck durch die Fixierung erkennen lassen. Aber das ist nur selten der Fall.

---

[4] *Kirsch/Wassermann* BtPrax 2009, 109; auf diesem Aufsatz beruht auch die nachfolgende Darstellung des „Werdenfelser Wegs".

[5] Die in Bayern geltende Bezeichnung für die Betreuungsbehörde.

[6] *Kirsch/Wassermann* aaO.

c) Änderungen im Rahmen des „Werdenfelser Wegs"

Die nach diesem Modell arbeitenden Richter werben in einem ersten Schritt Verfahrenspfleger an, die in besonderer Weise für die Notwendigkeit einer Reduzierung der Fixierungen offen sind. Ideal wären Verfahrenspfleger mit eigenem beruflichen Pflegehintergrund wie z. B. erfahrene Krankenschwestern, Diplom-Pflegewirte oder Mitarbeitende in ambulanten Pflegediensten. Diese werden im Zusammenwirken von Amtsgericht, Betreuungsbestelle und Heimaufsicht pflegefachlich und rechtlich fortgebildet.

Diese also spezialisierten Verfahrenspfleger erhalten dann die neu eingehenden Anträge auf Fixierung um sich als Sachwalter des Betreuten mit jedem Einzelfall kritisch mit deren Notwendigkeit auseinanderzusetzen. Dabei wird die Einsetzung des Verfahrenspflegers damit begründet, dass der Betreute selbst zu einer solch kritischen Auseinandersetzung nicht in der Lage ist. Im Rahmen dieses Auftrags begegnet der Verfahrenspfleger aufgrund seines Hintergrunds und seiner besonderen Ausbildung dem Pflegepersonal im Heim „auf Augenhöhe", was etwa dem Richter so nicht möglich ist. In diesen Gesprächen auf Augenhöhe können dann Alternativen zu Fixierungen erörtert werden wie z. B. Niederflurbetten, sodass kein Sturz auf Normalhöhe erfolgt, Gelenkprotektoren, damit es beim Sturz nicht zu Gelenkverletzungen kommt, Klingelmatten, die im Stationszimmer eine Glocke auslösen, wenn es zum Sturz gekommen ist. Auf der Grundlage dieser Gespräche geben die Verfahrenspfleger eine Empfehlung ab. Diese kann durchaus auch unter Inkaufnahme eines Restrisikos die Nichtausschließbarkeit eines Sturzes befürworten, wenn diese der Gesamtlebenssituation des Betreuten dient.

Die Entscheidung trifft, entsprechend der gesetzlichen Vorgabe, der Richter. Verweigert er auf dem vorstehend geschilderten Hintergrund die Genehmigung ist das Heim insoweit vom Haftungsrisiko frei. Das ganze lässt sich schlagwortartig zu folgendem Leitsatz verdichten: „Nicht so sicher wie möglich, sondern so qualitätsvoll wie möglich."[7]

d) Bewertung

Das Anliegen des Werdenfelser Weges ist innovativ und von honoriger Motivation. Er greift dabei tief ein in pflegerische und ärztliche Entscheidungen. Denn die Korrektheit der Durchführung der Fixierung ist Sache der Pflege, ihre medizinische Notwendigkeit Sache des Arztes. Immerhin hat der Werdenfelser Weg Bewegung in einen von Routine geprägten Bereich gebracht.

Bemerkenswert ist die Neubestimmung der Aufgabe des Verfahrenspflegers im Rahmen des Werdenfelser Weges. Klassisch der Wahrer der Rechte des Betreuten wird er hier zusätzlich *oder sogar in erster Linie zum Sachverständigen für den*

---

[7] Wie Fn. 4 dort S. 112 letzter Satz.

Betreuen. Ein ansonsten gern erhobener Vorwurf, es sei doch ein Paradoxon, dass der Verfahrenspfleger, der doch den Richter kontrollieren solle, vom Richter ausgewählt werde, wird hier zur Tugend: Der Richter wählt den Verfahrenspfleger aus und nordet ihn im Sinne des höheren Zieles Werdenfelser Weg.

Gleichwohl, manchmal müssen neue Wege gegangen werden, heißen sie nun Werdenfelser Weg oder auch anders. Angesichts der Weisungsfreiheit des Richters und seiner Entscheidungsbefugnisse ist es für ihn erheblich leichter, solche neuen Wege anzustoßen und zu erproben – und damit auch Verantwortung für sie zu übernehmen – als für die anderen Beteiligten, seien es Heime, Krankenhäuser, Betreuer, u. U. sogar Ärzte. Es wird noch einige Jahre dauern, bis erkannt werden kann, in welcher Tiefe, in welcher Breite und von welcher Dauer die vom Werdenfelser Weg angestoßenen Veränderungen sind. Was dann an Korrekturen oder Modifikationen erforderlich ist, wird man sehen. Es muss auch nicht jeder Richter diesen Weg mitgehen; die Gerichte, die diesen Weg erproben, verdienen aber Anerkennung Respekt – und aufmerksame Beobachtung durch die Praxis und den Gesetzgeber hinsichtlich etwa erforderlicher Konsequenzen.[8]

---

[8] Ähnlich *Beckmann* BtPrax 2014, 53.

Kapitel 17 Die Haftung des Betreuers

Wenn der Betreuer seine Pflichten gegenüber dem Betreuten verletzt, muss er Scha-
densersatz leisten. Leichte Fahrlässigkeit reicht aus. Diese Schadensersatzpflicht
trifft auch den ehrenamtlichen Betreuer. Es gibt zwei Hauptgefahrenpunkte für diese
Betreuerhaftung: die Übernahme einer Aufgabe, der der Betreuer nicht gewachsen
ist (Übernahmeverschulden) und Passivität (Untätigkeitsverschulden). Insgesamt
kommt es selten vor, dass ein Betreuer auf solchen Schadensersatz in Anspruch
genommen wird. Gegenüber Dritten haft der Betreuer meist nicht selbst, den Ver-
tragspartner ist der Betreute und nicht der Betreuer. Allerdings muss bei Vertrags-
abschluss deutlich werden, dass der Betreuer nicht im eigenen Namen handelt. Aus-
nahmsweise kommt eine Haftung des Betreuers aus Sachwalterhaftung in Betracht.
Ehrenamtliche Betreuer sind gegen Haftungsansprüche in nahezu allen Bundes-
ländern durch von den Ländern abgeschlossene Sammelversicherungen gedeckt.
Berufsbetreuer müssen sich selbst versichern und können vom Betreuungsgericht
hierzu verpflichtet werden.

1. Die Haftung des Betreuers gegenüber dem Betreuten

Wenn der Betreuer seine Pflichten gegenüber dem Betreuten verletzt, hat er dem
Betreuten hierdurch etwa entstehenden Schaden zu ersetzen, § 1833 I BGB. Leichte
Fahrlässigkeit reicht aus, § 276 I BGB. Diese Schadensersatzpflicht gilt auch bei
ehrenamtlicher Betreuung.

Eine Pflichtverletzung liegt in jedem Verstoß gegen das Gebot treuer und gewis-
senhafter Amtsführung, sie kann *sowohl durch Tun als auch durch Unterlassen*
begangen werden.

So kann zum Beispiel eine Pflichtverletzung eintreten sowohl durch das Führen
eines aussichtslosen Prozesses, als auch durch die Nichtaufnahme eines Rechts-
streits mit guter Erfolgsaussicht. Eine Beurteilung, ob die Aufnahme eines Rechts-
streits erfolgversprechend oder aussichtslos ist, wird dabei dem Betreuer selbst,
sofern er nicht juristisch vorgebildet ist, vielfach nicht möglich sein. Das wird dann

© Springer-Verlag GmbH Deutschland, ein Teil von Springer Nature 2019   213
J. Seichter, *Einführung in das Betreuungsrecht*,
https://doi.org/10.1007/978-3-662-57498-0_17

auch nicht von ihm verlangt. Bei entsprechender Unklarheit kann seine Pflicht dann eben darin bestehen, fachlichen Rat einzuholen.
Auf fachlichen Rat von kompetenter Stelle darf sich der Betreuer verlassen.

Holt der Betreuer dagegen Rat bei unzureichend kompetenten Personen ein, oder erteilt er Aufträge an unzureichend qualifizierte Helfer, kann er hierfür in Haftung genommen werden (Auswahl- bzw. Delegationsverschulden).

Um zu verhindern, dass durch Fristablauf Nachteile eintreten, wird der Betreuer erforderlichen Rat allerdings umgehend einholen müssen. Denn durch Untätigkeit eingetretene Fristversäumnisse hat der Betreuer allemal zu vertreten. Selbstverständlich steht dem Betreuer bei der, gegebenenfalls nach fachlicher Beratung von ihm zu treffenden Entscheidung ein Ermessensspielraum zu. Er ist nicht genötigt, einen Prozess zu führen, nur um „auf der sicheren Seite" zu sein.

Es gibt also strukturell zwei Hauptgefahren, die zu einer Haftung des Betreuers führen können: die Übernahme einer Aufgabe, der er nicht gewachsen ist (Übernahmeverschulden) und Passivität (Untätigkeitsverschulden).
Weitere Beispiele für Pflichtverletzungen durch den Betreuer sind

- die Auflösung der Wohnung ohne vorherige betreuungsgerichtliche Genehmigung, § 1907 BGB, aber auch Verzögerung der Wohnungsauflösung, nachdem diese Genehmigung erteilt wurde,
- die Nichteinhaltung der betreuungsgerichtlichen Genehmigung für eine gefährliche ärztliche Maßnahme, § 1904 BGB,
- das Unterlassen des Stellens von Renten- und Sozialhilfeanträgen,
- die Nichtmitteilung von Umständen an das Betreuungsgericht, die eine Erweiterung, Einschränkung oder Aufhebung des Aufgabenkreises der Betreuung oder die Anordnung eines Einwilligungsvorbehalts erforderlich machen können, § 1901 V BGB.

Stets pflichtwidrig sind Verstöße gegen Anordnungen des Betreuungsgerichts oder gegen gesetzliche Bestimmungen; wie die vorstehenden Beispiele zeigen, kann pflichtwidriges Handeln aber auch vorliegen, wenn es zu solchen Verstößen nicht gekommen ist.
Das Vorliegen einer betreuungsgerichtlichen Genehmigung schließt eine Haftung des Betreuers nicht schlechthin aus.[1] Hier wird eine Pflichtverletzung durch den Betreuer allerdings nur in Betracht kommen, wenn er das Betreuungsgericht unrichtig oder unvollständig unterrichtet hat oder wenn nach Erteilung der Genehmigung durch das Betreuungsgericht neue Umstände eingetreten sind, die möglicherweise zu einer anderen Entscheidung des Betreuungsgerichts geführt hätten. Auf Rechtsauskünfte des Betreuungsgerichts, gleich ob vom Betreuungsrichter oder vom Rechtspfleger, darf der Betreuer sich stets verlassen.

---

[1] Palandt-*Götz* § 1833 BGB Rdnr. 4 am Ende.

In der Praxis kommt es nur selten vor, dass ein Betreuer vom Betreuten wegen Pflichtverletzung auf Schadensersatz in Anspruch genommen wird. Nicht jede Pflichtverletzung führt zu einem konkreten Schaden.

Eine Geltendmachung von Schäden durch den Betreuten selbst ist diesem in aller Regel nicht möglich. Denkbar ist auch eine Inanspruchnahme des Betreuers durch die Erben des Betreuten oder nach einem Betreuerwechsel, wenn dem neuen Betreuer gravierende Mängel in der Amtsführung des früheren Betreuers auffallen, die zu einem konkreten Schaden geführt haben.

2. Die Haftung des Betreuers gegenüber Dritten

a) § 1833 BGB

Die Haftung des Betreuers aus § 1833 BGB gilt nur für Haftungsansprüche des Betreuten; Dritte können hieraus keine Rechte herleiten.

b) Vertragliche Ansprüche

Vertragliche Ansprüche von Dritten gegen den Betreuer kommen im Allgemeinen ebenfalls nicht in Betracht. Denn Vertragspartner ist ja nicht der Betreuer, sondern der Betreute. Der Betreuer handelt lediglich als gesetzlicher Vertreter des Betreuten und wird daher selbst nicht Vertragspartei.

Anders verhält es sich, wenn der Betreuer bei Vertragsschluss nicht hat erkennen lassen, dass er als Betreuer und damit in fremdem Namen handelt. Denn dann hat er den Vertrag im eigenen Namen geschlossen und haftet aus dem Vertrag auch persönlich, § 164 II BGB.

c) Haftung des Betreuers als Sachwalter

Eine Ausnahme von dem Grundsatz, dass der Betreuer aus von ihm im Namen des Betreuten abgeschlossenen Verträgen nicht selbst haftet hat die Rechtsprechung für Fälle entwickelt, in denen der Betreuer bei der Vertragsanbahnung in besonderem Maße persönliches Vertrauen in Anspruch genommen oder ein besonderes eigenes wirtschaftliches Interesse an dem Abschluss des Vertrages hat (sogenannte Sachwalterhaftung[2]). Eine solche besondere Inanspruchnahme des Vertrauens des Betreuers soll etwa anzunehmen sein, wenn der Betreuer bei den Vertragsverhandlungen seine

---

[2] Palandt-*Götz* Rdnr. 17 vor § 1896 BGB.

persönliche Verantwortung und Seriosität für die ordnungsgemäße Vertragsabwicklung besonders hervorgehoben hat.[3] Eine Sachwalterhaftung wegen besonderen eigenen wirtschaftlichen Interesses kommt in Betracht, wenn der Betreuer wirtschaftlich betrachtet gleichsam in eigener Sache tätig wird und deshalb als Quasipartner, als wirtschaftlicher Herr des Geschäfts oder eigentlicher wirtschaftlicher Interesseträger anzusehen ist.[4]

> Eine Haftung des Betreuers aus Sachwalterhaftung wird angesichts der hohen von der Rechtsprechung hieran gestellten Anforderungen nur selten in Betracht kommen. Es erscheint am ehesten denkbar, wenn Sohn oder Tochter des Betreuten ihre besondere persönliche Bonität hervorheben, um einen Heimplatz in einem bestimmten, von ihnen gewünschten Heim zu bekommen.
>
> In den beiden zur Frage der Sachwalterhaftung des Betreuers ergangenen obergerichtlichen Entscheidungen[5] wurde eine Sachwalterstellung des Betreuers auch verneint.

d) Unterlassung des Stellens eines Sozialhilfeantrags

Zu einem Schaden kann es schnell kommen, wenn der Betreuer es unterlässt, für den vermögenslosen Betreuten einen Sozialhilfeantrag zu stellen. Da Sozialhilfe nicht rückwirkend gewährt wird, führt ein solches Verhalten dazu, dass die Kosten der Heimunterbringung oder Krankenhausversorgung unter Umständen von keinem Kostenträger übernommen werden.

Geschädigter ist dabei im Allgemeinen nicht der Betreute selbst. Denn er hat ja doch meistens die Leistungen erhalten und schon wegen seiner Vermögenslosigkeit keinen Schaden erlitten. Geschädigt sind Heim oder Krankenhaus, die auf Vertrauen in Vorleistung getreten sind und ihre Gegenleistung nicht erhalten haben und mangels Vermögens nicht durchsetzen können. Da in den Entscheidungen BGH NJW 1995, 1213 und OLG *Schleswig*, FamRZ 1997, 1427 zugrunde liegenden Fällen die einzig in Betracht kommenden Ansprüche von Heim/Krankenhaus gegen den Betreuer aus Sachwalterhaftung abgelehnt wurden konnten die Leistungsträger ihre Ansprüche aus von ihnen bereits erbrachten Leistungen nicht mehr realisieren.

> Dieses aus Sicht der Heime und Krankenhäuser unerfreuliche und auch als ungerecht empfundene Ergebnis hätte nur vermieden werden können, wenn man vor Leistungserbringung auf Beantragung von Sozialhilfe bestanden und bei andauernder Untätigkeit des Betreuers das Betreuungsgericht eingeschaltet hätte.

---

[3] BGH NJW 1995, 1213, (1215).
[4] BGH NJW-RR 1991, 1241, 1242 und 1312, 1313, jeweils mit weiteren Nachweisen.
[5] Nämlich des BGH, Fußnote3 und des OLG *Schleswig* FamRZ 1997, 1427.

e) Aufsichtspflichtverletzung

Als weitere Anspruchsgrundlage kommt, etwa bei geistig Behinderten, noch Aufsichtspflichtverletzung gemäß § 832 I BGB in Betracht. Zwar ist dem Betreuer die Aufsichtspflicht nicht durch Gesetz übertragen, sondern durch gerichtlichen Beschluss. Man wird aber § 832 I BGB auf den Betreuer entsprechend anwenden können. Voraussetzung aber ist, dass dem Betreuer explizit der Aufgabenkreis „Beaufsichtigung des Betreuten" oder wenigstens der Sammelaufgabenkreis der „Personensorge" übertragen ist.

Nach Kenntnis des Autors kommt diese Konstellation praktisch nicht vor. Auch bei Übertragung der Beaufsichtigung bzw. der gesamten Vermögenssorge wäre der Betreuer nicht verpflichtet, selbst den Betreuten zu beaufsichtigen Er hätte dann aber wohl die Pflicht, dafür zu sorgen, dass diese Beaufsichtigung durch Dritte gewährleistet ist.

f) Haftung des Betreuers aus allgemeinem Deliktsrecht

Ansonsten bleibt für Ansprüche Dritter nur die Haftung des Betreuers aus allgemeinem Deliktsrecht, etwa gemäß § 823 II BGB. Danach haftet der Betreuer, wenn er durch eine Straftat den Vertragspartner des Betreuten geschädigt hat.

Schließt der Betreuer zum Beispiel einen Vertrag mit einer Baufirma ab, um das Haus des Betreuten renovieren zu lassen, obwohl er weiß, dass das Geld des Betreuten zur Bezahlung der Rechnung nicht ausreichen wird, begeht er einen Eingehungsbetrug und ist dem Auftragnehmer schadensersatzpflichtig gemäß § 823 II BGB in Verbindung mit § 263 StGB.

3. Haftpflichtversicherung der Betreuer

Gegen mögliche Haftungsansprüche des Betreuten kann sich der Betreuer haftpflichtversichern.

Bei den ehrenamtlichen Betreuern trägt die Kosten dieser Versicherung der Betreute. Ist dieser vermögenslos, werden die Kosten von der Staatskasse übernommen, § 1835 II 1, IV BGB. Der Berufsbetreuer muss diese Kosten selbst tragen und kann sie kraft ausdrücklicher gesetzlicher Regelung insbesondere auch nicht als Aufwendung an den Betreuten weiterbelasten, § 1835 III 2 BGB.

Inzwischen haben nahezu alle Bundesländer (mit Ausnahme des Saarlandes und Nordrhein-Westfalen) für ehrenamtliche Betreuer Sammelhaftpflichtversicherungen eingeführt.[6] Einzelheiten können bei dem Rechtspfleger des Gerichts, das die Betreuung führt, erfragt werden.

---

[6] *Klüsener* in Jürgens Betreuungsrecht 3. Aufl. 2005, § 1833 BGB Rdnr. 20.

Der Berufsbetreuer muss sich selbst haftpflichtversichern, das Betreuungsgericht hat die Möglichkeit, ihm die Weisung zu erteilen, eine solche Versicherung abzuschließen, § 1837 II 2 BGB.

Die Anerkennung eines Vereins als *Betreuungsverein* setzt unter anderem voraus, dass dieser seine (hauptamtlichen[7]) Mitarbeiter entsprechend haftpflichtversichert, § 1908f I Nr. 1 BGB.

---

[7] MüKo-*Schwab* § 1908f BGB Rdnr. 4.

Kapitel 18 Ärztliche Gutachten und Atteste in Betreuungssachen

Als Gutachter kommt im Grundsatz nur ein Arzt für Psychiatrie oder Arzt mit Erfahrung auf dem Gebiet der Psychiatrie in Betracht. Bei vollständig aufgehobener Kommunikationsfähigkeit des Betreuten oder, wenn dieser einverstanden ist, sollte ein hausärztliches Attest ausreichen können. Kernpunkte des Gutachtens sind die relevanten Diagnosen unter Angabe der erhobenen Befunde, die Prognose, die voraussichtliche Dauer der vom Gutachter befürworteten Maßnahme(n) und ggf. Angaben zu dem vom Gutachter empfohlenen Aufgabenkreis. Das Attest muss die gleichen Punkte ansprechen, darf aber kürzer sein. Ein allgemeinärztliches Attest reicht insbesondere aus für vorläufige Entscheidungen durch einstweilige Anordnung und für die Genehmigung unterbringungsähnlicher Maßnahmen. Die Begutachtung kann auch gegen den Willen des Betreuten erfolgen („Zwangsbegutachtung"). In allen Fällen muss dem Gutachten die zeitnahe persönliche Untersuchung des Betreuten durch den Gutachter vorausgehen. Abschließend Ausführungen zur den Fragen für Gutachten bei der Genehmigung gefährlicher Eingriffe, § 1904 BGB und bei der Genehmigung einer Sterilisation.

1. Anforderungen an das Gutachten

a) Wer kommt als Sachverständiger in Betracht?

Seit Inkrafttreten des FamFG „soll" der Sachverständige für das Betreuungsgutachten Arzt für Psychiatrie oder Arzt mit Erfahrung auf dem Gebiet der Psychiatrie sein, § 280 I 2 FamFG. Gemäß § 281 I Nr. 1 FamFG reicht anstelle des Betreuungsgutachtens ein „ärztliches Zeugnis" (= Attest) aus, wenn (1) der Betreute die Bestellung des Betreuers selbst beantragt hat (2) er auf die Begutachtung verzichtet hat und (3) die Begutachtung im Hinblick auf den Umfang des Aufgabenkreises der

© Springer-Verlag GmbH Deutschland, ein Teil von Springer Nature 2019
J. Seichter, *Einführung in das Betreuungsrecht*,
https://doi.org/10.1007/978-3-662-57498-0_18

Betreuung unverhältnismäßig wäre; dasselbe gilt nach § 281 I Nr. 2 FamFG, wenn lediglich ein Kontrollbetreuer (§ 1896 III BGB)[1] bestellt wird. Da § 281 FamFG die Qualifikation „Arzt für Psychiatrie oder Arzt mit Erfahrung auf dem Gebiet der Psychiatrie" nicht erwähnt, kann dieses ärztliche Zeugnis auch vom Hausarzt erstellt werden. In § 281 II FamFG ist durch den Verweis auf § 280 II FamFG aber ausdrücklich bestimmt, dass auch für das ärztliche Zeugnis die persönliche Untersuchung oder Befragung des Betreuten durch den Arzt unerlässlich ist. Ein nur auf Angaben von Angehörigen beruhendes („fremdanamnestisches") Attest reicht also in keinem Fall aus.[2]

> Eine Ausnahme von dem Erfordernis der persönlichen Untersuchung kann im Einzelfall in Betracht kommen, wenn der Gutachter den Betreuten und dessen Krankheitsbild aufgrund laufender oder erst kurze Zeit (=bis zu ca. 6 Monate) zurückliegender ärztlicher Behandlung gut kennt. Verzichtet der Gutachter in einem solchen Ausnahmefall auf eine aktuelle Untersuchung, muss er im Gutachten darlegen, dass und woher er den Betreuten und dessen Krankheitsbild genau kennt und wann er ihn zuletzt persönlich untersucht hat.

Unterbringungsgutachten mussten schon nach § 70e I 2 FGG „in der Regel" von einem Psychiater oder einem in der Psychiatrie erfahrenen Arzt stammen. Diese Regelung findet sich (jetzt als Soll-Vorschrift) nun in § 321 I § FamFG; in Eilfällen reicht auch hier ein (ggf. auch nur haus-)ärztliches Attest, § 321 II FamFG.

Anders verhält es sich aber, wenn der Betreute zur Bildung eines eigenen Willens oder zu dessen, sei es auch nur nonverbaler, Kundgabe ersichtlich nicht mehr in der Lage ist.

> Dies ist immer wieder anzutreffen bei Altersdemenzen oder im fortgeschrittenen Stadium psychischer Erkrankungen (z. B. Korsakow-Syndrom; Morbus Alzheimer, Chorea Huntington).

Denn in diesen Fällen führt die Bestellung eines Betreuers nicht zu einem Brechen des Willens des Betreuten; vielmehr macht der Betreuungsbeschluss lediglich den Weg frei für verantwortliche Willenserklärungen eines anderen, *eben weil ein Wille des Betreuten selbst überhaupt nicht mehr oder nicht mehr ausreichend sicher festgestellt werden kann.* Die Verfahrensgarantien des Betreuungsrechts sollen das Selbstbestimmungsrecht des Betreuten schützen und stärken. Wo aber dieses Recht durch krankheitsbedingte Aufhebung der Willensbildungsfähigkeit ohnehin obsolet geworden ist, hat die Forderung von Verfahrensgarantien über den Wortlaut des Gesetzes hinaus (hier: fachärztliche Qualifikation für den Ersteller des Betreuungsgutachtens) keinen Sinn und sollte daher unterbleiben.

Die Zustimmung zur Bestellung des Betreuers beinhaltet dabei ohne weiteres auch den Verzicht des Betreuten auf ein förmliches Gutachten, soweit keine

---

[1] S. oben S. 28.

[2] Erschreckendes Beispiel für einen Betreuungsantrag auf Grundlage eines ausschließlich fremdanamnestischen Attests s. oben S. 176 Fall 47.

entgegenstehenden Anhaltspunkte vorliegen. Ein solches Attest kann dann auch
vom Hausarzt erstellt werden, was in der Praxis auch meist so geschieht.

> Wenn der Richter, sei es auf Anregung eines Beteiligten oder von Amts wegen, gleichwohl
> ein Gutachten erholen möchte, steht ihm dies selbstverständlich ebenso frei wie die Beauf-
> tragung eines Facharztes in den Fällen, in denen nach der hier vertretenen Auffassung eine
> hausärztliche Stellungnahme ausreichen würde.

Bei bestimmten Fragestellungen, vor allem bei geistig Behinderten, wird man auch an
einen Psychologen oder Behindertenpädagogen als Sachverständigen denken können.

b) Inhaltliche Anforderungen an das Gutachten

An das Betreuungsgutachten stellt das Gesetz (anders als an das Betreuungsattest)
in § 280 III FamFG auch bestimmte inhaltliche Anforderungen.
   So müssen sich aus dem Gutachten ergeben

- das Krankheitsbild einschließlich der Krankheitsentwicklung

   > Mit „Krankheitsentwicklung" ist vor allem die künftige Entwicklung der Erkrankung, also
   > die Prognose gemeint.

- die durchgeführten Untersuchungen und die diesen zu Grund gelegten
  Forschungserkenntnisse,

   > Was mit der Formulierung „Forschungserkenntnisse" gemeint sein soll, ist dunkel. Soll der
   > Gutachten einen Abriss der aktuellen Lehre einfügen? Gemeint ist wohl, dass das Gutach-
   > ten erkennen lassen muss, welche Befunde dem Gutachten zu Grund liegen.

- der körperliche und psychiatrische Zustand des Betreuten,
- der Umfang des Aufgabenkreises
- und die voraussichtliche Dauer der Betreuungsbedürftigkeit (bzw. der Erforderlichkeit des Einwilligungsvorbehalts).

*Im Übrigen gilt für das Betreuungsgutachten die an jedes Gutachten zu stellende
Anforderung, dass es für das Gericht und die weiteren Verfahrensbeteiligten verständlich dargestellt und nachvollziehbar begründet sein muss. Ein Gutachten, zu
dessen Verständnis man einen weiteren Sachverständigen benötigt, hat seinen Zweck
verfehlt.*

c) Zwangsbegutachtung

Wenn der Betreute sich der Untersuchung durch den Sachverständigen nicht stellt,
kann das Gericht ihn durch nicht anfechtbaren (!) Beschluss dem Sachverständigen

zwangsweise vorführen lassen, § 283 FamFG, für Unterbringungsgutachten in Verbindung mit § 322 FamFG.

Hält der Sachverständige zur Vorbereitung seines Gutachtens eine Unterbringung des Betreuten auf einer geschlossenen Station für erforderlich, kann diese vom Gericht (nach persönlicher Anhörung des Betreuten) für zunächst 6 Wochen angeordnet werden, § 284 FamFG, für Unterbringungsgutachten in Verbindung mit § 322 FamFG. Die Unterbringungsdauer kann bis zu einer Gesamtdauer von 3 Monaten verlängert werden, § 284 II 3 FamFG, für Unterbringungsgutachten in Verbindung mit § 322 FamFG.

> Eine derart lange Unterbringung zur Vorbereitung des Sachverständigengutachtens kommt praktisch nicht vor; eine Dauer von 2 Wochen wird kaum überschritten werden.

Schon bei der *Zwangsbegutachtung* muss der Betreuungsrichter den Verhältnismäßigkeitsgrundsatz beachten. Wenn das Ergebnis der Erstanhörung[3] die Notwendigkeit der Bestellung eines Betreuers wenig wahrscheinlich macht, wird der Richter vielfach aus eigener Beurteilungskompetenz von der Bestellung eines Betreuers absehen können. Denn wenn eine Zwangsbegutachtung erforderlich ist, wird ein Einverständnis des Betreuten mit der Bestellung eines Betreuers kaum je vorliegen. Somit obliegt dem Richter die Prognose, ob denn eine Betreuung gegen den erklärten Willen des Betreuten überhaupt Sinn machen kann,[4] falls das Gutachten das Vorliegen der medizinischen Voraussetzungen bestätigen würde. Fällt diese Prognose negativ aus, wäre eine Zwangsbegutachtung nicht verhältnismäßig und damit unzulässig.

Dies gilt natürlich verstärkt bei dem noch schwerer wiegenden Eingriff der Anordnung einer *Zwangsunterbringung zum Zweck der Zwangsbegutachtung*. Hier ist allerdings der Betreute dadurch, dass eine solche Zwangsunterbringung gemäß § 284 I FamFG, für Unterbringungsgutachten in Verbindung mit § 322 FamFG, nur nach vorheriger eines Sachverständigen erfolgen darf, zusätzlich geschützt.

Nachfolgend ein Beispiel für einen Beschluss über die Zwangsunterbringung zum Zwecke der Zwangsbegutachtung.

Fall 59:

Beschluss:
In pp. wird hiermit bis zum Ablauf des … die geschlossene Unterbringung der Betreuten in der Klinik für Psychiatrie … , angeordnet zwecks Beobachtung zur Vorbereitung des nachfolgend umschriebenen fachärztlichen Gutachtens.

Zugleich wird Frau Dr. H., Klinik für Psychiatrie … , der Auftrag erteilt, ein Gutachten zu der Frage zu erstellen,

---

[3] Vgl. S. 235.
[4] Vgl. S. 84 letzter Absatz vor Abschnitt (4).

ob es derzeit aus fachärztlicher Sicht geboten ist, die Betreute auf der geschlossenen Station eines psychiatrischen Krankenhauses zu behandeln,

welche Behandlung im Einzelnen aus fachärztlicher Sicht aktuell angezeigt ist und

ob die Betreute krankheitsbedingt gehindert ist, das Für und Wider einer etwa notwendigen Behandlung im Großen und Ganzen selbst abzuwägen.

Gründe:
Die Betreute leidet an einer bekannten chronifizierten Psychose. In den letzten Monaten (vermutlich seit dem 5. 10. ...) verweigert sie die Einnahme der ihr insoweit verschriebenen Medikamente. In diesem Zusammenhang kam es zu Tätlichkeiten gegenüber ihrer, früher als ihre Betreuerin eingesetzten, Schwester mit der Folge, dass diese sich weigerte, die Betreute weiterhin in ihrer Wohnung zu dulden. Die Aufnahme in die Wohnung eines Bekannten endete ebenfalls mit einer Tätlichkeit, dieses Mal der Tante dieses Bekannten gegenüber. Seither ist die Betreute wohnungslos.

In den letzten Wochen hat sie auf dem Friedhof von S. genächtigt. Dort putzt sie fremde Gräber und wurde auch schon nackt bei der Morgentoilette angetroffen. Tagsüber läuft die Betreute mit einem Betttuch in der Hand durch S. und reagiert sehr aggressiv auf Mitmenschen, von denen sie sich belästigt fühlt.Einen Herrn S. hat sie ohne Vorwarnung massiv geschlagen, als dieser ihr das Bettuch von der Schulter nehmen wollte. Den Einzug in eine ihr von der Stadt S. angebotene 2-Zimmer-Wohnung hat die Betreute verweigert, weil sie wieder in die Wohnung ihrer Schwester einziehen will. Diese ist zur neuerlichen Aufnahme der Betreuten jedoch nicht bereit.

Auf diesem Hintergrund ordnete das Gericht zunächst die ambulante psychiatrische Untersuchung der Betreuten in der Klinik für Psychiatrie ... an. Wie Frau Dr. H. daraufhin mitgeteilt hat, ist für die Begutachtung jedoch die längere Beobachtung der Betreuten erforderlich.

Die Betreute wurde zu dem vorliegenden Beschluss am 19.07. ... richterlich angehört. Sie gab an, gegen eine reine Beobachtung nichts einzuwenden zu haben, wendete sich aber strikt gegen körperliche Untersuchungen. Frau Dr. H. hatte angegeben, die erforderliche Beobachtungsdauer betrage ca. 2 Wochen.

Die Rechtsgrundlage für den vorliegenden Beschluss ist § 284 FamFG in Verbindung mit § 322 FamFG.

2. Anforderungen an das Attest

Außer in den oben dargestellten Sonderfällen reicht statt eines Gutachtens ein allgemeinärztliches Attest aus für vorläufige Entscheidungen durch einstweilige Anordnungen, §§ 300 I Nr. 2, 331 Nr. 2 FamFG sowie bei der Genehmigung unterbringungsähnlicher Maßnahmen, §§ 321 II, 312 Nr. 2 FamFG. Das Attest unterscheidet sich vom Gutachten vor allem dadurch, dass es nicht so ausführlich zu sein braucht. Es muss aber die gleichen Punkte ansprechen, wie das Gutachten.

Konkret muss das Attest also enthalten

- die betreuungsrechtlich relevante Diagnose
- die Prognose bezüglich dieser Diagnose
- eine Kurzbeschreibung des Ergebnisses der durchgeführten Untersuchungen
- der Umfang des Aufgabenkreises und
- und die voraussichtliche Dauer der Betreuungsbedürftigkeit (bzw. der Erforderlichkeit des Einwilligungsvorbehalts).

Es wird ein weiteres Mal darauf hingewiesen, dass auch für ein Attest eine aktuelle persönliche Untersuchung des Betreuten durch den attestierenden Arzt unerlässlich ist.

3. Gutachten in Sonderfällen

a) Genehmigung gefährlicher Eingriffe gemäß § 1904 BGB

Hier ist das Gutachten eines Sachverständigen erforderlich, der mit dem den Eingriff ausführenden Arzt nicht personengleich sein „soll", § 298 IV FamFG.

Fall 60:

Bei der Betreuten war es auf dem Hintergrund einer ausgeprägten Osteoporose zu einer Spontanfraktur des Lendenwirbelkörpers (LWK) I gekommen. Es war eine dorsale Stabilisierung mittels *Fixateur intern* vorgesehen. Bei diesem chirurgischen Eingriff bestand die Gefahr einer Rückenmarksverletzung. Die Betreute hatte dem Eingriff zugestimmt, ihre Zustimmung war allerdings nach Auffassung sowohl der Betreuerin als auch der Ärzte mangels Beurteilungsvermögen rechtlich unerheblich.

Es erging in einem Schreiben an die Klinik folgender

Gutachtensauftrag: – zur Genehmigung einer gefährlichen ärztlichen Behandlung gemäß § 1904 BGB –
Bei der beabsichtigten Operation besteht die begründete Gefahr, dass die Patientin eine Rückenmarksverletzung und damit einen schweren und länger dauernden gesundheitlichen Schaden erleidet. Die bereits vorliegende Einwilligung der Betreuerin in die Operation bedarf daher gemäß § 1904 BGB der Genehmigung durch das Betreuungsgericht. Vor dem Vorliegen dieser Genehmigung darf die Operation nicht durchgeführt werden.

Zur Vorbereitung der Genehmigung bitte ich um Vorlage eines fachärztlichen Kurzgutachtens zu folgenden Fragen:

1. Ist die Gefahr einer Querschnittsverletzung lediglich weniger wahrscheinlich, aber nicht auszuschließen, oder liegt ein höherer Risikograd vor?

*[Ist auch die Gefährlichkeit fraglich, ist der Einleitungsabsatz entsprechend
anzupassen und Ziff. 1 statt wie vorstehend zu fassen wie folgt:*

1. *Besteht die konkrete Gefahr, dass die Patientin bei dem fraglichen Eingriff stirbt oder durch den Eingriff einen schweren __und__ lang anhaltenden
   gesundheitlichen Schaden erleidet?]*
2. Welche für die Patientin negativen Folgen können eintreten, wenn die Operation unterbleibt?
3. Welche für die Patientin positiven Folgen sind von der Operation zu
   erwarten?
4. Hat die Patientin durch den die Operation indizierenden Zustand derzeit erhebliche Schmerzen oder Beschwerden und ist zu erwarten, dass diese durch die
   Operation gänzlich verschwinden oder sich erheblich bessern werden?
5. Besteht eine erfolgversprechende Möglichkeit einer Behandlung, die die
   vorgesehene Operation vermeiden könnte?

*Das Kurzgutachten muss von einem Facharzt erstellt werden, der an der vor-
gesehenen Operation nicht beteiligt und auch keinem der an der Operation
beteiligten Ärzte gegenüber weisungsabhängig ist.*
Ich erbitte die Übermittlung per Telefax, wenn Sie mir die Absendung des
Telefax über mein Handy … mitteilen, werde ich binnen 6 Stunden nach
Absendung des Telefax entscheiden.

b) Sterilisationsgutachten

Die Erteilung der betreuungsgerichtlichen Genehmigung zur Durchführung einer
Sterilisation gemäß § 1905 BGB setzt gemäß § 297 VI FamFG die Einholung von
Gutachten (Plural!) voraus, die sich auf „medizinische, psychologische, soziale,
sonderpädagogische und sexualpädagogische" Gesichtspunkte erstrecken.

Die vom Gesetz aufgeführten Gesichtspunkte lassen sich aufteilen in (1) medizinische, bei der Sterilisation einer Frau also gynäkologische, einerseits und (2)
psychologisch-sozial/(sexual-)pädagogische andererseits.

Nachstehend sind die beiden Gutachtensaufträge abgedruckt, die der Autor in
einem entsprechenden Fall erteilt hat. Dabei ging der medizinische Gutachtensauftrag an eine Frauenklinik, der psychologisch-pädagogische an eine Professorin an
einem Institut für Heil- und Sonderpädagogik.

(1) Der gynäkologische Gutachtensauftrag
Herrn Oberarzt ...
Frauenklinik ...

Für Frau K. ist eine Betreuerin eingesetzt. Ihr Frauenarzt hält es für erforderlich, zum Zwecke der Empfängnisverhütung eine Sterilisation vorzunehmen, die Frau Klein, mit der eine Verständigung nicht möglich ist, selbst nicht einwilligen kann. Wegen der Einzelheiten verweise ich auf die in Ablichtung beigefügten Unterlagen.

Der Gesetzgeber hat vor die Sterilisation Einwilligungsunfähiger hohe Schranken gesetzt. Wenn Motiv die Empfängnisverhütung ist, soll zunächst geprüft werden, ob nicht andere Methoden in Betracht kommen. Ist nach fachärztlichem Urteil eine Sterilisation zu bevorzugen, soll möglichst eine Sterilisationsmethode gewählt werden, die eine Refertilisierung zulässt.

Ich bitte daher, Frau K. zu untersuchen und sodann ein gynäkologisches Gutachten zu folgenden Fragen vorzulegen:

1. Kommt zur Erzielung einer ausreichend verlässlichen Empfängnisverhütung eine andere Methode als die einer Sterilisation in Betracht?
2. Welche Sterilisationsmethode sollte ggf. gewählt werden, um der Forderung des Gesetzgebers, möglichst die Refertilisierung offenzuhalten, am besten zu entsprechen?
3. Ist die Betreute möglicherweise von Natur aus infertil?

Die Vorstellung von Frau K. in Ihrer Klinik kann durch die Leitung des Pflegeheimes Haus M., Tel.: ... , vermittelt werden.

(2) Der psychologisch/(sexual-)pädagogische Gutachtensauftrag
Frau Prof. Dr. ...
Institut für Heil- und Sonderpädagogik ...

Für Frau K. ist eine Betreuerin eingesetzt. Ihr Frauenarzt hält es für erforderlich, zum Zwecke der Empfängnisverhütung eine Sterilisation vorzunehmen, die Frau Klein, mit der eine Verständigung nicht möglich ist, selbst nicht einwilligen kann. Wegen der Einzelheiten verweise ich auf die in Ablichtung beigefügten Unterlagen.

Der Gesetzgeber hat vor die Sterilisation Einwilligungsunfähiger hohe Schranken gesetzt. Sie kommt u. a. nur in Betracht:

- wenn die Sterilisation dem Willen der Betreuten nicht widerspricht,
- wenn die Betreute voraussichtlich auf Dauer einwilligungsunfähig bleiben wird,

- wenn anzunehmen ist, dass es ohne die Sterilisation zu einer Schwangerschaft kommen könnte,
- wenn im Falle einer Mutterschaft der Betreuten dieser das Kind voraussichtlich zur Abwehr einer gravierenden Gefährdung des Kindes gemäß § 1666 BGB weggenommen werden müsste.

Ich bitte daher um Erstellung eines Gutachtens zu folgenden Fragen:

1. Ist mit Frau K. eine Verständigung zu den vorgenannten Punkten möglich?
2. Wendet sie sich, u. U. auch nonverbal, gegen eine Sterilisation?
3. Soweit eine Verständigung zu den vorgenannten Punkten nicht möglich ist: Wird die Verständigungsunfähigkeit voraussichtlich auf Dauer bestehen bleiben?
4. Besteht unter sonder- und sexualpädagogischen (nicht: unter gynäkologischen; insoweit wird gesondert ein weiteres Gutachten erholt) Aspekten zumindest eine gewisse Wahrscheinlichkeit von Sexualkontakten, die zu einer Schwangerschaft führen könnten?
5. Könnte im Falle einer Mutterschaft das Kind bei Frau K. verbleiben oder wäre es um des Wohles des Kindes willen voraussichtlich unabweislich, das Kind in eine Pflegefamilie pp. zu geben?

Die Vorstellung von Frau K. bei Ihnen kann durch die Leitung des Pflegeheimes Haus M., Tel.: … , vermittelt werden.

Ich habe Sie als Gutachterin bestimmt, weil Sie mir als Leiterin des Instituts für Heil- und Sonderpädagogik der Universität geeignet erscheinen. Sollten Sie die Beteiligung weiterer Disziplinen für erforderlich halten, die in Ihrem Institut nicht ausreichend vertreten sind, sind Sie ermächtigt, nach Ihrem fachlichen Ermessen weitere Gutachter beizuziehen. Dies gilt nicht für gynäkologische Aspekte, insoweit erhole ich von mir aus ein gesondertes Gutachten.

Sollten noch Rückfragen bestehen, stehe ich hierfür jederzeit zur Verfügung.

c) Weitere Einzelfälle

In bestimmten Fällen kann die Einholung eines Sachverständigengutachtens aus Gründen der Sachaufklärung auch für Entscheidungen erforderlich werden, bei denen es das Gesetz selbst nicht vorsieht.

So hat der Autor Sachverständigengutachten erholt

- zu einem Antrag eines Behinderten, an Stelle des bisherigen außenstehenden Betreuers seine Mutter als Betreuerin einzusetzen, an deren sachgerechter Amtsführung gravierende Zweifel bestanden;

- zu einer dringlichen Anregung des Heims, der Mutter eines Betreuten Umgangs-
  verbot mit ihrem Sohn zu erteilen, zwischen beiden bestand eine hochgradig psy-
  chopathologische Beziehung (Nach Besuchen der Mutter bei dem Betreuten war
  es mehrfach zu autoaggressiven suizidversuchsnahen Handlungen gekommen);
- zu der Frage, ob das Heim, in dem die Betreute lebte, vom seinem Profil her zu
  m Profil der Erkrankung bzw. Behinderung der Betreuten passte; dies war von
  der Schwester der Betreuten heftig bestritten worden.

Kapitel 19 Die UN-Behindertenrechtskonvention vom 13.12.2006

Die UN-Behindertenkonvention erfordert keine *Änderung der für das Betreuungsrecht geltenden Bestimmungen. Sie stellen aber erhöhte Anforderungen an die praktische Umsetzung dieser Bestimmungen durch den Richter und den Betreuer.*

1. Ausgangslage

Mit Gesetz vom 21.12.2008,[1] hat Deutschland die UN-Behindertenrechtskonvention (BRK), übliche Bezeichnung auch: *UN*-Behindertenkonvention, in Kraft gesetzt. Ziel der Konvention ist sie Paradigmenwechsel:

- vom Konzept der Integration behinderter Menschen zum Konzept der Inklusion und
- von der Wohlfahrt und Fürsorge zur Selbstbestimmung
- Menschen mit Behinderungen sollen so von Objekten der Fürsorge zu Rechtssubjekten werden, die über ihr Leben selbst bestimmen.[2]

Es wird immer wieder infrage gestellt, ob das deutsche Betreuungsrecht aufgrund dieser Konvention der Änderung bedarf.

Dabei ist zu unterscheiden zwischen etwa erforderlichen Änderungen des Gesetzes einerseits und der Rechtspraxis andererseits.

---

[1] BGBl. II S. 1419, Fundstellen des Wortlauts im Internet, u. a. bei *Wikipedia*.
[2] *Lipp* in BtPrax 2010, 263.

© Springer-Verlag GmbH Deutschland, ein Teil von Springer Nature 2019
J. Seichter, *Einführung in das Betreuungsrecht*,
https://doi.org/10.1007/978-3-662-57498-0_19

2. Auswirkungen der Konvention auf die aktuelle Gesetzeslage?

Um es vorwegzunehmen: Änderungen der Gesetze aufgrund der Konvention sind nicht erforderlich. Sie gewähren schon in ihrer jetzigen Fassung alle Rechte, für die die Konvention steht.

Im Einzelnen:

a) Die gesetzliche Vertretung des Betreuten durch den Betreuer

§ 1902 BGB bestimmt, dass der Betreuer den Betreuten in seinem Aufgabenkreis gerichtlich und außergerichtlich vertritt. Hierin wird eine Bevormundung des Betreuten gesehen, eine Beeinträchtigung seiner Selbstbestimmung und seines Potenzials zur Inklusion. Diese Kritik ist unbegründet.

Zunächst bleibt im Grundsatz die eigene Entscheidungsmöglichkeit des Betreuten auch bei Bestellung des Betreuers bestehen.

Es gibt aber ohne Zweifel eine nicht geringe Zahl von Betreuten, die aufgrund ihres Zustands (und nicht aufgrund der Betreuung!) zu einer Wahrnehmung ihrer Selbstbestimmung in nur so geringem Maße imstande sind, dass beim Fehlen eines Bevollmächtigten ihre Vertretung durch einen Betreuer unerlässlich ist.

Weiter ist eine Grenze der Vertretungsmacht des Betreuers schon unmittelbar in § 1902 BGB implementiert: die Vertretungsmacht gilt „im Aufgabenkreis" des Betreuers. Bei Beachtung des Erforderlichkeitsgrundsatzes des § 1896 II 1 BGB durch den Betreuungsrichter bei der Bestimmung des Aufgabenkreises kann damit der Umfang der Vertretungsmacht des Betreuers wohl dosiert werden.

Zum dritten sind da die Pflichten des Betreuers aus § 1901 BGB

- dem Betreuten zu ermöglichen, nach seinen eigenen Wünschen und Vorstellungen zu gestalten, Abs. 2 Satz 2;
- den Wünschen des Betreuten weitgehend zu entsprechen, auch den Wünschen aus einer Betreuungsverfügung, Abs. 3 Sätze 1 und 2
- sowie vor der Erledigung wichtiger Angelegenheiten diese mit dem Betreuten zu besprechen, Absatz 3 Satz 3.

Schließlich hat der Betreuer dazu beizutragen, dass Möglichkeiten genutzt werden, die Krankheit oder Behinderung des Betreuten zu beseitigen, zu bessern, ihre Verschlimmerung zu verhüten oder ihre Folgen zu mildern, § 1901 IV 1 BGB und dem Betreuungsgericht mitzuteilen, wenn die Betreuung aufgehoben oder eingeschränkt werden kann, § 1901 V BGB.

In der Zusammenschau gewähren diese Bestimmungen das Selbstbestimmungsrecht und das Inklusionspotenzial in einem Maß, das kaum höher denkbar ist. Der Betreuer ist nicht mehr Vormund, sondern Teilhabeassistent[3]!Man könnte den

---

[3] S. oben S. 21.

Eindruck haben, das deutsche Betreuungsrecht war Ideengeber der Konvention. Eine Gesetzesanpassung aufgrund der Konvention ist daher nicht nötig, ja nicht einmal möglich.

b) Der Einwilligungsvorbehalt

Der Einwilligungsvorbehalt des § 1903 BGB greift ohne jeden Zweifel tief in das Selbstbestimmungsrecht des Betreuten ein, denn er nimmt dem Betreuten (anders als die Betreuung selbst) die Befugnis zu eigener Entscheidung, in dem er die Wirksamkeit seiner Entscheidung unter den Vorbehalt der Einwilligung des Betreuers stellt. Aber da, wo er in Betracht kommt, ist er unentbehrlich: zur Abwendung einer erheblichen (!) Gefahr für die Person oder das Vermögen des Betreuten. Damit schützt er sogar die künftige Handlungsfreiheit des Betreuten: hat dieser sich durch krankhaftes Verschleudern seines Vermögens vermögenslos gemacht, fehlt ihm künftig aufgrund fehlenden Vermögens die Handlungsfreiheit, die er ohne dieses Verschleudern noch hätte.

Ergänzend ist noch hinzuweisen auf § 1903 II BGB, der eine Reihe von Willenserklärungen jedem Einwilligungsvorbehalt entzieht und auf § 1903 IV BGB, wonach der Betreuer dem Gericht mitteilen muss, wenn ein Einwilligungsvorbehalt aufgehoben oder eingeschränkt werden kann.

c) Der Wahlrechtsausschluss bei Betreuung für „alle Angelegenheiten"

In § 13 Nr. 2 Bundeswahlgesetz und entsprechend in den Wahlgesetzen der Länder (seit Juni 2016 nicht mehr für Landtags- und Kommunalwahlen in Nordrhein-Westfalen und Schleswig-Holstein) sind Betreute vom Wahlrecht ausgeschlossen, wenn der Aufgabenkreis der Betreuung „alle Angelegenheiten" umfasst. Diese Bestimmung wird vielfach als Verstoß gegen die UN-Behindertenkonvention angesehen, zuletzt durch Resolution des Europarats vom 22.02.2017 Doc. 14268.

Die Bestimmungen der Wahlgesetze über den Wahlrechtsausschluss nach Betreuungsrecht sind in der Tat hochproblematisch und zwar nicht oder jedenfalls nicht in erster Linie mit Blick auf die UN-Behindertenkonvention, sondern ganz grundsätzlich. Das ist deswegen von besonderer Bedeutung, weil der Wahlrechtsausschluss auf diesem Wege bei weitem der häufigste ist. Daneben gibt es noch den Wahlrechtsausschluss aufgrund strafgerichtlicher Unterbringung in einem psychiatrischen Krankenhaus nach § 63 StGB und die Aberkennung des Wahlrechts durch das Bundesverfassungsgericht, die aber noch nie ausgesprochen wurde.

(1) Wahlrechtsausschluss bei zureichender Vollmacht

Einem in gleichem Maß Hilfebedürftigen wie ein Betreuter, der aber umfassende und zureichende Vollmacht erteilt hat, kann damit das Wahlrecht praktisch nicht entzogen werden. Das ist sachlich nicht begründet.

(2) Der Aufgabenkreis „alle Angelegenheiten" ist praktisch nicht erforderlich

Es ist eigentlich kein Fall denkbar, in dem der Aufgabenkreis „alle Angelegenheiten" praktisch erforderlich wäre. Der übliche „Dreiklang" Vermögenssorge, Gesundheitsfürsorge und Aufenthaltsbestimmung deckt schon viel ab. Je nach Bedarf kommen noch hinzu die Vertretung gegenüber Heimleitung und Behörden, die Wohnungs- und die Postangelegenheiten, Das sind dann an sich schon quasi alle Angelegenheiten, es heißt nur nicht so. Und wenn doch noch etwas anfällt, was unter die genannten Aufgabenkreise nicht passt, Vertretung in Familien- oder in Nachlasssachen, wird der Aufgabenkreis entsprechend erweitert. Aus Betreuungsrechtlicher Sicht ist also der Aufgabenkreis „alle Angelegenheiten" schlechterdings entbehrlich. Er wird, wenn überhaupt, nicht mit betreuungsrechtlicher Zielsetzung angeordnet, sondern einzig mit dem Ziel des Wahlrechtsausschlusses.

Das Landgericht Zweibrücken hat in einer Entscheidung[4] die Möglichkeit gesehen, dass dann das Betreuungsgericht ganz unabhängig vom Umfang des angeordneten Aufgabenkreises tenorieren könnte „Damit ist für alle in Betracht kommenden Angelegenheiten Betreuung angeordnet". Das sei dann als Äquivalent des Aufgabenkreises „alle Angelegenheiten" dem Wahlamt zuzuleiten, damit dieses den Wahlrechtsausschluss vermerkt. Dieser Ansatz entfernt sich aber so weit von der gesetzlichen Grundlage, dass ihm nicht gefolgt werden kann und, soweit ersichtlich, auch nicht gefolgt wird.

Nun zur UN-Behindertenkonvention in diesem Zusammenhang: In einer Fernsehreportage wurde eine Szene mit einem Behinderten, möglicherweise Betreuter des Down-Syndroms, gezeigt, der in einfachen Worten die Namen führender Politiker nennen konnte. So jemandem, so der Reporter, könne doch nicht das Wahlrecht entzogen werden.

Wird es auch nicht. Und wenn es zum Wahlrechtsentzug gekommen ist, sollte der Betreuer beim Betreuungsgericht um entsprechende Korrektur nachsuchen, das wird kein Problem sein.

Der Autor und, wie ihm bekannt viele andere Betreuungsrichter, ordnet den Aufgabenkreis „alle Angelegenheiten" mit dem Zweck des Ausschlusses vom Wahlrecht nur an bei Betreuten, die zu einer auch nur ansatzweisen Kommunikation in punkto Wahlen aufgrund ihres Zustands (nicht: aufgrund betreuungsrichterlicher Entscheidung!) dauerhaft außerstande sind. Damit bedürfte es eigentlich gar keines Wahlrechtsausschlusses und dessen eigentlicher Zweck liegt dann auch einzig darin, Wahlmissbrauch durch Angehörige, Pflegekräfte, Heimmitarbeiter zu unterbinden. Das Bayerische Oberlandesgericht (BavObLG)hält dieses aber für unzulässig.[5]

---

[4] BtPrax 1999, 244.
[5] FamRZ 1998, 452.

Die nicht weiter ausgeführte Begründung des BayObLG, es sei unzulässig, der Gefahr des Wahlrechtsmissbrauchs durch die Anordnung einer Totalbetreuung zu begegnen, ohne dass eine solche Maßnahme nach den allgemeinen Grundsätzen erforderlich wäre, überzeugt nicht. Es gibt faktisch keinen anderen Weg des Wahlrechtsausschlusses, eine Beeinträchtigung des Betreuten findet bei der vorstehend skizzierten Anwendung nicht statt. Die Unterbindung von missbräuchlichen Wahlen durch § 107a StGB hat angesichts des minimalen Risikos der Entdeckung keine ausreichende Wirkung.

Folgt man der Auffassung des BayObLG, gibt es überhaupt keinen Anwendungsfall mehr für die Anordnung des Aufgabenkreises „alle Angelegenheiten". Folgt man ihr nicht, dann jedenfalls nicht wegen einer Kollision mit der UN-Behindertenkonvention. Einer Gesetzesänderung bedürfte es jedoch in beiden Fällen nicht. Die entsprechenden Normen des Wahlrechts wären einfach gegenstandslos geworden.

---

3. Auswirkungen der Konvention auf die Praxis der Betreuungsrichter und der Betreuer

Wenn die Umsetzung der UN-Behindertenkonvention also keine Gesetzesänderungen erfordert, wenigstens keine im Bereich des Betreuungsrechts, sollte sie sich doch auf die richterliche Rechtspraxis auswirken. Das lässt sich auf die einfache Formel bringen: Wendet die vorhandenen Gesetze konsequent an und gewährleistet die darin zugunsten des Betreuten enthaltenen Garantien. Und das gilt in gleicher Weise für die Betreuer.

Die Richter sollten also den Erforderlichkeitsgrundsatz beachten und den Aufgabenkreis der Betreuung nicht weiter schneiden, als wirklich nötig. Sie sollten bei den Anhörungen den Betreuten ernst nehmen, sich bemühen, seine Wünsche herauszufinden und auf diese Wünsche eingehen, wenn es denn geht.

Der Betreuer sollte ebenso die Wünsche des Betreuten zu erforschen suchen und ihnen nach Möglichkeit entsprechen, wie es ihm das Gesetz ja auch vorgibt. Und er sollte, außer in den gar nicht so häufigen Fällen, in denen es wirklich nicht geht, wichtige Entscheidungen mit ihm besprechen und zwar ergebnisoffen, *bevor* die Entscheidung getroffen ist.

Es ist also so, wie oft: Neuer Gesetze bedarf es nicht, aber der konsequenten und engagierten Umsetzung der vorhandenen.

Kapitel 20 Anmerkungen für Betreuungsrichter

Erster Verfahrensschritt bei der Einrichtung einer Betreuung sollte die Anhörung des Betreuten in dessen gewohnter Umgebung sein. Sie kann einen Sozialbericht überflüssig machen und unter Umständen auch dazu führen, dass ein Attest ausreicht. In Einzelfällen sind auch mehrere Anhörungen erforderlich. Ohne vorangehende Anhörung erlassen werden können einstweilige Anordnungen Kein Verzicht auf die vorherige Anhörung bei Ersteinweisung in die Psychiatrie und bei Wohnungsauflösung. Bei Evidenz der Notwendigkeit einer Betreuung könnte statt eines Gutachtens ein hausärztliches Attest ausreichen. Ein Sozialbericht sollten nicht routinemäßig, sondern nur bei Anlass erholt werden. Ein Verfahrenspfleger sollte nur eingesetzt werden bei Unterbringungsentscheidungen und, wenn der Wille des Betreuten gebrochen werden soll. Bei Zustellungsbedarf sollte von der Möglichkeit, Zustellungen durch Aufgabe zur Post zu bewirken, rege Gebrauch gemacht werden. Die Zustimmung des übernehmenden Gerichts in eine Abgabe sollte nicht vorab eingeholt werden, sondern in der Abgabeverfügung unter Zusicherung der Rücknahme, falls die Zustimmung verweigert wird.

1. Die Anhörung des Betreuten

a) Plädoyer für die Erstanhörung

Wenn der Richter eine neue Betreuungsakte auf den Tisch bekommt, steht er vor der Frage, was er als Erstes tun soll. Er könnte zum Beispiel einen Sozialbericht der Betreuungsbehörde anfordern oder einen Sachverständigen mit der Erstattung eines Gutachtens beauftragen.

Von seltenen Ausnahmefällen abgesehen hat es sich als beste Möglichkeit erwiesen, als ersten Verfahrensschritt den Betreuten persönlich anzuhören *(sogenannte Erstanhörung[1])*. Denn von dem Ergebnis dieser Erstanhörung hängt ab, ob überhaupt

---

[1] Ebenfalls entschieden für die Erstanhörung *Coeppicus* in Rpfleger 1996, 425.

© Springer-Verlag GmbH Deutschland, ein Teil von Springer Nature 2019
J. Seichter, *Einführung in das Betreuungsrecht*,
https://doi.org/10.1007/978-3-662-57498-0_20

ein Sachverständigengutachten benötigt wird. Vielleicht ist der Betreute mit der Betreuung ja ganz einverstanden sodass auf ein Gutachten verzichtet werden kann. Auch den sozialen Hintergrund nimmt der Richter in einfach gelagerten Fällen (und das sind viele!) bei der Erstanhörung *en passant* wahr.

In der Vorauflage leitete sich daraus ab die Möglichkeit, in diesen Fällen auf die Einholung eines Sozialberichts (und damit überhaupt auf die Beteiligung der Betreuungsstelle völlig zu verzichten. Dies ist nach Erlass das Gesetz zur Stärkung der Funktionen der Betreuungsbehörde vom 28.08.2013 nicht mehr zulässig. Denn nach dem durch dieses neu gefassten § 279 II 1 FamFG, „hat" das Gericht die Betreuungsbehörde vor der erstmaligen Bestellung eines Betreuers anzuhören. Damit ist aber nicht verbunden die Verpflichtung, einen Sozialbericht der Betreuungsbehörde zu erholen. Bei einer Verlängerung liegt das im Ermessen des Gerichts, § 295 I 3 FamFG.

Sollten Sozialbericht und Gutachtensauftrag erforderlich werden, kann der Richter aufgrund seines Eindrucks bei der Anhörung unter Umständen die anzusprechenden Punkte wesentlich gezielter formulieren, sodass Sozialbericht und Gutachten deutlich ergiebiger werden. Insgesamt führt die Erstanhörung zu einer erheblichen Beschleunigung des Verfahrens. Die Erstanhörung führt auch in aller Regel nicht zu einer Mehrbelastung für den Richter. Denn eine persönliche Anhörung des Betreuten muss er ohnehin vornehmen.

Aber keine Regel ohne Ausnahme: In Fällen ersichtlich komplizierter sozialer Probleme einerseits und ohne hohen Eilbedarf andererseits (die Anforderung eines Sozialberichts nimmt ca. zwei Monate in Anspruch!) kann es schon einmal geboten sein, ohne vorherige Anhörung zuerst einen Sozialbericht zu erholen.

b) Zur Anhörung im Einzelnen

(1) Anhörung in der üblichen Umgebung des Betreuten

Die Anhörung findet, weil dies regelmäßig der Sachaufklärung dient, § 278 I 3 FamFG, grundsätzlich *in der üblichen Umgebung* des Betreuten statt, also in seiner Wohnung oder in dem Heim oder der Einrichtung, in der er lebt. Einwendungen gegen die Anhörung zu Hause verbunden mit dem Wunsch, lieber in den Räumen des Gerichts angehört zu werden, sind dem Autor noch nie begegnet.

Bei neuerlichen Anhörungen, z. B. wegen Verlängerung der Betreuung, wird bei unauffälligem Verlauf der Betreuung die Anhörung „zu Hause" nicht mehr erforderlich sein. Soweit der Betreute zum persönlichen Erscheinen in der Lage ist, kann sie dann auch bei Gericht erfolgen. Die Erstanhörung sollte aber regelhaft in der gewohnten Umgebung des Betreuten erfolgen.

(2) Anmeldung; Vorbereitung der Anhörung

Im Allgemeinen ist es praktisch, sich anzumelden. Denn dadurch ist einigermaßen sicher, dass man den Betreuten auch antrifft.

In das Anmeldeschreiben sollte ein Zusatz aufgenommen werden, dass der angekündigte Zeitpunkt sich um bis zu 30 Minuten hinausziehen kann, weil sich die Dauer der vorherigen Anhörungen nicht genau abschätzen lasse.

Zwingend erforderlich ist eine Anmeldung allerdings nicht. Ist der Richter also gerade in anderer Sache „vor Ort", kann er ohne weiteres auch einen unangemeldeten Besuch machen. Wird bei einer solchen unangemeldeten Anhörung deutlich, dass der Betreute das Beisein einer gerade nicht anwesenden Vertrauensperson wünscht oder dass ihm die unangemeldete Anhörung aus sonstigen Gründen nicht passt, verabschiedet man sich schnell und meldet sich zur nächsten Anhörung an.

Gerade bei dicken Betreuungsakten ist es nützlich, die Aktenfundstellen, auf die es für die Anhörung ankommt, mit einem Markierungsstreifen zu kennzeichnen, damit unnötiges Aktenblättern bei der Anhörung selbst vermieden werden kann. Aus dem gleichen Grund empfiehlt es sich, in das Anmeldeschreiben den Grund der Anhörung aufzunehmen. Es ist unangenehm, wenn man bei der fünften Anhörung des Nachmittags nicht weiß, weshalb man eigentlich gekommen ist oder nach Rückkehr ins Büro feststellt, dass man das Entscheidende gar nicht angesprochen hat.

Muster für die Anmeldung zu einer Sammelanhörung in einem Heim
An das
Luisenheim
Am Markt 1
66666 Altenstadt

Sehr geehrte Damen und Herren!

Ich habe folgende Bewohner Ihrer Einrichtung richterlich anzuhören:

Name, Geburtsdatum	Aktenzeichen	Grund der Anhörung
1. Müller Mathilde, 13.03.1912	XVII 73/97	Verlängerung der Betreuung
2. Huber Max, 20.12.1928	XVII 89/01	Nachträgliche Anhörung wegen Bestellung eines vorläufigen Betreuers und vorläufiger Genehmigung von Bettgittern
3. Naumann, Hanni, 04.07.1935	XVII 357/00	Betreuerwechsel auf Wunsch des Betreuers

Ich beabsichtige, die Genannten am
    Donnerstag, den 26. April 2001 gegen 14.30 Uhr
    bei Ihnen aufzusuchen. Der Termin kann sich um bis zu 30 Minuten verspäten, weil sich die Dauer der vorher wahrzunehmenden Anhörungen nicht genau abschätzen lässt.
    Bitte setzen Sie die Betreuten von diesem Termin in Kenntnis und bitten Sie sie, sich zur angegebenen Zeit zur Anhörung bereit zu halten.

Mit freundlichen Grüßen

Bei Sammelanmeldungen in Behinderteneinrichtungen, deren Bewohner in unterschiedlichen Häusern untergebracht sind kann man etwa formulieren:

Ankündigungsschreiben für eine Heimanhörung:
„Ich bitte, mir für die Anhörung einen geeigneten Raum zur Verfügung zu stellen und an der Rezeption zu hinterlassen, wohin ich mich wenden kann.

In diesem Raum mögen sich die zwölf Anzuhörenden in Gruppen von je sechs pro halber Stunde zur Anhörung bereit halten. Es wäre gut, wenn jeweils der Bezugsbetreuer Ihrer Einrichtung dabei sein könnte.

Die Anhörung selbst erfolgt dann natürlich einzeln, während die später Anzuhörenden vor dem Anhörungsraum warten.

Anmeldungen für Anhörungen bei Betreuten, die noch in ihrer Wohnung leben, werden zweckmäßigerweise an den Betreuer adressiert oder, vor der Bestellung des Betreuers, an denjenigen, der die Betreuung angeregt hat. Hier hat sich folgender Zusatz bewährt:

Das anliegende Doppel der Anmeldung können Sie dem Betreuten weitergeben oder ihn auf sonstige Weise von dem Anhörungstermin in Kenntnis setzen. Es wäre gut, wenn Sie bei dem Anhörungstermin anwesend sein könnten.

Bei Anlass wird man dem Betreuten auch in diesem Fall natürlich Gelegenheit zur Anhörung unter vier Augen geben.

(3) Durchführung der Anhörung

Art und Dauer der Anhörung sind je nach Eigenart des betreffenden Falls völlig unterschiedlich. Besteht überhaupt keine Verständigungsmöglichkeit mehr, findet zwangsläufig gar keine eigentliche Anhörung statt. Der Sinn des Termins besteht dann in der Gewinnung eines persönlichen Eindrucks von dem Betreuten und den Verhältnissen, in denen er lebt. Das kann z. B. bei Heimbewohnern, sehr schnell gehen. Auch bei Zustimmung des Betreuten zu der vorgesehenen Entscheidung dauert die Anhörung oft nicht lange. Im Einzelfall lange dauern können Anhörungen bei psychisch Kranken, die Dauer der Anhörung ist hier im Vorhinein kaum abzuschätzen.

Im Einzelfall können auch mehrere Anhörungen erforderlich sein. Beharrt die Betreute z. B. darauf, keine Betreuung zu benötigen, kann man sie zunächst eine gewisse Zeit, etwa eine Woche weiterhin ohne Betreuung sich selbst überlassen, um ihr bei einer Folgeanhörung und dann erwartungsgemäß völlig unzureichender Versorgungslage konkret vor Augen halten zu können, dass es einer Betreuung offensichtlich bedarf.

Fall 61:

Die Kommune stellte einen Antrag, für eine ältere Frau, die gerichtlich bestellte Betreuerin ihres geistig behinderten Mannes war, ihrerseits einen Betreuer zu bestellen, weil der Haushalt vollständig vermüllt sei. Bei einer unangemeldeten Anhörung gemeinsam mit dem Bürgermeister und einem Mitarbeiter des Gesundheitsamts bestätigte sich die Vermüllung drastisch. Die Küche war raumhoch derartig vermüllt, dass jeweils nur eine der zur Anhörung Erschienenen sie betreten konnte, um mit der darin befindlichen Frau zu sprechen; mehr ließ der Platz einfach nicht zu. Gleichwohl machte die Frau einen, gemessen an den vorgefundenen Umständen, psychisch erstaunlich geordneten Eindruck. Sie widersetzte sich nachdrücklich einer Betreuung. Der Richter ermahnte sie, die Vermüllung abzubauen und kündigte für ca. zwei Monate später eine Folgeanhörung an, zu der er sich anmelden werde. Bei dieser Anhörung war der Zustand der Wohnung immer noch chaotisch, aber es war erkennbar gearbeitet worden. Unter anderem stand ein neu bestellter Schrank bereit, der aber noch nicht aufgebaut war. Bei einer dritten angemeldeten Anhörung nochmals drei Monate später waren die Bemühungen, die Vermüllung abzubauen, so deutlich erkennbar, dass von der anfangs angenommenen psychopathologischen Ursache bei der Betreuten für die Vermüllung nicht mehr ausgegangen werden konnte. Mit der Betreuten war bei allen drei Anhörungen eine Verständigung gut möglich, sie war in allen Qualitäten orientiert. Nach der dritten Anhörung erging daraufhin Beschluss, dass die Bestellung eines Betreuers unterbleibt.

Als weiteres Beispiel für die Notwendigkeit mehrfacher Anhörungen vgl. Fall 6 (S. 14) und Fall 7 (S. 15).

Bei jeder Anhörung sollte dem Betreuten, in welchem Zustand er sich auch befindet, die Achtung entgegengebracht werden, die ihm als Träger der unantastbaren Würde des Menschen, Art. 1 GG, zusteht. Das schließt nicht aus, dass die Anhörung bei schwerwiegenden Entgleisungen des Betreuten abgebrochen wird. Auch wenn der Betreute sich gar nicht mehr verständlich machen kann sollte man ihm doch kurz erklären, wer man ist und was man vorhat. Vielleicht bekommt er doch noch etwas mit und ist erleichtert, wenn er hört, dass das, was er nicht mehr regeln kann, nun ordnungsgemäß geregelt wird.

Vor allem für geistig Behinderte, die in einer Einrichtung leben, ist der Richter eine übergeordnete Respektsperson, durch dessen Besuch sie sich geehrt fühlen. Hier kann die Anhörung als menschliche Zuwendung auch einmal etwas länger dauern, als es „an sich" nötig wäre.

Auch den etwa anwesenden Angehörigen, die oft schwere Pflegearbeit tun, sollte sich der Richter zuwenden. Die Anhörung gilt aber in erster Linie dem Betreuten.

Fall 62:

Bei einer Anhörung hatte der Autor nach oberflächlicher Ansprache der fast 100-jährigen Greisin den Eindruck gewonnen, mit dieser sei – auch, aber nicht nur, wegen Schwerhörigkeit – ohnehin keine Verständigung mehr möglich und sich im weiteren Verlauf der Anhörung nur noch mit der Tochter unterhalten. Einige Wochen später bei einer in diesem Fall erforderlichen Anhörung der zweiten Tochter präsentierte diese einen Brief der Mutter, in der diese sich beklagte, der Richter habe ja kaum mit ihr und nur mit der Tochter gesprochen. Es folgten eingehende (und zutreffende) Ausführungen zu dem Inhalt des Gesprächs mit der Tochter.

c) Beschlüsse ohne vorherige Anhörung der Betreuten?

Viele Beschlüsse in Betreuungssachen sind Eilsachen: Da klingelt das Telefon und der Betreute hätte eigentlich schon vorgestern im Psychiatrischen Krankenhaus sein müssen. Hier ist es zunächst ein Teil der dem Richter nicht nur zustehenden, sondern auch ihm abverlangten Unabhängigkeit, sich nicht jedem Druck von außen kritiklos zu beugen. Bei entsprechender Eilbedürftigkeit räumt das Gesetz dem Richter aber auch die Möglichkeit ein, zunächst von einer Anhörung abzusehen.

Bei „gesteigerter Dringlichkeit" können bereits vor Anhörung des Betreuten ein vorläufiger Betreuer bestellt sowie ein vorläufiger Einwilligungsvorbehalt angeordnet werden, § 301 I FamFG. Das gilt auch bei entsprechend eilbedürftiger Erweiterung des Aufgabenkreises der Betreuung, §§ 293 I, 301 I FamFG, oder dringlich erforderlichem Betreuerwechsel, §§ 300 II, 301 I FamFG.

Entsprechendes gilt für Unterbringungssachen. Auch hier kann „bei gesteigerter Dringlichkeit" eine einstweilige Anordnung bereits vor Anhörung des Betreuten erlassen werden, § 332 1 FamFG.

(1) Bettgitter-/Sitzgurtfälle

In Bettgitter-/Sitzgurtfällen, jedenfalls bei Personen, für die bereits eine Betreuung besteht, kann und sollte auf eine vorherige Anhörung weitgehend verzichtet werden. Die entsprechenden Anträge kommen ja, weil der Betreute aus dem Bett zu fallen oder aus dem Sessel zu rutschen droht. Das heißt aber, dass das Heim ohnehin bereits Bettgitter bzw. Sitzgurte einsetzt, um nicht an Sturzverletzungen des Betreuten schuldig zu werden. Rechtsgrundlage für das Heim ist hier entweder der rechtfertigende Notstand gemäß § 34 StGB oder aber eine bei Gefahr im Verzug auch ohne richterliche Genehmigung wirksame Entscheidung des Betreuers gemäß § 1906 II 2 BGB. Da beide Regelungen ihrem Wesen nach vorläufigen Charakter haben und die Maßnahme ohnehin bereits vollzogen wird, sollte der Richter hier umgehend Rechtsklarheit schaffen und durch einstweilige Anordnung ohne vorherige Anhörung die Maßnahme genehmigen.

Das Ergebnis der nachgeholten Anhörung ist ohnehin in den weitaus meisten Fällen, dass die Maßnahme keiner Genehmigung bedarf. Bestätigt die nachgeholte Anhörung die Notwendigkeit der Maßnahme und erscheint eine Genehmigung erforderlich, war es kein Fehler, schon vorab zu genehmigen. Führt die nachträgliche Anhörung dagegen zu dem Ergebnis, dass die Genehmigung erforderlich erscheint, aber zu versagen ist, ist jetzt der richtige Zeitpunkt, die Maßnahme vor

Ort aufzuheben und das Pflegepersonal entsprechend zu instruieren. Ohne persönlichen Eindruck wird man eine solche abschlägige Entscheidung kaum je treffen können.

(2) Vorläufige Betreuungen bei kommunikationsunfähigen Patienten
Bei Patienten, die sich, z. B. nach einem Unfall oder einem Schlaganfall, in einer neurologischen Klinik befinden, kann aufgrund eines entsprechenden eindeutigen Attests einer solchen Klinik ein vorläufiger Betreuer im Eilfall auch ohne vorherige Anhörung bestellt werden. Zumindest was die Gesundheitsfürsorge und – bei Verlegung in ein anderes Krankenhaus, ein Heim oder auch nach Hause – das Aufenthaltsbestimmungsrecht angeht, handelt man ohnehin ohne wirksame Einwilligung des Betreuten unter Notstandsgesichtspunkten. Ärzten und Heimen sollte aber solches Handeln in der rechtlichen Grauzone nicht länger zugemutet werden, als es unabweisbar ist. Auch ist der Rechtsschutz des Betreuten besser gewahrt, wenn er einen gesetzlichen Vertreter hat, als wenn gar niemand für die Wahrnehmung seiner Rechte zuständig ist.

(3) Verzicht auf Voranhörung bei plausibel mitgeteilter Einwilligung des Betreuten
Im Einzelfall kann man durch einstweilige Anordnung eine *vorläufige Erweiterung des Aufgabenkreises ohne vorherige Anhörung des Betreuten*, aussprechen, wenn dessen Einverständnis glaubhaft und plausibel mitgeteilt worden ist. Auf entsprechende Angaben eines Berufsbetreuers kann man sich im Allgemeinen verlassen. Bei Angehörigen, Heimmitarbeitern und auch Hausärzten ist dagegen Vorsicht geboten. Ein weiteres Kriterium ist auch, in welchem Punkt die Erweiterung erfolgen soll. Ist z. B. der Betreute Erbe geworden und soll die Bestattung des Erblassers regeln, der in 400 km Entfernung gelebt hat, hat er wahrscheinlich ein ganz erhebliches Eigeninteresse, dass diese Aufgabe von einem Betreuer übernommen wird, die Gefahr, dass seine eigenen Interessen wesentlich beeinträchtigt werden könnten, ist dagegen gering.

> In dem geschilderten Fall ist es natürlich nicht mit der Erweiterung des Aufgabenkreises der Betreuung getan. Hier wird ein weiterer Betreuer „vor Ort" eingesetzt werden müssen (400 km!). Es wird hierfür im Allgemeinen auch nur ein Berufsbetreuer in Betracht kommen. Bei dieser besonderen Konstellation wäre dann entgegen § 1899 I 3 BGB neuer Fassung die Bestellung eines zweiten Berufsbetreuers unvermeidlich.

In Fällen wie den zuletzt geschilderten kann man schon auch einmal die *Erstbestellung eines Betreuers ohne vorherige Anhörung* durch einstweilige Anordnung vornehmen. Hier ist zu fragen, wie stark die Beeinträchtigung der Rechte des Betreuten durch eine (u. U. um Wochen) verzögerte Betreuerbestellung wegen der zuvor anzuberaumenden Anhörung ist. Je deutlicher diese Rechtsbeeinträchtigung sich darstellt, desto eher wird man hier die vorläufige Bestellung eines Betreuers ohne vorherige Anhörung erwägen müssen. Da bei dieser Fallgestaltung der Richter den

Betreuten und seine Situation (anders als bei einer Erweiterung des Aufgabenkreises) noch gar aus eigener Anschauung kennt, ist jedoch Vorsicht geboten.

(4) Zwangseinweisungen psychiatrieerfahrener Patienten

Eine Zwangseinweisung in ein psychiatrisches Krankenhaus ist ein so schwerwiegender Eingriff in die Freiheit des Betreuten, dass seine vorherige Anhörung hierzu nahezu unabweisbar ist. Nötigenfalls müssen hier andere Dienstgeschäfte zurückstehen und anberaumte Termine auch dann aufgehoben werden, wenn die Beteiligten bereits im Sitzungssaal sind. Infrage kommt auch die Wahrnehmung der Anhörung durch den geschäftsplanmäßigen Vertreter des Richters.

Es hat sich bewährt, zu solchen Anhörungen einen vorbereiteten Beschluss in der erforderlichen Anzahl mitzubringen, in dem bereits das voraussichtliche Ergebnis der Anhörung eingefügt ist. Verläuft die Anhörung wie erwartet, wird der Beschluss vor Ort unterzeichnet und sofort vollzogen. Ansonsten ist es auch nicht verboten, den Beschluss handschriftlich abzuändern oder zu ergänzen. Durch ein solches Vorgehen vermeidet man jedenfalls eine weitere krisenhafte Zuspitzung im Zeitraum zwischen Anhörung und Zuführung zur Unterbringung.

Bei psychiatrieerfahrenen Betreuten, die der Richter bereits kennt, kann es *im Einzelfall* vertretbar sein, auch eine Zwangseinweisung ohne vorherige Anhörung vorzunehmen.

(5) Kein Verzicht auf Voranhörung bei Ersteinweisungen in die Psychiatrie und bei Wohnungsauflösung

Erst recht ist bei bisher nicht Betreuten, die der Richter noch nicht kennt, aber auch bei Betreuten, die aber noch nie zwangseingewiesen waren, ist ein Verzicht auf eine Anhörung vor einer Zwangseinweisung in ein Psychiatrisches Krankenhaus eigentlich unvertretbar. Die Erfahrung zeigt, dass es mit erheblichen Unsicherheiten verbunden ist, sich insoweit nur auf die Angaben von Angehörigen und Nachbarn zu verlassen. Die ergänzend verfügbaren Voten von Ärzten oder der Polizei erweisen sich bei Überprüfung oft als ebenfalls nur fremdanamnestisch erhoben, auch diese Stellen haben also unter Umständen den Betreuten nicht einmal selbst gesehen.[2]

Auch über die *Wohnungsauflösung* sollte um ihrer Bedeutung willen nicht ohne vorherige persönliche Anhörung des Betreuten entschieden werden. Es ist auch kaum denkbar, dass eine solche Entscheidung einmal derart eilt, dass nicht noch Zeit für eine Anhörung wäre.

An sich hat über die Wohnungsauflösung ja der Rechtspfleger zu entscheiden, § 3 Nr. 2 RPflG. Im Allgemeinen wird aber zunächst der Aufgabenkreis der Betreuung auf die Wohnungsauflösung zu erweitern sein. Das ist Sache des Richters. Der Einfachheit halber sollte er im Erweiterungsbeschluss auch gleich die Genehmigung zur Wohnungsauflösung aussprechen, § 6 RPflG.

---

[2] Als Beispiel vgl. S. 176 Fall 47.

(6) Nachholung der Anhörung

In den vorgenannten Fällen ist die zunächst etwa unterlassene Anhörung unverzüglich nachzuholen, §§ 301 I 2 FamFG, in Unterbringungssachen: § 332 2 FamFG.

d) Entbehrlichkeit von Folgeanhörungen?

Liegt die letzte vorangegangene Anhörung eines Betreuten weniger als sechs Monate zurück, braucht bei bestimmten Beschlüssen keine neuerliche *persönliche* Anhörung zu erfolgen. Dies gilt gemäß § 293 II FamFG bei der Erweiterung des Aufgabenkreises der Betreuung und bei der Erweiterung des Einwilligungsvorbehalts, wenn die beabsichtigte Erweiterung nicht wesentlich ist, § 293 II 2 FamFG. Es gilt auch noch bei der Bestellung eines weiteren Betreuers gemäß § 1899 BGB bei gleichzeitiger Erweiterung des Aufgabenkreises der Betreuung, § 293 III FamFG.

Als Ausgleich für die entbehrliche persönliche Anhörung ist der Betreute in all diesen Fällen aber – schriftlich – „anzuhören". Die schriftliche Anhörung eines Betreuten ist aber eine Farce. In den meisten Fällen wird er die schriftliche Mitteilung nicht mehr aufnehmen, jedenfalls nicht mehr adäquat darauf reagieren können. Aus diesem Grund gehen die vorgenannten Verfahrenserleichterungen ins Leere: will der Richter das rechtliche Gehör des Betreuten sicherstellen, führt in aller Regel kein Weg an der persönlichen Anhörung vorbei.

2. Fälle der Entbehrlichkeit von Gutachten und Verfahrenspfleger

Das Betreuungsverfahren geht davon aus, dass die Bestellung eines Betreuers einen äußerst schwerwiegenden Eingriff in die Rechte des Betreuten darstellt, der im Interesse des Betreuten möglichst ganz unterbleiben sollte. In der Lebenswirklichkeit sind aber die Fälle gar nicht selten, wo die Betreuten mit einer Betreuung einverstanden sind, sie nachgerade wünschen.

Und auf der anderen Seite gibt es zahlreiche Fälle, wo die Notwendigkeit der Betreuung evident ist, also ein Absehen von der Bestellung eines Betreuers von vorneherein nicht in Betracht kommt. In diesen Fällen findet die Versorgung eines Betreuten, für den keine Betreuung besteht, im völlig rechtsfreien Raum statt, der Betreute, der sich nicht mehr selbst vertreten kann, ist schlechterdings ohne jegliche rechtliche Vertretung. Wenn ein solcher Zustand der faktischen Rechtlosigkeit durch die Bestellung eines Betreuers behoben werden kann, wird deutlich, dass hierdurch die Rechtsposition des Betreuten erheblich weniger beeinträchtigt wird, als durch das Andauern des vertretungslosen und damit rechtlosen Zustands. Für diese Fälle gilt, dass das Absehen von einer Betreuung eine schwerere Rechtsbeeinträchtigung darstellt, als die Herstellung rechtlich klarer und geordneter Verhältnisse und die Sicherung der Wahrnehmung der Rechte des Betreuten durch die Bestellung eines Betreuers.[3]

---

[3] Vgl. S. 21.

Aus diesem Grund sollte in den Fällen, in denen der Betreute mit der Betreuung einverstanden oder die Notwendigkeit einer Betreuung evident ist, von den gesetzlichen Möglichkeiten der Verfahrensvereinfachung durch Verzicht auf ein Betreuungsgutachten und die Beteiligung eines Verfahrenspflegers weithin Gebrauch gemacht werden.

a) Entbehrlichkeit eines Gutachtens

Wenn auch nach § 280 FamFG als Regelfall die Einholung eines Gutachtens über die Notwendigkeit der Betreuung vorsieht, genügt in einer Vielzahl der Fälle die Vorlage eines (meist haus-)ärztlichen Attests. Denn ein ärztliches Attest reicht als Grundlage für einen Betreuungsbeschluss aus

- wenn (1) der Betreuer mit Zustimmung („auf Antrag") des Betreuten bestellt wird, (2) der Betreute auf die Begutachtung verzichtet und (3) die Einholung eines Gutachtens insbesondere im Hinblick auf den Umfang des Aufgabenkreises der Betreuung unverhältnismäßig wäre, § 281 I Nr. 1 FamFG
- und, wenn lediglich ein Kontrollbetreuer[4] bestellt werden soll, § 281 I Nr. 2 FamFG.

Hinzu kommt, dass bei einstweiligen Anordnungen, sowohl bei der Bestellung eines vorläufigen Betreuers als auch bei einer vorläufigen Unterbringungs- oder unterbringungsähnlichen Maßnahme, ein Attest statt eines Gutachtens ausreicht, § 301 I Nr. 2 bzw. 331 1 Nr. 2 FamFG.

Unverhältnismäßig und damit nach dem Ermessen des Betreuungsrichters entbehrlich kann die Einholung eines Gutachtens damit auch bei umfangreichem Betreuungsbedarf zum Beispiel sein,

- wenn der Betreute zwar in die Betreuung nicht mehr einwilligen kann, aber in einer Vorsorgeverfügung Bestimmungen für den Fall einer Betreuung getroffen und damit vorab von seinen rechtlichen Gestaltungsmöglichkeiten Gebrauch gemacht hat,
- dies gilt jedenfalls dann, wenn er in der Patientenverfügung auch Vollmacht erteilt hat und der Bevollmächtigte als Betreuer eingesetzt werden soll,[5]
- wenn die Notwendigkeit der Bestellung eines Betreuers auf Dauer, etwa bei einer Altersdemenz, offensichtlich ist *(Evidenz der Betreuungsnotwendigkeit);* in solchen Fällen liegt es, wie auch in anderen Gerichtsverfahren, bei dem Betreuungsrichter, ob er über das ärztliche Attest hinaus noch ein Gutachten für erforderlich hält oder nicht.[6]

---

[4] Vgl. S. 28.

[5] Dies kann erforderlich werden, wenn eine solche Vollmacht nicht anerkannt wird z. B. von Banken und Sparkassen, s. S. 28.

[6] Ebenso *Coeppicus* Rechtspfleger 1996, 425.

Kraft ausdrücklicher gesetzlicher Regelung reicht ein ärztliches Attest darüber hinaus aus

(1) für den Erlass einer einstweiligen Anordnung einschließlich der Anordnung eines vorläufigen Einwilligungsvorbehalts, § 300 I Nr. 2 FamFG
(2) bei einer Betreuungsverlängerung, wenn der Zustand des Betreuten sich nicht verändert hat, § 295 I 2 FamFG
(3) für die Genehmigung unterbringungsähnlicher Maßnahmen gemäß § 1906 IV BGB, §§ 321 II, 312 Nr. 2 FamFG.

Die konsequente Anwendung der vorstehenden Kriterien kann dazu führen, dass das ärztliche Attest zum Regelfall und die Einholung eines Gutachtens zur Ausnahme werden. Damit würde der vom Gesetz vorgegebene Regel-/Ausnahmemechanismus genau umgekehrt. Dies steht jedoch der hier vertretenen Auffassung nicht entgegen.

Zum einen gibt es eine solche Umkehr von Regel und Ausnahme in der Rechtsanwendung immer wieder:

> Im Strafprozess ist die Vereidigung des Zeugen gesetzlicher Regelfall, in der Praxis der Strafgerichte ist sie eine große Ausnahme. In § 105 I Jugendgerichtsgesetz (JGG) ist die Anwendung des Jugendstrafrechts auch auf Heranwachsende, also 18- bis 21-jährige, auf zwei Fallgruppen beschränkt, in der Spruchpraxis vieler Jugendkammern werden Heranwachsende praktisch ausschließlich nach Jugendstrafrecht behandelt.

Vor allem aber entspricht diese Umkehr des gesetzlichen Regel-/Ausnahmeverhältnisses der Lebenswirklichkeit.

Natürlich gibt es Betreuungssachen, in denen das volle betreuungsrechtliche Verfahrensinstrumentarium, angefangen mit dem Sozialbericht der Betreuungsbehörde über das Sachverständigengutachten bis hin zum Verfahrenspfleger aus Gründen der Sachaufklärung und der Wahrung der Interessen des Betreuten geboten ist. Aber der Normalfall ist das nicht.

Die große Vielzahl der Betreuungsfälle aber stellt sich dem Betreuungsrichter so dar, dass alle Beteiligten, auch der Betreute selbst, wissen und auch akzeptieren, dass es ohne Betreuung nicht mehr geht. Wenn der Betreute zu überhaupt keiner Willensäußerung mehr in der Lage ist, reicht für den Erlass eines Betreuungsbeschlusses in der Tat ein ärztliches Attest aus, aus dem sich ergeben

• der Zeitpunkt der letzten persönlichen Untersuchung durch den behandelnden Arzt,
• die für die Betreuungsnotwendigkeit maßgebliche Diagnose,
• und vor allem eine Prognose, ob der derzeitige Zustand sich voraussichtlich noch entscheidend verbessern können wird.

b) Entbehrlichkeit von Verfahrenspflegschaft

Am uneinheitlichsten ist die Praxis bei der Einsetzung von Verfahrenspflegern. Es gibt Gerichte, wo für praktisch jede Betreuungserrichtung ein Verfahrenspfleger eingesetzt wird und andere, die den Einsatz des Verfahrenspflegers auf ein Minimum beschränken.

Das Gesetz lässt dem Betreuungsrichter hier weiten Spielraum. Denn die Einschätzung, dass „ein Interesse des Betreuten an der Bestellung eines Verfahrenspflegers *offensichtlich* nicht besteht" (§ 276 II FamFG) lässt sich bei Evidenz der Notwendigkeit einer Betreuung durchaus vertreten.

In Unterbringungssachen lässt § 317 I FamFG dem Richter einen ähnlichen Spielraum. Danach ist ein Verfahrenspfleger (nur) zu bestellen, wenn dies zur Wahrnehmung der Interessen des Betreuten erforderlich ist. § 317 I 2 FamFG bestimmt, dass die Bestellung eines Verfahrenspflegers insbesondere erforderlich ist, wenn von einer Anhörung des Betreuten abgesehen werden soll. Dies schränkt den Ermessensspielraum des Betreuungsrichters, ob ein Verfahrenspfleger zu bestellen ist, ein, reduziert ihn aber nicht auf Null. Denn anders als im Verfahren bei Genehmigung einer Sterilisation, in dem „stets" ein Verfahrenspfleger zu bestellen ist, § 297 V FamFG, lässt die Gesetzesformulierung „insbesondere erforderlich" Ausnahmen zu. Diese Ausnahmemöglichkeit ergibt sich auch aus § 317 II FamFG, wonach die Nichtbestellung eines Verfahrenspflegers zu begründen ist.

Das Gebot, den Verzicht auf einen Verfahrenspfleger zu begründen gilt außer Unterbringungssachen auch in Betreuungssachen

- bei der Bestellung eines Betreuers für einen Betreuten, mit dem keine Verständigung mehr möglich ist, §§ 276 II, I 2 Nr. 1 FamFG und
- bei der Bestellung eines Betreuers für alle Angelegenheiten oder der Erweiterung des Aufgabenkreises der Betreuung auf alle Angelegenheiten, §§ 276 II, I Nr. 2 FamFG.

Wo eine Verfahrenspflegschaft evident entbehrlich ist, z. B. bei der Verlängerung eines bereits jahrelang bestehenden Betreuung oder ein Betreuerwechsel bei einem Betreuten, mit dem keinerlei Verständigung mehr möglich ist, wird von der Beteiligung eines Verfahrenspflegers weitestgehend abgesehen, weil ein Interesse des Betreuten hieran offensichtlich nicht besteht, § 276 II FamFG. Bestehen dagegen Anhaltspunkte für eine Beeinträchtigung der Situation auch eines nicht mehr Verständigungsfähigen, wurde auch für die Frage einer Herausnahme aus dem Altenheim in die Wohnung einer Angehörigen wegen bestehender Bedenken des Richters ein Verfahrenspfleger eingesetzt. Insgesamt hat sich die Häufigkeit der Einsetzung eines Verfahrenspflegers durch den Autor seit dem erstmaligen Erscheinen des vorliegenden Buches maßvoll erhöht.

c) Hinweis auf die immer einzuhaltende Beteiligung der Betreuungsbehörde

Seit Einführung der obligatorischen Beteiligung der Betreuungsbehörde vor der erstmaligen Bestellung eines Betreuers und der erstmaligen Anordnung eines Einwilligungsvorbehalts § 279 II FamFG durch das Gesetz zur Stärkung der Funktionen der Betreuungsbehörde vom 28.08.2013, BGBl. I S. 3393, *muss* der Betreuungsrichter vor Erlass der entsprechenden Beschlüsse im Hauptsacheverfahren (anders bei einstweiliger Anordnung!) der Betreuungsbehörde Gelegenheit zur Stellungnahme geben. Um die erhebliche Mehrbelastung der Betreuungsbehörde zu begrenzen, formuliert der Autor in geeigneten Fällen nunmehr, dass es den Vorgang der Betreuungsbehörde zwar zur Stellungnahme übersendet, eine Stellungnahme seitens des Gerichts aber im konkreten Fall für entbehrlich gehalten wird.

Dieser Hinweis wird von der Betreuungsbehörde regelmäßig aufgenommen. *Dadurch bleibt ihr Raum für die Erstellung von Sozialberichten in ausgesuchten Fällen, in denen es wirklich darauf ankommt.* Und diese Fälle haben es dann meist wirklich in sich.

3. Unterbringungsfragen

a) Zu unterbringungsähnlichen Maßnahmen

Die auch mit dem Schlagwort „Bettgitterfälle" umschriebenen unterbringungsähnlichen Maßnahmen sind in vielen Fällen überhaupt Anlass für die Bestellung eines Betreuers. Denn unter dem Druck der Heimaufsichtsbehörden haben hier die Anträge der Heime, entsprechende Genehmigungen zu erteilen, erheblich zugenommen.

Wie auf S. 206 eingehend dargestellt sind unterbringungsähnliche Maßnahmen in den meisten Fällen genehmigungsfrei, sei es, dass die Betreuten mit ihnen einverstanden sind („natürliche Einwilligungsfähigkeit" reicht), dass sie auch ohne Bettgitter das Bett nicht aus eigener Kraft zielgerichtet verlassen können, oder dass jeglicher Fortbewegungsimpuls in ihnen dauerhaft erloschen ist.

Die Anwendung von § 1906 BGB durch erweiternde Analogie auf Anwendung unmittelbaren Zwangs gegen den Betreuten über Unterbringungs- und unterbringungsähnliche Maßnahmen hinaus ist vom Bundesgerichtshof ausdrücklich für unzulässig erklärt worden.[7]

b) Vollzug des unmittelbaren Zwangs

Bei Zwangseinweisungen in ein Psychiatrisches Krankenhaus geht es manchmal nicht ohne die Anwendung unmittelbaren Zwangs. Diese muss vom Richter ausdrücklich genehmigt werden, § 326 II 1 FamFG. *Durch das FamFG neu eingeführt* wurde die zusätzliche Bestimmung, dass (außer bei Gefahr im Verzug) das *Betreten der Wohnung des Betreuten zur Durchsetzung der Unterbringung* einer ausdrücklichen richterlichen Anordnung bedarf, § 326 III FamFG.

Da der betreuungsrichterliche Unterbringungsbeschluss nicht vom Gericht selbst, sondern vom Betreuer vollzogen wird, hätte dies zur Folge, dass der Vollzug des unmittelbaren Zwanges ohne Mitwirkung einer staatlichen Stelle zu geschehen hätte und damit jedenfalls in der Durchführung das staatliche Gewaltmonopol infrage gestellt würde.

---

[7] BGH NJW 2001, 888 = BtPrax 2001, 32.

Vor dem Inkrafttreten des Betreuungsrechts wurden Unterbringungsentscheidungen vom Gerichtsvollzieher vollzogen. Dagegen wurde mit Recht eingewandt, dass der Gerichtsvollzieher von seiner Ausbildung und auch seinen üblichen Aufgaben her keine ausreichende Kompetenz für den Umgang mit geistig Behinderten oder psychisch Erkrankten bei der Durchführung von Zwangseinweisungen hat.

Das Betreuungsrecht hat dieses Problem dahin gelöst, dass in solchen Fällen der Betreuer die Unterstützung der Betreuungsbehörde anfordern kann, § 326 I FamFG. Die Betreuungsbehörde und damit eben doch wieder eine staatliche Instanz kann dann ihrerseits die polizeilichen Vollzugsbehörden um Unterstützung ersuchen, § 326 II 2 FamFG.

Angesichts der starken Funktion, die das Betreuungsrecht dem Betreuungsrichter beiordnet, muss an Stelle der Betreuungsbehörde auch der Betreuungsrichter selbst den Betreuer bei der Verbringung in das Psychiatrische Krankenhaus unterstützen und seinerseits die Polizei um Hilfe bitten können. Diese im Gesetz selbst nicht vorgesehene Möglichkeit lässt das staatliche Gewaltmonopol unberührt. Interessen des Betreuten werden ebenfalls nicht verletzt. Der Richter kennt ihn ohnehin schon von der Anhörung. Die durch die Einschaltung der Betreuungsbehörde bezweckte Präsenz betreuungsrechtlicher und sozialer Kompetenz bei der Anwendung unmittelbaren Zwangs ist auch in der Person des Betreuungsrichters gewährleistet.

Entsprechende praktische Erfahrungen des Autors belegen, dass die Anwesenheit des Richters bei der Anwendung unmittelbaren Zwangs erheblich deeskalierend wirken kann. Jedenfalls, wo die Betreuungsbehörde relativ weit vom Sitz des Gerichts entfernt oder wenn sie am Erscheinen verhindert ist, sollte die Ersetzung ihrer Anwesenheit durch den Betreuungsrichter kein Problem sein. Der Richter muss dann aber auch tatsächlich vom Beginn des Einsatzes bis zum Abfahren des Krankenwagens vor Ort sein.

Beachten muss der Richter dabei, dass er in dieser Situation den unmittelbaren Zwang nie selbst anwenden darf. Das ist erforderlichenfalls Sache der Polizei. Diese Trennung der Anordnungskompetenz vom Vollzug ist ein im Umgang mit psychisch Kranken bewährter Grundsatz.

Ungeachtet des Anwachsens der Zahl der Berufsbetreuungen wurden über 60 % der neuen Betreuungen des Jahres 1999 von Angehörigen geführt.

4. Die Betreuung durch Angehörige oder sonstige ehrenamtliche Betreuer

a) Angehörigenbetreuungen

Bei Betreuungen durch Angehörige kommt verhältnismäßig oft der Wunsch auf, mehr als einen der Angehörigen als Betreuer zu bestellen. Diesem Wunsch kann im Allgemeinen ohne weiteres entsprochen werden. Dabei hält es der Autor so, dass er in der Regel alle Angehörigen für den gesamten Aufgabenkreis einsetzt und jeweils Alleinvertretungsbefugnis anordnet.

Man tenoriert dann etwa: „Die Betreuer sind jeweils alleinvertretungsbefugt."

Dann können die Angehörigen untereinander regeln, wer welche Aufgabenanteile übernehmen soll und sich im Bedarfsfall problemlos untereinander vertreten.

b) Sonstige ehrenamtliche Betreuer

Die Werbung um ehrenamtliche Betreuer ist angesichts des vermehrten Aufkommens von Berufsbetreuern deutlich zurückgegangen. Und was noch schlimmer ist: bei den Betreuungsvereinen stehen nicht selten Männer und Frauen bereit, die ehrenamtliche Betreuungen übernehmen, aber nicht nachgefragt werden, sodass sie von ihrer anfänglichen Bereitschaft wieder Abstand nehmen und sich anderswo ehrenamtlich engagieren. *Denn die Bereitschaft zur ehrenamtlichen Mitarbeit will eingesetzt sein und lässt sich nicht beliebig konservieren.*

Hier ist der Betreuungsrichter gefordert, einerseits Kontakt zu den Betreuungsvereinen zu halten, unter deren sogenannten Querschnittsaufgaben die Gewinnung, Schulung und Begleitung ehrenamtlicher Betreuer die wichtigste ist. Nur so ist er auf dem aktuellen Stand was die Verfügbarkeit ehrenamtlicher Betreuer angeht. Andererseits sollte der Betreuungsrichter, jedenfalls so lange die Betreuungsvereine ehrenamtliche Betreuer anbieten, Betreuungen nicht ohne Notwendigkeit auf Berufsbetreuer übertragen. Natürlich gibt es Betreuungsfälle, die sich nur für Berufsbetreuer eignen. Die Frage ist aber, ob nicht zu oft aus Bequemlichkeit ein Berufsbetreuer auch für Fälle bestellt wird, die ohne weiteres auch ein ehrenamtlicher Betreuer bewältigen könnte.

Die von den Betreuungsvereinen vermittelten ehrenamtlichen Betreuer werden von den Betreuungsvereinen geschult und begleitet. Die Kennenlerngespräche des ehrenamtlichen Betreuers mit den Betreuten finden häufig im Beisein eines hauptamtlichen Mitarbeiters des Betreuungsvereins statt. Damit haben die ehrenamtlichen Betreuer, die von den Betreuungsvereinen herkommen, einen stabilen Hintergrund und sollten nicht mangels Einsatzes wieder abwandern müssen. Aus demselben Grund sollten Interessentinnen und Interessenten, die sich unter Umständen unmittelbar bei Gericht als ehrenamtliche Betreuer anbieten, nach Möglichkeit an den zuständigen Betreuungsverein vermittelt werden.

Der normale Weg zur Gewinnung eines ehrenamtlichen Betreuers eines Betreuungsvereins geht über die Anfrage an den Betreuungsverein, ob für eine bestimmte Betreuungssache ein ehrenamtlicher Betreuer vermittelt werden kann. Um dem Verein die Prüfung zu erleichtern, ob sich die Sache für einen ehrenamtlichen Betreuer eignet und gegebenenfalls für wen sollte der Sachverhalt kurz geschildert und/oder ein Aktenauszug beigefügt werden. *Liegt dann die Antwort des Betreuungsvereins mit dem Vorschlag eines ehrenamtlichen Betreuers vor, ist es wichtig, den benannten ehrenamtlichen Betreuer umgehend einzusetzen.* Denn auch hier lähmt es die Bereitschaft zur ehrenamtlichen Mitarbeit, wenn nach Anerbieten der

Betreuungsübernahme und Vorstellungsgespräch bei dem Betreuten noch Wochen oder Monate vergehen, bis der betreffende ehrenamtliche Betreuer tatsächlich eingesetzt ist.

5. Berufsbetreuerpflege durch das Gericht

Für eine sachgerechte Umsetzung des Betreuungsrechts und die Anpassung seiner Anwendung an die örtlichen Notwendigkeiten hat sich eine gewisse Berufsbetreuerpflege durch das Betreuungsgericht als sinnvoll erwiesen. Hierzu gehört zunächst das *Vorstellungsgespräch* vor Einsetzung eines in diesem Bezirk bisher noch nicht tätig gewesenen Berufsbetreuers (vgl. S. 93). Dieses Gespräch hat auch durch die Beteiligung der Betreuungsbehörde gemäß § 1897 VII BGB nichts an seiner Bedeutung eingebüßt. Denn Betreuungsarbeit lebt von persönlichen Beziehungen und dazu gehört auch, dass Betreuungsrichter und Betreuer sich untereinander kennen. Der Rechtspfleger lernt die Betreuer ohnehin bei der Verpflichtung kennen.

In den Vorauflagen hat der Autor an dieser Stelle für gelegentliche Berufsbetreuertreffen plädiert. Diesen Vorschlag kann er nicht mehr aufrechterhalten, weil er ihm selbst nicht mehr folgt. Er war entstanden in der Frühzeit der Berufsbetreuungen. Inzwischen haben sich die Berufsbetreuer etabliert und auch organisiert. Damit besteht eine Notwendigkeit für solche Treffen jetzt nicht mehr.

Was bleibt, ist die Empfehlung, dass der Richter die Berufsbetreuer kennen und eine gewisse Berufsbetreuerpflege betreiben sollte, sei es durch persönlichen Kontakt aus Anlass eines Einzelfalls oder durch Telefonanruf, wenn man lange nichts mehr voneinander gehört hat. Der Richter kann auch einmal bei einem Verbandstreffen oder Betreuerstammtisch auftauchen und auch vortragen.

6. Erleichterung des Geschäftsgangs

a) Beschlüsse nicht förmlich zustellen

Seit Inkrafttreten des FamFG sind alle betreuungsrechtlichen Beschlüsse mit befristeter Beschwerde anfechtbar. Auf der anderen Seite wurde in § 15 II FamFG die „Zustellung durch formlose Aufgabe zur Post" eingeführt. Dadurch wird auf einfache Weise dem Zustellungserfordernis genügt.

> Die Befürchtung, diese Zustellungsart verkürze das rechtliche Gehör des Betreuten, trifft nicht zu. Im Zweifel wird der Beschwerdeführer Wiedereinsetzung erhalten. Aber Beschwerden sind selten.

Betreuungsbeschlüsse werden wirksam nicht mit Rechtskraft, sondern mit Bekanntgabe an den Betreuer, § 287 I FamFG und müssen daher nicht zwingend zugestellt werden. Nur dem Berufsbetreuer sollte man durch Aufgabe zur Post zustellen, damit der Beginn der Frist für die Vergütung feststeht.

Unterbringungsbeschlüsse werden erst mit Rechtskraft wirksam, § 324 I FamFG. Da im Allgemeinen nicht so lange wird abgewartet werden können, wird regelhaft gemäß § 324 II 1 FamFG die sofortige Wirksamkeit angeordnet. Der Hauptsachebeschluss sollte zugestellt werden.

b) Abgabe, Übernahme und Beendigung von Betreuungsverfahren

Zieht der Betreute in einen anderen Gerichtsbezirk, empfiehlt es sich, mit der Abgabe des Verfahrens an das dortige Gericht noch etwa sechs Monate zu warten. Es kommt nämlich nicht selten vor, dass ein solcher Umzug misslingt und der Betreute doch wieder zurückkehrt. Die durch das 2. BtÄndG neu eingeführte Bestimmung, dass der Änderung des gewöhnlichen Aufenthaltsorts ein tatsächlicher Aufenthalt von mehr als einem Jahr an einem anderen Ort gleichsteht, § 65a I 2 Alternative 2 FGG, ist unverändert in § 273 FamFG übernommen worden. Die Möglichkeit in § 65a I e FGG, bei mehreren Betreuern mit unterschiedlichen Aufgabenkreisen das Betreuungsverfahren nur hinsichtlich eines dieser Betreuer abzugeben, hat zu Recht keinen Eingang in das FamFG gefunden. Diese kaum praktikable Bestimmung dürfte auch nur ganz vereinzelt angewandt worden sein.

Vor einer Abgabe sollen die an dem Betreuungsverfahren Beteiligten angehört werden, § 4 Satz 2 FamFG.

Die damit bestehende Notwendigkeit der Anhörung auch des Betreuten gründet dogmatisch in dem Anspruch auf rechtliches Gehör. Oft ist aber mit dem Betreuten eine entsprechende Verständigung nicht möglich. Der Autor formuliert in seiner Anfrage an den Betreuer, ob dieser der Abgabe zustimmt:

> Sind Sie mit dieser Verfahrensabgabe einverstanden? Ist auch die betreute Person – soweit mit ihr eine Verständigung hierzu möglich ist – mit der Verfahrensabgabe einverstanden?

Die Abgabeverfügung an Gerichte, die diese Art der Anhörung möglicherweise nicht akzeptieren, lautet dann:

> **Abgabeverfügung ohne vorherige Anhörung des annehmenden Gerichts:**
> An das
> Amtsgericht X
>
> mdB um Übernahme des Verfahrens unter Hinweis auf Bl. …
>
> Die briefliche Anhörung d. Betreuten unterlasse ich, da ich generell der Auffassung bin, dass eine briefliche Anhörung reine Augenwischerei ist; wer unter Betreuung steht kann mit brieflicher Anhörung regelmäßig nichts anfangen.
> Sollte von dort die Anhörung d. Betreuten für erforderlich erachtet werden, bitte ich, diese im Wege der Rechtshilfe selbst vorzunehmen. Sollten nach dem Ergebnis einer etwaigen Anhörung Bedenken gegen die Übernahme des Verfahrens bestehen, bin ich selbstverständlich mit der Rückgabe des Vorgangs einverstanden.

Weitere Voraussetzung der Abgabe ist, dass das Gericht, das die Sache übernehmen soll, sich zur Übernahme der Sache bereit erklärt hat.

Aus der Formulierung des Gesetzes „zugestimmt <u>hat</u>" schließen einige Gerichte, dass vor Verfügung der Abgabe die Sache dem Gericht, das übernehmen soll, zuzuleiten ist mit der Anfrage, ob dieses zur Übernahme bereit ist. Da in dieser Anfrage aber noch keine Abgabeverfügung enthalten ist, gibt dieses dann die Sache an das abgebende Gericht zurück mit der Erklärung, dass Übernahmebereitschaft bestehe. Postwendend übersendet das abgebende Gericht die Sache nunmehr dem übernehmenden Gericht, dieses Mal mit Abgabeverfügung. Dieses Vorgehen ist umständlich und bürokratisch. Es sollte daher auf Abgaben beschränkt werden, bei denen die Übergabe tatsächlich fraglich sein kann. Bei den meisten Abgaben steht außer Frage, dass zu übernehmen ist. In diesen Fällen sollte ohne vorherige Anhörung des übernehmenden Gerichts abgegeben werden mit dem Hinweis, dass bei Ablehnung der Übernahme die Akte zurückgesandt werden möge. Eine zweite praxisgerechte Möglichkeit besteht darin, dass das übernehmende Gericht die Anfrage, ob es übernahmebereit ist, als Abgabeverfügung wertet und die Sache unmittelbar übernimmt.

Falls das abgebende Gericht und das Gericht, an das abgegeben werden soll, über die Frage der Abgabe nicht einigen, kann das zuständige Gericht durch das gemeinsame nächsthöhere Gericht bestimmt werden, § 5 I Nr. 5 FamFG; ist dieses der Bundesgerichtshof entscheidet das Oberlandesgericht, zu dessen Bezirk das abgebende Gericht gehört, § 5 II FamFG.

Zur Abgabe von Unterbringungsverfahren vgl. S. 197.

Kommt es zur Abgabe, sollte der abgebende Richter in seiner Abgabeverfügung vermerken, auf welcher Seite der (häufig dicken und unübersichtlichen) Akten die neue Anschrift des Betreuten und die Zustimmungserklärung des Betreuers zu finden sind. *Collegialiter* sollte er auch noch angeben, wann die nächsten Entscheidungen (Verlängerung der Betreuung; Verlängerung von Unterbringungsgenehmigungen) anliegen.

Bei der Verfahrensübernahme von einem anderen Gericht sollte eine Übernahmenachricht auch an die *bisher zuständige Betreuungsbehörde* geschickt werden und zwar mit dem

> **Zusatz:**
> Der Betreute lebt nunmehr auf Dauer in X. Die von Ihnen geführte Akte kann daher geschlossen werden. Künftige Mitteilungen des Gerichts ergehen nur noch an die für den neuen Wohnort des Betreuten zuständige Betreuungsbehörde in Y.

Der *neu zuständigen Betreuungsbehörde* sollten zusammen mit der Übernahmenachricht Kopien der aktuell gültigen Beschlüsse übersandt werden.

Nach dem Tod des Betreuten ist eine kurze Benachrichtigung des Betreuungsgerichts an die Betreuungsbehörde – soweit diese von der Bestellung des Betreuers Kenntnis hatte – hilfreich, damit auch diese ihre Akte schließen kann.

Kapitel 21 Reformvorschläge

(1) Durch Gesetzesänderung sollte es im allgemeinen dem Richter überlassen bleiben, an Stelle eines psychiatrischen Sachverständigengutachtens ein hausärztliches Zeugnis ausreichen zu lassen und/oder auf einen Verfahrenspfleger zu verzichten; dies sollte lediglich vorgeschrieben werden, wenn die zu treffende Entscheidung voraussichtlich den Willen des Betreuten bricht (Umkehrung des Regel-/Ausnahmeverhältnisses in §§ 276 II, 281 I,317 II FamFG). (2) Die mit Gesetz zur Stärkung der Funktionen der Betreuungsbehörde vom 28.08.2013, eingeführte obligatorische Beteiligung der Betreuungsbehörde durch § 279 II FamFG durch das Gericht sollte wieder zurückgenommen und die frühere Regelung wiederhergestellt werden, wonach dies dem richterlichen Ermessen überlassen wird. (3) Aus Gründen der Rechtsklarheit und –sicherheit sollte die Unterbringung in einem offenen Krankenhaus und einem offenen Heim auch förmlich in § 1906 einbezogen werden. (4) Die in der Vorauflage angemahnte gesetzliche Regelung der Zwangsbehandlung ist durch das Gesetz zur Regelung der betreuungsrechtlichen Einwilligung in eine ärztliche Zwangsmaßnahme vom 18.02.2013 in der Fassung des Änderungsgesetzes vom 17.02.2017 zureichend getroffen.

1. Fakultative Beteiligung von Sachverständigen und Verfahrenspflegern

Entgegen den vom FamFG und zuletzt das Gesetz zur Stärkung der Funktionen der Betreuungsbehörde vom 28.08.2013, vorgenommenen weiteren Verschärfungen sollte das Betreuungsverfahren *massiv entschlackt* werden, weil insbesondere über die Kosten für Sachverständigengutachten und Verfahrenspflegschaften massive Ressourcen gebunden sind und damit entsprechende Einsparpotenziale bestehen.

Weder vor dem Zivilrichter, noch in dem verfahrensmäßig von Verfassungs wegen so strengen Strafprozess besteht eine auch nur ansatzweise so weit gehende Verpflichtung zur Einholung von Gutachten und Beteiligung von Verfahrenspflegschaften (im Zivilprozess Prozesskostenhilfe und Strafprozess Pflichtverteidigung

© Springer-Verlag GmbH Deutschland, ein Teil von Springer Nature 2019   253
J. Seichter, *Einführung in das Betreuungsrecht*,
https://doi.org/10.1007/978-3-662-57498-0_21

genannt) wie im Betreuungs- und Unterbringungsverfahren. Und dies, obschon in Betreuungs- und Unterbringungsverfahren weit über die Hälfte, nach Erfahrung des Autors über 90 % der anfallenden Fragen ohne sachverständigen Rat gelöst werden können und in einem ebenso hohen Anteil der Verfahren ein Interesse des Betreuten an einer Verfahrenspflegschaft offensichtlich nicht besteht.

Jedenfalls der erfahrene Betreuungsrichter braucht einen Sachverständigen nur in Einzelfällen. (Dann aber braucht er ihn wirklich, weil diese Fälle es in sich haben.)

In den anderen Fällen reicht es, das Vorliegen eines einfachen ärztlichen Attests vorzuschreiben. Selbstverständlich muss es dem Richter unbenommen bleiben, ein oder mehrere Sachverständigengutachten einzuholen, aber er sollte nicht dazu verpflichtet sein.

Und die Wahrnehmung der Interessen des Betreuten liegt grundsätzlich bei dem Betreuungsrichter in guten Händen. Die Einschaltung des Richters in diese Verfahren hat doch ihren eigentlichen Grund darin, dass hier eine vollkommen unabhängige Stelle gewährleisten soll, dass die Einhaltung der Rechte des Betreuten eingehalten und durchgesetzt werden. Damit sollte auch die routinemäßige Einschaltung eines Verfahrenspflegers abgeschafft und seine Einsetzung im Einzelfall ins richterliche Ermessen gestellt werden. Denn es gibt ja zweifellos Fälle, wo der Richter selbst die Beteiligung eines Verfahrenspflegers „als Gesprächs- und Diskussionspartner"[1] schätzt und wünscht.

Entgegen *Seitz* (unten Fußnote 1) erhalten auch mangelhafte Verfahrenspfleger ihre Vergütung. Sie werden günstigstenfalls von einem verantwortungsbewussten Richter nur nicht mehr eingesetzt. Die Kontrolle des Richters durch einen von ihm selbst ausgewählten Verfahrenspfleger ist ohnehin von dem Richter, also dem zu Kontrollierenden selbst, abhängig. Dann aber kann die Beteiligung eines Verfahrenspflegers auch formal in das richterliche Ermessen gestellt werden.

Natürlich wird dadurch die Macht des Betreuungsrichters vermehrt und *natürlich* kann es „schlechte" (bequeme, sich ihrer Verantwortung nicht bewusste) Betreuungsrichter geben, bei denen dies zu bedauern wäre. Aber kann das durch Erzwingung der Verfahrenspflegschaft tatsächlich wesentlich gebessert werden? Der „schlechte" Betreuungsrichter wird sich schon Verfahrenspfleger suchen, die ihn nicht infrage stellen (bis hin zu Angehörigen und Nachbarn des Betreuten) oder von den Möglichkeiten, von der Beteiligung eines Verfahrenspflegers abzusehen, extensiv und mit immer neuen Begründungen Gebrauch machen. Dem „guten" Betreuungsrichter bleibt aber auch bei Wegfall der „Zwangsverfahrenspflegschaft" die Möglichkeit erhalten, wann immer er es für nötig erachtet, (ggf. also auch stets!) einen Verfahrenspfleger zu beteiligen.

Um es noch einmal auf den Punkt zu bringen: In der weitaus überwiegenden Zahl der von einem Betreuungsrichter zu treffenden Beschlüsse ist die Notwendigkeit der zu treffenden Entscheidung evident. Und in ebenso vielen Fällen findet ein Brechen des Willens des Betreuten nicht statt.

---

[1] *Seitz* BtPrax 2002, 158.

Es soll daher dem Richter überlassen bleiben, an Stelle eines psychiatrischen Sachverständigengutachtens ein hausärztliches Zeugnis ausreichen zu lassen und/ oder auf die Beteiligung eines Verfahrenspflegers zu verzichten außer,

- wenn eine Entscheidung zu treffen ist, bei der ein Brechen des (ggf. auch nur natürlichen) Willens des Betreuten im Raume steht oder
- wenn im Einzelfall besondere Umstände die Einholung eines psychiatrischen Sachverständigengutachtens die Beteiligung eines Verfahrenspflegers angebracht erscheinen lassen *(Umkehrung des Regel-/Ausnahmeverhältnisses in §§ 276 II, 281 I, 317 II FamFG).*

2. Rücknahme der obligatorischen Beteiligung der Betreuungsbehörde durch das Gericht

Aus den gleichen Gründen sollte die mit Gesetz zur Stärkung der Funktionen der Betreuungsbehörde eingeführte obligatorische Beteiligung der Betreuungsbehörde durch § 279 II FamFG wieder zurückgenommen und die frühere Regelung wiederhergestellt werden, wonach auch dies dem richterlichen Ermessen überlassen wird.

3. Regelung der Unterbringung in einer offenen Einrichtung

Angesichts der oben S. 192 eingehend dargestellten Problematik wäre es aus Gründen der Rechtsklarheit und –sicherheit sehr wünschenswert, die Unterbringung in einem offenen Krankenhaus und einem offenen Heim auch förmlich in § 1906 einzubeziehen. In Einzelfällen besteht für derlei Entscheidungen eine unabweisbare Notwendigkeit. Auf der anderen Seite ist der Eingriff doch so schwerwiegend, dass seine rechtliche Gründung nur auf eine Analogie zu § 1906 I BGB unbefriedigend ist.

4. Regelung der ambulanten Zwangsbehandlung

Die durch das Gesetz zur Regelung der betreuungsrechtlichen Einwilligung in eine ärztliche Zwangsmaßnahme vom 18.02.2013, BGBl. I S. 266 (geändert durch Gesetz vom 17.02.2017, BGBl. I 2426) eröffnet nunmehr eine ärztliche Zwangsbehandlung auch für Betreute, die nicht gemäß § 1906 I BGB untergebracht sind. Die Bestimmung, dass die Zwangsbehandlung selbst dann zum Schutz des Betreuten unter stationären Bedingungen erfolgen muss, zu der der Betreute notfalls auch gegen seinen Willen verbracht werden kann, ist vertretbar, sodass insoweit der hierzu in der Vorauflage angemahnte Reformbedarf als erledigt angesehen werden kann.

Anhang Gesetzestexte

---

1. Die betreuungsrechtlichen Hauptnormen §§ 1896–1908i BGB

§ 1896 BGB Voraussetzungen

(1) [1]Kann ein Volljähriger aufgrund einer psychischen Krankheit oder einer körperlichen, geistigen oder seelischen Behinderung seine Angelegenheiten ganz oder teilweise nicht besorgen, so bestellt das Betreuungsgericht auf seinen Antrag oder von Amts wegen für ihn einen Betreuer. [2]Den Antrag kann auch ein Geschäftsunfähiger stellen. [3]Soweit der Volljährige aufgrund einer körperlichen Behinderung seine Angelegenheiten nicht besorgen kann, darf der Betreuer nur auf Antrag des Volljährigen bestellt werden, es sei denn, dass dieser seinen Willen nicht kundtun kann.

(1a) Gegen den freien Willen des Volljährigen darf ein Betreuer nicht bestellt werden.

(2) [1]Ein Betreuer darf nur für Aufgabenkreise bestellt werden, in denen die Betreuung erforderlich ist. [2]Die Betreuung ist nicht erforderlich, soweit die Angelegenheiten des Volljährigen durch einen Bevollmächtigten, der nicht zu den in § 1897 Abs. 3 bezeichneten Personen gehört, oder durch andere Hilfen, bei denen kein gesetzlicher Vertreter bestellt wird, ebenso gut wie durch einen Betreuer besorgt werden können.

(3) Als Aufgabenkreis kann auch die Geltendmachung von Rechten des Betreuten gegenüber seinem Bevollmächtigten bestimmt werden.

(4) Die Entscheidung über den Fernmeldeverkehr des Betreuten und über die Entgegennahme, das Öffnen und das Anhalten seiner Post werden vom Aufgabenkreis des Betreuers nur dann erfasst, wenn das Gericht dies ausdrücklich angeordnet hat.

§ 1897 BGB Bestellung einer natürlichen Person

(1) Zum Betreuer bestellt das Betreuungsgericht eine natürliche Person, die geeignet ist, in dem gerichtlich bestimmten Aufgabenkreis die Angelegenheiten des

Betreuten rechtlich zu besorgen und ihn in dem hierfür erforderlichen Umfang persönlich zu betreuen.

(2) [1]Der Mitarbeiter eines nach § 1908f anerkannten Betreuungsvereins, der dort ausschließlich oder teilweise als Betreuer tätig ist (Vereinsbetreuer), darf nur mit Einwilligung des Vereins bestellt werden. [2]Entsprechendes gilt für den Mitarbeiter einer in Betreuungsangelegenheiten zuständigen Behörde, der dort ausschließlich oder teilweise als Betreuer tätig ist (Behördenbetreuer).

(3) Wer zu einer Anstalt, einem Heim oder einer sonstigen Einrichtung, in welcher der Volljährige untergebracht ist oder wohnt, in einem Abhängigkeitsverhältnis oder in einer anderen engen Beziehung steht, darf nicht zum Betreuer bestellt werden.

(4) [1]Schlägt der Volljährige eine Person vor, die zum Betreuer bestellt werden kann, so ist diesem Vorschlag zu entsprechen, wenn es dem Wohl des Volljährigen nicht zuwiderläuft. [2]Schlägt er vor, eine bestimmte Person nicht zu bestellen, so soll hierauf Rücksicht genommen werden. [3]Die Sätze 1 und 2 gelten auch für Vorschläge, die der Volljährige vor dem Betreuungsverfahren gemacht hat, es sei denn, dass er an diesen Vorschlägen erkennbar nicht festhalten will.

(5) Schlägt der Volljährige niemanden vor, der zum Betreuer bestellt werden kann, so ist bei der Auswahl des Betreuers auf die verwandtschaftlichen und sonstigen persönlichen Bindungen des Volljährigen, insbesondere auf die Bindungen zu Eltern, zu Kindern, zum Ehegatten und zum Lebenspartner, sowie auf die Gefahr von Interessenkonflikten Rücksicht zu nehmen.

(6) [1]Wer Betreuungen im Rahmen seiner Berufsausübung führt, soll nur dann zum Betreuer bestellt werden, wenn keine andere geeignete Person zur Verfügung steht, die zur ehrenamtlichen Führung der Betreuung bereit ist. [2]Werden dem Betreuer Umstände bekannt, aus denen sich ergibt, dass der Volljährige durch eine oder mehrere andere geeignete Personen außerhalb einer Berufsausübung betreut werden kann, so hat er dies dem Gericht mitzuteilen.

(7) [1]Wird eine Person unter den Voraussetzungen des Absatzes 6 Satz 1 erstmals in dem Bezirk des Betreuungsgerichts zum Betreuer bestellt, soll das Gericht zuvor die zuständige Behörde zur Eignung des ausgewählten Betreuers und zu den nach § 1 Abs. 1 Satz 1 zweite Alternative des Vormünder- und Betreuervergütungsgesetzes zu treffenden Feststellungen anhören. [2]Die zuständige Behörde soll die Person auffordern, ein Führungszeugnis und eine Auskunft aus dem Schuldnerverzeichnis vorzulegen.

(8) Wird eine Person unter den Voraussetzungen des Absatzes 6 Satz 1 bestellt, hat sie sich über Zahl und Umfang der von ihr berufsmäßig geführten Betreuungen zu erklären.

§ 1898 BGB Übernahmepflicht

(1) Der vom Betreuungsgericht Ausgewählte ist verpflichtet, die Betreuung zu übernehmen, wenn er zur Betreuung geeignet ist und ihm die Übernahme unter Berücksichtigung seiner familiären, beruflichen und sonstigen Verhältnisse zugemutet werden kann.

(2) Der Ausgewählte darf erst dann zum Betreuer bestellt werden, wenn er sich zur Übernahme der Betreuung bereit erklärt hat.

§ 1899 BGB Mehrere Betreuer

(1) [1]Das Betreuungsgericht kann mehrere Betreuer bestellen, wenn die Angelegenheiten des Betreuten hierdurch besser besorgt werden können. [2]In diesem Falle bestimmt es, welcher Betreuer mit welchem Aufgabenkreis betraut wird. [3]Mehrere Betreuer, die eine Vergütung erhalten, werden außer in den in den Absätzen 2 und 4 sowie § 1908i Abs. 1 Satz 1 in Verbindung mit § 1792 geregelten Fällen nicht bestellt.

(2) Für die Entscheidung über die Einwilligung in eine Sterilisation des Betreuten ist stets ein besonderer Betreuer zu bestellen.

(3) Soweit mehrere Betreuer mit demselben Aufgabenkreis betraut werden, können sie die Angelegenheiten des Betreuten nur gemeinsam besorgen, es sei denn, dass das Gericht etwas anderes bestimmt hat oder mit dem Aufschub Gefahr verbunden ist.

(4) Das Gericht kann mehrere Betreuer auch in der Weise bestellen, dass der eine die Angelegenheiten des Betreuten nur zu besorgen hat, soweit der andere verhindert ist.

§ 1900 BGB Betreuung durch Verein oder Behörde

(1) [1]Kann der Volljährige durch eine oder mehrere natürliche Personen nicht hinreichend betreut werden, so bestellt das Betreuungsgericht einen anerkannten Betreuungsverein zum Betreuer. [2]Die Bestellung bedarf der Einwilligung des Vereins.

(2) [1]Der Verein überträgt die Wahrnehmung der Betreuung einzelnen Personen. [2]Vorschlägen des Volljährigen hat er hierbei zu entsprechen, soweit nicht wichtige Gründe entgegenstehen. [3]Der Verein teilt dem Gericht alsbald mit, wem er die Wahrnehmung der Betreuung übertragen hat.

(3) Werden dem Verein Umstände bekannt, aus denen sich ergibt, dass der Volljährige durch eine oder mehrere natürliche Personen hinreichend betreut werden kann, so hat er dies dem Gericht mitzuteilen.

(4) [1]Kann der Volljährige durch eine oder mehrere natürliche Personen oder durch einen Verein nicht hinreichend betreut werden, so bestellt das Gericht die zuständige Behörde zum Betreuer. [2]Die Absätze 2 und 3 gelten entsprechend.

(5) Vereinen oder Behörden darf die Entscheidung über die Einwilligung in eine Sterilisation des Betreuten nicht übertragen werden.

§ 1901 BGB Umfang der Betreuung, Pflichten des Betreuers

(1) Die Betreuung umfasst alle Tätigkeiten, die erforderlich sind, um die Angelegenheiten des Betreuten nach Maßgabe der folgenden Vorschriften rechtlich zu besorgen.

(2) [1]Der Betreuer hat die Angelegenheiten des Betreuten so zu besorgen, wie es dessen Wohl entspricht. [2]Zum Wohl des Betreuten gehört auch die Möglichkeit, im Rahmen seiner Fähigkeiten sein Leben nach seinen eigenen Wünschen und Vorstellungen zu gestalten.

(3) [1]Der Betreuer hat Wünschen des Betreuten zu entsprechen, soweit dies dessen Wohl nicht zuwiderläuft und dem Betreuer zuzumuten ist. [2]Dies gilt auch

für Wünsche, die der Betreute vor der Bestellung des Betreuers geäußert hat, es sei denn, dass er an diesen Wünschen erkennbar nicht festhalten will. [3]Ehe der Betreuer wichtige Angelegenheiten erledigt, bespricht er sie mit dem Betreuten, sofern dies dessen Wohl nicht zuwiderläuft.

(4) [1]Innerhalb seines Aufgabenkreises hat der Betreuer dazu beizutragen, dass Möglichkeiten genutzt werden, die Krankheit oder Behinderung des Betreuten zu beseitigen, zu bessern, ihre Verschlimmerung zu verhüten oder ihre Folgen zu mildern. [2]Wird die Betreuung berufsmäßig geführt, hat der Betreuer in geeigneten Fällen auf Anordnung des Gerichts zu Beginn der Betreuung einen Betreuungsplan zu erstellen. [3]In dem Betreuungsplan sind die Ziele der Betreuung und die zu ihrer Erreichung zu ergreifenden Maßnahmen darzustellen.

(5) [1]Werden dem Betreuer Umstände bekannt, die eine Aufhebung der Betreuung ermöglichen, so hat er dies dem Betreuungsgericht mitzuteilen. [2]Gleiches gilt für Umstände, die eine Einschränkung des Aufgabenkreises ermöglichen oder dessen Erweiterung, die Bestellung eines weiteren Betreuers oder die Anordnung eines Einwilligungsvorbehalts (§ 1903) erfordern.

§ 1901a BGB Patientenverfügung

(1) [1]Hat ein einwilligungsfähiger Volljähriger für den Fall seiner Einwilligungsunfähigkeit schriftlich festgelegt, ob er in bestimmte, zum Zeitpunkt der Festlegung noch nicht unmittelbar bevorstehende Untersuchungen seines Gesundheitszustands, Heilbehandlungen oder ärztliche Eingriffe einwilligt oder sie untersagt (Patientenverfügung), prüft der Betreuer, ob diese Festlegungen auf die aktuelle Lebens- und Behandlungssituation zutreffen. [2]Ist dies der Fall, hat der Betreuer dem Willen des Betreuten Ausdruck und Geltung zu verschaffen. 3Eine Patientenverfügung kann jederzeit formlos widerrufen werden.

(2) [1]Liegt keine Patientenverfügung vor oder treffen die Festlegungen einer Patientenverfügung nicht auf die aktuelle Lebens- und Behandlungssituation zu, hat der Betreuer die Behandlungswünsche oder den mutmaßlichen Willen des Betreuten festzustellen und auf dieser Grundlage zu entscheiden, ob er in eine ärztliche Maßnahme nach Absatz 1 einwilligt oder sie untersagt. [2]Der mutmaßliche Wille ist aufgrund konkreter Anhaltspunkte zu ermitteln. [3]Zu berücksichtigen sind insbesondere frühere mündliche oder schriftliche Äußerungen, ethische oder religiöse Überzeugungen und sonstige persönliche Wertvorstellungen des Betreuten.

(3) Die Absätze 1 und 2 gelten unabhängig von Art und Stadium einer Erkrankung des Betreuten.

(4) Der Betreuer soll den Betreuten in geeigneten Fällen auf die Möglichkeit einer Patientenverfügung hinweisen und ihn auf dessen Wunsch bei der Errichtung einer Patientenverfügung unterstützen.

(5) [1]Niemand kann zur Errichtung einer Patientenverfügung verpflichtet werden. [2]Die Errichtung oder Vorlage einer Patientenverfügung darf nicht zur Bedingung eines Vertragsschlusses gemacht werden.

(6) Die Absätze 1 bis 3 gelten für Bevollmächtigte entsprechend.

§ 1901b BGB Gespräch zur Feststellung des Patientenwillens

(1) [1]Der behandelnde Arzt prüft, welche ärztliche Maßnahme im Hinblick auf den Gesamtzustand und die Prognose des Patienten indiziert ist. [2]Er und der Betreuer erörtern diese Maßnahme unter Berücksichtigung des Patientenwillens als Grundlage für die nach § 1901a zu treffende Entscheidung.

(2) Bei der Feststellung des Patientenwillens nach § 1901a Absatz 1 oder der Behandlungswünsche oder des mutmaßlichen Willens nach § 1901a Absatz 2 soll nahen Angehörigen und sonstigen Vertrauenspersonen des Betreuten Gelegenheit zur Äußerung gegeben werden, sofern dies ohne erhebliche Verzögerung möglich ist.

(3) Die Absätze 1 und 2 gelten für Bevollmächtigte entsprechend.

§ 1901c BGB Schriftliche Betreuungswünsche, Vorsorgevollmacht

[1]Wer ein Schriftstück besitzt, in dem jemand für den Fall seiner Betreuung Vorschläge zur Auswahl des Betreuers oder Wünsche zur Wahrnehmung der Betreuung geäußert hat, hat es unverzüglich an das Betreuungsgericht abzuliefern, nachdem er von der Einleitung eines Verfahrens über die Bestellung eines Betreuers Kenntnis erlangt hat. [2]Ebenso hat der Besitzer das Betreuungsgericht über Schriftstücke, in denen der Betroffene eine andere Person mit der Wahrnehmung seiner Angelegenheiten bevollmächtigt hat, zu unterrichten. [3]Das Betreuungsgericht kann die Vorlage einer Abschrift verlangen.

§ 1902 BGB Vertretung des Betreuten

In seinem Aufgabenkreis vertritt der Betreuer den Betreuten gerichtlich und außergerichtlich.

§ 1903 BGB Einwilligungsvorbehalt

(1) [1]Soweit dies zur Abwendung einer erheblichen Gefahr für die Person oder das Vermögen des Betreuten erforderlich ist, ordnet das Betreuungsgericht an, dass der Betreute zu einer Willenserklärung, die den Aufgabenkreis des Betreuers betrifft, dessen Einwilligung bedarf (Einwilligungsvorbehalt). [2]Die §§ 108 bis 113, 131 Abs. 2 und § 210 gelten entsprechend.

(2) Ein Einwilligungsvorbehalt kann sich nicht erstrecken

1. auf Willenserklärungen, die auf Eingehung einer Ehe oder Begründung einer Lebenspartnerschaft gerichtet sind,

2. auf Verfügungen von Todes wegen,

3. auf die Anfechtung eines Erbvertrags,

4. auf die Aufhebung eines Erbvertrags durch Vertrag und

5. auf Willenserklärungen, zu denen ein beschränkt Geschäftsfähiger nach den Vorschriften der Bücher 4 und 5 nicht der Zustimmung seines gesetzlichen Vertreters bedarf.

(3) [1]Ist ein Einwilligungsvorbehalt angeordnet, so bedarf der Betreute dennoch nicht der Einwilligung seines Betreuers, wenn die Willenserklärung dem Betreuten lediglich einen rechtlichen Vorteil bringt. [2]Soweit das Gericht nichts anderes anordnet, gilt dies auch, wenn die Willenserklärung eine geringfügige Angelegenheit des täglichen Lebens betrifft.

(4) § 1901 Abs. 5 gilt entsprechend.

§ 1904 BGB Genehmigung des Betreuungsgerichts bei ärztlichen Maßnahmen

(1) [1]Die Einwilligung des Betreuers in eine Untersuchung des Gesundheitszustands, eine Heilbehandlung oder einen ärztlichen Eingriff bedarf der Genehmigung des Betreuungsgerichts, wenn die begründete Gefahr besteht, dass der Betreute aufgrund der Maßnahme stirbt oder einen schweren und länger dauernden gesundheitlichen Schaden erleidet. [2]Ohne die Genehmigung darf die Maßnahme nur durchgeführt werden, wenn mit dem Aufschub Gefahr verbunden ist.

(2) Die Nichteinwilligung oder der Widerruf der Einwilligung des Betreuers in eine Untersuchung des Gesundheitszustands, eine Heilbehandlung oder einen ärztlichen Eingriff bedarf der Genehmigung des Betreuungsgerichts, wenn die Maßnahme medizinisch angezeigt ist und die begründete Gefahr besteht, dass der Betreute aufgrund des Unterbleibens oder des Abbruchs der Maßnahme stirbt oder einen schweren und länger dauernden gesundheitlichen Schaden erleidet.

(3) Die Genehmigung nach den Absätzen 1 und 2 ist zu erteilen, wenn die Einwilligung, die Nichteinwilligung oder der Widerruf der Einwilligung dem Willen des Betreuten entspricht.

(4) Eine Genehmigung nach den Absätzen 1 und 2 ist nicht erforderlich, wenn zwischen Betreuer und behandelndem Arzt Einvernehmen darüber besteht, dass die Erteilung, die Nichterteilung oder der Widerruf der Einwilligung dem nach § 1901a festgestellten Willen des Betreuten entspricht.

(5) [1]Die Absätze 1 bis 4 gelten auch für einen Bevollmächtigten. [2]Er kann in eine der in Absatz 1 Satz 1 oder Absatz 2 genannten Maßnahmen nur einwilligen, nicht einwilligen oder die Einwilligung widerrufen, wenn die Vollmacht diese Maßnahmen ausdrücklich umfasst und schriftlich erteilt ist.

§ 1905 BGB Sterilisation

(1) [1]Besteht der ärztliche Eingriff in einer Sterilisation des Betreuten, in die dieser nicht einwilligen kann, so kann der Betreuer nur einwilligen, wenn

1. die Sterilisation dem Willen des Betreuten nicht widerspricht,

2. der Betreute auf Dauer einwilligungsunfähig bleiben wird,

3. anzunehmen ist, dass es ohne die Sterilisation zu einer Schwangerschaft kommen würde,

4. infolge dieser Schwangerschaft eine Gefahr für das Leben oder die Gefahr einer schwerwiegenden Beeinträchtigung des körperlichen oder seelischen Gesundheitszustands der Schwangeren zu erwarten wäre, die nicht auf zumutbare Weise abgewendet werden könnte, und

5. die Schwangerschaft nicht durch andere zumutbare Mittel verhindert werden kann.

[2]Als schwerwiegende Gefahr für den seelischen Gesundheitszustand der Schwangeren gilt auch die Gefahr eines schweren und nachhaltigen Leides, das ihr drohen würde, weil betreuungsgerichtliche Maßnahmen, die mit ihrer Trennung vom Kind verbunden wären (§§ 1666, 1666a), gegen sie ergriffen werden müssten.

(2) [1]Die Einwilligung bedarf der Genehmigung des Betreuungsgerichts. [2]Die Sterilisation darf erst zwei Wochen nach Wirksamkeit der Genehmigung durchgeführt

werden. ³Bei der Sterilisation ist stets der Methode der Vorzug zu geben, die eine Refertilisierung zulässt.

§ 1906 BGB Genehmigung des Betreuungsgerichts bei freiheitsentziehender Unterbringung und bei freiheitsentziehenden Maßnahmen

(1) Eine Unterbringung des Betreuten durch den Betreuer, die mit Freiheitsentziehung verbunden ist, ist nur zulässig, solange sie zum Wohl des Betreuten erforderlich ist, weil

1. aufgrund einer psychischen Krankheit oder geistigen oder seelischen Behinderung des Betreuten die Gefahr besteht, dass er sich selbst tötet oder erheblichen gesundheitlichen Schaden zufügt, oder

2. zur Abwendung eines drohenden erheblichen gesundheitlichen Schadens eine Untersuchung des Gesundheitszustands, eine Heilbehandlung oder ein ärztlicher Eingriff notwendig ist, die Maßnahme ohne die Unterbringung des Betreuten nicht durchgeführt werden kann und der Betreute aufgrund einer psychischen Krankheit oder geistigen oder seelischen Behinderung die Notwendigkeit der Unterbringung nicht erkennen oder nicht nach dieser Einsicht handeln kann.

(2) ¹Die Unterbringung ist nur mit Genehmigung des Betreuungsgerichts zulässig. ²Ohne die Genehmigung ist die Unterbringung nur zulässig, wenn mit dem Aufschub Gefahr verbunden ist; die Genehmigung ist unverzüglich nachzuholen.

(3) ¹Der Betreuer hat die Unterbringung zu beenden, wenn ihre Voraussetzungen weggefallen sind. ²Er hat die Beendigung der Unterbringung dem Betreuungsgericht unverzüglich anzuzeigen.

(4) Die Absätze 1 bis 3 gelten entsprechend, wenn dem Betreuten, der sich in einem Krankenhaus, einem Heim oder einer sonstigen Einrichtung aufhält, durch mechanische Vorrichtungen, Medikamente oder auf andere Weise über einen längeren Zeitraum oder regelmäßig die Freiheit entzogen werden soll.

(5) ¹Die Unterbringung durch einen Bevollmächtigten und die Einwilligung eines Bevollmächtigten in Maßnahmen nach Absatz 4 setzen voraus, dass die Vollmacht schriftlich erteilt ist und die in den Absätzen 1 und 4 genannten Maßnahmen ausdrücklich umfasst. ²Im Übrigen gelten die Absätze 1 bis 4 entsprechend.

§ 1906a BGB Genehmigung des Betreuungsgerichts bei ärztlichen Zwangsmaßnahmen

(1) ¹Widerspricht eine Untersuchung des Gesundheitszustands, eine Heilbehandlung oder ein ärztlicher Eingriff dem natürlichen Willen des Betreuten (ärztliche Zwangsmaßnahme), so kann der Betreuer in die ärztliche Zwangsmaßnahme nur einwilligen, wenn

1. die ärztliche Zwangsmaßnahme zum Wohl des Betreuten notwendig ist, um einen drohenden erheblichen gesundheitlichen Schaden abzuwenden,

2. der Betreute aufgrund einer psychischen Krankheit oder einer geistigen oder seelischen Behinderung die Notwendigkeit der ärztlichen Maßnahme nicht erkennen oder nicht nach dieser Einsicht handeln kann,

3. die ärztliche Zwangsmaßnahme dem nach § 1901a zu beachtenden Willen des Betreuten entspricht,

4. zuvor ernsthaft, mit dem nötigen Zeitaufwand und ohne Ausübung unzulässigen Drucks versucht wurde, den Betreuten von der Notwendigkeit der ärztlichen Maßnahme zu überzeugen,

5. der drohende erhebliche gesundheitliche Schaden durch keine andere den Betreuten weniger belastende Maßnahme abgewendet werden kann,

6. der zu erwartende Nutzen der ärztlichen Zwangsmaßnahme die zu erwartenden Beeinträchtigungen deutlich überwiegt und

7. die ärztliche Zwangsmaßnahme im Rahmen eines stationären Aufenthalts in einem Krankenhaus, in dem die gebotene medizinische Versorgung des Betreuten einschließlich einer erforderlichen Nachbehandlung sichergestellt ist, durchgeführt wird. ²§ 1846 ist nur anwendbar, wenn der Betreuer an der Erfüllung seiner Pflichten verhindert ist.

(2) Die Einwilligung in die ärztliche Zwangsmaßnahme bedarf der Genehmigung des Betreuungsgerichts.

(3) ¹Der Betreuer hat die Einwilligung in die ärztliche Zwangsmaßnahme zu widerrufen, wenn ihre Voraussetzungen weggefallen sind. ²Er hat den Widerruf dem Betreuungsgericht unverzüglich anzuzeigen.

(4) Kommt eine ärztliche Zwangsmaßnahme in Betracht, so gilt für die Verbringung des Betreuten gegen seinen natürlichen Willen zu einem stationären Aufenthalt in ein Krankenhaus § 1906 Absatz 1 Nummer 2, Absatz 2 und 3 Satz 1 entsprechend.

(5) ¹Die Einwilligung eines Bevollmächtigten in eine ärztliche Zwangsmaßnahme und die Einwilligung in eine Maßnahme nach Absatz 4 setzen voraus, dass die Vollmacht schriftlich erteilt ist und die Einwilligung in diese Maßnahmen ausdrücklich umfasst. ²Im Übrigen gelten die Absätze 1 bis 3 entsprechend.

§ 1907 BGB Genehmigung des Betreuungsgerichts bei der Aufgabe der Mietwohnung

(1) ¹Zur Kündigung eines Mietverhältnisses über Wohnraum, den der Betreute gemietet hat, bedarf der Betreuer der Genehmigung des Betreuungsgerichts. ²Gleiches gilt für eine Willenserklärung, die auf die Aufhebung eines solchen Mietverhältnisses gerichtet ist.

(2) ¹Treten andere Umstände ein, aufgrund derer die Beendigung des Mietverhältnisses in Betracht kommt, so hat der Betreuer dies dem Betreuungsgericht unverzüglich mitzuteilen, wenn sein Aufgabenkreis das Mietverhältnis oder die Aufenthaltsbestimmung umfasst. ²Will der Betreuer Wohnraum des Betreuten auf andere Weise als durch Kündigung oder Aufhebung eines Mietverhältnisses aufgeben, so hat er dies gleichfalls unverzüglich mitzuteilen.

(3) Zu einem Miet- oder Pachtvertrag oder zu einem anderen Vertrag, durch den der Betreute zu wiederkehrenden Leistungen verpflichtet wird, bedarf der Betreuer der Genehmigung des Betreuungsgerichts, wenn das Vertragsverhältnis länger als vier Jahre dauern oder vom Betreuer Wohnraum vermietet werden soll.

§ 1908 BGB Genehmigung des Betreuungsgerichts bei der Ausstattung
Der Betreuer kann eine Ausstattung aus dem Vermögen des Betreuten nur mit Genehmigung des Betreuungsgerichts versprechen oder gewähren.

§ 1908a BGB Vorsorgliche Betreuerbestellung und Anordnung des Einwilligungsvorbehalts für Minderjährige
[1]Maßnahmen nach den §§ 1896, 1903 können auch für einen Minderjährigen, der das 17. Lebensjahr vollendet hat, getroffen werden, wenn anzunehmen ist, dass sie bei Eintritt der Volljährigkeit erforderlich werden. [2]Die Maßnahmen werden erst mit dem Eintritt der Volljährigkeit wirksam.

§ 1908b BGB Entlassung des Betreuers
(1) [1]Das Betreuungsgericht hat den Betreuer zu entlassen, wenn seine Eignung, die Angelegenheiten des Betreuten zu besorgen, nicht mehr gewährleistet ist oder ein anderer wichtiger Grund für die Entlassung vorliegt. [2]Ein wichtiger Grund liegt auch vor, wenn der Betreuer eine erforderliche Abrechnung vorsätzlich falsch erteilt oder den erforderlichen persönlichen Kontakt zum Betreuten nicht gehalten hat. [3]Das Gericht soll den nach § 1897 Abs. 6 bestellten Betreuer entlassen, wenn der Betreute durch eine oder mehrere andere Personen außerhalb einer Berufsausübung betreut werden kann.

(2) Der Betreuer kann seine Entlassung verlangen, wenn nach seiner Bestellung Umstände eintreten, aufgrund derer ihm die Betreuung nicht mehr zugemutet werden kann.

(3) Das Gericht kann den Betreuer entlassen, wenn der Betreute eine gleich geeignete Person, die zur Übernahme bereit ist, als neuen Betreuer vorschlägt.

(4) [1]Der Vereinsbetreuer ist auch zu entlassen, wenn der Verein dies beantragt. [2]Ist die Entlassung nicht zum Wohl des Betreuten erforderlich, so kann das Betreuungsgericht statt dessen mit Einverständnis des Betreuers aussprechen, dass dieser die Betreuung künftig als Privatperson weiterführt. [3]Die Sätze 1 und 2 gelten für den Behördenbetreuer entsprechend.

(5) Der Verein oder die Behörde ist zu entlassen, sobald der Betreute durch eine oder mehrere natürliche Personen hinreichend betreut werden kann.

§ 1908c BGB Bestellung eines neuen Betreuers
Stirbt der Betreuer oder wird er entlassen, so ist ein neuer Betreuer zu bestellen.

§ 1908d BGB Aufhebung oder Änderung von Betreuung und Einwilligungsvorbehalt
(1) [1]Die Betreuung ist aufzuheben, wenn ihre Voraussetzungen wegfallen. [2]Fallen diese Voraussetzungen nur für einen Teil der Aufgaben des Betreuers weg, so ist dessen Aufgabenkreis einzuschränken.

(2) [1]Ist der Betreuer auf Antrag des Betreuten bestellt, so ist die Betreuung auf dessen Antrag aufzuheben, es sei denn, dass eine Betreuung von Amts wegen erforderlich ist. [2]Den Antrag kann auch ein Geschäftsunfähiger stellen. [3]Die Sätze 1 und 2 gelten für die Einschränkung des Aufgabenkreises entsprechend.

(3) [1]Der Aufgabenkreis des Betreuers ist zu erweitern, wenn dies erforderlich wird. [2]Die Vorschriften über die Bestellung des Betreuers gelten hierfür entsprechend.

(4) Für den Einwilligungsvorbehalt gelten die Absätze 1 und 3 entsprechend.

§ 1908f BGB Anerkennung als Betreuungsverein

(1) Ein rechtsfähiger Verein kann als Betreuungsverein anerkannt werden, wenn er gewährleistet, dass er

1. eine ausreichende Zahl geeigneter Mitarbeiter hat und diese beaufsichtigen, weiterbilden und gegen Schäden, die diese anderen im Rahmen ihrer Tätigkeit zufügen können, angemessen versichern wird,

2. sich planmäßig um die Gewinnung ehrenamtlicher Betreuer bemüht, diese in ihre Aufgaben einführt, sie fortbildet und sie sowie Bevollmächtigte bei der Wahrnehmung ihrer Aufgaben berät und unterstützt,

2a. planmäßig über Vorsorgevollmachten und Betreuungsverfügungen informiert,

3. einen Erfahrungsaustausch zwischen den Mitarbeitern ermöglicht.

(2) [1]Die Anerkennung gilt für das jeweilige Land; sie kann auf einzelne Landesteile beschränkt werden. [2]Sie ist widerruflich und kann unter Auflagen erteilt werden.

(3) [1]Das Nähere regelt das Landesrecht. 2Es kann auch weitere Voraussetzungen für die Anerkennung vorsehen.

(4) Die anerkannten Betreuungsvereine können im Einzelfall Personen bei der Errichtung einer Vorsorgevollmacht beraten.

§ 1908g BGB Behördenbetreuer

(1) Gegen einen Behördenbetreuer wird kein Zwangsgeld nach § 1837 Abs. 3 Satz 1 festgesetzt.

(2) Der Behördenbetreuer kann Geld des Betreuten gemäß § 1807 auch bei der Körperschaft anlegen, bei der er tätig ist.

§ 1908i BGB Entsprechend anwendbare Vorschriften

(1) [1]Im Übrigen sind auf die Betreuung § 1632 Abs. 1 bis 3, §§ 1784, 1787 Abs. 1, § 1791a Abs. 3 Satz 1 zweiter Halbsatz und Satz 2, §§ 1792, 1795 bis 1797 Abs. 1 Satz 2, §§ 1798, 1799, 1802, 1803, 1805 bis 1821, 1822 Nr. 1 bis 4, 6 bis 13, §§ 1823 bis 1826, 1828 bis 1836, 1836c bis 1836e, 1837 Abs. 1 bis 3, §§ 1839 bis 1843, 1846, 1857a, 1888, 1890 bis 1895 sinngemäß anzuwenden. [2]Durch Landesrecht kann bestimmt werden, dass Vorschriften, welche die Aufsicht des Betreuungsgerichts in vermögensrechtlicher Hinsicht sowie beim Abschluss von Lehr- und Arbeitsverträgen betreffen, gegenüber der zuständigen Behörde außer Anwendung bleiben.

(2) [1]§ 1804 ist sinngemäß anzuwenden, jedoch kann der Betreuer in Vertretung des Betreuten Gelegenheitsgeschenke auch dann machen, wenn dies dem Wunsch des Betreuten entspricht und nach seinen Lebensverhältnissen üblich ist. [2]§ 1857a ist auf die Betreuung durch den Vater, die Mutter, den Ehegatten, den Lebenspartner oder einen Abkömmling des Betreuten sowie auf den Vereinsbetreuer und den Behördenbetreuer sinngemäß anzuwenden, soweit das Betreuungsgericht nichts anderes anordnet.

2. Die gemäß § 1908i BGB entsprechend anwendbaren Bestimmungen

§ 1632 BGB Herausgabe des Kindes; Bestimmung des Umgangs; Verbleibensanordnung bei Familienpflege

(1) Die Personensorge umfasst das Recht, die Herausgabe des Kindes von jedem zu verlangen, der es den Eltern oder einem Elternteil widerrechtlich vorenthält.

(2) Die Personensorge umfasst ferner das Recht, den Umgang des Kindes auch mit Wirkung für und gegen Dritte zu bestimmen.

(3) Über Streitigkeiten, die eine Angelegenheit nach Absatz 1 oder 2 betreffen, entscheidet das Familiengericht auf Antrag eines Elternteils.

§ 1784 BGB Beamter oder Religionsdiener als Vormund

(1) Ein Beamter oder Religionsdiener, der nach den Landesgesetzen einer besonderen Erlaubnis zur Übernahme einer Vormundschaft bedarf, soll nicht ohne die vorgeschriebene Erlaubnis zum Vormund bestellt werden.

(2) Diese Erlaubnis darf nur versagt werden, wenn ein wichtiger dienstlicher Grund vorliegt.

§ 1787 BGB Folgen der unbegründeten Ablehnung

(1) Wer die Übernahme der Vormundschaft ohne Grund ablehnt, ist, wenn ihm ein Verschulden zur Last fällt, für den Schaden verantwortlich, der dem Mündel dadurch entsteht, dass sich die Bestellung des Vormunds verzögert.

§ 1791a BGB Vereinsvormundschaft

(3) [1] ... eine Person, die den Mündel in einem Heim des Vereins als Erzieher betreut, darf die Aufgaben des Vormunds nicht ausüben. [2]Für ein Verschulden des Mitglieds oder des Mitarbeiters ist der Verein dem Mündel in gleicher Weise verantwortlich wie für ein Verschulden eines verfassungsmäßig berufenen Vertreters.

§ 1792 BGB Gegenvormund

(1) [1]Neben dem Vormund kann ein Gegenvormund bestellt werden. [2]Ist das Jugendamt Vormund, so kann kein Gegenvormund bestellt werden; das Jugendamt kann Gegenvormund sein.

(2) Ein Gegenvormund soll bestellt werden, wenn mit der Vormundschaft eine Vermögensverwaltung verbunden ist, es sei denn, dass die Verwaltung nicht erheblich oder dass die Vormundschaft von mehreren Vormündern gemeinschaftlich zu führen ist.

(3) Ist die Vormundschaft von mehreren Vormündern nicht gemeinschaftlich zu führen, so kann der eine Vormund zum Gegenvormund des anderen bestellt werden.

(4) Auf die Berufung und Bestellung des Gegenvormunds sind die für die Begründung der Vormundschaft geltenden Vorschriften anzuwenden.

§ 1795 BGB Ausschluss der Vertretungsmacht

(1) Der Vormund kann den Mündel nicht vertreten:

1. bei einem Rechtsgeschäft zwischen seinem Ehegatten, seinem Lebenspartner oder einem seiner Verwandten in gerader Linie einerseits und dem Mündel andererseits, es sei denn, dass das Rechtsgeschäft ausschließlich in der Erfüllung einer Verbindlichkeit besteht,

2. bei einem Rechtsgeschäft, das die Übertragung oder Belastung einer durch Pfandrecht, Hypothek, Schiffshypothek oder Bürgschaft gesicherten Forderung des Mündels gegen den Vormund oder die Aufhebung oder Minderung dieser Sicherheit zum Gegenstand hat oder die Verpflichtung des Mündels zu einer solchen Übertragung, Belastung, Aufhebung oder Minderung begründet,

3. bei einem Rechtsstreit zwischen den in Nummer 1 bezeichneten Personen sowie bei einem Rechtsstreit über eine Angelegenheit der in Nummer 2 bezeichneten Art.

(2) Die Vorschrift des § 181 bleibt unberührt.

§ 1796 BGB Entziehung der Vertretungsmacht

(1) Das Familiengericht kann dem Vormund die Vertretung für einzelne Angelegenheiten oder für einen bestimmten Kreis von Angelegenheiten entziehen.

(2) Die Entziehung soll nur erfolgen, wenn das Interesse des Mündels zu dem Interesse des Vormunds oder eines von diesem vertretenen Dritten oder einer der in § 1795 Nr. 1 bezeichneten Personen in erheblichem Gegensatz steht.

§ 1797 BGB Mehrere Vormünder

(1) … ²Bei einer Meinungsverschiedenheit entscheidet das Familiengericht, sofern nicht bei der Bestellung ein anderes bestimmt wird.

§ 1798 BGB Meinungsverschiedenheiten

Steht die Sorge für die Person und die Sorge für das Vermögen des Mündels verschiedenen Vormündern zu, so entscheidet bei einer Meinungsverschiedenheit über die Vornahme einer sowohl die Person als das Vermögen des Mündels betreffenden Handlung das Familiengericht.

§ 1799 BGB Pflichten und Rechte des Gegenvormunds

(1) ¹Der Gegenvormund hat darauf zu achten, dass der Vormund die Vormundschaft pflichtmäßig führt. ²Er hat dem Familiengericht Pflichtwidrigkeiten des Vormunds sowie jeden Fall unverzüglich anzuzeigen, in welchem das Familiengericht zum Einschreiten berufen ist, insbesondere den Tod des Vormunds oder den Eintritt eines anderen Umstands, infolge dessen das Amt des Vormunds endigt oder die Entlassung des Vormunds erforderlich wird.

(2) Der Vormund hat dem Gegenvormund auf Verlangen über die Führung der Vormundschaft Auskunft zu erteilen und die Einsicht der sich auf die Vormundschaft beziehenden Papiere zu gestatten.

§ 1802 BGB Vermögensverzeichnis

(1) ¹Der Vormund hat das Vermögen, das bei der Anordnung der Vormundschaft vorhanden ist oder später dem Mündel zufällt, zu verzeichnen und das Verzeichnis,

nachdem er es mit der Versicherung der Richtigkeit und Vollständigkeit versehen hat, dem Familiengericht einzureichen. [2]Ist ein Gegenvormund vorhanden, so hat ihn der Vormund bei der Aufnahme des Verzeichnisses zuzuziehen; das Verzeichnis ist auch von dem Gegenvormund mit der Versicherung der Richtigkeit und Vollständigkeit zu versehen.

(2) Der Vormund kann sich bei der Aufnahme des Verzeichnisses der Hilfe eines Beamten, eines Notars oder eines anderen Sachverständigen bedienen.

(3) Ist das eingereichte Verzeichnis ungenügend, so kann das Familiengericht anordnen, dass das Verzeichnis durch eine zuständige Behörde oder durch einen zuständigen Beamten oder Notar aufgenommen wird.

§ 1803 BGB Vermögensverwaltung bei Erbschaft oder Schenkung

(1) Was der Mündel von Todes wegen erwirbt oder was ihm unter Lebenden von einem Dritten unentgeltlich zugewendet wird, hat der Vormund nach den Anordnungen des Erblassers oder des Dritten zu verwalten, wenn die Anordnungen von dem Erblasser durch letztwillige Verfügung, von dem Dritten bei der Zuwendung getroffen worden sind.

(2) Der Vormund darf mit Genehmigung des Familiengerichts von den Anordnungen abweichen, wenn ihre Befolgung das Interesse des Mündels gefährden würde.

(3) [1]Zu einer Abweichung von den Anordnungen, die ein Dritter bei einer Zuwendung unter Lebenden getroffen hat, ist, solange er lebt, seine Zustimmung erforderlich und genügend. [2]Die Zustimmung des Dritten kann durch das Familiengericht ersetzt werden, wenn der Dritte zur Abgabe einer Erklärung dauernd außerstande oder sein Aufenthalt dauernd unbekannt ist.

§ 1804 BGB Schenkungen des Vormunds

[1]Der Vormund kann nicht in Vertretung des Mündels Schenkungen machen. [2]Ausgenommen sind Schenkungen, durch die einer sittlichen Pflicht oder einer auf den Anstand zu nehmenden Rücksicht entsprochen wird.

§ 1805 BGB Verwendung für den Vormund

[1]Der Vormund darf Vermögen des Mündels weder für sich noch für den Gegenvormund verwenden. [2]Ist das Jugendamt Vormund oder Gegenvormund, so ist die Anlegung von Mündelgeld gemäß § 1807 auch bei der Körperschaft zulässig, bei der das Jugendamt errichtet ist.

§ 1806 BGB Anlegung von Mündelgeld

Der Vormund hat das zum Vermögen des Mündels gehörende Geld verzinslich anzulegen, soweit es nicht zur Bestreitung von Ausgaben bereitzuhalten ist.

§ 1807 BGB Art der Anlegung

(1) Die im § 1806 vorgeschriebene Anlegung von Mündelgeld soll nur erfolgen:

1. in Forderungen, für die eine sichere Hypothek an einem inländischen Grundstück besteht, oder in sicheren Grundschulden oder Rentenschulden an inländischen Grundstücken;

2. in verbrieften Forderungen gegen den Bund oder ein Land sowie in Forderungen, die in das Bundesschuldbuch oder Landesschuldbuch eines Landes eingetragen sind;

3. in verbrieften Forderungen, deren Verzinsung vom Bund oder einem Land gewährleistet ist;

4. in Wertpapieren, insbesondere Pfandbriefen, sowie in verbrieften Forderungen jeder Art gegen eine inländische kommunale Körperschaft oder die Kreditanstalt einer solchen Körperschaft, sofern die Wertpapiere oder die Forderungen von der Bundesregierung mit Zustimmung des Bundesrates zur Anlegung von Mündelgeld für geeignet erklärt sind;

5. bei einer inländischen öffentlichen Sparkasse, wenn sie von der zuständigen Behörde des Landes, in welchem sie ihren Sitz hat, zur Anlegung von Mündelgeld für geeignet erklärt ist, oder bei einem anderen Kreditinstitut, das einer für die Anlage ausreichenden Sicherungseinrichtung angehört.

(2) Die Landesgesetze können für die innerhalb ihres Geltungsbereichs belegenen Grundstücke die Grundsätze bestimmen, nach denen die Sicherheit einer Hypothek, einer Grundschuld oder einer Rentenschuld festzustellen ist.

§ 1809 BGB Anlegung mit Sperrvermerk
Der Vormund soll Mündelgeld nach § 1807 Abs. 1 Nr. 5 nur mit der Bestimmung anlegen, dass zur Erhebung des Geldes die Genehmigung des Gegenvormunds oder des Familiengerichts erforderlich ist.

§ 1810 BGB Mitwirkung von Gegenvormund oder Familiengericht
[1]Der Vormund soll die in den §§ 1806, 1807 vorgeschriebene Anlegung nur mit Genehmigung des Gegenvormunds bewirken; die Genehmigung des Gegenvormunds wird durch die Genehmigung des Familiengerichts ersetzt. [2]Ist ein Gegenvormund nicht vorhanden, so soll die Anlegung nur mit Genehmigung des Familiengerichts erfolgen, sofern nicht die Vormundschaft von mehreren Vormündern gemeinschaftlich geführt wird.

§ 1811 BGB Andere Anlegung
[1]Das Familiengericht kann dem Vormund eine andere Anlegung als die in § 1807 vorgeschriebene gestatten. [2]Die Erlaubnis soll nur verweigert werden, wenn die beabsichtigte Art der Anlegung nach Lage des Falles den Grundsätzen einer wirtschaftlichen Vermögensverwaltung zuwiderlaufen würde.

§ 1812 BGB Verfügungen über Forderungen und Wertpapiere
(1) [1]Der Vormund kann über eine Forderung oder über ein anderes Recht, kraft dessen der Mündel eine Leistung verlangen kann, sowie über ein Wertpapier des Mündels nur mit Genehmigung des Gegenvormunds verfügen, sofern nicht nach den §§ 1819 bis 1822 die Genehmigung des Familiengerichts erforderlich ist. [2]Das Gleiche gilt von der Eingehung der Verpflichtung zu einer solchen Verfügung.

(2) Die Genehmigung des Gegenvormunds wird durch die Genehmigung des Familiengerichts ersetzt.

(3) Ist ein Gegenvormund nicht vorhanden, so tritt an die Stelle der Genehmigung des Gegenvormunds die Genehmigung des Familiengerichts, sofern nicht die Vormundschaft von mehreren Vormündern gemeinschaftlich geführt wird.

§ 1813 BGB Genehmigungsfreie Geschäfte

(1) Der Vormund bedarf nicht der Genehmigung des Gegenvormunds zur Annahme einer geschuldeten Leistung:

1. wenn der Gegenstand der Leistung nicht in Geld oder Wertpapieren besteht,
2. wenn der Anspruch nicht mehr als 3 000 Euro beträgt,
3. wenn der Anspruch das Guthaben auf einem Giro- oder Kontokorrentkonto zum Gegenstand hat oder Geld zurückgezahlt wird, das der Vormund angelegt hat,
4. wenn der Anspruch zu den Nutzungen des Mündelvermögens gehört,
5. wenn der Anspruch auf Erstattung von Kosten der Kündigung oder der Rechtsverfolgung oder auf sonstige Nebenleistungen gerichtet ist.

(2) [1]Die Befreiung nach Absatz 1 Nr. 2, 3 erstreckt sich nicht auf die Erhebung von Geld, bei dessen Anlegung ein anderes bestimmt worden ist. [2]Die Befreiung nach Absatz 1 Nr. 3 gilt auch nicht für die Erhebung von Geld, das nach § 1807 Abs. 1 Nr. 1 bis 4 angelegt ist.

§ 1814 BGB Hinterlegung von Inhaberpapieren

[1]Der Vormund hat die zu dem Vermögen des Mündels gehörenden Inhaberpapiere nebst den Erneuerungsscheinen bei einer Hinterlegungsstelle oder bei einem der in § 1807 Abs. 1 Nr. 5 genannten Kreditinstitute mit der Bestimmung zu hinterlegen, dass die Herausgabe der Papiere nur mit Genehmigung des Familiengerichts verlangt werden kann. [2]Die Hinterlegung von Inhaberpapieren, die nach § 92 zu den verbrauchbaren Sachen gehören, sowie von Zins-, Renten- oder Gewinnanteilscheinen ist nicht erforderlich. [3]Den Inhaberpapieren stehen Orderpapiere gleich, die mit Blankoindossament versehen sind.

§ 1815 BGB Umschreibung und Umwandlung von Inhaberpapieren

(1) [1]Der Vormund kann die Inhaberpapiere, statt sie nach § 1814 zu hinterlegen, auf den Namen des Mündels mit der Bestimmung umschreiben lassen, dass er über sie nur mit Genehmigung des Familiengerichts verfügen kann. [2]Sind die Papiere vom Bund oder einem Land ausgestellt, so kann er sie mit der gleichen Bestimmung in Schuldbuchforderungen gegen den Bund oder das Land umwandeln lassen.

(2) Sind Inhaberpapiere zu hinterlegen, die in Schuldbuchforderungen gegen den Bund oder ein Land umgewandelt werden können, so kann das Familiengericht anordnen, dass sie nach Absatz 1 in Schuldbuchforderungen umgewandelt werden.

§ 1816 BGB Sperrung von Buchforderungen

Gehören Schuldbuchforderungen gegen den Bund oder ein Land bei der Anordnung der Vormundschaft zu dem Vermögen des Mündels oder erwirbt der Mündel später solche Forderungen, so hat der Vormund in das Schuldbuch den Vermerk eintragen zu lassen, dass er über die Forderungen nur mit Genehmigung des Familiengerichts verfügen kann.

(1) ¹Das Familiengericht kann den Vormund auf dessen Antrag von den ihm nach den §§ 1806 bis 1816 obliegenden Verpflichtungen entbinden, soweit
1. der Umfang der Vermögensverwaltung dies rechtfertigt und
2. eine Gefährdung des Vermögens nicht zu besorgen ist.
²Die Voraussetzungen der Nummer 1 liegen im Regelfall vor, wenn der Wert des Vermögens ohne Berücksichtigung von Grundbesitz 6 000 Euro nicht übersteigt.

(2) Das Familiengericht kann aus besonderen Gründen den Vormund von den ihm nach den §§ 1814, 1816 obliegenden Verpflichtungen auch dann entbinden, wenn die Voraussetzungen des Absatzes 1 Nr. 1 nicht vorliegen.

§ 1817 BGB Befreiung

(1) ¹Das Familiengericht kann den Vormund auf dessen Antrag von den ihm nach den §§ 1806 bis 1816 obliegenden Verpflichtungen entbinden, soweit
1. der Umfang der Vermögensverwaltung dies rechtfertigt und
2. eine Gefährdung des Vermögens nicht zu besorgen ist.
²Die Voraussetzungen der Nummer 1 liegen im Regelfall vor, wenn der Wert des Vermögens ohne Berücksichtigung von Grundbesitz 6 000 Euro nicht übersteigt.

(2) Das Familiengericht kann aus besonderen Gründen den Vormund von den ihm nach den §§ 1814, 1816 obliegenden Verpflichtungen auch dann entbinden, wenn die Voraussetzungen des Absatzes 1 Nr. 1 nicht vorliegen.

§ 1818 BGB Anordnung der Hinterlegung

Das Familiengericht kann aus besonderen Gründen anordnen, dass der Vormund auch solche zu dem Vermögen des Mündels gehörende Wertpapiere, zu deren Hinterlegung er nach § 1814 nicht verpflichtet ist, sowie Kostbarkeiten des Mündels in der in § 1814 bezeichneten Weise zu hinterlegen hat; auf Antrag des Vormunds kann die Hinterlegung von Zins-, Renten- und Gewinnanteilscheinen angeordnet werden, auch wenn ein besonderer Grund nicht vorliegt.

§ 1819 BGB Genehmigung bei Hinterlegung

¹Solange die nach § 1814 oder nach § 1818 hinterlegten Wertpapiere oder Kostbarkeiten nicht zurückgenommen sind, bedarf der Vormund zu einer Verfügung über sie und, wenn Hypotheken-, Grundschuld- oder Rentenschuldbriefe hinterlegt sind, zu einer Verfügung über die Hypothekenforderung, die Grundschuld oder die Rentenschuld der Genehmigung des Familiengerichts. ²Das Gleiche gilt von der Eingehung der Verpflichtung zu einer solchen Verfügung.

§ 1820 BGB Genehmigung nach Umschreibung und Umwandlung

(1) Sind Inhaberpapiere nach § 1815 auf den Namen des Mündels umgeschrieben oder in Schuldbuchforderungen umgewandelt, so bedarf der Vormund auch zur Eingehung der Verpflichtung zu einer Verfügung über die sich aus der Umschreibung oder der Umwandlung ergebenden Stammforderungen der Genehmigung des Familiengerichts.

(2) Das Gleiche gilt, wenn bei einer Schuldbuchforderung des Mündels der im § 1816 bezeichnete Vermerk eingetragen ist.

§ 1821 BGB Genehmigung für Geschäfte über Grundstücke, Schiffe oder Schiffsbauwerke

(1) Der Vormund bedarf der Genehmigung des Familiengerichts:

1. zur Verfügung über ein Grundstück oder über ein Recht an einem Grundstück;

2. zur Verfügung über eine Forderung, die auf Übertragung des Eigentums an einem Grundstück oder auf Begründung oder Übertragung eines Rechts an einem Grundstück oder auf Befreiung eines Grundstücks von einem solchen Recht gerichtet ist;

3. zur Verfügung über ein eingetragenes Schiff oder Schiffsbauwerk oder über eine Forderung, die auf Übertragung des Eigentums an einem eingetragenen Schiff oder Schiffsbauwerk gerichtet ist;

4. zur Eingehung einer Verpflichtung zu einer der in den Nummern 1 bis 3 bezeichneten Verfügungen;

5. zu einem Vertrag, der auf den entgeltlichen Erwerb eines Grundstücks, eines eingetragenen Schiffes oder Schiffsbauwerks oder eines Rechts an einem Grundstück gerichtet ist.

(2) Zu den Rechten an einem Grundstück im Sinne dieser Vorschriften gehören nicht Hypotheken, Grundschulden und Rentenschulden.

§ 1822 BGB Genehmigung für sonstige Geschäfte

Der Vormund bedarf der Genehmigung des Familiengerichts:

1. zu einem Rechtsgeschäft, durch das der Mündel zu einer Verfügung über sein Vermögen im Ganzen oder über eine ihm angefallene Erbschaft oder über seinen künftigen gesetzlichen Erbteil oder seinen künftigen Pflichtteil verpflichtet wird, sowie zu einer Verfügung über den Anteil des Mündels an einer Erbschaft,

2. zur Ausschlagung einer Erbschaft oder eines Vermächtnisses, zum Verzicht auf einen Pflichtteil sowie zu einem Erbteilungsvertrag,

3. zu einem Vertrag, der auf den entgeltlichen Erwerb oder die Veräußerung eines Erwerbsgeschäfts gerichtet ist, sowie zu einem Gesellschaftsvertrag, der zum Betrieb eines Erwerbsgeschäfts eingegangen wird,

4. zu einem Pachtvertrag über ein Landgut oder einen gewerblichen Betrieb,

5. – im Betreuungsrecht nicht anwendbar –

6. zu einem Lehrvertrag, der für längere Zeit als ein Jahr geschlossen wird,

7. zu einem auf die Eingehung eines Dienst- oder Arbeitsverhältnisses gerichteten Vertrag, wenn der Mündel zu persönlichen Leistungen für längere Zeit als ein Jahr verpflichtet werden soll,

8. zur Aufnahme von Geld auf den Kredit des Mündels,

9. zur Ausstellung einer Schuldverschreibung auf den Inhaber oder zur Eingehung einer Verbindlichkeit aus einem Wechsel oder einem anderen Papier, das durch Indossament übertragen werden kann,

10. zur Übernahme einer fremden Verbindlichkeit, insbesondere zur Eingehung einer Bürgschaft,

11. zur Erteilung einer Prokura,

12. zu einem Vergleich oder einem Schiedsvertrag, es sei denn, dass der Gegenstand des Streites oder der Ungewissheit in Geld schätzbar ist und den Wert von

3 000 Euro nicht übersteigt oder der Vergleich einem schriftlichen oder protokol-
lierten gerichtlichen Vergleichsvorschlag entspricht,

13. zu einem Rechtsgeschäft, durch das die für eine Forderung des Mündels
bestehende Sicherheit aufgehoben oder gemindert oder die Verpflichtung dazu
begründet wird.

§ 1823 BGB Genehmigung bei einem Erwerbsgeschäft des Mündels

Der Vormund soll nicht ohne Genehmigung des Familiengerichts ein neues Erwerbsgeschäft im Namen des Mündels beginnen oder ein bestehendes Erwerbsgeschäft
des Mündels auflösen.

§ 1824 BGB Genehmigung für die Überlassung von Gegenständen an den Mündel

Der Vormund kann Gegenstände, zu deren Veräußerung die Genehmigung des
Gegenvormunds oder des Familiengerichts erforderlich ist, dem Mündel nicht ohne
diese Genehmigung zur Erfüllung eines von diesem geschlossenen Vertrags oder zu
freier Verfügung überlassen.

§ 1825 BGB Allgemeine Ermächtigung

(1) Das Familiengericht kann dem Vormund zu Rechtsgeschäften, zu denen nach
§ 1812 die Genehmigung des Gegenvormunds erforderlich ist, sowie zu den in
§ 1822 Nr. 8 bis 10 bezeichneten Rechtsgeschäften eine allgemeine Ermächtigung
erteilen.

(2) Die Ermächtigung soll nur erteilt werden, wenn sie zum Zwecke der Vermögensverwaltung, insbesondere zum Betrieb eines Erwerbsgeschäfts, erforderlich ist.

§ 1826 BGB Anhörung des Gegenvormunds vor Erteilung der Genehmigung

Das Familiengericht soll vor der Entscheidung über die zu einer Handlung des Vormunds erforderliche Genehmigung den Gegenvormund hören, sofern ein solcher
vorhanden und die Anhörung tunlich ist.

§ 1828 BGB Erklärung der Genehmigung

Das Familiengericht kann die Genehmigung zu einem Rechtsgeschäft nur dem
Vormund gegenüber erklären.

§ 1829 BGB Nachträgliche Genehmigung

(1) [1]Schließt der Vormund einen Vertrag ohne die erforderliche Genehmigung des
Familiengerichts, so hängt die Wirksamkeit des Vertrags von der nachträglichen
Genehmigung des Familiengerichts ab. [2]Die Genehmigung sowie deren Verwei-
gerung wird dem anderen Teil gegenüber erst wirksam, wenn sie ihm durch den
Vormund mitgeteilt wird.

(2) Fordert der andere Teil den Vormund zur Mitteilung darüber auf, ob die
Genehmigung erteilt sei, so kann die Mitteilung der Genehmigung nur bis zum
Ablauf von vier Wochen nach dem Empfang der Aufforderung erfolgen; erfolgt sie
nicht, so gilt die Genehmigung als verweigert.

(3) Ist der Mündel volljährig geworden, so tritt seine Genehmigung an die Stelle der Genehmigung des Familiengerichts.

§ 1830 BGB Widerrufsrecht des Geschäftspartners
Hat der Vormund dem anderen Teil gegenüber der Wahrheit zuwider die Genehmigung des Familiengerichts behauptet, so ist der andere Teil bis zur Mitteilung der nachträglichen Genehmigung des Familiengerichts zum Widerruf berechtigt, es sei denn, dass ihm das Fehlen der Genehmigung bei dem Abschluss des Vertrags bekannt war.

§ 1831 BGB Einseitiges Rechtsgeschäft ohne Genehmigung
[1]Ein einseitiges Rechtsgeschäft, das der Vormund ohne die erforderliche Genehmigung des Familiengerichts vornimmt, ist unwirksam. [2]Nimmt der Vormund mit dieser Genehmigung ein solches Rechtsgeschäft einem anderen gegenüber vor, so ist das Rechtsgeschäft unwirksam, wenn der Vormund die Genehmigung nicht vorlegt und der andere das Rechtsgeschäft aus diesem Grunde unverzüglich zurückweist.

§ 1832 BGB Genehmigung des Gegenvormunds
Soweit der Vormund zu einem Rechtsgeschäft der Genehmigung des Gegenvormunds bedarf, finden die Vorschriften der §§ 1828 bis 1831 entsprechende Anwendung; abweichend von § 1829 Abs. 2 beträgt die Frist für die Mitteilung der Genehmigung des Gegenvormunds zwei Wochen.

§ 1833 BGB Haftung des Vormunds
(1) [1]Der Vormund ist dem Mündel für den aus einer Pflichtverletzung entstehenden Schaden verantwortlich, wenn ihm ein Verschulden zur Last fällt. [2]Das Gleiche gilt von dem Gegenvormund.

(2) [1]Sind für den Schaden mehrere nebeneinander verantwortlich, so haften sie als Gesamtschuldner. [2]Ist neben dem Vormund für den von diesem verursachten Schaden der Gegenvormund oder ein Mitvormund nur wegen Verletzung seiner Aufsichtspflicht verantwortlich, so ist in ihrem Verhältnis zueinander der Vormund allein verpflichtet.

§ 1834 BGB Verzinsungspflicht
Verwendet der Vormund Geld des Mündels für sich, so hat er es von der Zeit der Verwendung an zu verzinsen.

§ 1835 BGB Aufwendungsersatz
(1) [1]Macht der Vormund zum Zwecke der Führung der Vormundschaft Aufwendungen, so kann er nach den für den Auftrag geltenden Vorschriften der §§ 669, 670 von dem Mündel Vorschuss oder Ersatz verlangen; für den Ersatz von Fahrtkosten gilt die in § 5 des Justizvergütungs- und -entschädigungsgesetzes für Sachverständige getroffene Regelung entsprechend. [2]Das gleiche Recht steht dem Gegenvormund zu. 3Ersatzansprüche erlöschen, wenn sie nicht binnen 15 Monaten nach ihrer

Entstehung gerichtlich geltend gemacht werden; die Geltendmachung des Anspruchs beim Familiengericht gilt dabei auch als Geltendmachung gegenüber dem Mündel.

(1a) [1]Das Familiengericht kann eine von Absatz 1 Satz 3 abweichende Frist von mindestens zwei Monaten bestimmen. [2]In der Fristbestimmung ist über die Folgen der Versäumung der Frist zu belehren. [3]Die Frist kann auf Antrag vom Familiengericht verlängert werden. 4Der Anspruch erlischt, soweit er nicht innerhalb der Frist beziffert wird.

(2) [1]Aufwendungen sind auch die Kosten einer angemessenen Versicherung gegen Schäden, die dem Mündel durch den Vormund oder Gegenvormund zugefügt werden können oder die dem Vormund oder Gegenvormund dadurch entstehen können, dass er einem Dritten zum Ersatz eines durch die Führung der Vormundschaft verursachten Schadens verpflichtet ist; dies gilt nicht für die Kosten der Haftpflichtversicherung des Halters eines Kraftfahrzeugs. [2]Satz 1 ist nicht anzuwenden, wenn der Vormund oder Gegenvormund eine Vergütung nach § 1836 Abs. 1 Satz 2 in Verbindung mit dem Vormünder- und Betreuervergütungsgesetz erhält.

(3) Als Aufwendungen gelten auch solche Dienste des Vormunds oder des Gegenvormunds, die zu seinem Gewerbe oder seinem Beruf gehören.

(4) [1]Ist der Mündel mittellos, so kann der Vormund Vorschuss und Ersatz aus der Staatskasse verlangen. [2]Absatz 1 Satz 3 und Absatz 1a gelten entsprechend.

(5) [1]Das Jugendamt oder ein Verein kann als Vormund oder Gegenvormund für Aufwendungen keinen Vorschuss und Ersatz nur insoweit verlangen, als das einzusetzende Einkommen und Vermögen des Mündels ausreicht. [2]Allgemeine Verwaltungskosten einschließlich der Kosten nach Absatz 2 werden nicht ersetzt.

§ 1835a BGB Aufwandsentschädigung

(1) [1]Zur Abgeltung seines Anspruchs auf Aufwendungsersatz kann der Vormund als Aufwandsentschädigung für jede Vormundschaft, für die ihm keine Vergütung zusteht, einen Geldbetrag verlangen, der für ein Jahr dem Neunzehnfachen dessen entspricht, was einem Zeugen als Höchstbetrag der Entschädigung für eine Stunde versäumter Arbeitszeit (§ 22 des Justizvergütungs- und -entschädigungsgesetzes) gewährt werden kann (Aufwandsentschädigung). [2]Hat der Vormund für solche Aufwendungen bereits Vorschuss oder Ersatz erhalten, so verringert sich die Aufwandsentschädigung entsprechend.

(2) Die Aufwandsentschädigung ist jährlich zu zahlen, erstmals ein Jahr nach Bestellung des Vormunds.

(3) Ist der Mündel mittellos, so kann der Vormund die Aufwandsentschädigung aus der Staatskasse verlangen; Unterhaltsansprüche des Mündels gegen den Vormund sind insoweit bei der Bestimmung des Einkommens nach § 1836c Nr. 1 nicht zu berücksichtigen.

(4) Der Anspruch auf Aufwandsentschädigung erlischt, wenn er nicht binnen drei Monaten nach Ablauf des Jahres, in dem der Anspruch entsteht, geltend gemacht wird; die Geltendmachung des Anspruchs beim Familiengericht gilt auch als Geltendmachung gegenüber dem Mündel.

(5) Dem Jugendamt oder einem Verein kann keine Aufwandsentschädigung gewährt werden.

§ 1836 BGB Vergütung des Vormunds

(1) [1]Die Vormundschaft wird unentgeltlich geführt. [2]Sie wird ausnahmsweise entgeltlich geführt, wenn das Gericht bei der Bestellung des Vormunds feststellt, dass der Vormund die Vormundschaft berufsmäßig führt. [3]Das Nähere regelt das Vormünder- und Betreuervergütungsgesetz.

(2) Trifft das Gericht keine Feststellung nach Absatz 1 Satz 2, so kann es dem Vormund und aus besonderen Gründen auch dem Gegenvormund gleichwohl eine angemessene Vergütung bewilligen, soweit der Umfang oder die Schwierigkeit der vormundschaftlichen Geschäfte dies rechtfertigen; dies gilt nicht, wenn der Mündel mittellos ist.

(3) Dem Jugendamt oder einem Verein kann keine Vergütung bewilligt werden.

§ 1836c BGB Einzusetzende Mittel des Mündels

[1]Der Mündel hat einzusetzen:

1. nach Maßgabe des § 87 des Zwölften Buches Sozialgesetzbuch sein Einkommen, soweit es zusammen mit dem Einkommen seines nicht getrennt lebenden Ehegatten oder Lebenspartners die nach den §§ 82, 85 Abs. 1 und § 86 des Zwölften Buches Sozialgesetzbuch maßgebende Einkommensgrenze für die Hilfe nach dem Fünften bis Neunten Kapitel des Zwölften Buches Sozialgesetzbuch übersteigt. [2]Wird im Einzelfall der Einsatz eines Teils des Einkommens zur Deckung eines bestimmten Bedarfs im Rahmen der Hilfe nach dem Fünften bis Neunten Kapitel des Zwölften Buches Sozialgesetzbuch zugemutet oder verlangt, darf dieser Teil des Einkommens bei der Prüfung, inwieweit der Einsatz des Einkommens zur Deckung der Kosten der Vormundschaft einzusetzen ist, nicht mehr berücksichtigt werden. [3]Als Einkommen gelten auch Unterhaltsansprüche sowie die wegen Entziehung einer solchen Forderung zu entrichtenden Renten;

2. sein Vermögen nach Maßgabe des § 90 des Zwölften Buches Sozialgesetzbuch.

§ 1836d BGB Mittellosigkeit des Mündels

Der Mündel gilt als mittellos, wenn er den Aufwendungsersatz oder die Vergütung aus seinem einzusetzenden Einkommen oder Vermögen

1. nicht oder nur zum Teil oder nur in Raten oder

2. nur im Wege gerichtlicher Geltendmachung von Unterhaltsansprüchen

aufbringen kann.

§ 1836e BGB Gesetzlicher Forderungsübergang

(1) [1]Soweit die Staatskasse den Vormund oder Gegenvormund befriedigt, gehen Ansprüche des Vormundes oder Gegenvormunds gegen den Mündel auf die Staatskasse über. [^^]Nach dem Tode des Mündels haftet sein Erbe nur mit dem Wert des im Zeitpunkt des Erbfalls vorhandenen Nachlasses; § 102 Abs. 3 und 4 des Zwölften Buches Sozialgesetzbuch gilt entsprechend, § 1836c findet auf den Erben keine Anwendung.

(2) Soweit Ansprüche gemäß § 1836c Nr. 1 Satz 3 einzusetzen sind, findet zugunsten der Staatskasse § 850b der Zivilprozessordnung keine Anwendung.

§ 1837 BGB Beratung und Aufsicht

(1) [1]Das Familiengericht berät die Vormünder. 2Es wirkt dabei mit, sie in ihre Aufgaben einzuführen.

(2) 1Das Familiengericht hat über die gesamte Tätigkeit des Vormunds und des Gegenvormunds die Aufsicht zu führen und gegen Pflichtwidrigkeiten durch geeignete Gebote und Verbote einzuschreiten. [2]Es hat insbesondere die Einhaltung der erforderlichen persönlichen Kontakte des Vormunds zu dem Mündel zu beaufsichtigen. [3]Es kann dem Vormund und dem Gegenvormund aufgeben, eine Versicherung gegen Schäden, die sie dem Mündel zufügen können, einzugehen.

(3) [1]Das Familiengericht kann den Vormund und den Gegenvormund zur Befolgung seiner Anordnungen durch Festsetzung von Zwangsgeld anhalten. [2]Gegen das Jugendamt oder einen Verein wird kein Zwangsgeld festgesetzt.

§ 1839 BGB Auskunftspflicht des Vormunds

Der Vormund sowie der Gegenvormund hat dem Familiengericht auf Verlangen jederzeit über die Führung der Vormundschaft und über die persönlichen Verhältnisse des Mündels Auskunft zu erteilen.

§ 1840 BGB Bericht und Rechnungslegung

(1) [1]Der Vormund hat über die persönlichen Verhältnisse des Mündels dem Familiengericht mindestens einmal jährlich zu berichten. [2]Der Bericht hat auch Angaben zu den persönlichen Kontakten des Vormunds zu dem Mündel zu enthalten.

(2) Der Vormund hat über seine Vermögensverwaltung dem Familiengericht Rechnung zu legen.

(3) [1]Die Rechnung ist jährlich zu legen. [2]Das Rechnungsjahr wird von dem Familiengericht bestimmt.

(4) Ist die Verwaltung von geringem Umfang, so kann das Familiengericht, nachdem die Rechnung für das erste Jahr gelegt worden ist, anordnen, dass die Rechnung für längere, höchstens dreijährige Zeitabschnitte zu legen ist.

§ 1841 BGB Inhalt der Rechnungslegung

(1) Die Rechnung soll eine geordnete Zusammenstellung der Einnahmen und Ausgaben enthalten, über den Ab- und Zugang des Vermögens Auskunft geben und, soweit Belege erteilt zu werden pflegen, mit Belegen versehen sein.

(2) [1]Wird ein Erwerbsgeschäft mit kaufmännischer Buchführung betrieben, so genügt als Rechnung ein aus den Büchern gezogener Jahresabschluss. [2]Das Familiengericht kann jedoch die Vorlegung der Bücher und sonstigen Belege verlangen.

§ 1842 BGB Mitwirkung des Gegenvormunds

[1]Ist ein Gegenvormund vorhanden oder zu bestellen, so hat ihm der Vormund die Rechnung unter Nachweisung des Vermögensbestands vorzulegen. [2]Der Gegenvormund hat die Rechnung mit den Bemerkungen zu versehen, zu denen die Prüfung ihm Anlass gibt.

§ 1843 BGB Prüfung durch das Familiengericht

(1) Das Familiengericht hat die Rechnung rechnungsmäßig und sachlich zu prüfen und, soweit erforderlich, ihre Berichtigung und Ergänzung herbeizuführen.

(2) Ansprüche, die zwischen dem Vormund und dem Mündel streitig bleiben, können schon vor der Beendigung des Vormundschaftsverhältnisses im Rechtsweg geltend gemacht werden.

§ 1846 BGB Einstweilige Maßregeln des Familiengerichts

Ist ein Vormund noch nicht bestellt oder ist der Vormund an der Erfüllung seiner Pflichten verhindert, so hat das Familiengericht die im Interesse des Betroffenen erforderlichen Maßregeln zu treffen.

§ 1857a BGB Befreiung des Jugendamts und des Vereins

Dem Jugendamt und einem Verein als Vormund stehen die nach § 1852 Abs. 2, §§ 1853, 1854 zulässigen Befreiungen zu.

§ 1888 BGB Entlassung von Beamten und Religionsdienern

Ist ein Beamter oder ein Religionsdiener zum Vormund bestellt, so hat ihn das Familiengericht zu entlassen, wenn die Erlaubnis, die nach den Landesgesetzen zur Übernahme der Vormundschaft oder zur Fortführung der vor dem Eintritt in das Amts- oder Dienstverhältnis übernommenen Vormundschaft erforderlich ist, versagt oder zurückgenommen wird oder wenn die nach den Landesgesetzen zulässige Untersagung der Fortführung der Vormundschaft erfolgt.

§ 1890 BGB Vermögensherausgabe und Rechnungslegung

[1]Der Vormund hat nach der Beendigung seines Amts dem Mündel das verwaltete Vermögen herauszugeben und über die Verwaltung Rechenschaft abzulegen. [2]Soweit er dem Familiengericht Rechnung gelegt hat, genügt die Bezugnahme auf diese Rechnung.

§ 1891 BGB Mitwirkung des Gegenvormunds

(1) [1]Ist ein Gegenvormund vorhanden, so hat ihm der Vormund die Rechnung vorzulegen. [2]Der Gegenvormund hat die Rechnung mit den Bemerkungen zu versehen, zu denen die Prüfung ihm Anlass gibt.

(2) Der Gegenvormund hat über die Führung der Gegenvormundschaft und, soweit er dazu imstande ist, über das von dem Vormund verwaltete Vermögen auf Verlangen Auskunft zu erteilen.

§ 1892 BGB Rechnungsprüfung und -anerkennung

(1) Der Vormund hat die Rechnung, nachdem er sie dem Gegenvormund vorgelegt hat, dem Familiengericht einzureichen.

(2) [1]Das Familiengericht hat die Rechnung rechnungsmäßig und sachlich zu prüfen und deren Abnahme durch Verhandlung mit den Beteiligten unter Zuziehung des Gegenvormunds zu vermitteln. [2]Soweit die Rechnung als richtig anerkannt wird, hat das Familiengericht das Anerkenntnis zu beurkunden.

§ 1893 BGB Fortführung der Geschäfte nach Beendigung der Vormundschaft, Rückgabe von Urkunden

(1) Im Falle der Beendigung der Vormundschaft oder des vormundschaftlichen Amts finden die Vorschriften der §§ 1698a, 1698b entsprechende Anwendung.

(2) ¹Der Vormund hat nach Beendigung seines Amts die Bestallung dem Familiengericht zurückzugeben. ²In den Fällen der §§ 1791a, 1791b ist der Beschluss des Familiengerichts, im Falle des § 1791c die Bescheinigung über den Eintritt der Vormundschaft zurückzugeben.

§ 1894 BGB Anzeige bei Tod des Vormunds

(1) Den Tod des Vormunds hat dessen Erbe dem Familiengericht unverzüglich anzuzeigen.

(2) Den Tod des Gegenvormunds oder eines Mitvormunds hat der Vormund unverzüglich anzuzeigen.

§ 1895 BGB Amtsende des Gegenvormunds

Die Vorschriften der §§ 1886 bis 1889, 1893, 1894 finden auf den Gegenvormund entsprechende Anwendung.

---

3. Der allgemeine Teil des FamFG (§§ 1–110) – *Auszug* – *(soweit im Buch zitiert)*

§ 4 FamFG Abgabe an ein anderes Gericht

Das Gericht kann die Sache aus wichtigem Grund an ein anderes Gericht abgeben, wenn sich dieses zur Übernahme der Sache bereit erklärt hat. Vor der Abgabe sollen die Beteiligten angehört werden.

§ 5 FamFG Gerichtliche Bestimmung der Zuständigkeit

(1) Das zuständige Gericht wird durch das nächsthöhere gemeinsame Gericht bestimmt:

1. wenn das an sich zuständige Gericht in einem einzelnen Fall an der Ausübung der Gerichtsbarkeit rechtlich oder tatsächlich verhindert ist;

2. wenn es mit Rücksicht auf die Grenzen verschiedener Gerichtsbezirke oder aus sonstigen tatsächlichen Gründen ungewiss ist, welches Gericht für das Verfahren zuständig ist;

3. wenn verschiedene Gerichte sich rechtskräftig für zuständig erklärt haben;

4. wenn verschiedene Gerichte, von denen eines für das Verfahren zuständig ist, sich rechtskräftig für unzuständig erklärt haben;

5. wenn eine Abgabe aus wichtigem Grund (§ 4) erfolgen soll, die Gerichte sich jedoch nicht einigen können.

(2) Ist das nächsthöhere gemeinsame Gericht der Bundesgerichtshof, wird das zuständige Gericht durch das Oberlandesgericht bestimmt, zu dessen Bezirk das zuerst mit der Sache befasste Gericht gehört.

(3) Der Beschluss, der das zuständige Gericht bestimmt, ist nicht anfechtbar.

§ 7 FamFG Beteiligte

(1) In Antragsverfahren ist der Antragsteller Beteiligter.

(2) Als Beteiligte sind hinzuzuziehen:

1. diejenigen, deren Recht durch das Verfahren unmittelbar betroffen wird,

2. diejenigen, die aufgrund dieses oder eines anderen Gesetzes von Amts wegen oder auf Antrag zu beteiligen sind.

(3) Das Gericht kann von Amts wegen oder auf Antrag weitere Personen als Beteiligte hinzuziehen, soweit dies in diesem oder einem anderen Gesetz vorgesehen ist.

(4) [1]Diejenigen, die auf ihren Antrag als Beteiligte zu dem Verfahren hinzuzuziehen sind oder hinzugezogen werden können, sind von der Einleitung des Verfahrens zu benachrichtigen, soweit sie dem Gericht bekannt sind. [2]Sie sind über ihr Antragsrecht zu belehren.

(5) [1]Das Gericht entscheidet durch Beschluss, wenn es einem Antrag auf Hinzuziehung gemäß Absatz 2 oder Absatz 3 nicht entspricht. [2]Der Beschluss ist mit der sofortigen Beschwerde in entsprechender Anwendung der §§ 567 bis 572 der Zivilprozessordnung anfechtbar.

(6) Wer anzuhören ist oder eine Auskunft zu erteilen hat, ohne dass die Voraussetzungen des Absatzes 2 oder Absatzes 3 vorliegen, wird dadurch nicht Beteiligter.

§ 13 FamFG Akteneinsicht

(1) Die Beteiligten können die Gerichtsakten auf der Geschäftsstelle einsehen, soweit nicht schwerwiegende Interessen eines Beteiligten oder eines Dritten entgegenstehen.

(2) [1]Personen, die an dem Verfahren nicht beteiligt sind, kann Einsicht nur gestattet werden, soweit sie ein berechtigtes Interesse glaubhaft machen und schutzwürdige Interessen eines Beteiligten oder eines Dritten nicht entgegenstehen. [2]Die Einsicht ist zu versagen, wenn ein Fall des § 1758 des Bürgerlichen Gesetzbuchs vorliegt.

(3) [1]Soweit Akteneinsicht gewährt wird, können die Berechtigten sich auf ihre Kosten durch die Geschäftsstelle Ausfertigungen, Auszüge und Abschriften erteilen lassen. [2]Die Abschrift ist auf Verlangen zu beglaubigen.

(4) [1]Einem Rechtsanwalt, einem Notar oder einer beteiligten Behörde kann das Gericht die Akten in die Amts- oder Geschäftsräume überlassen. [2]Ein Recht auf Überlassung von Beweisstücken in die Amts- oder Geschäftsräume besteht nicht. [3]Die Entscheidung nach Satz 1 ist nicht anfechtbar.

(5) Werden die Gerichtsakten elektronisch geführt, gilt § 299 Abs. 3 der Zivilprozessordnung entsprechend.

(6) Die Entwürfe zu Beschlüssen und Verfügungen, die zu ihrer Vorbereitung gelieferten Arbeiten sowie die Dokumente, die Abstimmungen betreffen, werden weder vorgelegt noch abschriftlich mitgeteilt.

(7) Über die Akteneinsicht entscheidet das Gericht, bei Kollegialgerichten der Vorsitzende.

§ 15 FamFG Bekanntgabe; formlose Mitteilung

(1) Dokumente, deren Inhalt eine Termins- oder Fristbestimmung enthält oder den Lauf einer Frist auslöst, sind den Beteiligten bekannt zu geben.

(2) Die Bekanntgabe kann durch Zustellung nach den §§ 166 bis 195 der Zivilprozessordnung oder dadurch bewirkt werden, dass das Schriftstück unter der Anschrift des Adressaten zur Post gegeben wird. Soll die Bekanntgabe im Inland bewirkt werden, gilt das Schriftstück drei Tage nach Aufgabe zur Post als bekannt gegeben, wenn nicht der Beteiligte glaubhaft macht, dass ihm das Schriftstück nicht oder erst zu einem späteren Zeitpunkt zugegangen ist.

(3) Ist eine Bekanntgabe nicht geboten, können Dokumente den Beteiligten formlos mitgeteilt werden.

§ 26 FamFG Ermittlung von Amts wegen

Das Gericht hat von Amts wegen die zur Feststellung der entscheidungserheblichen Tatsachen erforderlichen Ermittlungen durchzuführen.

§ 34 FamFG Persönliche Anhörung

(1) Das Gericht hat einen Beteiligten persönlich anzuhören,

1. wenn dies zur Gewährleistung des rechtlichen Gehörs des Beteiligten erforderlich ist oder

2. wenn dies in diesem oder in einem anderen Gesetz vorgeschrieben ist.

(2) Die persönliche Anhörung eines Beteiligten kann unterbleiben, wenn hiervon erhebliche Nachteile für seine Gesundheit zu besorgen sind oder der Beteiligte offensichtlich nicht in der Lage ist, seinen Willen kundzutun.

(3) Bleibt der Beteiligte im anberaumten Anhörungstermin unentschuldigt aus, kann das Verfahren ohne seine persönliche Anhörung beendet werden. Der Beteiligte ist auf die Folgen seines Ausbleibens hinzuweisen.

§ 39 FamFG Rechtsbehelfsbelehrung

[1]Jeder Beschluss hat eine Belehrung über das statthafte Rechtsmittel, den Einspruch, den Widerspruch oder die Erinnerung sowie das Gericht, bei dem diese Rechtsbehelfe einzulegen sind, dessen Sitz und die einzuhaltende Form und Frist zu enthalten. [2]Über die Sprungrechtsbeschwerde muss nicht belehrt werden.

§ 41 FamFG Bekanntgabe des Beschlusses

(1) Der Beschluss ist den Beteiligten bekannt zu geben. Ein anfechtbarer Beschluss ist demjenigen zuzustellen, dessen erklärtem Willen er nicht entspricht.

(2) Anwesenden kann der Beschluss auch durch Verlesen der Beschlussformel bekannt gegeben werden. Dies ist in den Akten zu vermerken. In diesem Fall ist die Begründung des Beschlusses unverzüglich nachzuholen. Der Beschluss ist im Fall des Satzes 1 auch schriftlich bekannt zu geben.

(3) Ein Beschluss, der die Genehmigung eines Rechtsgeschäfts zum Gegenstand hat, ist auch demjenigen, für den das Rechtsgeschäft genehmigt wird, bekannt zu geben.

§ 42 FamFG Berichtigung des Beschlusses
(1) Schreibfehler, Rechenfehler und ähnliche offenbare Unrichtigkeiten im Beschluss sind jederzeit vom Gericht auch von Amts wegen zu berichtigen.

(2) ^{1}Der Beschluss, der die Berichtigung ausspricht, wird auf dem berichtigten Beschluss und auf den Ausfertigungen vermerkt. ^{2}Erfolgt der Berichtigungsbeschluss in der Form des § 14 Abs. 3, ist er in einem gesonderten elektronischen Dokument festzuhalten. ^{3}Das Dokument ist mit dem Beschluss untrennbar zu verbinden.

(3) ^{1}Der Beschluss, durch den der Antrag auf Berichtigung zurückgewiesen wird, ist nicht anfechtbar. ^{2}Der Beschluss, der eine Berichtigung ausspricht, ist mit der sofortigen Beschwerde in entsprechender Anwendung der §§ 567 bis 572 der Zivilprozessordnung anfechtbar.

§ 45 FamFG Formelle Rechtskraft
Die Rechtskraft eines Beschlusses tritt nicht ein, bevor die Frist für die Einlegung des zulässigen Rechtsmittels oder des zulässigen Einspruchs, des Widerspruchs oder der Erinnerung abgelaufen ist. Der Eintritt der Rechtskraft wird dadurch gehemmt, dass das Rechtsmittel, der Einspruch, der Widerspruch oder die Erinnerung rechtzeitig eingelegt wird.

§ 46 FamFG Rechtskraftzeugnis
Das Zeugnis über die Rechtskraft eines Beschlusses ist aufgrund der Verfahrensakten von der Geschäftsstelle des Gerichts des ersten Rechtszugs zu erteilen. Solange das Verfahren in einem höheren Rechtszug anhängig ist, erteilt die Geschäftsstelle des Gerichts dieses Rechtszugs das Zeugnis. In Ehe- und Abstammungssachen wird den Beteiligten von Amts wegen ein Rechtskraftzeugnis auf einer Ausfertigung ohne Begründung erteilt. Die Entscheidung der Geschäftsstelle ist mit der Erinnerung in entsprechender Anwendung des § 573 der Zivilprozessordnung anfechtbar.

§ 48 FamFG Abänderung und Wiederaufnahme
(1) ^{1}Das Gericht des ersten Rechtszugs kann eine rechtskräftige Endentscheidung mit Dauerwirkung aufheben oder ändern, wenn sich die zugrunde liegende Sach- oder Rechtslage nachträglich wesentlich geändert hat. ^{2}In Verfahren, die nur auf Antrag eingeleitet werden, erfolgt die Aufhebung oder Abänderung nur auf Antrag.

(2) Ein rechtskräftig beendetes Verfahren kann in entsprechender Anwendung der Vorschriften des Buches 4 der Zivilprozessordnung wiederaufgenommen werden.

(3) Gegen einen Beschluss, durch den die Genehmigung für ein Rechtsgeschäft erteilt oder verweigert wird, findet eine Wiedereinsetzung in den vorigen Stand, eine Rüge nach § 44, eine Abänderung oder eine Wiederaufnahme nicht statt, wenn die Genehmigung oder deren Verweigerung einem Dritten gegenüber wirksam geworden ist.

§ 54 FamFG Aufhebung oder Änderung der Entscheidung
(1) Das Gericht kann die Entscheidung in der einstweiligen Anordnungssache aufheben oder ändern. Die Aufhebung oder Änderung erfolgt nur auf Antrag, wenn ein entsprechendes Hauptsacheverfahren nur auf Antrag eingeleitet werden kann. Dies

gilt nicht, wenn die Entscheidung ohne vorherige Durchführung einer nach dem Gesetz notwendigen Anhörung erlassen wurde.

(2) Ist die Entscheidung in einer Familiensache ohne mündliche Verhandlung ergangen, ist auf Antrag aufgrund mündlicher Verhandlung erneut zu entscheiden.

(3) Zuständig ist das Gericht, das die einstweilige Anordnung erlassen hat. Hat es die Sache an ein anderes Gericht abgegeben oder verwiesen, ist dieses zuständig.

(4) Während eine einstweilige Anordnungssache beim Beschwerdegericht anhängig ist, ist die Aufhebung oder Änderung der angefochtenen Entscheidung durch das erstinstanzliche Gericht unzulässig.

§ 59 FamFG Beschwerdeberechtigte

(1) Die Beschwerde steht demjenigen zu, der durch den Beschluss in seinen Rechten beeinträchtigt ist.

(2) Wenn ein Beschluss nur auf Antrag erlassen werden kann und der Antrag zurückgewiesen worden ist, steht die Beschwerde nur dem Antragsteller zu.

(3) Die Beschwerdeberechtigung von Behörden bestimmt sich nach den besonderen Vorschriften dieses oder eines anderen Gesetzes.

§ 63 FamFG Beschwerdefrist

(1) Die Beschwerde ist, soweit gesetzlich keine andere Frist bestimmt ist, binnen einer Frist von einem Monat einzulegen.

(2) Die Beschwerde ist binnen einer Frist von zwei Wochen einzulegen, wenn sie sich gegen folgende Entscheidungen richtet:

1. Endentscheidungen im Verfahren der einstweiligen Anordnung oder
2. Entscheidungen über Anträge auf Genehmigung eines Rechtsgeschäfts.

(3) ^{1}Die Frist beginnt jeweils mit der schriftlichen Bekanntgabe des Beschlusses an die Beteiligten. ^{2}Kann die schriftliche Bekanntgabe an einen Beteiligten nicht bewirkt werden, beginnt die Frist spätestens mit Ablauf von fünf Monaten nach Erlass des Beschlusses.

§ 68 FamFG Gang des Beschwerdeverfahrens

(1) Hält das Gericht, dessen Beschluss angefochten wird, die Beschwerde für begründet, hat es ihr abzuhelfen; anderenfalls ist die Beschwerde unverzüglich dem Beschwerdegericht vorzulegen. Das Gericht ist zur Abhilfe nicht befugt, wenn die Beschwerde sich gegen eine Endentscheidung in einer Familiensache richtet.

(2) Das Beschwerdegericht hat zu prüfen, ob die Beschwerde an sich statthaft und ob sie in der gesetzlichen Form und Frist eingelegt ist. Mangelt es an einem dieser Erfordernisse, ist die Beschwerde als unzulässig zu verwerfen.

(3) Das Beschwerdeverfahren bestimmt sich im Übrigen nach den Vorschriften über das Verfahren im ersten Rechtszug. Das Beschwerdegericht kann von der Durchführung eines Termins, einer mündlichen Verhandlung oder einzelner Verfahrenshandlungen absehen, wenn diese bereits im ersten Rechtszug vorgenommen wurden und von einer erneuten Vornahme keine zusätzlichen Erkenntnisse zu erwarten sind.

(4) Das Beschwerdegericht kann die Beschwerde durch Beschluss einem seiner Mitglieder zur Entscheidung als Einzelrichter übertragen; § 526 der

Zivilprozessordnung gilt mit der Maßgabe entsprechend, dass eine Übertragung auf einen Richter auf Probe ausgeschlossen ist.

§ 76 FamFG Voraussetzungen

(1) Auf die Bewilligung von Verfahrenskostenhilfe finden die Vorschriften der Zivilprozessordnung über die Prozesskostenhilfe entsprechende Anwendung, soweit nachfolgend nichts Abweichendes bestimmt ist.

(2) Ein Beschluss, der im Verfahrenskostenhilfeverfahren ergeht, ist mit der sofortigen Beschwerde in entsprechender Anwendung der §§ 567 bis 572, 127 Abs. 2 bis 4 der Zivilprozessordnung anfechtbar.

§ 77 FamFG Bewilligung

(1) [1]Vor der Bewilligung der Verfahrenskostenhilfe kann das Gericht den übrigen Beteiligten Gelegenheit zur Stellungnahme geben. [2]In Antragsverfahren ist dem Antragsgegner Gelegenheit zur Stellungnahme zu geben, ob er die Voraussetzungen für die Bewilligung von Verfahrenskostenhilfe für gegeben hält, soweit dies aus besonderen Gründen nicht unzweckmäßig erscheint.

(2) Die Bewilligung von Verfahrenskostenhilfe für die Vollstreckung in das bewegliche Vermögen umfasst alle Vollstreckungshandlungen im Bezirk des Vollstreckungsgerichts einschließlich des Verfahrens auf Abgabe der Vermögensauskunft und der Versicherung an Eides statt.

§ 78 FamFG Beiordnung eines Rechtsanwalts

(1) Ist eine Vertretung durch einen Rechtsanwalt vorgeschrieben, wird dem Beteiligten ein zur Vertretung bereiter Rechtsanwalt seiner Wahl beigeordnet.

(2) Ist eine Vertretung durch einen Rechtsanwalt nicht vorgeschrieben, wird dem Beteiligten auf seinen Antrag ein zur Vertretung bereiter Rechtsanwalt seiner Wahl beigeordnet, wenn wegen der Schwierigkeit der Sach- und Rechtslage die Vertretung durch einen Rechtsanwalt erforderlich erscheint.

(3) Ein nicht in dem Bezirk des Verfahrensgerichts niedergelassener Rechtsanwalt kann nur beigeordnet werden, wenn hierdurch besondere Kosten nicht entstehen.

(4) Wenn besondere Umstände dies erfordern, kann dem Beteiligten auf seinen Antrag ein zur Vertretung bereiter Rechtsanwalt seiner Wahl zur Wahrnehmung eines Termins zur Beweisaufnahme vor dem ersuchten Richter oder zur Vermittlung des Verkehrs mit dem Verfahrensbevollmächtigten beigeordnet werden.

(5) Findet der Beteiligte keinen zur Vertretung bereiten Anwalt, ordnet der Vorsitzende ihm auf Antrag einen Rechtsanwalt bei.

4. Verfahren in Betreuungssachen (§§ 271–311 FamFG)

§ 271 FamFG Betreuungssachen

Betreuungssachen sind

1. Verfahren zur Bestellung eines Betreuers und zur Aufhebung der Betreuung,

2. Verfahren zur Anordnung eines Einwilligungsvorbehalts sowie

3. sonstige Verfahren, die die rechtliche Betreuung eines Volljährigen (§§ 1896 bis 1908i des Bürgerlichen Gesetzbuchs) betreffen, soweit es sich nicht um eine Unterbringungssache handelt.

§ 272 FamFG Örtliche Zuständigkeit
(1) Ausschließlich zuständig ist in dieser Rangfolge:
1. das Gericht, bei dem die Betreuung anhängig ist, wenn bereits ein Betreuer bestellt ist;
2. das Gericht, in dessen Bezirk der Betreute seinen gewöhnlichen Aufenthalt hat;
3. das Gericht, in dessen Bezirk das Bedürfnis der Fürsorge hervortritt;
4. das Amtsgericht Schöneberg in Berlin, wenn der Betreute Deutscher ist.

(2) Für einstweilige Anordnungen nach § 300 oder vorläufige Maßregeln ist auch das Gericht zuständig, in dessen Bezirk das Bedürfnis der Fürsorge bekannt wird. Es soll die angeordneten Maßregeln dem nach Absatz 1 Nr. 1, 2 oder Nr. 4 zuständigen Gericht mitteilen.

§ 273 FamFG Abgabe bei Änderung des gewöhnlichen Aufenthalts
Als wichtiger Grund für eine Abgabe im Sinne des § 4 Satz 1 ist es in der Regel anzusehen, wenn sich der gewöhnliche Aufenthalt des Betreuten geändert hat und die Aufgaben des Betreuers im Wesentlichen am neuen Aufenthaltsort des Betreuten zu erfüllen sind. Der Änderung des gewöhnlichen Aufenthalts steht ein tatsächlicher Aufenthalt von mehr als einem Jahr an einem anderen Ort gleich.

§ 274 FamFG Beteiligte
(1) Zu beteiligen sind
1. der Betreute,
2. der Betreuer, sofern sein Aufgabenkreis betroffen ist,
3. der Bevollmächtigte im Sinne des § 1896 Abs. 2 Satz 2 des Bürgerlichen Gesetzbuchs, sofern sein Aufgabenkreis betroffen ist.

(2) Der Verfahrenspfleger wird durch seine Bestellung als Beteiligter zum Verfahren hinzugezogen.

(3) Die zuständige Behörde ist auf ihren Antrag als Beteiligte in Verfahren über
1. die Bestellung eines Betreuers oder die Anordnung eines Einwilligungsvorbehalts,
2. Umfang, Inhalt oder Bestand von Entscheidungen der in Nummer 1 genannten Art
hinzuzuziehen.

(4) Beteiligt werden können
1. in den in Absatz 3 genannten Verfahren im Interesse des Betreuten dessen Ehegatte oder Lebenspartner, wenn die Ehegatten oder Lebenspartner nicht dauernd getrennt leben, sowie dessen Eltern, Pflegeeltern, Großeltern, Abkömmlinge, Geschwister und eine Person seines Vertrauens,
2. der Vertreter der Staatskasse, soweit das Interesse der Staatskasse durch den Ausgang des Verfahrens betroffen sein kann.

§ 275 FamFG Verfahrensfähigkeit

In Betreuungssachen ist der Betreute ohne Rücksicht auf seine Geschäftsfähigkeit verfahrensfähig.

§ 276 FamFG Verfahrenspfleger

(1) Das Gericht hat dem Betreuten einen Verfahrenspfleger zu bestellen, wenn dies zur Wahrnehmung der Interessen des Betreuten erforderlich ist. Die Bestellung ist in der Regel erforderlich, wenn

1. von der persönlichen Anhörung des Betreuten nach § 278 Abs. 4 in Verbindung mit § 34 Abs. 2 abgesehen werden soll oder

2. Gegenstand des Verfahrens die Bestellung eines Betreuers zur Besorgung aller Angelegenheiten des Betreuten oder die Erweiterung des Aufgabenkreises hierauf ist; dies gilt auch, wenn der Gegenstand des Verfahrens die in § 1896 Abs. 4 und § 1905 des Bürgerlichen Gesetzbuchs bezeichneten Angelegenheiten nicht erfasst.

(2) Von der Bestellung kann in den Fällen des Absatzes 1 Satz 2 abgesehen werden, wenn ein Interesse des Betreuten an der Bestellung des Verfahrenspflegers offensichtlich nicht besteht. Die Nichtbestellung ist zu begründen.

(3) Wer Verfahrenspflegschaften im Rahmen seiner Berufsausübung führt, soll nur dann zum Verfahrenspfleger bestellt werden, wenn keine andere geeignete Person zur Verfügung steht, die zur ehrenamtlichen Führung der Verfahrenspflegschaft bereit ist.

(4) Die Bestellung eines Verfahrenspflegers soll unterbleiben oder aufgehoben werden, wenn die Interessen des Betreuten von einem Rechtsanwalt oder einem anderen geeigneten Verfahrensbevollmächtigten vertreten werden.

(5) Die Bestellung endet, sofern sie nicht vorher aufgehoben wird, mit der Rechtskraft der Endentscheidung oder mit dem sonstigen Abschluss des Verfahrens.

(6) Die Bestellung eines Verfahrenspflegers oder deren Aufhebung sowie die Ablehnung einer derartigen Maßnahme sind nicht selbständig anfechtbar.

(7) Dem Verfahrenspfleger sind keine Kosten aufzuerlegen.

§ 277 FamFG Vergütung und Aufwendungsersatz des Verfahrenspflegers

(1) Der Verfahrenspfleger erhält Ersatz seiner Aufwendungen nach § 1835 Abs. 1 bis 2 des Bürgerlichen Gesetzbuchs. Vorschuss kann nicht verlangt werden. Eine Behörde oder ein Verein erhält als Verfahrenspfleger keinen Aufwendungsersatz.

(2) § 1836 Abs. 1 und 3 des Bürgerlichen Gesetzbuchs gilt entsprechend. Wird die Verfahrenspflegschaft ausnahmsweise berufsmäßig geführt, erhält der Verfahrenspfleger neben den Aufwendungen nach Absatz 1 eine Vergütung in entsprechender Anwendung der §§ 1, 2 und 3 Abs. 1 und 2 des Vormünder- und Betreuervergütungsgesetzes.

(3) Anstelle des Aufwendungsersatzes und der Vergütung nach den Absätzen 1 und 2 kann das Gericht dem Verfahrenspfleger einen festen Geldbetrag zubilligen, wenn die für die Führung der Pflegschaftsgeschäfte erforderliche Zeit vorsehbar und ihre Ausschöpfung durch den Verfahrenspfleger gewährleistet ist. Bei der Bemessung des Geldbetrags ist die voraussichtlich erforderliche Zeit mit den in § 3 Abs. 1 des Vormünder- und Betreuervergütungsgesetzes bestimmten Stundensätzen

zuzüglich einer Aufwandspauschale von 3 Euro je veranschlagter Stunde zu vergüten. In diesem Fall braucht der Verfahrenspfleger die von ihm aufgewandte Zeit und
eingesetzten Mittel nicht nachzuweisen; weitergehende Aufwendungsersatz- und
Vergütungsansprüche stehen ihm nicht zu.

(4) Ist ein Mitarbeiter eines anerkannten Betreuungsvereins als Verfahrenspfleger
bestellt, stehen der Aufwendungsersatz und die Vergütung nach den Absätzen 1 bis
3 dem Verein zu. § 7 Abs. 1 Satz 2 und Abs. 3 des Vormünder- und Betreuervergütungsgesetzes sowie § 1835 Abs. 5 Satz 2 des Bürgerlichen Gesetzbuchs gelten
entsprechend. Ist ein Bediensteter der Betreuungsbehörde als Verfahrenspfleger für
das Verfahren bestellt, erhält die Betreuungsbehörde keinen Aufwendungsersatz
und keine Vergütung.

(5) Der Aufwendungsersatz und die Vergütung des Verfahrenspflegers sind stets
aus der Staatskasse zu zahlen. Im Übrigen gilt § 168 Abs. 1 entsprechend.

§ 278 Anhörung des Betreuten

1) [1]Das Gericht hat den Betroffenen vor der Bestellung eines Betreuers oder der
Anordnung eines Einwilligungsvorbehalts persönlich anzuhören. [2]Es hat sich einen
persönlichen Eindruck von dem Betroffenen zu verschaffen. [3]Diesen persönlichen
Eindruck soll sich das Gericht in dessen üblicher Umgebung verschaffen, wenn es
der Betroffene verlangt oder wenn es der Sachaufklärung dient und der Betroffene
nicht widerspricht.

(2) [1]Das Gericht unterrichtet den Betroffenen über den möglichen Verlauf des
Verfahrens. [2]In geeigneten Fällen hat es den Betroffenen auf die Möglichkeit der
Vorsorgevollmacht, deren Inhalt sowie auf die Möglichkeit ihrer Registrierung bei
dem zentralen Vorsorgeregister nach § 78a Absatz 2 der Bundesnotarordnung hinzuweisen. [3]Das Gericht hat den Umfang des Aufgabenkreises und die Frage, welche
Person oder Stelle als Betreuer in Betracht kommt, mit dem Betroffenen zu erörtern.

(3) Verfahrenshandlungen nach Absatz 1 dürfen nur dann im Wege der Rechtshilfe erfolgen, wenn anzunehmen ist, dass die Entscheidung ohne eigenen Eindruck
von dem Betroffenen getroffen werden kann.

(4) Soll eine persönliche Anhörung nach § 34 Abs. 2 unterbleiben, weil hiervon
erhebliche Nachteile für die Gesundheit des Betroffenen zu besorgen sind, darf diese
Entscheidung nur auf Grundlage eines ärztlichen Gutachtens getroffen werden.

(5) Das Gericht kann den Betroffenen durch die zuständige Behörde vorführen
lassen, wenn er sich weigert, an Verfahrenshandlungen nach Absatz 1 mitzuwirken.

(6) [1]Gewalt darf die Behörde nur anwenden, wenn das Gericht dies ausdrücklich
angeordnet hat. [2]Die zuständige Behörde ist befugt, erforderlichenfalls um Unterstützung der polizeilichen Vollzugsorgane nachzusuchen.

(7) [1]Die Wohnung des Betroffenen darf ohne dessen Einwilligung nur gewaltsam
geöffnet, betreten und durchsucht werden, wenn das Gericht dies zu dessen Vorführung zur Anhörung ausdrücklich angeordnet hat. [2]Bei Gefahr im Verzug kann
die Anordnung nach Satz 1 durch die zuständige Behörde erfolgen. [3]Durch diese
Regelung wird das Grundrecht auf Unverletzlichkeit der Wohnung aus Artikel 13
Absatz 1 des Grundgesetzes eingeschränkt.

§ 279 FamFG Anhörung der sonstigen Beteiligten, der Betreuungsbehörde und des gesetzlichen Vertreters

(1) Das Gericht hat die sonstigen Beteiligten vor der Bestellung eines Betreuers oder der Anordnung eines Einwilligungsvorbehalts anzuhören.

(2) [1]Das Gericht hat die zuständige Behörde vor der Bestellung eines Betreuers oder der Anordnung eines Einwilligungsvorbehalts anzuhören. [2]Die Anhörung vor der Bestellung eines Betreuers soll sich insbesondere auf folgende Kriterien beziehen:

1. persönliche, gesundheitliche und soziale Situation des Betroffenen,

2. Erforderlichkeit der Betreuung einschließlich geeigneter anderer Hilfen (§ 1896 Absatz 2 des Bürgerlichen Gesetzbuchs),

3. Betreuerauswahl unter Berücksichtigung des Vorrangs der Ehrenamtlichkeit (§ 1897 des Bürgerlichen Gesetzbuchs) und

4. diesbezügliche Sichtweise des Betroffenen.

(3) Auf Verlangen des Betroffenen hat das Gericht eine ihm nahestehende Person anzuhören, wenn dies ohne erhebliche Verzögerung möglich ist.

(4) Das Gericht hat im Fall einer Betreuerbestellung oder der Anordnung eines Einwilligungsvorbehalts für einen Minderjährigen (§ 1908a des Bürgerlichen Gesetzbuchs) den gesetzlichen Vertreter des Betroffenen anzuhören.

§ 280 FamFG Einholung eines Gutachtens

(1) [1]Vor der Bestellung eines Betreuers oder der Anordnung eines Einwilligungsvorbehalts hat eine förmliche Beweisaufnahme durch Einholung eines Gutachtens über die Notwendigkeit der Maßnahme stattzufinden. [2]Der Sachverständige soll Arzt für Psychiatrie oder Arzt mit Erfahrung auf dem Gebiet der Psychiatrie sein.

(2) [1]Der Sachverständige hat den Betroffenen vor der Erstattung des Gutachtens persönlich zu untersuchen oder zu befragen. [2]Das Ergebnis einer Anhörung nach § 279 Absatz 2 Satz 2 hat der Sachverständige zu berücksichtigen, wenn es ihm bei Erstellung seines Gutachtens vorliegt.

(3) Das Gutachten hat sich auf folgende Bereiche zu erstrecken:

1. das Krankheitsbild einschließlich der Krankheitsentwicklung,

2. die durchgeführten Untersuchungen und die diesen zugrunde gelegten Forschungserkenntnisse,

3. den körperlichen und psychiatrischen Zustand des Betroffenen,

4. den Umfang des Aufgabenkreises und

5. die voraussichtliche Dauer der Maßnahme.

§ 281 FamFG Ärztliches Zeugnis; Entbehrlichkeit eines Gutachtens

(1) Anstelle der Einholung eines Sachverständigengutachtens nach § 280 genügt ein ärztliches Zeugnis, wenn

1. der Betreute die Bestellung eines Betreuers beantragt und auf die Begutachtung verzichtet hat und die Einholung des Gutachtens insbesondere im Hinblick auf den Umfang des Aufgabenkreises des Betreuers unverhältnismäßig wäre oder

2. ein Betreuer nur zur Geltendmachung von Rechten des Betreuten gegenüber seinem Bevollmächtigten bestellt wird.

(2) § 280 Abs. 2 gilt entsprechend.

§ 282 FamFG Vorhandene Gutachten des Medizinischen Dienstes der Krankenversicherung

(1) Das Gericht kann im Verfahren zur Bestellung eines Betreuers von der Einholung eines Gutachtens nach § 280 Abs. 1 absehen, soweit durch die Verwendung eines bestehenden ärztlichen Gutachtens des Medizinischen Dienstes der Krankenversicherung nach § 18 des Elften Buches Sozialgesetzbuch festgestellt werden kann, inwieweit bei dem Betreuten infolge einer psychischen Krankheit oder einer geistigen oder seelischen Behinderung die Voraussetzungen für die Bestellung eines Betreuers vorliegen.

(2) Das Gericht darf dieses Gutachten einschließlich dazu vorhandener Befunde zur Vermeidung weiterer Gutachten bei der Pflegekasse anfordern. Das Gericht hat in seiner Anforderung anzugeben, für welchen Zweck das Gutachten und die Befunde verwandt werden sollen. Das Gericht hat übermittelte Daten unverzüglich zu löschen, wenn es feststellt, dass diese für den Verwendungszweck nicht geeignet sind.

(3) Kommt das Gericht zu der Überzeugung, dass das eingeholte Gutachten und die Befunde im Verfahren zur Bestellung eines Betreuers geeignet sind, eine weitere Begutachtung ganz oder teilweise zu ersetzen, hat es vor einer weiteren Verwendung die Einwilligung des Betreuten oder des Pflegers für das Verfahren einzuholen. Wird die Einwilligung nicht erteilt, hat das Gericht die übermittelten Daten unverzüglich zu löschen.

(4) Das Gericht kann unter den Voraussetzungen der Absätze 1 bis 3 von der Einholung eines Gutachtens nach § 280 insgesamt absehen, wenn die sonstigen Voraussetzungen für die Bestellung eines Betreuers zur Überzeugung des Gerichts feststehen.

§ 283 FamFG Vorführung zur Untersuchung

(1) [1]Das Gericht kann anordnen, dass der Betroffene zur Vorbereitung eines Gutachtens untersucht und durch die zuständige Behörde zu einer Untersuchung vorgeführt wird. [2]Der Betroffene soll vorher persönlich angehört werden.

(2) [1]Gewalt darf die Behörde nur anwenden, wenn das Gericht dies ausdrücklich angeordnet hat. [2]Die zuständige Behörde ist befugt, erforderlichenfalls die Unterstützung der polizeilichen Vollzugsorgane nachzusuchen.

(3) [1]Die Wohnung des Betroffenen darf ohne dessen Einwilligung nur gewaltsam geöffnet, betreten und durchsucht werden, wenn das Gericht dies zu dessen Vorführung zur Untersuchung ausdrücklich angeordnet hat. [2]Vor der Anordnung ist der Betroffene persönlich anzuhören. [3]Bei Gefahr im Verzug kann die Anordnung durch die zuständige Behörde ohne vorherige Anhörung des Betroffenen erfolgen. [4]Durch diese Regelung wird das Grundrecht auf Unverletzlichkeit der Wohnung aus Artikel 13 Absatz 1 des Grundgesetzes eingeschränkt.

§ 284 FamFG Unterbringung zur Begutachtung

(1) Das Gericht kann nach Anhörung eines Sachverständigen beschließen, dass der Betreute auf bestimmte Dauer untergebracht und beobachtet wird, soweit dies zur

Vorbereitung des Gutachtens erforderlich ist. Der Betreute ist vorher persönlich anzuhören.

(2) Die Unterbringung darf die Dauer von sechs Wochen nicht überschreiten. Reicht dieser Zeitraum nicht aus, um die erforderlichen Erkenntnisse für das Gutachten zu erlangen, kann die Unterbringung durch gerichtlichen Beschluss bis zu einer Gesamtdauer von drei Monaten verlängert werden.

(3) § 283 Abs. 2 und 3 gilt entsprechend. Gegen Beschlüsse nach den Absätzen 1 und 2 findet die sofortige Beschwerde nach den §§ 567 bis 572 der Zivilprozessordnung statt.

§ 285 FamFG Herausgabe einer Betreuungsverfügung oder der Abschrift einer Vorsorgevollmacht

In den Fällen des § 1901c des Bürgerlichen Gesetzbuchs erfolgt die Anordnung der Ablieferung oder Vorlage der dort genannten Schriftstücke durch Beschluss.

§ 286 FamFG Inhalt der Beschlussformel

(1) Die Beschlussformel enthält im Fall der Bestellung eines Betreuers auch
    1. die Bezeichnung des Aufgabenkreises des Betreuers;
    2. bei Bestellung eines Vereinsbetreuers die Bezeichnung als Vereinsbetreuer und die des Vereins;
    3. bei Bestellung eines Behördenbetreuers die Bezeichnung als Behördenbetreuer und die der Behörde;
    4. bei Bestellung eines Berufsbetreuers die Bezeichnung als Berufsbetreuer.

(2) Die Beschlussformel enthält im Fall der Anordnung eines Einwilligungsvorbehalts die Bezeichnung des Kreises der einwilligungsbedürftigen Willenserklärungen.

(3) Der Zeitpunkt, bis zu dem das Gericht über die Aufhebung oder Verlängerung einer Maßnahme nach Absatz 1 oder Absatz 2 zu entscheiden hat, ist in der Beschlussformel zu bezeichnen.

§ 287 FamFG Wirksamwerden von Beschlüssen

(1) Beschlüsse über Umfang, Inhalt oder Bestand der Bestellung eines Betreuers, über die Anordnung eines Einwilligungsvorbehalts oder über den Erlass einer einstweiligen Anordnung nach § 300 werden mit der Bekanntgabe an den Betreuer wirksam.

(2) Ist die Bekanntgabe an den Betreuer nicht möglich oder ist Gefahr im Verzug, kann das Gericht die sofortige Wirksamkeit des Beschlusses anordnen. In diesem Fall wird er wirksam, wenn der Beschluss und die Anordnung seiner sofortigen Wirksamkeit
    1. dem Betreuten oder dem Verfahrenspfleger bekannt gegeben werden oder
    2. der Geschäftsstelle zum Zweck der Bekanntgabe nach Nummer 1 übergeben werden.
Der Zeitpunkt der sofortigen Wirksamkeit ist auf dem Beschluss zu vermerken.

(3) Ein Beschluss, der die Genehmigung nach § 1904 Absatz 2 des Bürgerlichen Gesetzbuchs zum Gegenstand hat, wird erst zwei Wochen nach Bekanntgabe an den Betreuer oder Bevollmächtigten sowie an den Verfahrenspfleger wirksam.

§ 288 FamFG Bekanntgabe

(1) Von der Bekanntgabe der Gründe eines Beschlusses an den Betreuten kann abgesehen werden, wenn dies nach ärztlichem Zeugnis erforderlich ist, um erhebliche Nachteile für seine Gesundheit zu vermeiden.

(2) Das Gericht hat der zuständigen Behörde den Beschluss über die Bestellung eines Betreuers oder die Anordnung eines Einwilligungsvorbehalts oder Beschlüsse über Umfang, Inhalt oder Bestand einer solchen Maßnahme stets bekannt zu geben. Andere Beschlüsse sind der zuständigen Behörde bekannt zu geben, wenn sie vor deren Erlass angehört wurde.

§ 289 FamFG Verpflichtung des Betreuers

(1) Der Betreuer wird mündlich verpflichtet und über seine Aufgaben unterrichtet. Das gilt nicht für Vereinsbetreuer, Behördenbetreuer, Vereine, die zuständige Behörde und Personen, die die Betreuung im Rahmen ihrer Berufsausübung führen, sowie nicht für ehrenamtliche Betreuer, die mehr als eine Betreuung führen oder in den letzten zwei Jahren geführt haben.

(2) In geeigneten Fällen führt das Gericht mit dem Betreuer und dem Betreuten ein Einführungsgespräch.

§ 290 FamFG Bestellungsurkunde

Der Betreuer erhält eine Urkunde über seine Bestellung. Die Urkunde soll enthalten:

1. die Bezeichnung des Betreuten und des Betreuers;

2. bei Bestellung eines Vereinsbetreuers oder Behördenbetreuers diese Bezeichnung und die Bezeichnung des Vereins oder der Behörde;

3. den Aufgabenkreis des Betreuers;

4. bei Anordnung eines Einwilligungsvorbehalts die Bezeichnung des Kreises der einwilligungsbedürftigen Willenserklärungen;

5. bei der Bestellung eines vorläufigen Betreuers durch einstweilige Anordnung das Ende der einstweiligen Maßnahme.

§ 291 FamFG Überprüfung der Betreuerauswahl

Der Betreute kann verlangen, dass die Auswahl der Person, der ein Verein oder eine Behörde die Wahrnehmung der Betreuung übertragen hat, durch gerichtliche Entscheidung überprüft wird. Das Gericht kann dem Verein oder der Behörde aufgeben, eine andere Person auszuwählen, wenn einem Vorschlag des Betreuten, dem keine wichtigen Gründe entgegenstehen, nicht entsprochen wurde oder die bisherige Auswahl dem Wohl des Betreuten zuwiderläuft. § 35 ist nicht anzuwenden.

§ 292 FamFG Zahlungen an den Betreuer

(1) In Betreuungsverfahren gilt § 168 entsprechend.

§ 168 FamFG Beschluss über Zahlungen des Mündels
(1) [1]Das Gericht setzt durch Beschluss fest, wenn der Vormund, Gegenvormund oder Mündel die gerichtliche Festsetzung beantragt oder das Gericht sie für angemessen hält:

1. Vorschuss, Ersatz von Aufwendunge, Aufwandsentschädigung, soweit der Vormund oder Gegenvormund sie aus der Staatskasse verlangen kann (§ 1835 Abs. 4 und § 1835a Abs. 3 des Bürgerlichen Gesetzbuchs) oder ihm nicht die Vermögenssorge übertragen wurde;
2. eine dem Vormund oder Gegenvormund zu bewilligende Vergütung oder Abschlagszahlung (§ 1836 des Bürgerlichen Gesetzbuchs).
[2]Mit der Festsetzung bestimmt das Gericht Höhe und Zeitpunkt der Zahlungen, die der Mündel an die Staatskasse nach den §§ 1836c und 1836e des Bürgerlichen Gesetzbuchs zu leisten hat. [3]Es kann die Zahlungen gesondert festsetzen, wenn dies zweckmäßig ist. [4]Erfolgt keine Festsetzung nach Satz 1 und richten sich die in Satz 1 bezeichneten Ansprüche gegen die Staatskasse, gelten die Vorschriften über das Verfahren bei der Entschädigung von Zeugen hinsichtlich ihrer baren Auslagen sinngemäß.
(2) [1]In dem Antrag sollen die persönlichen und wirtschaftlichen Verhältnisse des Mündels dargestellt werden. [2]§ 118 Abs. 2 Satz 1 und 2 sowie § 120 Absatz 2 und 3 sowie § 120a Absatz 1 Satz 1 bis 3 der Zivilprozessordnung sind entsprechend anzuwenden. [3]Steht nach der freien Überzeugung des Gerichts der Aufwand zur Ermittlung der persönlichen und wirtschaftlichen Verhältnisse des Mündels außer Verhältnis zur Höhe des aus der Staatskasse zu begleichenden Anspruchs oder zur Höhe der voraussichtlich vom Mündel zu leistenden Zahlungen, kann das Gericht ohne weitere Prüfung den Anspruch festsetzen oder von einer Festsetzung der vom Mündel zu leistenden Zahlungen absehen.
(3) [1]Nach dem Tode des Mündels bestimmt das Gericht Höhe und Zeitpunkt der Zahlungen, die der Erbe des Mündels nach § 1836e des Bürgerlichen Gesetzbuchs an die Staatskasse zu leisten hat. [2]Der Erbe ist verpflichtet, dem Gericht über den Bestand des Nachlasses Auskunft zu erteilen. [3]Er hat dem Gericht auf Verlangen ein Verzeichnis der zur Erbschaft gehörenden Gegenstände vorzulegen und an Eides statt zu versichern, dass er nach bestem Wissen und Gewissen den Bestand so vollständig angegeben habe, als er dazu imstande sei.
(4) [1]Der Mündel ist zu hören, bevor nach Absatz 1 eine von ihm zu leistende Zahlung festgesetzt wird. [2]Vor einer Entscheidung nach Absatz 3 ist der Erbe zu hören.
(5) Auf die Pflegschaft sind die Absätze 1 bis 4 entsprechend anzuwenden.

(2) Die Landesregierungen werden ermächtigt, durch Rechtsverordnung für Anträge und Erklärungen auf Ersatz von Aufwendungen und Bewilligung von Vergütung Formulare einzuführen. Soweit Formulare eingeführt sind, müssen sich Personen, die die Betreuung im Rahmen der Berufsausübung führen, ihrer bedienen und sie als elektronisches Dokument einreichen, wenn dieses für die automatische Bearbeitung durch das Gericht geeignet ist. Andernfalls liegt keine ordnungsgemäße Geltendmachung im Sinne von § 1836 Abs. 1 Satz 2 des Bürgerlichen Gesetzbuchs in Verbindung mit § 1 des Vormünder- und Betreuungsvergütungsgesetzes vor. Die Landesregierungen können die Ermächtigung nach Satz 1 durch Rechtsverordnung auf die Landesjustizverwaltungen übertragen.

§ 293 FamFG Erweiterung der Betreuung oder des Einwilligungsvorbehalts
(1) [1]Für die Erweiterung des Aufgabenkreises des Betreuers und die Erweiterung des Kreises der einwilligungsbedürftigen Willenserklärungen gelten die Vorschriften über die Anordnung dieser Maßnahmen entsprechend. [2]Das Gericht hat die zuständige Behörde nur anzuhören, wenn es der Betroffene verlangt oder es zur Sachaufklärung erforderlich ist.
(2) [1]Einer persönlichen Anhörung nach § 278 Abs. 1 sowie der Einholung eines Gutachtens oder ärztlichen Zeugnisses (§§ 280 und 281) bedarf es nicht,

1. wenn diese Verfahrenshandlungen nicht länger als sechs Monate zurückliegen oder

2. die beabsichtigte Erweiterung nach Absatz 1 nicht wesentlich ist. [2]Eine wesentliche Erweiterung des Aufgabenkreises des Betreuers liegt insbesondere vor, wenn erstmals ganz oder teilweise die Personensorge oder eine der in § 1896 Abs. 4 oder den §§ 1904 bis 1906a des Bürgerlichen Gesetzbuchs genannten Aufgaben einbezogen wird.

(3) Ist mit der Bestellung eines weiteren Betreuers nach § 1899 des Bürgerlichen Gesetzbuchs eine Erweiterung des Aufgabenkreises verbunden, gelten die Absätze 1 und 2 entsprechend.

§ 294 FamFG Aufhebung und Einschränkung der Betreuung oder des Einwilligungsvorbehalts

(1) [1]Für die Aufhebung der Betreuung oder der Anordnung eines Einwilligungsvorbehalts und für die Einschränkung des Aufgabenkreises des Betreuers oder des Kreises der einwilligungsbedürftigen Willenserklärungen gilt § 279 Absatz 1, 3 und 4 sowie § 288 Absatz 2 Satz 1 entsprechend. [2]Das Gericht hat die zuständige Behörde nur anzuhören, wenn es der Betroffene verlangt oder es zur Sachaufklärung erforderlich ist.

(2) Hat das Gericht nach § 281 Abs. 1 Nr. 1 von der Einholung eines Gutachtens abgesehen, ist dies nachzuholen, wenn ein Antrag des Betroffenen auf Aufhebung der Betreuung oder Einschränkung des Aufgabenkreises erstmals abgelehnt werden soll.

(3) Über die Aufhebung der Betreuung oder des Einwilligungsvorbehalts hat das Gericht spätestens sieben Jahre nach der Anordnung dieser Maßnahmen zu entscheiden.

§ 295 FamFG Verlängerung der Betreuung oder des Einwilligungsvorbehalts

(1) [1]Für die Verlängerung der Bestellung eines Betreuers oder der Anordnung eines Einwilligungsvorbehalts gelten die Vorschriften über die erstmalige Anordnung dieser Maßnahmen entsprechend. [2]Von der erneuten Einholung eines Gutachtens kann abgesehen werden, wenn sich aus der persönlichen Anhörung des Betroffenen und einem ärztlichen Zeugnis ergibt, dass sich der Umfang der Betreuungsbedürftigkeit offensichtlich nicht verringert hat. [3]Das Gericht hat die zuständige Behörde nur anzuhören, wenn es der Betroffene verlangt oder es zur Sachaufklärung erforderlich ist.

(2) Über die Verlängerung der Betreuung oder des Einwilligungsvorbehalts hat das Gericht spätestens sieben Jahre nach der Anordnung dieser Maßnahmen zu entscheiden.

§ 296 FamFG Entlassung des Betreuers und Bestellung eines neuen Betreuers

(1) Das Gericht hat den Betreuten und den Betreuer persönlich anzuhören, wenn der Betreute einer Entlassung des Betreuers (§ 1908b des Bürgerlichen Gesetzbuchs) widerspricht.

(2) Vor der Bestellung eines neuen Betreuers (§ 1908c des Bürgerlichen Gesetz-buchs) hat das Gericht den Betreuten persönlich anzuhören. Das gilt nicht, wenn der Betreute sein Einverständnis mit dem Betreuerwechsel erklärt hat. § 279 gilt entsprechend.

§ 297 FamFG Sterilisation

(1) Das Gericht hat den Betreuten vor der Genehmigung einer Einwilligung des Betreuers in eine Sterilisation (§ 1905 Abs. 2 des Bürgerlichen Gesetzbuchs) per-sönlich anzuhören und sich einen persönlichen Eindruck von ihm zu verschaffen. Es hat den Betreuten über den möglichen Verlauf des Verfahrens zu unterrichten.

(2) Das Gericht hat die zuständige Behörde anzuhören, wenn es der Betreute ver-langt oder es der Sachaufklärung dient.

(3) Das Gericht hat die sonstigen Beteiligten anzuhören. Auf Verlangen des Betreuten hat das Gericht eine ihm nahestehende Person anzuhören, wenn dies ohne erhebliche Verzögerung möglich ist.

(4) Verfahrenshandlungen nach den Absätzen 1 bis 3 können nicht durch den ersuchten Richter vorgenommen werden.

(5) Die Bestellung eines Verfahrenspflegers ist stets erforderlich, sofern sich der Betreute nicht von einem Rechtsanwalt oder einem anderen geeigneten Verfahrens-bevollmächtigten vertreten lässt.

(6) Die Genehmigung darf erst erteilt werden, nachdem durch förmliche Beweis-aufnahme Gutachten von Sachverständigen eingeholt sind, die sich auf die medi-zinischen, psychologischen, sozialen, sonderpädagogischen und sexualpädagogi-schen Gesichtspunkte erstrecken. Die Sachverständigen haben den Betreuten vor Erstattung des Gutachtens persönlich zu untersuchen oder zu befragen. Sachver-ständiger und ausführender Arzt dürfen nicht personengleich sein.

(7) Die Genehmigung wird wirksam mit der Bekanntgabe an den für die Ent-scheidung über die Einwilligung in die Sterilisation bestellten Betreuer und
1. an den Verfahrenspfleger oder
2. den Verfahrensbevollmächtigten, wenn ein Verfahrenspfleger nicht bestellt wurde.

(8) Die Entscheidung über die Genehmigung ist dem Betreuten stets selbst bekannt zu machen. Von der Bekanntgabe der Gründe an den Betreuten kann nicht abgesehen werden. Der zuständigen Behörde ist die Entscheidung stets bekannt zu geben.

§ 298 FamFG Verfahren in Fällen des § 1904 des Bürgerlichen Gesetzbuchs

(1) [1]Das Gericht darf die Einwilligung, die Nichteinwilligung oder den Widerruf einer Einwilligung eines Betreuers oder eines Bevollmächtigten (§ 1904 Absatz 1, 2 und 5 des Bürgerlichen Gesetzbuchs) nur genehmigen, wenn es den Betroffenen zuvor persönlich angehört hat. [2]Das Gericht soll die sonstigen Beteiligten anhören. [3]Auf Verlangen des Betroffenen hat das Gericht eine ihm nahestehende Person anzuhören, wenn dies ohne erhebliche Verzögerung möglich ist.

(2) Die Bestellung eines Verfahrenspflegers ist stets erforderlich, wenn Gegenstand des Verfahrens eine Genehmigung nach § 1904 Absatz 2 des Bürgerlichen Gesetzbuchs ist.

(3) ^{1}Vor der Genehmigung ist ein Sachverständigengutachten einzuholen. ^{2}Der Sachverständige soll nicht auch der behandelnde Arzt sein.

§ 299 FamFG Verfahren in anderen Entscheidungen
Das Gericht soll den Betreuten vor einer Entscheidung nach § 1908i Abs. 1 Satz 1 in Verbindung mit den §§ 1821, 1822 Nr. 1 bis 4, 6 bis 13 sowie den §§ 1823 und 1825 des Bürgerlichen Gesetzbuchs persönlich anhören. Vor einer Entscheidung nach § 1907 Abs. 1 und 3 des Bürgerlichen Gesetzbuchs hat das Gericht den Betreuten persönlich anzuhören.

§ 300 FamFG Einstweilige Anordnung
(1) Das Gericht kann durch einstweilige Anordnung einen vorläufigen Betreuer bestellen oder einen vorläufigen Einwilligungsvorbehalt anordnen, wenn
1. dringende Gründe für die Annahme bestehen, dass die Voraussetzungen für die Bestellung eines Betreuers oder die Anordnung eines Einwilligungsvorbehalts gegeben sind und ein dringendes Bedürfnis für ein sofortiges Tätigwerden besteht,
2. ein ärztliches Zeugnis über den Zustand des Betreuten vorliegt,
3. im Fall des § 276 ein Verfahrenspfleger bestellt und angehört worden ist und
4. der Betreute persönlich angehört worden ist.
Eine Anhörung des Betreuten im Wege der Rechtshilfe ist abweichend von § 278 Abs. 3 zulässig.

(2) Das Gericht kann durch einstweilige Anordnung einen Betreuer entlassen, wenn dringende Gründe für die Annahme bestehen, dass die Voraussetzungen für die Entlassung vorliegen und ein dringendes Bedürfnis für ein sofortiges Tätigwerden besteht.

§ 301 FamFG Einstweilige Anordnung bei gesteigerter Dringlichkeit
(1) Bei Gefahr im Verzug kann das Gericht eine einstweilige Anordnung nach § 300 bereits vor Anhörung des Betreuten sowie vor Anhörung und Bestellung des Verfahrenspflegers erlassen. Diese Verfahrenshandlungen sind unverzüglich nachzuholen.

(2) Das Gericht ist bei Gefahr im Verzug bei der Auswahl des Betreuers nicht an § 1897 Abs. 4 und 5 des Bürgerlichen Gesetzbuchs gebunden.

§ 302 FamFG Dauer der einstweiligen Anordnung
Eine einstweilige Anordnung tritt, sofern das Gericht keinen früheren Zeitpunkt bestimmt, nach sechs Monaten außer Kraft. Sie kann jeweils nach Anhörung eines Sachverständigen durch weitere einstweilige Anordnungen bis zu einer Gesamtdauer von einem Jahr verlängert werden.

§ 303 FamFG Ergänzende Vorschriften über die Beschwerde
(1) Das Recht der Beschwerde steht der zuständigen Behörde gegen Entscheidungen über

1. die Bestellung eines Betreuers oder die Anordnung eines Einwilligungsvorbehalts,
2. Umfang, Inhalt oder Bestand einer in Nummer 1 genannten Maßnahme zu.

(2) Das Recht der Beschwerde gegen eine von Amts wegen ergangene Entscheidung steht im Interesse des Betreuten
1. dessen Ehegatten oder Lebenspartner, wenn die Ehegatten oder Lebenspartner nicht dauernd getrennt leben, sowie den Eltern, Großeltern, Pflegeeltern, Abkömmlingen und Geschwistern des Betreuten sowie
2. einer Person seines Vertrauens zu, wenn sie im ersten Rechtszug beteiligt worden sind.

(3) Das Recht der Beschwerde steht dem Verfahrenspfleger zu.

(4) Der Betreuer oder der Vorsorgebevollmächtigte kann gegen eine Entscheidung, die seinen Aufgabenkreis betrifft, auch im Namen des Betreuten Beschwerde einlegen. Führen mehrere Betreuer oder Vorsorgebevollmächtigte ihr Amt gemeinschaftlich, kann jeder von ihnen für den Betreuten selbständig Beschwerde einlegen.

§ 304 FamFG Beschwerde der Staatskasse
(1) Das Recht der Beschwerde steht dem Vertreter der Staatskasse zu, soweit die Interessen der Staatskasse durch den Beschluss betroffen sind. Hat der Vertreter der Staatskasse geltend gemacht, der Betreuer habe eine Abrechnung falsch erteilt oder der Betreute könne anstelle eines nach § 1897 Abs. 6 des Bürgerlichen Gesetzbuchs bestellten Betreuers durch eine oder mehrere andere geeignete Personen außerhalb einer Berufsausübung betreut werden, steht ihm gegen einen die Entlassung des Betreuers ablehnenden Beschluss die Beschwerde zu.

(2) Die Frist zur Einlegung der Beschwerde durch den Vertreter der Staatskasse beträgt drei Monate und beginnt mit der formlosen Mitteilung (§ 15 Abs. 3) an ihn.

§ 305 FamFG Beschwerde des Untergebrachten
Ist der Betreute untergebracht, kann er Beschwerde auch bei dem Amtsgericht einlegen, in dessen Bezirk er untergebracht ist.

§ 306 FamFG Aufhebung des Einwilligungsvorbehalts
Wird ein Beschluss, durch den ein Einwilligungsvorbehalt angeordnet worden ist, als ungerechtfertigt aufgehoben, bleibt die Wirksamkeit der von oder gegenüber dem Betreuten vorgenommenen Rechtsgeschäfte unberührt.

§ 307 FamFG Kosten in Betreuungssachen
In Betreuungssachen kann das Gericht die Auslagen des Betreuten, soweit sie zur zweckentsprechenden Rechtsverfolgung notwendig waren, ganz oder teilweise der Staatskasse auferlegen, wenn eine Betreuungsmaßnahme nach den §§ 1896 bis 1908i des Bürgerlichen Gesetzbuchs abgelehnt, als ungerechtfertigt aufgehoben, eingeschränkt oder das Verfahren ohne Entscheidung über eine solche Maßnahme beendet wird.

§ 308 FamFG Mitteilung von Entscheidungen

(1) Entscheidungen teilt das Gericht anderen Gerichten, Behörden oder sonstigen öffentlichen Stellen mit, soweit dies unter Beachtung berechtigter Interessen des Betreuten erforderlich ist, um eine erhebliche Gefahr für das Wohl des Betreuten, für Dritte oder für die öffentliche Sicherheit abzuwenden.

(2) Ergeben sich im Verlauf eines gerichtlichen Verfahrens Erkenntnisse, die eine Mitteilung nach Absatz 1 vor Abschluss des Verfahrens erfordern, hat diese Mitteilung über die bereits gewonnenen Erkenntnisse unverzüglich zu erfolgen.

(3) Das Gericht unterrichtet zugleich mit der Mitteilung den Betreuten, seinen Verfahrenspfleger und seinen Betreuer über Inhalt und Empfänger der Mitteilung. Die Unterrichtung des Betreuten unterbleibt, wenn

1. der Zweck des Verfahrens oder der Zweck der Mitteilung durch die Unterrichtung gefährdet würde,

2. nach ärztlichem Zeugnis hiervon erhebliche Nachteile für die Gesundheit des Betreuten zu besorgen sind oder

3. der Betreute nach dem unmittelbaren Eindruck des Gerichts offensichtlich nicht in der Lage ist, den Inhalt der Unterrichtung zu verstehen.

Sobald die Gründe nach Satz 2 entfallen, ist die Unterrichtung nachzuholen.

(4) Der Inhalt der Mitteilung, die Art und Weise ihrer Übermittlung, ihr Empfänger, die Unterrichtung des Betreuten oder im Fall ihres Unterbleibens deren Gründe sowie die Unterrichtung des Verfahrenspflegers und des Betreuers sind aktenkundig zu machen.

§ 309 FamFG Besondere Mitteilungen

(1) Wird beschlossen, einem Betreuten zur Besorgung aller seiner Angelegenheiten einen Betreuer zu bestellen oder den Aufgabenkreis hierauf zu erweitern, so hat das Gericht dies der für die Führung des Wählerverzeichnisses zuständigen Behörde mitzuteilen. Das gilt auch, wenn die Entscheidung die in § 1896 Abs. 4 und § 1905 des Bürgerlichen Gesetzbuchs bezeichneten Angelegenheiten nicht erfasst. Eine Mitteilung hat auch dann zu erfolgen, wenn eine Betreuung nach den Sätzen 1 und 2 auf andere Weise als durch den Tod des Betreuten endet oder wenn sie eingeschränkt wird.

(2) Wird ein Einwilligungsvorbehalt angeordnet, der sich auf die Aufenthaltsbestimmung des Betreuten erstreckt, so hat das Gericht dies der Meldebehörde unter Angabe des Betreuers mitzuteilen. Eine Mitteilung hat auch zu erfolgen, wenn der Einwilligungsvorbehalt nach Satz 1 aufgehoben wird oder ein Wechsel in der Person des Betreuers eintritt.

§ 310 FamFG Mitteilungen während einer Unterbringung

Während der Dauer einer Unterbringungsmaßnahme hat das Gericht dem Leiter der Einrichtung, in der der Betreute untergebracht ist, die Bestellung eines Betreuers, die sich auf die Aufenthaltsbestimmung des Betreuten erstreckt, die Aufhebung einer solchen Betreuung und jeden Wechsel in der Person des Betreuers mitzuteilen.

§ 311 FamFG Mitteilungen zur Strafverfolgung

Außer in den sonst in diesem Gesetz, in § 16 des Einführungsgesetzes zum Gerichtsverfassungsgesetz sowie in § 70 Satz 2 und 3 des Jugendgerichtsgesetzes genannten Fällen, darf das Gericht Entscheidungen oder Erkenntnisse aus dem Verfahren, aus denen die Person des Betreuten erkennbar ist, von Amts wegen nur zur Verfolgung von Straftaten oder Ordnungswidrigkeiten anderen Gerichten oder Behörden mitteilen, soweit nicht schutzwürdige Interessen des Betreuten an dem Ausschluss der Übermittlung überwiegen. § 308 Abs. 3 und 4 gilt entsprechend.

5. Verfahren in Unterbringungssachen (§§ 312–339 FamFG)

§ 312 FamFG Unterbringungssachen

Unterbringungssachen sind Verfahren, die die Genehmigung oder Anordnung einer
1. freiheitsentziehenden Unterbringung nach § 1906 Absatz 1 und 2 auch in Verbindung mit Absatz 5 des Bürgerlichen Gesetzbuchs,
2. freiheitsentziehenden Maßnahme nach § 1906 Absatz 4 auch in Verbindung mit Absatz 5 des Bürgerlichen Gesetzbuchs,
3. ärztlichen Zwangsmaßnahme, auch einschließlich einer Verbringung zu einem stationären Aufenthalt, nach § 1906a Absatz 1, 2 und 4 auch in Verbindung mit Absatz 5 des Bürgerlichen Gesetzbuchs oder
4. freiheitsentziehenden Unterbringung und einer ärztlichen Zwangsmaßnahme bei Volljährigen nach den Landesgesetzen über die Unterbringung psychisch Kranker
betreffen.

§ 313 FamFG Örtliche Zuständigkeit

(1) Ausschließlich zuständig für Unterbringungssachen nach § 312 Nummer 1 bis 3 ist in dieser Rangfolge:
1. das Gericht, bei dem ein Verfahren zur Bestellung eines Betreuers eingeleitet oder das Betreuungsverfahren anhängig ist;
2. das Gericht, in dessen Bezirk der Betroffene seinen gewöhnlichen Aufenthalt hat;
3. das Gericht, in dessen Bezirk das Bedürfnis für die Unterbringungsmaßnahme hervortritt;
4. das Amtsgericht Schöneberg in Berlin, wenn der Betroffene Deutscher ist.
(2) ¹Für einstweilige Anordnungen oder einstweilige Maßregeln ist auch das Gericht zuständig, in dessen Bezirk das Bedürfnis für die Unterbringungsmaßnahme bekannt wird. ²In den Fällen einer einstweiligen Anordnung oder einstweiligen Maßregel soll es dem nach Absatz 1 Nr. 1 oder Nr. 2 zuständigen Gericht davon Mitteilung machen.
(3) ¹Ausschließlich zuständig für Unterbringungen nach § 312 Nummer 4 ist das Gericht, in dessen Bezirk das Bedürfnis für die Unterbringungsmaßnahme hervortritt. ²Befindet sich der Betroffene bereits in einer Einrichtung zur

freiheitsentziehenden Unterbringung, ist das Gericht ausschließlich zuständig, in dessen Bezirk die Einrichtung liegt.

(4) ^{1}Ist für die Unterbringungssache ein anderes Gericht zuständig als dasjenige, bei dem ein die Unterbringung erfassendes Verfahren zur Bestellung eines Betreuers eingeleitet ist, teilt dieses Gericht dem für die Unterbringungssache zuständigen Gericht die Aufhebung der Betreuung, den Wegfall des Aufgabenbereiches Unterbringung und einen Wechsel in der Person des Betreuers mit. ^{2}Das für die Unterbringungssache zuständige Gericht teilt dem anderen Gericht die Unterbringungsmaßnahme, ihre Änderung, Verlängerung und Aufhebung mit.

§ 314 FamFG Abgabe der Unterbringungssache
Das Gericht kann die Unterbringungssache abgeben, wenn der Betreute sich im Bezirk des anderen Gerichts aufhält und die Unterbringungsmaßnahme dort vollzogen werden soll, sofern sich dieses zur Übernahme des Verfahrens bereit erklärt hat.

§ 315 FamFG Beteiligte
(1) Zu beteiligen sind
  1. der Betreute,
  2. der Betreuer,
  3. der Bevollmächtigte im Sinne des § 1896 Abs. 2 Satz 2 des Bürgerlichen Gesetzbuchs.

(2) Der Verfahrenspfleger wird durch seine Bestellung als Beteiligter zum Verfahren hinzugezogen.

(3) Die zuständige Behörde ist auf ihren Antrag als Beteiligte hinzuzuziehen.

(4) Beteiligt werden können im Interesse des Betreuten
  1. dessen Ehegatte oder Lebenspartner, wenn die Ehegatten oder Lebenspartner nicht dauernd getrennt leben, sowie dessen Eltern und Kinder, wenn der Betreute bei diesen lebt oder bei Einleitung des Verfahrens gelebt hat, sowie die Pflegeeltern,
  2. eine von ihm benannte Person seines Vertrauens,
  3. der Leiter der Einrichtung, in der der Betreute lebt.

Das Landesrecht kann vorsehen, dass weitere Personen und Stellen beteiligt werden können.

§ 316 FamFG Verfahrensfähigkeit
In Unterbringungssachen ist der Betreute ohne Rücksicht auf seine Geschäftsfähigkeit verfahrensfähig.

§ 317 FamFG Verfahrenspfleger
(1) ^{1}Das Gericht hat dem Betroffenen einen Verfahrenspfleger zu bestellen, wenn dies zur Wahrnehmung der Interessen des Betroffenen erforderlich ist. ^{2}Die Bestellung ist insbesondere erforderlich, wenn von einer Anhörung des Betroffenen abgesehen werden soll. ^{3}Bei der Genehmigung einer Einwilligung in eine ärztliche Zwangsmaßnahme oder deren Anordnung ist die Bestellung eines Verfahrenspflegers stets erforderlich.

(2) Bestellt das Gericht dem Betroffenen keinen Verfahrenspfleger, ist dies in der Entscheidung, durch die eine Unterbringungsmaßnahme genehmigt oder angeordnet wird, zu begründen.

(3) Wer Verfahrenspflegschaften im Rahmen seiner Berufsausübung führt, soll nur dann zum Verfahrenspfleger bestellt werden, wenn keine andere geeignete Person zur Verfügung steht, die zur ehrenamtlichen Führung der Verfahrenspflegschaft bereit ist.

(4) Die Bestellung eines Verfahrenspflegers soll unterbleiben oder aufgehoben werden, wenn die Interessen des Betroffenen von einem Rechtsanwalt oder einem anderen geeigneten Verfahrensbevollmächtigten vertreten werden.

(5) Die Bestellung endet, sofern sie nicht vorher aufgehoben wird, mit der Rechtskraft der Endentscheidung oder mit dem sonstigen Abschluss des Verfahrens.

(6) Die Bestellung eines Verfahrenspflegers oder deren Aufhebung sowie die Ablehnung einer derartigen Maßnahme sind nicht selbständig anfechtbar.

(7) Dem Verfahrenspfleger sind keine Kosten aufzuerlegen.

§ 318 FamFG Vergütung und Aufwendungsersatz des Verfahrenspflegers

Für die Vergütung und den Aufwendungsersatz des Verfahrenspflegers gilt § 277 entsprechend.

§ 319 FamFG Anhörung des Betreuten

(1) ^{1}Das Gericht hat den Betroffenen vor einer Unterbringungsmaßnahme persönlich anzuhören und sich einen persönlichen Eindruck von ihm zu verschaffen. ^{2}Den persönlichen Eindruck verschafft sich das Gericht, soweit dies erforderlich ist, in der üblichen Umgebung des Betroffenen.

(2) Das Gericht unterrichtet den Betroffenen über den möglichen Verlauf des Verfahrens.

(3) Soll eine persönliche Anhörung nach § 34 Abs. 2 unterbleiben, weil hiervon erhebliche Nachteile für die Gesundheit des Betroffenen zu besorgen sind, darf diese Entscheidung nur auf Grundlage eines ärztlichen Gutachtens getroffen werden.

(4) Verfahrenshandlungen nach Absatz 1 sollen nicht im Wege der Rechtshilfe erfolgen.

(5) Das Gericht kann den Betroffenen durch die zuständige Behörde vorführen lassen, wenn er sich weigert, an Verfahrenshandlungen nach Absatz 1 mitzuwirken.

(6) ^{1}Gewalt darf die Behörde nur anwenden, wenn das Gericht dies ausdrücklich angeordnet hat. ^{2}Die zuständige Behörde ist befugt, erforderlichenfalls um Unterstützung der polizeilichen Vollzugsorgane nachzusuchen.

(7) ^{1}Die Wohnung des Betroffenen darf ohne dessen Einwilligung nur gewaltsam geöffnet, betreten und durchsucht werden, wenn das Gericht dies zu dessen Vorführung zur Anhörung ausdrücklich angeordnet hat. ^{2}Bei Gefahr im Verzug kann die Anordnung nach Satz 1 durch die zuständige Behörde erfolgen. ^{3}Durch diese Regelung wird das Grundrecht auf Unverletzlichkeit der Wohnung aus Artikel 13 Absatz 1 des Grundgesetzes eingeschränkt.

§ 320 FamFG Anhörung der sonstigen Beteiligten und der zuständigen Behörde

Das Gericht hat die sonstigen Beteiligten anzuhören. Es soll die zuständige Behörde anhören.

§ 321 FamFG Einholung eines Gutachtens

(1) [1]Vor einer Unterbringungsmaßnahme hat eine förmliche Beweisaufnahme durch Einholung eines Gutachtens über die Notwendigkeit der Maßnahme stattzufinden. [2]Der Sachverständige hat den Betroffenen vor der Erstattung des Gutachtens persönlich zu untersuchen oder zu befragen. [3]Das Gutachten soll sich auch auf die voraussichtliche Dauer der Unterbringung erstrecken. [4]Der Sachverständige soll Arzt für Psychiatrie sein; er muss Arzt mit Erfahrung auf dem Gebiet der Psychiatrie sein. [5]Bei der Genehmigung einer Einwilligung in eine ärztliche Zwangsmaßnahme oder bei deren Anordnung soll der Sachverständige nicht der zwangsbehandelnde Arzt sein.

(2) Für eine Maßnahme nach § 312 Nr. 2 genügt ein ärztliches Zeugnis.

§ 322 FamFG Vorführung zur Untersuchung; Unterbringung zur Begutachtung

Für die Vorführung zur Untersuchung und die Unterbringung zur Begutachtung gelten die §§ 283 und 284 entsprechend.

§ 323 FamFG Inhalt der Beschlussformel

(1) Die Beschlussformel enthält im Fall der Genehmigung oder Anordnung einer Unterbringungsmaßnahme auch
  1. die nähere Bezeichnung der Unterbringungsmaßnahme sowie
  2. den Zeitpunkt, zu dem die Unterbringungsmaßnahme endet.

(2) Die Beschlussformel enthält bei der Genehmigung einer Einwilligung in eine ärztliche Zwangsmaßnahme oder bei deren Anordnung auch Angaben zur Durchführung und Dokumentation dieser Maßnahme in der Verantwortung eines Arztes.

§ 324 FamFG Wirksamwerden von Beschlüssen

(1) Beschlüsse über die Genehmigung oder die Anordnung einer Unterbringungsmaßnahme werden mit Rechtskraft wirksam.

(2) Das Gericht kann die sofortige Wirksamkeit des Beschlusses anordnen. In diesem Fall wird er wirksam, wenn der Beschluss und die Anordnung seiner sofortigen Wirksamkeit
  1. dem Betreuten, dem Verfahrenspfleger, dem Betreuer oder dem Bevollmächtigten im Sinne des § 1896 Abs. 2 Satz 2 des Bürgerlichen Gesetzbuchs bekannt gegeben werden,
  2. einem Dritten zum Zweck des Vollzugs des Beschlusses mitgeteilt werden oder
  3. der Geschäftsstelle des Gerichts zum Zweck der Bekanntgabe übergeben werden.
Der Zeitpunkt der sofortigen Wirksamkeit ist auf dem Beschluss zu vermerken.

§ 325 FamFG Bekanntgabe

(1) Von der Bekanntgabe der Gründe eines Beschlusses an den Betreuten kann abgesehen werden, wenn dies nach ärztlichem Zeugnis erforderlich ist, um erhebliche Nachteile für seine Gesundheit zu vermeiden.

(2) Der Beschluss, durch den eine Unterbringungsmaßnahme genehmigt oder angeordnet wird, ist auch dem Leiter der Einrichtung, in der der Betreute untergebracht werden soll, bekannt zu geben. Das Gericht hat der zuständigen Behörde die Entscheidung, durch die eine Unterbringungsmaßnahme genehmigt, angeordnet oder aufgehoben wird, bekannt zu geben.

§ 326 FamFG Zuführung zur Unterbringung

(1) Die zuständige Behörde hat den Betreuer oder den Bevollmächtigten im Sinne des § 1896 Abs. 2 Satz 2 des Bürgerlichen Gesetzbuchs auf deren Wunsch bei der Zuführung zur Unterbringung nach § 312 Nr. 1 oder bei der Verbringung nach § 312 Nummer 3 zu unterstützen.

(2) [1]Gewalt darf die Behörde nur anwenden, wenn das Gericht dies ausdrücklich angeordnet hat. [2]Die zuständige Behörde ist befugt, erforderlichenfalls die Unterstützung der polizeilichen Vollzugsorgane nachzusuchen.

(3) [1]Die Wohnung des Betroffenen darf ohne dessen Einwilligung nur gewaltsam geöffnet, betreten und durchsucht werden, wenn das Gericht dies zu dessen Zuführung zur Unterbringung oder zu dessen Verbringung nach § 312 Nummer 3 ausdrücklich angeordnet hat. [2]Vor der Anordnung ist der Betroffene persönlich anzuhören. [3]Bei Gefahr im Verzug kann die Anordnung durch die zuständige Behörde ohne vorherige Anhörung des Betroffenen erfolgen. [4]Durch diese Regelung wird das Grundrecht auf Unverletzlichkeit der Wohnung aus Artikel 13 Absatz 1 des Grundgesetzes eingeschränkt.

§ 327 FamFG Vollzugsangelegenheiten

(1) [1]Gegen eine Maßnahme zur Regelung einzelner Angelegenheiten im Vollzug der Unterbringung nach § 312 Nummer 4 kann der Betroffene eine Entscheidung des Gerichts beantragen. [2]Mit dem Antrag kann auch die Verpflichtung zum Erlass einer abgelehnten oder unterlassenen Maßnahme begehrt werden.

(2) Der Antrag ist nur zulässig, wenn der Betroffene geltend macht, durch die Maßnahme, ihre Ablehnung oder Unterlassung in seinen Rechten verletzt zu sein.

(3) [1]Der Antrag hat keine aufschiebende Wirkung. [2]Das Gericht kann die aufschiebende Wirkung anordnen.

(4) Der Beschluss ist nicht anfechtbar.

§ 328 FamFG Aussetzung des Vollzugs

(1) [1]Das Gericht kann die Vollziehung einer Unterbringung nach § 312 Nummer 4 aussetzen. [2]Die Aussetzung kann mit Auflagen versehen werden. [3]Die Aussetzung soll sechs Monate nicht überschreiten; sie kann bis zu einem Jahr verlängert werden.

(2) Das Gericht kann die Aussetzung widerrufen, wenn der Betroffene eine Auflage nicht erfüllt oder sein Zustand dies erfordert.

§ 329 FamFG Dauer und Verlängerung der Unterbringung

(1) *Die Unterbringung endet spätestens mit Ablauf eines Jahres, bei offensichtlich langer Unterbringungsbedürftigkeit spätestens mit Ablauf von zwei Jahren, wenn sie nicht vorher verlängert wird. *Die Genehmigung einer Einwilligung in eine ärztliche Zwangsmaßnahme oder deren Anordnung darf die Dauer von sechs Wochen nicht überschreiten, wenn sie nicht vorher verlängert wird.

(2) *Für die Verlängerung der Genehmigung oder Anordnung einer Unterbringungsmaßnahme gelten die Vorschriften für die erstmalige Anordnung oder Genehmigung entsprechend. *Bei Unterbringungen mit einer Gesamtdauer von mehr als vier Jahren soll das Gericht keinen Sachverständigen bestellen, der den Betroffenen bisher behandelt oder begutachtet hat oder in der Einrichtung tätig ist, in der der Betroffene untergebracht ist.

(3) Bei der Genehmigung einer Einwilligung in eine ärztliche Zwangsmaßnahme oder deren Anordnung mit einer Gesamtdauer von mehr als zwölf Wochen soll das Gericht keinen Sachverständigen bestellen, der den Betroffenen bisher behandelt oder begutachtet hat oder in der Einrichtung tätig ist, in der der Betroffene untergebracht ist.

§ 330 FamFG Aufhebung der Unterbringung

*Die Genehmigung oder Anordnung der Unterbringungsmaßnahme ist aufzuheben, wenn ihre Voraussetzungen wegfallen. *Vor der Aufhebung einer Unterbringungsmaßnahme nach § 312 Nummer 4 soll das Gericht die zuständige Behörde anhören, es sei denn, dass dies zu einer nicht nur geringen Verzögerung des Verfahrens führen würde.

§ 331 FamFG Einstweilige Anordnung

*Das Gericht kann durch einstweilige Anordnung eine vorläufige Unterbringungsmaßnahme anordnen oder genehmigen, wenn

1. dringende Gründe für die Annahme bestehen, dass die Voraussetzungen für die Genehmigung oder Anordnung einer Unterbringungsmaßnahme gegeben sind und ein dringendes Bedürfnis für ein sofortiges Tätigwerden besteht,

2. ein ärztliches Zeugnis über den Zustand des Betroffenen und über die Notwendigkeit der Maßnahme vorliegt; in den Fällen des § 312 Nummer 1, 3 und 4 muss der Arzt, der das ärztliche Zeugnis erstellt, Erfahrung auf dem Gebiet der Psychiatrie haben und soll Arzt für Psychiatrie sein,

3. im Fall des § 317 ein Verfahrenspfleger bestellt und angehört worden ist und

4. der Betroffene persönlich angehört worden ist.

*Eine Anhörung des Betroffenen im Wege der Rechtshilfe ist abweichend von § 319 Abs. 4 zulässig..

§ 332 FamFG Einstweilige Anordnung bei gesteigerter Dringlichkeit

Bei Gefahr im Verzug kann das Gericht eine einstweilige Anordnung nach § 331 bereits vor Anhörung des Betreuten sowie vor Anhörung und Bestellung des Verfahrenspflegers erlassen. Diese Verfahrenshandlungen sind unverzüglich nachzuholen.

§ 333 FamFG Dauer der einstweiligen Anordnung

(1) [1]Die einstweilige Anordnung darf die Dauer von sechs Wochen nicht überschreiten. [2]Reicht dieser Zeitraum nicht aus, kann sie nach Anhörung eines Sachverständigen durch eine weitere einstweilige Anordnung verlängert werden. [3]Die mehrfache Verlängerung ist unter den Voraussetzungen der Sätze 1 und 2 zulässig. [4]Sie darf die Gesamtdauer von drei Monaten nicht überschreiten.[5] Eine Unterbringung zur Vorbereitung eines Gutachtens (§ 322) ist in diese Gesamtdauer einzubeziehen.

(2) [1]Die einstweilige Anordnung darf bei der Genehmigung einer Einwilligung in eine ärztliche Zwangsmaßnahme oder deren Anordnung die Dauer von zwei Wochen nicht überschreiten. [2]Bei mehrfacher Verlängerung darf die Gesamtdauer sechs Wochen nicht überschreiten.

§ 334 FamFG Einstweilige Maßregeln

Die §§ 331, 332 und 333 gelten entsprechend, wenn nach § 1846 des Bürgerlichen Gesetzbuchs eine Unterbringungsmaßnahme getroffen werden soll.

§ 335 FamFG Ergänzende Vorschriften über die Beschwerde

(1) Das Recht der Beschwerde steht im Interesse des Betreuten

1. dessen Ehegatten oder Lebenspartner, wenn die Ehegatten oder Lebenspartner nicht dauernd getrennt leben, sowie dessen Eltern und Kindern, wenn der Betreute bei diesen lebt oder bei Einleitung des Verfahrens gelebt hat, den Pflegeeltern,

2. einer von dem Betreuten benannten Person seines Vertrauens sowie

3. dem Leiter der Einrichtung, in der der Betreute lebt,

zu, wenn sie im ersten Rechtszug beteiligt worden sind.

(2) Das Recht der Beschwerde steht dem Verfahrenspfleger zu.

(3) Der Betreuer oder der Vorsorgebevollmächtigte kann gegen eine Entscheidung, die seinen Aufgabenkreis betrifft, auch im Namen des Betreuten Beschwerde einlegen.

(4) Das Recht der Beschwerde steht der zuständigen Behörde zu.

§ 336 FamFG Einlegung der Beschwerde durch den Betreuten

Der Betreute kann die Beschwerde auch bei dem Amtsgericht einlegen, in dessen Bezirk er untergebracht ist.

§ 337 FamFG Kosten in Unterbringungssachen

(1) In Unterbringungssachen kann das Gericht die Auslagen des Betroffenen, soweit sie zur zweckentsprechenden Rechtsverfolgung notwendig waren, ganz oder teilweise der Staatskasse auferlegen, wenn eine Unterbringungsmaßnahme nach § 312 Nummer 1 bis 3 abgelehnt, als ungerechtfertigt aufgehoben, eingeschränkt oder das Verfahren ohne Entscheidung über eine Maßnahme beendet wird.

(2) Wird ein Antrag auf eine Unterbringungsmaßnahme nach den Landesgesetzen über die Unterbringung psychisch Kranker nach § 312 Nummer 4 abgelehnt oder zurückgenommen und hat das Verfahren ergeben, dass für die zuständige Verwaltungsbehörde ein begründeter Anlass, den Unterbringungsantrag zu stellen, nicht

vorgelegen hat, hat das Gericht die Auslagen des Betroffenen der Körperschaft aufzuerlegen, der die Verwaltungsbehörde angehört.

§ 338 FamFG Mitteilung von Entscheidungen
Für Mitteilungen gelten die §§ 308 und 311 entsprechend. Die Aufhebung einer Unterbringungsmaßnahme nach § 330 Satz 1 und die Aussetzung der Unterbringung nach § 328 Abs. 1 Satz 1 sind dem Leiter der Einrichtung, in der der Betreute lebt, mitzuteilen.

§ 339 FamFG Benachrichtigung von Angehörigen
Von der Anordnung oder Genehmigung der Unterbringung und deren Verlängerung hat das Gericht einen Angehörigen des Betreuten oder eine Person seines Vertrauens unverzüglich zu benachrichtigen.

6. Vormünder- und Betreuervergütungsgesetz (VBVG)

§ 1 VBVG Feststellung der Berufsmäßigkeit und Vergütungsbewilligung
(1) Das Familiengericht hat die Feststellung der Berufsmäßigkeit gemäß § 1836 Abs. 1 Satz 2 des Bürgerlichen Gesetzbuchs zu treffen, wenn dem Vormund in einem solchen Umfang Vormundschaften übertragen sind, dass er sie nur im Rahmen seiner Berufsausübung führen kann, oder wenn zu erwarten ist, dass dem Vormund in absehbarer Zeit Vormundschaften in diesem Umfang übertragen sein werden. Berufsmäßigkeit liegt im Regelfall vor, wenn
   1. der Vormund mehr als zehn Vormundschaften führt oder
   2. die für die Führung der Vormundschaft erforderliche Zeit voraussichtlich 20 Wochenstunden nicht unterschreitet.
(2) Trifft das Familiengericht die Feststellung nach Absatz 1 Satz 1, so hat es dem Vormund oder dem Gegenvormund eine Vergütung zu bewilligen. Ist der Mündel mittellos im Sinne des § 1836d des Bürgerlichen Gesetzbuchs, so kann der Vormund die nach Satz 1 zu bewilligende Vergütung aus der Staatskasse verlangen.

§ 2 VBVG Erlöschen der Ansprüche
Der Vergütungsanspruch erlischt, wenn er nicht binnen 15 Monaten nach seiner Entstehung beim Familiengericht geltend gemacht wird; die Geltendmachung des Anspruchs beim Familiengericht gilt dabei auch als Geltendmachung gegenüber dem Mündel. § 1835 Abs. 1a des Bürgerlichen Gesetzbuchs gilt entsprechend.

§ 3 VBVG Stundensatz des Vormunds
(1) Die dem Vormund nach § 1 Abs. 2 zu bewilligende Vergütung beträgt für jede Stunde der für die Führung der Vormundschaft aufgewandten und erforderlichen Zeit 19,50 Euro. Verfügt der Vormund über besondere Kenntnisse, die für die Führung der Vormundschaft nutzbar sind, so erhöht sich der Stundensatz
   1. auf 25 Euro, wenn diese Kenntnisse durch eine abgeschlossene Lehre oder eine vergleichbare abgeschlossene Ausbildung erworben sind;

2. auf 33,50 Euro, wenn diese Kenntnisse durch eine abgeschlossene Ausbildung an einer Hochschule oder durch eine vergleichbare abgeschlossene Ausbildung erworben sind.

Eine auf die Vergütung anfallende Umsatzsteuer wird, soweit sie nicht nach § 19 Abs. 1 des Umsatzsteuergesetzes unerhoben bleibt, zusätzlich ersetzt.

(2) Bestellt das Familiengericht einen Vormund, der über besondere Kenntnisse verfügt, die für die Führung der Vormundschaft allgemein nutzbar und durch eine Ausbildung im Sinne des Absatzes 1 Satz 2 erworben sind, so wird vermutet, dass diese Kenntnisse auch für die Führung der dem Vormund übertragenen Vormundschaft nutzbar sind. Dies gilt nicht, wenn das Familiengericht aus besonderen Gründen bei der Bestellung des Vormunds etwas anderes bestimmt.

(3) Soweit die besondere Schwierigkeit der vormundschaftlichen Geschäfte dies ausnahmsweise rechtfertigt, kann das Familiengericht einen höheren als den in Absatz 1 vorgesehenen Stundensatz der Vergütung bewilligen. Dies gilt nicht, wenn der Mündel mittellos ist.

(4) Der Vormund kann Abschlagszahlungen verlangen.

§ 4 VBVG Stundensatz und Aufwendungsersatz des Betreuers

(1) Die dem Betreuer nach § 1 Abs. 2 zu bewilligende Vergütung beträgt für jede nach § 5 anzusetzende Stunde 27 Euro. Verfügt der Betreuer über besondere Kenntnisse, die für die Führung der Betreuung nutzbar sind, so erhöht sich der Stundensatz

1. auf 33,50 Euro, wenn diese Kenntnisse durch eine abgeschlossene Lehre oder eine vergleichbare abgeschlossene Ausbildung erworben sind;

2. auf 44 Euro, wenn diese Kenntnisse durch eine abgeschlossene Ausbildung an einer Hochschule oder durch eine vergleichbare abgeschlossene Ausbildung erworben sind.

(2) Die Stundensätze nach Absatz 1 gelten auch Ansprüche auf Ersatz anlässlich der Betreuung entstandener Aufwendungen sowie anfallende Umsatzsteuer ab. Die gesonderte Geltendmachung von Aufwendungen im Sinne des § 1835 Abs. 3 des Bürgerlichen Gesetzbuchs bleibt unberührt.

(3) § 3 Abs. 2 gilt entsprechend. § 1 Abs. 1 Satz 2 Nr. 2 findet keine Anwendung.

§ 5 VBVG Stundenansatz des Betreuers

(1) Der dem Betreuer zu vergütende Zeitaufwand ist

1. in den ersten drei Monaten der Betreuung mit fünfeinhalb,

2. im vierten bis sechsten Monat mit viereinhalb,

3. im siebten bis zwölften Monat mit vier,

4. danach mit zweieinhalb

Stunden im Monat anzusetzen. Hat der Betreute seinen gewöhnlichen Aufenthalt nicht in einem Heim, beträgt der Stundenansatz

1. in den ersten drei Monaten der Betreuung achteinhalb,

2. im vierten bis sechsten Monat sieben,

3. im siebten bis zwölften Monat sechs,

4. danach viereinhalb

Stunden im Monat.

(2) Ist der Betreute mittellos, beträgt der Stundenansatz
1. in den ersten drei Monaten der Betreuung viereinhalb,
2. im vierten bis sechsten Monat dreieinhalb,
3. im siebten bis zwölften Monat drei,
4. danach zwei
Stunden im Monat. Hat der mittellose Betreute seinen gewöhnlichen Aufenthalt nicht in einem Heim, beträgt der Stundenansatz
1. in den ersten drei Monaten der Betreuung sieben,
2. im vierten bis sechsten Monat fünfeinhalb,
3. im siebten bis zwölften Monat fünf,
4. danach dreieinhalb
Stunden im Monat.

(3) Heime im Sinne dieser Vorschrift sind Einrichtungen, die dem Zweck dienen, Volljährige aufzunehmen, ihnen Wohnraum zu überlassen sowie tatsächliche Betreuung und Verpflegung zur Verfügung zu stellen oder vorzuhalten, und die in ihrem Bestand von Wechsel und Zahl der Bewohner unabhängig sind und entgeltlich betrieben werden. § 1 Abs. 2 des Heimgesetzes gilt entsprechend.

(4) Für die Berechnung der Monate nach den Absätzen 1 und 2 gelten § 187 Abs. 1 und § 188 Abs. 2 erste Alternative des Bürgerlichen Gesetzbuchs entsprechend. Ändern sich Umstände, die sich auf die Vergütung auswirken, vor Ablauf eines vollen Monats, so ist der Stundenansatz zeitanteilig nach Tagen zu berechnen; § 187 Abs. 1 und § 188 Abs. 1 des Bürgerlichen Gesetzbuchs gelten entsprechend. Die sich dabei ergebenden Stundenansätze sind auf volle Zehntel aufzurunden.

(5) Findet ein Wechsel von einem beruflichen zu einem ehrenamtlichen Betreuer statt, sind dem beruflichen Betreuer der Monat, in der der Wechsel fällt, und der Folgemonat mit dem vollen Zeitaufwand nach den Absätzen 1 und 2 zu vergüten. Dies gilt auch dann, wenn zunächst neben dem beruflichen Betreuer ein ehrenamtlicher Betreuer bestellt war und dieser die Betreuung allein fortführt. Absatz 4 Satz 2 und 3 ist nicht anwendbar.

§ 6 VBVG Sonderfälle der Betreuung

In den Fällen des § 1899 Abs. 2 und 4 des Bürgerlichen Gesetzbuchs erhält der Betreuer eine Vergütung nach § 1 Abs. 2 in Verbindung mit § 3; für seine Aufwendungen kann er Vorschuss und Ersatz nach § 1835 des Bürgerlichen Gesetzbuchs mit Ausnahme der Aufwendungen im Sinne von § 1835 Abs. 2 des Bürgerlichen Gesetzbuchs beanspruchen. Ist im Fall des § 1899 Abs. 4 des Bürgerlichen Gesetzbuchs die Verhinderung tatsächlicher Art, sind die Vergütung und der Aufwendungsersatz nach § 4 in Verbindung mit § 5 zu bewilligen und nach Tagen zu teilen; § 5 Abs. 4 Satz 3 sowie § 187 Abs. 1 und § 188 Abs. 1 des Bürgerlichen Gesetzbuchs gelten entsprechend.

§ 7 VBVG Vergütung und Aufwendungsersatz für Betreuungsvereine

(1) Ist ein Vereinsbetreuer bestellt, so ist dem Verein eine Vergütung und Aufwendungsersatz nach § 1 Abs. 2 in Verbindung mit den §§ 4 und 5 zu bewilligen. § 1 Abs. 1 sowie § 1835 Abs. 3 des Bürgerlichen Gesetzbuchs finden keine Anwendung.

(2) § 6 gilt entsprechend; der Verein kann im Fall von § 6 Satz 1 Vorschuss und Ersatz der Aufwendungen nach § 1835 Abs. 1, 1a und 4 des Bürgerlichen Gesetzbuchs verlangen. § 1835 Abs. 5 Satz 2 des Bürgerlichen Gesetzbuchs gilt entsprechend.

(3) Der Vereinsbetreuer selbst kann keine Vergütung und keinen Aufwendungsersatz nach diesem Gesetz oder nach den §§ 1835 bis 1836 des Bürgerlichen Gesetzbuchs geltend machen.

§ 8 VBVG Vergütung und Aufwendungsersatz für Behördenbetreuer

(1) Ist ein Behördenbetreuer bestellt, so kann der zuständigen Behörde eine Vergütung nach § 1836 Abs. 2 des Bürgerlichen Gesetzbuchs bewilligt werden, soweit der Umfang oder die Schwierigkeit der Betreuungsgeschäfte dies rechtfertigen. Dies gilt nur, soweit eine Inanspruchnahme des Betreuten nach § 1836c des Bürgerlichen Gesetzbuchs zulässig ist.

(2) Unabhängig von den Voraussetzungen nach Absatz 1 Satz 1 kann die Betreuungsbehörde Aufwendungsersatz nach § 1835 Abs. 1 Satz 1 und 2 in Verbindung mit Abs. 5 Satz 2 des Bürgerlichen Gesetzbuchs verlangen, soweit eine Inanspruchnahme des Betreuten nach § 1836c des Bürgerlichen Gesetzbuchs zulässig ist.

(3) Für den Behördenbetreuer selbst gilt § 7 Abs. 3 entsprechend.

(4) § 2 ist nicht anwendbar.

§ 9 VBVG Abrechnungszeitraum für die Betreuungsvergütung

Die Vergütung kann nach Ablauf von jeweils drei Monaten für diesen Zeitraum geltend gemacht werden. Dies gilt nicht für die Geltendmachung von Vergütung und Aufwendungsersatz in den Fällen des § 6.

§ 10 VBVG Mitteilung an die Betreuungsbehörde

(1) Wer Betreuungen entgeltlich führt, hat der Betreuungsbehörde, in deren Bezirk er seinen Sitz oder Wohnsitz hat, kalenderjährlich mitzuteilen

1. die Zahl der von ihm im Kalenderjahr geführten Betreuungen aufgeschlüsselt nach Betreuten in einem Heim oder außerhalb eines Heims und

2. den von ihm für die Führung von Betreuungen im Kalenderjahr erhaltenen Geldbetrag.

(2) Die Mitteilung erfolgt jeweils bis spätestens 31. März für den Schluss des vorangegangenen Kalenderjahrs. Die Betreuungsbehörde kann verlangen, dass der Betreuer die Richtigkeit der Mitteilung an Eides statt versichert.

(3) Die Betreuungsbehörde ist berechtigt und auf Verlangen des Betreuungsgerichts verpflichtet, dem Betreuungsgericht diese Mitteilung zu übermitteln.

§ 11 VBVG Umschulung und Fortbildung von Berufsvormündern

(1) Durch Landesrecht kann bestimmt werden, dass es einer abgeschlossenen Lehre im Sinne des § 3 Abs. 1 Satz 2 Nr. 1 und § 4 Abs. 1 Satz 2 Nr. 1 gleichsteht, wenn der Vormund oder Betreuer besondere Kenntnisse im Sinne dieser Vorschrift durch eine dem Abschluss einer Lehre vergleichbare Prüfung vor einer staatlichen oder

staatlich anerkannten Stelle nachgewiesen hat. Zu einer solchen Prüfung darf nur zugelassen werden, wer

1. mindestens drei Jahre lang Vormundschaften oder Betreuungen berufsmäßig geführt und

2. an einer Umschulung oder Fortbildung teilgenommen hat, die besondere Kenntnisse im Sinne des § 3 Abs. 1 Satz 2 und § 4 Abs. 1 Satz 2 vermittelt, welche nach Art und Umfang den durch eine abgeschlossene Lehre vermittelten vergleichbar sind.

(2) Durch Landesrecht kann bestimmt werden, dass es einer abgeschlossenen Ausbildung an einer Hochschule im Sinne des § 3 Abs. 1 Satz 2 Nr. 2 und § 4 Abs. 1 Satz 2 Nr. 2 gleichsteht, wenn der Vormund oder Betreuer Kenntnisse im Sinne dieser Vorschrift durch eine Prüfung vor einer staatlichen oder staatlich anerkannten Stelle nachgewiesen hat. Zu einer solchen Prüfung darf nur zugelassen werden, wer

1. mindestens fünf Jahre lang Vormundschaften oder Betreuungen berufsmäßig geführt und

2. an einer Umschulung oder Fortbildung teilgenommen hat, die besondere Kenntnisse im Sinne des § 3 Abs. 1 Satz 2 und § 4 Abs. 1 Satz 2 vermittelt, welche nach Art und Umfang den durch eine abgeschlossene Ausbildung an einer Hochschule vermittelten vergleichbar sind.

(3) Das Landesrecht kann weitergehende Zulassungsvoraussetzungen aufstellen. Es regelt das Nähere über die an eine Umschulung oder Fortbildung im Sinne des Absatzes 1 Satz 2 Nr. 2, Absatzes 2 Satz 2 Nr. 2 zu stellenden Anforderungen, über Art und Umfang der zu erbringenden Prüfungsleistungen, über das Prüfungsverfahren und über die Zuständigkeiten. Das Landesrecht kann auch bestimmen, dass eine in einem anderen Land abgelegte Prüfung im Sinne dieser Vorschrift anerkannt wird.

7. Heimgesetz –*Auszug* –

§ 1 HeimG Anwendungsbereich

(1) [1]Dieses Gesetz gilt für Heime. [2]Heime im Sinne dieses Gesetzes sind Einrichtungen, die dem Zweck dienen, ältere Menschen oder pflegebedürftige oder behinderte Volljährige aufzunehmen, ihnen Wohnraum zu überlassen sowie Betreuung und Verpflegung zur Verfügung zu stellen oder vorzuhalten, und die in ihrem Bestand von Wechsel und Zahl der Bewohnerinnen und Bewohner unabhängig sind und entgeltlich betrieben werden.

(2) [1]Die Tatsache, dass ein Vermieter von Wohnraum durch Verträge mit Dritten oder auf andere Weise sicherstellt, dass den Mietern Betreuung und Verpflegung angeboten werden, begründet allein nicht die Anwendung dieses Gesetzes. [2]Dies gilt auch dann, wenn die Mieter vertraglich verpflichtet sind, allgemeine Betreuungsleistungen wie Notrufdienste oder Vermittlung von Dienst- und Pflegeleistungen von bestimmten Anbietern anzunehmen und das Entgelt hierfür im Verhältnis zur Miete von untergeordneter Bedeutung ist. [3]Dieses Gesetz ist anzuwenden, wenn die Mieter vertraglich verpflichtet sind, Verpflegung und weitergehende Betreuungsleistungen von bestimmten Anbietern anzunehmen.

(3) [1Auf] Heime oder Teile von Heimen im Sinne des Absatzes 1, die der vorübergehenden Aufnahme Volljähriger dienen (Kurzzeitheime), sowie auf stationäre Hospize finden die §§ 6, 7, 10 und 14 Abs. 2 Nr. 3 und 4, Abs. 3, 4 und 7 keine Anwendung. [2]Nehmen die Heime nach Satz 1 in der Regel mindestens sechs Personen auf, findet § 10 mit der Maßgabe Anwendung, dass ein Heimfürsprecher zu bestellen ist.

(4) Als vorübergehend im Sinne dieses Gesetzes ist ein Zeitraum von bis zu drei Monaten anzusehen.

(5) [1]Dieses Gesetz gilt auch für Einrichtungen der Tages- und der Nachtpflege mit Ausnahme der §§ 10 und 14 Abs. 2 Nr. 3 und 4, Abs. 3, 4 und 7. [2]Nimmt die Einrichtung in der Regel mindestens sechs Personen auf, findet § 10 mit der Maßgabe Anwendung, dass ein Heimfürsprecher zu bestellen ist.

(6) [1]Dieses Gesetz gilt nicht für Krankenhäuser im Sinne des § 2 Nr. 1 des Krankenhausfinanzierungsgesetzes. [2]In Einrichtungen zur Rehabilitation gilt dieses Gesetz für die Teile, die die Voraussetzungen des Absatzes 1 erfüllen. [3]Dieses Gesetz gilt nicht für Internate der Berufsbildungs- und Berufsförderungswerke.

Literatur

1. Kommentare

Keidel, FamFG, 19. Auflage 2017
    Zitierweise: Keidel-*Bearbeiter*
Münchener Kommentar zum Bürgerlichen Gesetzbuch, 7. Auflage 2017
    München (Beck); Zitierweise: MüKo-*Bearbeiter*
Palandt, Bürgerliches Gesetzbuch, 77. Auflage 2018, München (Beck)
    Zitierweise: Palandt-*Bearbeiter*
Soergel, Bürgerliches Gesetzbuch, 13. Auflage 2000, Stuttgart (Kohlhammer)
    Zitierweise: Soergel-*Bearbeiter*

2. Monographien

Coeppicus, Sachfragen des Betreuungs- und Unterbringungsrechts,
    2000, Stuttgart (Kohlhammer)
Zimmermann, Das neue FamFG 2009, München (Beck)

3. Zeitschriften

Betreuungsrechtliche Praxis (BtPrax), Köln (Bundesanzeiger)
Der Deutsche Rechtspfleger (Rpfleger), Bielefeld (Gieseking)
juris PraxisReport Familienrecht, Saarbrücken (juris)
Neue Juristische Wochenschrift (NJW), München (Beck)
NJW Rechtsprechungsreport Zivilrecht (NJW-RR), München (Beck)
Praxis der Freiwilligen Gerichtsbarkeit (FGPrax), München (Beck)
Zeitschrift für das gesamte Familienrecht (FamRZ), Bielefeld (Gieseking)

© Springer-Verlag GmbH Deutschland, ein Teil von Springer Nature 2019   313
J. Seichter, *Einführung in das Betreuungsrecht*,
https://doi.org/10.1007/978-3-662-57498-0

4. Internet

https://lists.ruhr-uni-bochum.de/mailman/listinfo/betreuungsrecht
Wiki
  http://wiki.btprax.de/Hauptseite
Wiki
  www.pflegewiki.de/wiki/PflegeWiki:Portal

Stichwortverzeichnis

© Springer-Verlag GmbH Deutschland, ein Teil von Springer Nature 2019
J. Seichter, *Einführung in das Betreuungsrecht*,
https://doi.org/10.1007/978-3-662-57498-0